児童虐待防止のための保護法制

佐柳忠晴
SAYANAGI Tadaharu

Protection Legislation for Prevention of Child Abuse

勁草書房

はしがき

かつて私が児童相談所長だったときのある朝、児童養護施設の園長から、「近くの公園を職員と散歩中だった入所児童が、突然現れた親に都外の遠隔地に連れ去られた。どう対処すればいいか。」という緊迫した電話を受けました。親の激しい暴力を理由に入所措置していた被虐待児だったので、まさに緊急事態でした。まず、連れ去り先を所管する警察と児童相談所に依頼して子の生存を確認した後、数回の立入調査（当時の制度）を実施しましたが、家の中に入ることができませんでした。そこで、親権喪失宣告の申立て（当時）およびそれを本案とする親権職務執行停止と親権職務代行者の選任申立ての保全処分を行うことにしました。職務代行者には児童相談所長の私が就いて、子の引き渡しを親に請求し、応じない場合は人身保護法に基づく人身保護請求を行うという厳しく、かつ難しい方針です。そして、連れ去りから3ヵ月後、無事に子の身柄を取り戻し、親の暴力による最悪の事態を免れることができたのです。

このような困難なケースに対応し得るマニュアルは存在せず、家庭裁判所判事が著した研究論文を唯一の参考資料として、子の生命を守るための対応策を考えざるを得ませんでした。私は、このケースに関する一連の法的対応の中で、わが国の児童保護法制と実施体制の不十分さを痛感し、実効性のある児童虐待防止法制について研究を始める契機としたのです。

その後、2011年の民法改正で、緩和された基準での親権喪失の審判や親権停止の審判、法人による未成年後見などが制度化され、2022年には、民法の懲戒権廃止とすべての体罰禁止が定められました。遅すぎるとはいえ、わが国の民法親権規定は国際標準に達したものと考えます。

一方、2000年には児童虐待の防止等に関する法律が制定され、その後も、児童福祉法とともに改正が繰り返されました。児童虐待の4類型が法定され、一般国民にも虐待通告の義務が課され、児童相談所長への臨検・捜索の権限、接近禁止命令や面会・通信制限の発令権限などの付与、あるいは通告受理後

48時間以内の一律の安全確認など、児童相談所への権限集中を軸とする法改正等が行われてきました。しかし、独仏英では、児童虐待を法律で定義せず、一般国民には通告義務を課さず、一律の緊急安全確認も実施していません。わが国の国会は、全会一致で、ソーシャルワーク機関として児童やその家族を支援する立場にある児童相談所に、本来は警察や裁判所に属する強権的な権限をいわば垣越しに付与してきたのです。この点では、国際標準とは懸け離れた方向に進んでいるように思います。

以上のような経緯を踏まえて、本書においては、わが国の児童保護法制を俯瞰的に考察し、あわせて独仏英の比較研究により保護法制の国際標準を明らかにすることによって、わが国の保護法制および実施体制の到達点とその課題を解明したいと思います。具体的には、次のとおりです。

①児童相談所の現場経験をもとに、民法や児童福祉法や虐待防止法などの児童保護関連法を批判的な視点から分析する。
②「児童福祉のための未成年後見制度」の観点から、わが国の未成年後見制度について幅広い視角から論究する。
③独仏英の民法典や児童保護法を訳出し、親権と親権制限、未成年後見、一時保護、通告義務、検察・警察の権限、裁判所命令などの共通事項を論じる。
④ 2023年施行のドイツ未成年後見制度について概説する。
⑤ 8項目について、独仏英日の保護法制の比較表を作成する。

今後、本書が、虐待防止のための児童保護法制や実施体制確立に向けた議論に少しでも寄与することができれば幸甚です。

なお、本書の上梓にあたり、勁草書房および同編集部の竹田康夫氏に望外のご協力と貴重なご助言を戴きました。ここに衷心より御礼申し上げます。

2024年4月

佐柳忠晴

目　次

第2編 ドイツの児童保護法制

第3編 フランスの児童保護法制

第４編　イギリスの児童保護法制

第５編　各国の法制比較（ドイツ、フランス、イギリス、日本）

第１編　わが国の児童保護法制

第1章　憲法

1　基本的人権

(1) 児童と憲法

憲法は、「児童」について、児童の酷使禁止（27条3項）で明文規定をしているが、その他の条項においても、「国民は」「すべて国民は」「何人も」などの文言で、児童に係る諸権利を保障している。児童も日本国民として、すべての基本的人権を享有する主体となることができる。

ただし、基本的人権の性質によっては、児童に対してその心身の健全な発達を図るための必要最少限度の制約が憲法上許されると一般に解されている[1]。憲法15条が普通選挙権を成年者だけに保障し、民法824条が児童の財産権は親権者によって管理かつ代理されるとし、民法731条が婚姻適齢を18歳以上に制限していることなどがその例である。

(2) 基本的人権の類型

憲法の定める基本的人権は、次のように類型化し得る。

ア　幸福追求権（包括的基本権）

①一般的人格権　　プライバシー権、名誉権、環境権

②自己決定権　　生命等の処分に関する権利、家族のあり方に関する権利

イ　法の下の平等（平等権）

ウ　自由権

①精神的自由権　　思想良心の自由、信教の自由、表現の自由、学問の自由

②人身の自由　　奴隷的拘束及び苦役からの自由、逮捕の要件ほか

③経済的自由権　　居住・移転・職業選択の自由、財産権の保障

1　野中俊彦・中村睦男・高橋和之・高見勝利『憲法Ⅰ第4版』217頁（有斐閣、2006年）。

エ 社会権 生存権、教育を受ける権利、勤労の権利、労働基本権

オ 参政権

カ 国務請求権（受益権） 請願権、国家賠償請求権、裁判を受ける権利

2 幸福追求権（包括的基本権）

(1) 意義

憲法13条は、すべて国民は、個人として尊重され、生命、自由および幸福追求に対する国民の権利については、公共の福祉に反しない限り、立法その他の国政の上で、最大の尊重を必要とする、と規定している。

この幸福追求権は、憲法に列挙されていないプライバシー権など新しい人権の根拠となる一般的かつ包括的な権利であり、他の個別の人権保障の及ばない範囲を包含する具体的な権利として、包括的基本権と解する説が有力である[2]。

(2) 自己決定権

幸福追求権は、一般的人格権と自己決定権に分類され、一般的人格権は、プライバシー権や環境権などで構成される。自己決定権とは、個人にとって重要な私的事項について公権力の干渉なしに自ら決定する権利をいい、尊厳死や治療拒否など自己の生命等の処分に関する権利、出産・非出産の選択や子どもの養育・教育など家族のあり方に関する権利などがある[3]。

この自己決定権に基づいて、児童自身による治療拒否や宗教上の理由での輸血拒否、また、親による子どもの養育と教育の自由を保障して公権力の干渉を拒否すること等が認められる。ただし、前者については、児童の年齢と成熟度に応じた意見表明権と親権者の医療代諾権との調整が必要となる場合があり、後者については、児童の虐待や放置その他不適切な養育に対して、適正な司法審査手続の下に公権力の介入が認められる場合がある。

---

2 芦部信喜著・高橋和之補訂『憲法 第6版』119頁（岩波書店、2015年）。前掲・野中俊彦ほか『憲法Ⅰ 第4版』261頁。

3 同上『憲法 第6版』126頁。同上『憲法Ⅰ 第4版』266頁。

3 法の下の平等（平等権）

(1) 意義

憲法14条の定める法の下の平等は、行政権や司法権が、法の執行にあたり国民を差別してはならないという法適用の平等だけではなく、法そのものの内容も平等の原則に則って定立されるべきだという法内容の平等を意味する[4]。

(2) 尊属殺重罰規定に関する違憲判決

児童に係る法の下の平等に関する判例として、次の1973年判決を挙げる[5]。

ア 概要

当時の刑法200条は、「自己又ハ配偶者ノ直系尊属ヲ殺シタル者ハ死刑又ハ無期懲役ニ処ス」と規定していた。

1973年の尊属殺人事件に係る最高裁判所大法廷判決は、最高裁判所が違憲立法審査権に基づいて、現行法の規定を憲法違反とした最初の法令違憲の最高裁判決である。最高裁判決は、尊属殺人に関する刑法200条を違憲とし、原判決を破棄し、普通殺人として被告人を懲役2年6月、執行猶予3年とした。

イ 違憲判決の内容

この最高裁判決は、「被告人は少女のころに実父から破倫の行為を受け、以後本件にいたるまで10余年間これと夫婦同様の生活を強いられ、その間数人の子までできるという悲惨な境遇にあったにもかかわらず、本件以外になんらの非行も見られないこと、本件発生の直前、たまたま正常な結婚の機会にめぐりあったのに、実父がこれを嫌い、あくまでも被告人を自己の支配下に置き醜行を継続しようとしたのが本件の縁由であること、このため実父から旬日余にわたって脅迫虐待を受け、懊悩煩悶の極にあったところ、いわれのない実父の暴言に触発され、忌まわしい境遇から逃れようとしてついに本件にいたった」としている[6]。

この尊属殺事件は、被告人が少女の頃から10余年間、実父から性的虐待を受けてきたところ、正常な結婚の機会に恵まれたにも拘わらず、実父がこれを妨げるために脅迫虐待を続け、その暴言をきっかけに犯行に至ったものである。

---

4 前掲・芦部信喜『憲法 第6版』129頁。

5 最大判昭和48年4月4日刑集27巻3号265頁（1973年）。

6 判決理由（最大判昭和48年4月4日刑集27巻3号265頁）。

極めて重大な性的虐待が原因で引き起こされた事件であり、虐待被害者による虐待親の殺害事件である点に留意しなければならない。

ウ　刑法200条（尊属殺）自体の憲法14条1項違反

本判決において、最高裁判所判事8名の多数意見は、尊属殺は普通殺に比して高度の社会的道義的非難を受けるべきとしてその刑を加重すること自体はただちに違憲であるとはいえないが、刑法200条は、尊属殺の法定刑を死刑または無期懲役刑のみに限っており、その立法目的達成のため必要な限度を遥かに超え、普通殺の刑法199条の法定刑に比し著しく不合理な差別的取扱いと認め、憲法14条1項の法の下の平等に違反して無効であるとした。

一方、他の判事6名の少数意見は、本判決が尊属殺人に関する刑法200条を違憲無効であるとした結論には賛成するものの、普通殺と区別して尊属殺に関する規定を設けて差別的取扱いを認める刑法200条の立法目的自体が、法の下の平等を定めた憲法14条1項に違反するとした。この後者の少数意見を支持する学説が有力である[7]。なお、尊属殺人に係る刑法200条が削除されたのは、22年後の1995年であった。これは立法府の不作為といえよう。

4　自由権

(1) 児童と自由権

児童は、その年齢と発達の程度に応じて、思想及び良心の自由（19条）、信教の自由（20条）、集会・結社・表現の自由（21条）などの自由権を享有する。そして、自己の意見形成能力のある児童は、自己に影響を及ぼすすべての事項について、自由に意見を表明する権利を有し、かつ、意見表明に関して、その年齢と成熟度に応じて相応に考慮される権利を有する[8]。この児童の意見表明権は、わが国の憲法が保障するすべての自由権の行使において妥当する。

(2) 思想および良心の自由

思想および良心の自由は、世界観や人生観、主義、主張などの個人の人格的な内面的精神活動を広く含むものであり[9]、児童がその成熟度に応じて、いか

7　前掲・芦部信喜『憲法　第6版』140頁。
8　児童の権利に関する条約12条
9　前掲・芦部信喜『憲法　第6版』150頁。

なる世界観や主義、主張を持つことも自由である。

一方、親が子の養育と教育に関して、自己の世界観、人生観、主義、主張を有し実践することは、子の最善の利益に反しない限り自由である。

(3) 信教の自由

信教の自由は、宗教上の信仰の自由であり、宗教を信仰すること、宗教を信仰しないこと、信仰する宗教を選択し変更することなどについて[10]、児童はその成熟度に応じて、自由に選択する権利がある。国家権力がこれを侵すことはできず、親権者も介入できない。

この点で、剣道実技拒否事件の最高裁判決がある[11]。これは、「エホバの証人」を信仰する高専1年生が、教義に基づいて剣道実技を拒否したため、その後2年連続の原級留置と退学処分を受け、これらの処分が信教の自由を侵害するとして、処分取消を求めた事案である。最高裁は、本件各処分は、社会観念上著しく妥当を欠く処分で裁量権の範囲を超える違法なものとし、同趣旨の原審を是認した。児童の信教の自由は論じられていないが、児童の信教の自由の保障を前提とした判決と一般には解されている。

しかし、裁判所は、当該宗教団体の教義を信じるか否かの選択権が、実際に当該児童に保障されていたかどうかを明確にし、その観点から信教の自由について論及すべきであったと考える。

(4) 表現の自由

表現の自由は、内心における思想や信仰、情報や芸術などを外部に表明する精神活動の自由をいい[12]、児童はその成熟度に従って、思想、意見、主張その他すべての精神活動について、自由に表現する権利を有する。ただし、親に連れられて、児童とくに低年齢児が各戸または街頭で布教活動をすることについては、子の利益に反し、子の権利侵害と認められるべきであろう。

---

10 前掲・芦部信喜『憲法　第6版』155頁。

11 最判平成8年3月8日民集50巻3号469頁（1996年）。

12 前掲・芦部信喜『憲法　第6版』175頁。

5 社会権

(1) 児童と社会権

社会権には、生存権（25条)、教育を受ける権利（26条)、勤労の権利（27条)、労働基本権（28条）の4類型があり、児童は、このうち生存権、教育を受ける権利、児童の労働における酷使禁止を享有する。

(2) 生存権

憲法25条は、すべて国民は、健康で文化的な最低限度の生活を営む権利を有するとし、児童を含むすべての国民に人間らしい生活を送ることを権利として保障している。この児童に対する生存権保障の一環として、児童福祉法など児童福祉に係る関連法が制定されている。

(3) 教育を受ける権利

教育を受ける権利とは、児童が教育を受けて学習し、人間的な発達と成長をしていく児童の学習権を保障するものであり、国は、そのために合理的な教育制度と適切な教育条件を整備する義務を負っている[13]。

具体的には、学習権の保障のための教育制度と施設の整備、教育の機会均等、義務教育の無償がある[14]。義務教育の無償の範囲については、「無償とは授業料不徴収の意味と解するのが相当である」とするのが判例・通説である[15]。

また、親が子に義務教育を受けさせることを怠る行為は、子の教育を受ける権利の侵害となる。就学年齢にある子を、親が特段の理由なく学校に通学させない場合は、児童相談所の介入があり得る。

(4) 児童の酷使禁止

労働者の過重労働からの保護のために、憲法27条2項は、労働条件の基準法制定の義務を国に課している。憲法27条3項の児童の酷使禁止規定は、児童の労働者についてその保護すべき趣旨をさらに強調したものと解される。

本規定を受けて、労働基準法56条は、児童が満15歳に達した日以後の最初の3月31日が終了するまで労働者として使用することを原則として禁止し、

---

13 前掲・芦部信喜『憲法 第6版』273頁。

14 前掲・野中俊彦ほか『憲法Ⅰ 第4版』492頁。

15 最大判昭和39年2月26日民集18巻2号343頁（1964年)。前掲・野中俊彦ほか『憲法Ⅰ 第4版』494頁。

また、年少者の労働基準を定めて児童などの若年労働者の保護を図っている。

第2章　親権制度（民法Ⅰ）

Ⅰ　親権制度の沿革

1　旧民法草案人事編

(1) 経緯

1880年（明治13年）、司法省に民法編纂局が設けられて、ボアソナードが民法編纂に参画した。1886年から、熊野敏三などにより旧民法草案人事編（以下、旧民法草案という）の起草が始まり、1888年に完成したとされる[1]。

(2) 特徴

旧民法草案には、次のような特徴が見られる。

①子の養成・訓戒・教育が、親の義務として明記された。

②明治初期の諸草案は、「親ノ権」や「父母ノ権」と規定していたが[2]、旧民法草案で初めて「親権」という法律上の概念が登場した。

③親権者の養育・教育義務の不履行は、親権喪失原因となる。

④父母が親権の濫用または不行跡の場合、親権の失権の宣告がなされ得る。

2　民法草案人事編理由書

(1) 作成の経緯

1889年（明治22年）から、法律取調委員会で旧民法草案の審議が開始された。民法草案人事編理由書は、その各条項の立法趣旨説明と内容の理解のために、熊野敏三たち報告委員によって作成された[3]。

1　前田達明編『史料民法典』（成文堂、2004年）611頁。

2　仏蘭西法律書民法（1871年）、民法決議（1871年）、皇国民法仮規則（1872年）、左院の民法草案（1873〜1874年）、明治11年民法草案（1878年）など。

3　熊野敏三ほか起稿『民法草案人事編理由書（上巻、下巻）』（1888年、早稲田大学中央

(2) 親権の義務性

民法草案人事編理由書は、第8章親権238条以下の定める「親権」について、「法律ハ父母ニ其子ヲ養育スヘキ義務ヲ命シタレハ父母其義務ヲ尽スヲ得ヘキ方法ヲ与ヘサルヘカラス　父母其子ヲ養育スルニハ多少ノ権力ヲ有スルヲ要シ親権ハ即チ之ニ権力ヲ与フルモノナリ　然レドモ此権力ノ性質ヲ誤解スヘカラス　親権ハ父母ノ利益ノ為メ之ヲ与フルモノニ非スシテ子ノ教育ノ為メ之ヲ与フルモノナリ　子ノ養育ハ父母ノ義務ニシテ其権利ニ非サレハ其方法トシテ監護懲戒ノ権ヲ与フルト雖モ之ヲ真ノ権利ト見做スコトヲ得ス　一切ノ権利ハ子ニ属シ父母ハ只義務ヲ有スルニ過キス」と述べている[4]。

ここに親権は、父母の利益のためではなく、子の教育のために与えられるのであって、付与された監護懲戒権を「真ノ権利」とみなすべきではなく、一切の権利は子に属し、父母はただ義務を負うにとどまる、としている。これは親権の義務的性格を強調し、父母の権力をおおむね否定したものといえよう。

(3) 親権喪失制度

民法草案人事編理由書は、未成年者淫行勧誘罪のような犯罪行為を行う父母の強制的失権、および、「其子ヲ打擲（ちょうちゃく）シ又ハ必要ノ養料ヲ給セサル」すなわち子を殴打したり必要な食事を与えないような権力濫用や不行跡な父母の任意的失権について解説している[5]。

3 旧民法の公布と施行延期

先駆的な旧民法草案ではあったが、元老院による人事編審議が行われ、日本の従来の慣習や家族制度的な要素を重視した大幅修正がなされた[6]。例えば、親による子の養育と教育の義務や親権喪失に関する規定が削除された。

このような修正後、1890年（明治23年）に旧民法人事編（以下、旧民法という）が公布されたが、その施行をめぐり、断行派と延期派との間でいわゆる民法典論争が展開される。延期派の穂積八束は、「民法出テ、忠孝亡フ」と主張

図書館所蔵）参照。

4 前掲・熊野敏三ほか起稿『民法草案人事編理由書（下巻）』34頁。

5 同上51頁。

6 石井良助『民法典の編纂』175頁（創文社、1979年）。

した。これには1889年発布の大日本帝国憲法、富国強兵政策、やがて1894年の日清戦争、1904年の日露戦争を迎える時代的な背景があった。そして、1892年に旧民法は施行が延期され、その後も施行されなかった。

4　明治民法

(1) 施行までの経緯

1893年（明治26年)、内閣に法典調査会が設置されて、旧民法を修正する形で明治民法編纂が開始された。明治民法制定においては、ドイツ民法第一草案（1888年)、同第二草案（1895年）をはじめ、ザクセン、オーストリアなど多くの国の立法例が参照された。明治民法では、ドイツ民法典草案から顕著な影響を受けるとともに、ボアソナードの旧民法草案やフランス民法典などの規定も少なからず採用された[7]。総則編、物権編、債権編は1896年（明治29年）に公布され、親族編、相続編は1898年（明治31年）に公布、施行された。

(2) 親権の関連規定

旧民法で削除された親の監護・教育権が、親権の内容として規定され、権利とともに義務として位置づけられた。また、親権喪失に関しても、任意的失権のみであるが、旧民法草案の失権規定に近い規定がなされることになった。

なお、明治民法では、子の親権者は父のみであり、父が不知や死亡したときなどに限って在家の母が親権を行使した。通常は、戦前の母親には子の監護教育権も法定代理権も懲戒権もなかった。関連条文の例は、次のとおりである。

(親権者)

第877条　子ハ其家ニ在ル父ノ親権ニ服ス（以下略）

　　父カ知レサルトキ、死亡シタルトキ、家ヲ去リタルトキ又ハ親権ヲ行フコト能ハサルトキハ家ニ在ル母之ヲ行フ

(監護教育権)

第879条　親権ヲ行フ父又ハ母ハ未成年ノ子ノ監護及ヒ教育ヲ為ス権利ヲ有シ義務ヲ負フ

(懲戒権)

7　滝沢正『比較法』（三省堂、2009年）149頁。

第882条　親権ヲ行フ父又ハ母ハ必要ナル範囲内ニ於テ自ラ其子ヲ懲戒シ又ハ裁判所ノ許可ヲ得テ之ヲ懲戒場ニ入ルルコトヲ得（以下略）

5　民法改正要綱

戦後の1946年（昭和21年）、新憲法の制定に伴い改正を要する主要な法律を検討するために、内閣に臨時法制調査会が設置され、42項目の民法改正要綱を決定した。そのうち親権に関わる主なものは、次のとおりである[8]。

①未成年者を養子とするには裁判所の許可を要する（要綱第23）。

②親権は未成年の子に対するものとする（要綱第28）。

③父母共に在るときは子に対し親権を行ふ者は父母の協議に依り之を定め、協議調はざるときは裁判所之を定める（要綱第29）。

④母の親権に付いての制限は撤廃する（要綱第30）。

6　日本国憲法の施行に伴う民法の応急的措置に関する法律

新憲法施行から改正民法施行までの空白期間を埋めるために、1947年（昭和22年）4月、「日本国憲法の施行に伴う民法の応急的措置に関する法律」が公布され、同年5月3日の日本国憲法施行の日から同時に施行された[9]。

当該法律の全10条の内容は、①民法は個人の尊厳と両性の本質的平等に立脚する（1条）、②妻は無能力者などは適用しない（2条）、③戸主や家制度などは適用しない（3条）、④親権は、父母が共同して行う共同親権である（6条）、⑤家督相続に関する規定は適用しない（7条）、などである。

7　1947年の民法改正

1947年（昭和22年）12月には、民法親族編・相続編の全面改正および総則編第1条、第1条の2の新設等が行われたが、明治民法の規定をおおむね継承しながら改正されたことに留意する必要がある[10]。

この1947年に改正された民法（以下、1947年民法という）は、その後、1999

8　前掲・前田達明編『史料民法典』1290頁以下。

9　同上1284頁。

10　同上1315頁以下。

年の成年後見制度導入に伴う改正、2004年の現代用語化などの様々な改正を経て、2011年および2022年（令和4年）の親権規定の改正に至る。

8　1947年の改正民法における親権の内容

(1) 身上監護権

ア　監護教育権

1947年民法820条「親権を行う者は、子の監護及び教育をする権利を有し、義務を負う」は、子の身上監護に関する一般的規定である。子を健全な社会人として成長させることが監護教育であり、親権者は、適切な監護教育を通じて子の育成責任を負う。

イ　居所指定権

明治民法880条を承継して、1947年民法821条は、親権者による子の居所を指定する権利を定めた。

ウ　懲戒権

1947年民法822条1項は、明治民法882条を引き継いだものであり、親権者は自らその子を懲戒することができ、必要なときは家事審判所に懲戒場への収容の許可を申し立てることができ、その期間は6ヶ月以内の範囲で家事審判所が決定できるとした。

エ　職業許可権

1947年民法823条は、明治民法883条を承継して、子が職業を営むことでその子の利益が害されないように、親権者による子の職業許可権を定めた。

オ　身分行為の法定代理権

身分行為は、未成年者自身の意思によるが、例外として、15歳未満の子の養子縁組の代諾（797条）など、特定の身分行為に親権者の代理権を認めた。

(2) 財産管理権

1947年民法824条は、明治民法884条を受け継いで、親権者によるその子の財産管理権と法律行為を代理する権利を定めた。また、1947年民法4条は、未成年者の財産上の行為に対する親権者の同意権を定めた。この財産管理の対象は、現に未成年者に帰属する財産であり、財産の保存、利用、処分も含む。

(3) 親権喪失制度

1947年民法は、親権喪失制度として、親権喪失宣告（834条）、管理権喪失宣告（835条）、親権の辞任（837条）、管理権の辞任（837条）を規定した。

このうち親権喪失宣告は、父または母が、親権を濫用し、または著しく不行跡であるときは、家庭裁判所は、子の親族または検察官の請求によって、その親権の喪失を宣告することができるとしたものである。親権喪失原因としては、明治民法の「親権の濫用」と「著しい不行跡」を、1947年民法もそのまま引き継いでいる。戦前において、この「著しい不行跡」を理由として親権喪失を宣告された事例のほとんどが、父死亡後に親権者となった母の「性的不品行」に関してであった。この多くが明治民法の家制度の下で、遺産を承継した子の親権者たる母（嫁）の親権を剥奪して家から排除するために、「著しい不行跡」なる曖昧な規定が利用されたことに留意する必要がある[11]。

9 法制審議会民法部会小委員会における仮決定及び留保事項

(1) 報告までの経緯

法制審議会民法部会は、1954年に第1回会議が開催された。そのうち8名からなる小委員会が作られ、民法部会として改正要綱案を作成した。我妻栄が部会長と小委員会長を兼ねた。1955年に「仮決定及び留保事項（その1）」がまとめられ、1959年には「仮決定及び留保事項（その2）」が報告された[12]。

(2) 親権に関する留保事項

親権に関する事項については、次の5点に留意したい。各事項については、我妻栄の「法制審議会民法部会小委員会における仮決定及び留保事項（その2）の解説」（以下、「解説」という）で補足説明がされている[13]。

ア 39「親権」

親権という概念ないし制度の存廃について、左の諸案あり、なお検討する。

---

11 鈴木ハツヨ『子供の保護と後見制度』90頁（創文社1982年）。中村恵「わが国における親権法をめぐる現状」民商法雑誌136巻4・5号456頁（2007年）。

12 前掲・前田達明編『史料民法典』1357頁。

13 我妻栄「親族法の改正について　法制審議会民法部会小委員会における仮決定及び留保事項（その二）の解説」法律時報31巻10号14頁（1959年）。

(一) 親権を存続させる案
甲案　現行どおりとする案。
乙案　現行第766条の監護権を強化する案
丙案　親権は身上監護権を本質的内容とするものとし、必要ある場合には財産管理権を親権者以外の者に行わせることができるものとする案
(二) 親権という概念ないし制度を廃止する案
丁案　親権という統一的概念を廃止し、身上監護権と財産管理権とに分ける案
戊案　親権という制度を廃止し、後見制度に統一する案

イ　43「懲戒権」

第822条は削除することとするが、子の監護について必要があるときは家庭裁判所その他公の機関に対し必要な措置を求めることができる旨の規定を設けるべきか否かについて、なお検討する。

理由：現行制度として「懲戒場」は存在しないので、児童福祉法等との関連において一般規定を設けることを考慮するのが妥当である。

この点で、我妻栄は、児童福祉法、少年法、少年院法等に分散する規定の基礎として、かような国家施設の協力を得て子を監護教育する権利義務が親権内容として存在する旨を明示するのが適当かどうかの問題である、としている[14]。なお、我妻栄は、親権内容として当該規定は時代遅れで不要と解していた[15]。

ウ　49「親権喪失原因とその他の措置」

親権者に親権を行わせることを不相当とする事情があるときは、家庭裁判所は親権又は管理権の喪失の審判をすることができるものとすべきか否か、また事情によってこれらの審判とともに又はこれに代えて子の身上の監護又は財産の管理について必要な措置を講ずることができるものとすべきか否かについて、なお検討する。

この事項については、次のような我妻栄の解説が、別途なされている[16]。

すなわち、前段は、たとえば、子の福祉を害するときなど、親権喪失の理由

14　前掲・我妻栄「解説」法律時報31巻10号15頁。
15　「親族法の改正　座談会第2回」法律時報31巻11号89頁（1959年）。
16　前掲・我妻栄「解説」法律時報31巻10号15頁。前掲・「親族法の改正　座談会第2回」法律時報31巻11号95頁の我妻栄発言。

を緩和する案についてであり、後段は、たとえば、子を適当な施設に委託すること、一定の財産管理行為を制限することなどの適当な措置を、親権喪失の裁判の仮処分的なものに止めず、独立した制度として認めようとする案についてである。前段の修正案を採用するときは後段の修正案は一層必要なものとなるであろうが、必ずしも必然の関係はない。前段を否定し、後段のみを肯定することも可能である。

この我妻栄の指摘は、50年余後の2011年の民法改正において、親権喪失の審判が従前の親権喪失宣告よりも大きく要件を緩和したこと、および、さらに緩和された親権停止の審判を創設したことに通ずるものである。

10　2011年の民法改正

(1) 概要

2011年6月、法制審議会答申「児童虐待防止のための親権に係る制度の見直しに関する要綱」に基づいて、民法改正案が可決、公布された。この改正は、児童虐待防止を唯一の目的としたものであった。

その主な内容は、第一に、親権を「子の利益のために」子を監護教育する権利と義務とし、一方で懲戒権規定を残したこと、第二に、親権喪失の審判の判断基準を緩和するとともに、いっそう緩和された基準による親権停止の制度を新設したこと、第三に、複数の未成年後見人および法人の未成年後見人を許容したことである。これらを含めて主要な改正点は、次のとおりである。

(2) 親権の定義

「親権を行う者は、子の利益のために子の監護及び教育をする権利を有し、義務を負う」とし、「子の利益のために」を挿入した（民法820条)。

(3) 懲戒権

親権を行う者は、「子の利益のための監護および教育に必要な範囲内」でその子を懲戒することができるとした（民法822条)。親権者の懲戒権を存置し、「懲戒場」に関する部分のみを削除した。

(4) 親権喪失の審判

父又は母による虐待または悪意の遺棄があるとき、その他父又は母による親権の行使が著しく困難又は不適当であることにより子の利益を著しく害するときは、家庭裁判所は、子、その親族、未成年後見人、未成年後見監督人又は検察官の請求により、その父又は母について、親権喪失の審判をすることができる、とした（民法834条）。明治民法以来の親権喪失宣告制度の要件を緩和するとともに、名称も変更する大幅な改正を行った。

(5) 親権停止の審判

父又は母による親権の行使が困難又は不適当であることにより子の利益を害するときは、家庭裁判所は、子、その親族、未成年後見人、未成年後見監督人又は検察官の請求により、その父又は母について、親権停止の審判をすることができる、とした（民法834条の2）。親権喪失の審判より、さらに認定要件が緩和されている。

家庭裁判所は、親権停止の審判をするときは、その原因が消滅するまでに要すると見込まれる期間、子の心身の状態および生活の状況その他一切の事情を考慮して、2年を超えない範囲内で親権を停止する期間を定める。

(6) 管理権喪失の審判

子の財産について、父又は母による管理権の行使が困難又は不適当であることにより子の利益を害するときは、家庭裁判所は、子、その親族、未成年後見人、未成年後見監督人又は検察官の請求により、その父又は母について、子の財産に関する管理権喪失の審判をすることができる、とした（民法835条）。親権停止の審判と認定の要件が同じである。

(7) 複数の未成年後見人

1947年民法842条「未成年後見人は、一人でなければならない」を削除した。かつ、未成年後見人がある場合においても、家庭裁判所は、必要があると認めるときは、未成年被後見人又はその親族その他の利害関係人若しくは未成年後見人の請求により又は職権で、更に未成年後見人を選任することができる、とした（民法840条2項、857条の2）。本改正によって、複数の未成年後見人が許容されることになった。

(8) 法人の未成年後見人

未成年後見人を選任するには、未成年被後見人の年齢、心身の状態並びに生活および財産の状況、未成年後見人となる者が法人であるときは、その事業の種類および内容ならびにその法人およびその代表者と未成年被後見人との利害関係の有無、未成年被後見人の意見その他一切の事情を考慮しなければならない、とした。この民法840条3項かっこ書きの規定により、法人の未成年後見人が許容されることになった。

(9) 未成年後見監督人

家庭裁判所は、必要があると認めるときは、未成年被後見人、その親族若しくは未成年後見人の請求により又は職権で、未成年後見監督人を選任することができ、複数の未成年後見監督人および法人の未成年後見監督人も認められる、とした（民法849条、852条）。

(10) 15歳未満の者を養子とする縁組の承諾

養子縁組に際して、法定代理人が、15歳未満の者を養子とする縁組の承諾をするには、養子となる者の父母で親権を停止されているものがあるときは、その同意を得なければならない、とした（民法797条2項後段）。

(11) 離婚後の子の監護に関する事項

児童虐待に関連があるとして、離婚後の面会交流や養育費など子の監護に関する事項の定め等についても併せて改正された（民法766条）。

11 2022年の民法改正

2022年12月の民法改正で、子の人格の尊重と子への配慮および体罰禁止規定が新設され（民法821条）、居所指定権（旧821条）が民法822条となり、懲戒権（旧822条）が全部削除された。次のとおりである。

(1) 子の人格の尊重および年齢と発達の程度への配慮

親権者は、子の監護教育において、子の人格の尊重および子の年齢と発達の程度に配慮しなければならない、とした。

(2) すべての体罰禁止

親権者は、子の監護教育において、体罰その他の子の心身の健全な発達に有害な影響を及ぼす言動をしてはならない、としてすべての体罰を禁止した。

(3) 懲戒権の廃止

民法822条の懲戒権を全部削除し、全面的に廃止した。

II　親権制度の概要

1　親権制度

(1)　親権の沿革

わが国における親権は、旧民法草案で初めて親権（原則として父権）として明記された。その後、明治民法では、親の監護・教育権が親権の内容として規定され、権利とともに義務として位置づけられた。

戦後の新しい憲法（1946年）によって、両性の平等と子の権利が確立され、民法親族編規定も父母の平等と子の権利を基調としたものに改正されることが期待された。しかし、家制度の廃止や父と母の平等化、個人主義化など一部には変化と発展がみられるものの、1947年の改正民法は明治民法をおおむね引き継いでおり、憲法の理念に照らすと子の権利等に関しては不徹底であったと考える。

(2)　親権概念の見直し

前述のとおり、1959年の法制審議会民法部会小委員会の「仮決定・留保事項（その2）・第39親権」においては、親権という概念ないし制度の存続について、甲乙丙丁戊の5案が提案された。

これを分類すると、甲・乙・丙案は親権を存続させるもので、丁・戊案は親権そのものの概念または制度の廃止を主張する。このうち、丁案は、親権を後見に統一はしないが、親権という概念を廃止し、「親子の権利義務」として、その機能を身上監護と財産管理とに大別し、場合によっては父母に分属するすることも認めようとする[17]。戊案の親権後見統一論は、明治民法の親権思想を過去の遺物として決別し得る点で斬新である[18]。しかし、今もって、この親権概念に係る論争は決着していないと思われる。

現下のわが国における著しい家族の変容と社会の変化に対応し、さらに1994年に批准した児童の権利に関する条約、児童福祉法や児童虐待の防止等

17　前掲・我妻栄「解説」法律時報31巻10号14頁。

18　於保不二雄・中川淳編『新版注釈民法（25）親族（5）改訂版』[於保不二雄執筆] 3頁（有斐閣、2004年）。

に関する法律など関係各法との整合性も視野に入れながら、子の権利擁護の理念として、親権という概念の抜本的な見直しを行う必要があると考える。

2 親権の意義

(1) 親権の法的性質

親権における義務性について、我妻栄は、親権は「子の哺育・監護・教育という職分」であり、「他人を排斥して子を哺育・監護・教育する任に当りうる意味では権利であるにしても、その内容は、子の福祉をはかることであって、親の利益をはかることではなく、またその適当な行使は子及び社会に対する義務」とした[19]。子の福祉を優先するとともに、親権は国家ではなく子と社会に対する義務とする点で明快で普遍的な定義である。

なお、2024年5月の国会で、共同親権等に係る民法改正に関連して、民法818条1項が「親権は、成年に達しない子について、その子の利益のために行使しなければならない」と改正された。親権の義務的性質の明確化がさらに促進されたものと考える。

(2) 身上監護と財産管理

民法における親権の具体的内容は、義務的色彩が強いものであり、身上監護と財産管理に分けられる。

身上監護の包括規定が監護教育権（民法820条）であり、さらに身上監護権の具体的内容として居所指定権（821条）、懲戒権（822条）、職業許可権（823条）などが規定されてきた[20]。2022年の民法改正によって、このうち懲戒権が廃止され、代わって体罰禁止の義務規定が新設された。その結果、民法821条は体罰禁止等、822条は居所指定権に条文が再編成された。

また、財産管理権も親権の権利義務を構成するもう一つの重要な要素である。

3 身上監護権

(1) 監護教育権（包括的総則規定）

民法820条は「親権を行う者は、子の利益のために子の監護及び教育をする

---

19 我妻栄『親族法』316頁（有斐閣、1961年）。

20 同上330頁。

権利を有し、義務を負う」と規定する。「監護及び教育」とは、親権の身上監護の面を包括的に示したものであり、「権利を有し義務を負う」のは身上監護についてのことである[21]。

本条は、子の身上監護についての包括的総則規定であり、子の福祉を優先する権利と義務を明確にするとともに、児童の権利に関する条約3条の「児童の最善の利益の考慮」との整合性を図る必要があった。その点では、2011年の「子の利益のために」という文言挿入により、親権の義務的側面を強調したものと解される。

さらに、2022年の改正により、新たな民法821条として、「親権を行う者は、前条の規定による監護及び教育をするに当たっては、子の人格を尊重するとともに、その年齢及び発達の程度に配慮しなければならず、かつ、体罰その他の子の心身の健全な発達に有害な影響を及ぼす言動をしてはならない」という条文が新設された。これは、親による監護教育権の行使全般において、子の人格の尊重、年齢及び発達の程度に応じた配慮、そしてすべての体罰禁止がなされるべきことを明示したものであり、子の権利擁護への強いメッセージと受け止める必要がある。

(2) 居所指定権

民法822条の居所指定権は、親権を行う者の監護教育権を全うするために、その権利義務から派生するものである。子は、親権者の指定した場所にその居所を定めなければならないが、子自身が指定に従わない場合、何らの制裁もなく指定を強制する手段も存在しないため、法的な権利・義務としての実態は極めて稀薄であるといえよう[22]。

したがって、本条を削除して820条の監護教育権に包摂させるべきものと考えるが、子の身体を拘束する者から引き渡しを求める根拠となり得ること、ドイツ法やフランス法においても居所指定権の条項があることなどを理由に、2022年の改正では従前どおり存置された。

(3) 職業許可権

民法823条は、子は、親権者の許可を得なければ、職業を営むことができな

21　前掲・我妻栄『親族法』330頁。

22　前掲・於保不二雄編『新版注釈民法（25）親族（5）改訂版』103頁。

いとしている。職業許可権については、2022年の改正では従前どおり存置されたが、成年年齢が18歳になったことにより、現実社会での重要度は小さくなった。

(4) 身分行為の代理権

親権者は、子の身分上の行為について代理することはできないが、法律に特別の定めがある場合は代理権を有する。例えば、15歳未満の子の氏の変更の許可申立て（民法791条）、15歳未満の子の養子縁組の代諾（民法797条）、相続の承認・放棄（民法917条）などである[23]。

(5) 子の人格の尊重および体罰禁止の義務（新設）

2022年改正の民法821条は、親権者による子の人格の尊重および体罰禁止の義務を新設した。（別途、後述する）。

(6) 懲戒権（廃止）

2022年の民法改正により懲戒権は廃止された（別途、後述する）。

4　財産管理権

民法824条により、親権者は、未成年の子の財産を管理し、制限行為能力者たる子の財産に関する法律行為を代理する。行為能力を有しない未成年者のため、親権者がその財産を管理し、または代理して未成年者の財産保護を図る。

5　体罰禁止規定（2022年新設）

(1) 経緯

ア　中間試案から最終答申へ

民法における体罰禁止は、懲戒権の廃止と併せて行われた。それに先立つ2021年2月、法制審議会民法（親子法制）部会は、民法の懲戒権に関する規定等の見直しについて、次の3案を中間試案として発表した[24]。

［甲案］　民法822条を削除する。

［乙案］　民法822条を次のように改める。

親権を行う者は、その子に対し、第820条の規定による監護及び教育

23　前掲・我妻栄『親族法』333頁。

24　法制審議会民法（親子法制）部会14回会議資料14-1（2021年2月9日）。

のために必要な指示および指導をすることができる。ただし、体罰を加えることはできない。

［丙案］ 民法822条を次のように改める。

親権を行う者は、第820条の規定による監護及び教育を行うに際し、体罰を加えてはならない。

2022年、この丙案を基本として精神的体罰を加えた法制審議会答申が出された。答申は、民法821条において、親権者は、820条の規定による監護および教育をするに当たっては、子の人格を尊重するとともに、その年齢および発達の程度に配慮しなければならないこと、さらに、体罰その他の子の心身の健全な発達に有害な影響を及ぼす言動をしてはならないことを明記した。

イ　精神的体罰の追加

法制審議会部会の議論では、当初から、体罰禁止について精神的暴力も禁止すべきとの意見があった。これに対して、同部会は、精神的な苦痛を加える行為は様々であって禁止行為を明確にするのは困難、また民法834条の親権喪失規定により親権者による虐待は既に禁止されていることなどを理由に、早い段階で精神的暴力は体罰禁止の対象としないとされていた[25]。

しかし、これは虐待と体罰を混同しており、精神的体罰は対象外という結論ありきの無理な理由付けであったと思う。その後、法制審議会は、中間試案後の議論の積み重ねを経て、「体罰その他の子の心身の健全な発達に有害な影響を及ぼす言動」という文言により、禁止される体罰には精神的体罰を含むことに転換した。国会では、最終的な法制審議会答申どおりに法改正され、体罰には精神的体罰が含まれることなったのである。

ウ　関連条文の見直し

2022年改正において、民法821条には、親権を行う者は、子の監護および教育に際して、子の人格を尊重とその年齢および発達の程度に配慮しなければならないという規定が新設された。これは監護教育権の総則的規定たる民法820条とともに、子の人格の尊重および年齢と発達の程度に応じて配慮する義務を定め、監護教育権の行使全般において子の人格の尊重および子への配慮が

25　法制審議会民法（親子法制）部会13回会議資料13-1、3頁（2020年）。

なされるべきことを明らかにするためと解される。

他方、監護教育権規定の見直しに関連して、民法821条の居所指定権、民法823条の職業許可権についてもその規定の是非が検討された。しかし、居所指定権は、親権者が子の身体の拘束者に対してその引き渡しを求める法的根拠ともなり、職業許可権は、監護教育にのみ関することではないとして、いずれも関連条文として見直す必要はないとされた[26]。

(2) 禁止されるべき体罰

ア　身体的体罰と精神的体罰

虐待防止法の定める虐待類型に属する体罰が禁止されることは当然として、尻たたきや大声で怒鳴る叱責などについては、様々な意見があるだろう。

しかし、たとえしつけ目的で手加減されたとしても、子に対するすべての有形力の行使と過度な言動による威嚇は一切禁止するべきであり、それを土台にしてわが国の子育て文化の大転換を促すべきと考える。端的に言えば、すべての有形力の行使（身体的体罰）とすべての過度の叱責と威嚇（精神的体罰）は、民法822条によりわが国の子育てから排除されるべきなのである。児童虐待と体罰、およびすべての児童の権利侵害との相関関係は次頁のとおりである。

イ　体罰禁止の実効性

2000年、ドイツ民法典（BGB）1631条2項は、「子は、暴力によらない養育を受ける権利を有する。体罰、精神的加害およびその他の屈辱的な処置は許されない」と改正された。これは一切の体罰を禁止し、子の権利を守ろうとするものである。その後、ドイツにおける子の養育実態では、BGB改正後の2005年において、親の91.2%が「暴力を用いないよう努力する」、80%が「子を叩くことは傷害に相当する」と回答し、ドイツ社会に暴力によらない養育の考え方が広がっている[27]。なお、このBGB1631条2項は、「子は、暴力、体罰、精神的加害、およびその他の屈辱的な処置をされることなく、養育および教育を受ける権利を有する」に文言が修正され、2023年1月から施行されている。

また、1979年に体罰の絶対的禁止を法制化したスウェーデンでは、親に叩

26　前掲・法制審議会民法（親子法制）部会13回会議資料13-1、7頁。

27　カイ＝デトレフ・ブスマン Bussmann「ドイツの家庭内養育における暴力禁止の効果」『家族の変容と暴力の国際比較』222頁（明石書店、2007年）。

児童の権利侵害（広義の児童虐待）

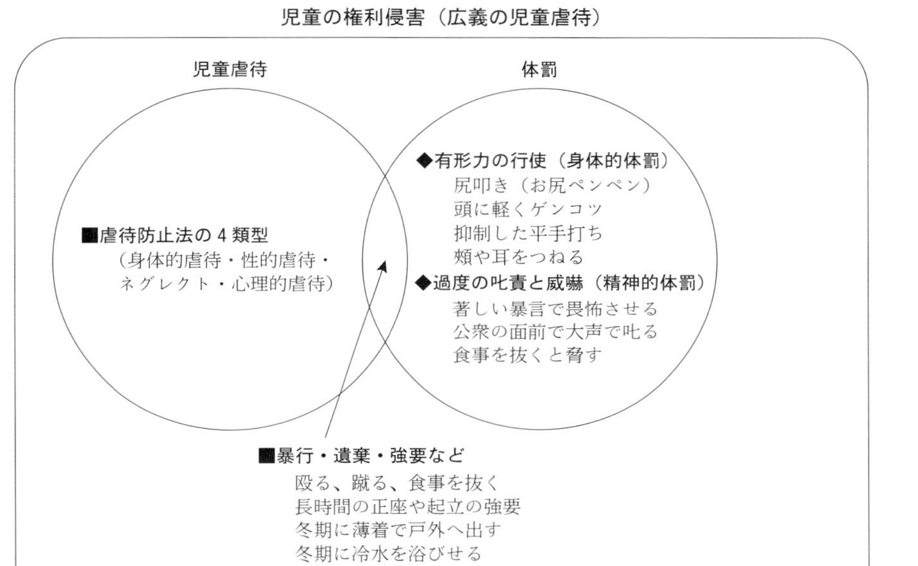

かれる経験をした子どもの割合は、2000年以降は僅か数％にまで減少しており、さらに、2010年代には、体罰に肯定的な親と体罰を使用する親の割合は、いずれも10％程度にまで減少するなど、顕著な効果が現れている[28]。

このように、すべての体罰禁止を法制化することにより、行政広報や啓発事業に多額の費用を要し、かつ長い年月がかかるものの、「暴力によらない養育を受ける子の権利」を擁護する高度な福祉社会形成に向けて大きく進展することができる。それをスウェーデンなどの実例が証明していると考える。

28 「子どもに対する暴力のない社会をめざして～体罰を廃止したスウェーデンの35年」(Government Offices of Sweden and Save the children Sweden 2014)。

(3) すべての体罰禁止の必要性

ア 欧州諸国の体罰禁止

2019年、フランスは様々な議論を経て、民法典371条の1第3項に「親権は身体的または心理的な暴力を用いることなく行使される」とすべての体罰禁止を規定した。1979年のスウェーデン、2000年のドイツ、そして2019年のフランスに、わが国もようやく2022年12月に追いついた。

現実には、家庭での子の日常的な養育において手加減した体罰は必要、あるいは法律上も倫理上も許されると考える親は少なくない。しかし、一切の体罰を法律で禁止し、子が暴力なしで養育される権利を法で規定することは、民主国家として、子の人権擁護と高度福祉社会への進化に向けて大きな意義があると考える。そのために、欧州諸国と同様、すべての体罰禁止を基幹法である民法の親権条項に定め、親権者にとって重要な義務の一つであることを明確にしたことは、高く評価することができる。

イ 子育て文化の転換

もとより、民法の懲戒権規定を削除して子が体罰なしで養育される権利を新設したとしても、それだけでわが国の各家庭での子育てが激変するわけではない。1979年にすべての体罰を禁止する法を制定したスウェーデンでは、戦前の1930年代から小児科医や児童心理学者などから議論が始まり、体罰が子どもに及ぼす悪影響について知識が広がっていた。1979年法の制定後も、数十年にわたって、行政による広報キャンペーンが続けられ、親への情報提供が行われている[29]。一方、ドイツ連邦政府でも、2000年から2001年末にかけて全国的な宣伝キャンペーンを繰り広げたが、国民の認知度などにおいて十分ではなかったという指摘もある[30]。

これらのことは、家庭内における子への体罰をなくすことは決して容易なことではなく、数十年単位の長い期間を要することを意味する。今後は、政府と自治体が、ともに長期的な国民への各種啓発活動を続ける意志と忍耐力を持つことが不可欠である。あわせて、学校教育において、子どもには「親から一切の体罰なしで養育される権利がある」ことをしっかり教える必要があろう。

---

29 前掲・「子どもに対する暴力のない社会をめざして」（スウェーデン）。

30 Bussmann, op. cit., p220.

政府や自治体には、親権規定の国際標準化に則り、今後数十年間にわたる子育て文化転換のテーマとしてすべての体罰禁止を位置づけ、息の長い行政対応が求められる。それは児童虐待防止に寄与するものとなろう。

6　懲戒権（2022年に廃止）

(1) 懲戒権の由来

1804年のナポレオン法典原始規定は、大陸法を代表する先駆的な制定法として、ドイツなど近隣諸国の民法典編纂に影響を与えた。わが国の明治民法は、1888年のドイツ民法第一草案や1895年の第二草案を参照するとともに、パリ大学教授のボアソナードなどによる日本人法律家の育成および旧民法草案人事編の起草などを通じて、フランス民法典から強い影響を受けている[31]。

その後の1898年の明治民法親族編の公布および1947年の民法親族編の改正を経て、2022年12月まで、わが国の民法に懲戒権規定が存在していたことに留意したい。それはフランス絶対王政期における国王の封印状に基づく子の投獄制度の影響を受け、制定法として編纂されたナポレオン法典に由来するものだからである。このような系譜から、わが国における懲戒権も、親権者が子を懲戒場に入れることを国家に対して請求する権利、すなわち「親による子の投獄権」が主たるものであったということができよう。

さらに、懲戒権の一般規定については、この親権者の投獄権を民法の条文において引き出すために、旧民法草案人事編と旧民法が「子ヲ懲戒スルノ権ヲ有ス」と規定し、それを明治民法および1947年の改正民法が承継し、懲戒権に係る一般条項として「親権を行う者は……その子を懲戒することができる」と定めたものと解されている[32]。

(2) 懲戒場

2022年改正前の民法の懲戒権規定は、明治民法882条を引き継いだものであり、親権者の身上監護権の構成要素の一つである。民法822条は、懲戒権の主たる目的として、1947年改正から2011年改正までの間、親権者はその子を

31　前掲・滝沢正『比較法』149頁。前掲・前田達明編『史料民法典』944頁。

32　「親族法の改正　座談会第2回」法律時報31巻11号90頁（1959年）の中川善之助見解。

家庭裁判所の許可を得て懲戒場に入れることができると規定していた。

この「懲戒場」については、旧刑法の懲治場、その後の1900年（明治33年）の感化法による感化院、1922年（大正11年）の少年法および矯正院法による矯正院、1933年（昭和8年）に感化法に代わって制定された少年教護法による少年教護院が該当した[33]。

戦後、少年教護法は、1947年制定の児童福祉法に統合されて廃止となり、教護院への入所は児童福祉法による措置として行われることになった。また、1948年の少年法および少年院法の制定により矯正院法が廃止され、この少年院法に民法の懲戒権に基づく入院条項は規定されなかった。

このように、敗戦直後の1949年1月から2011年に至るまで、1947年改正の民法の定める「懲戒場」にあたる施設は存在しなかったのである[34]。

(3) 懲戒権廃止までの経緯

ア 1947年の民法改正

1947年改正の民法822条1項は、「親権を行う者は、必要な範囲内で自らその子を懲戒し、又は家事審判所の許可を得て、これを懲戒場に入れることができる」、同条2項は「子を懲戒場に入れる期間は、6箇月以下の範囲内で、家事審判所がこれを定める（以下略）」とし、明治民法の懲戒場規定をそのまま受け継いだ。

イ 2011年の民法改正

2011年改正は、民法822条を「親権を行う者は、第820条の規定による監護及び教育に必要な範囲内でその子を懲戒することができる」とした。本改正は、「子の利益のための監護及び教育に必要な範囲内」との制限を付けて懲戒権を残し、実態がなく死文化していた懲戒場規定のみを削除したものであるが、「監護と教育に必要な範囲内」の懲戒の意味は不明確であった。

当時の法務大臣は、懲戒権を削除すると親が子のしつけをできくなるという意見があると答弁した。しかし、親権を有さず懲戒権もなかった戦前の母親が、子のしつけを行わなかったという事実を仄聞したことはなく、この政府答弁は、

---

33 懲戒場については拙著『児童虐待の防止を考える』214頁を参照されたい。

34 少年教護院は改正民法と児童福祉法の施行日（1948年1月1日）まで、矯正院は少年法と少年院法の施行日（1949年1月1日）まで懲戒場であった。

懲戒権廃止が引き起こす結果への杞憂に過ぎなかった。

ウ　2022年の民法改正

民法の懲戒権規定については、虐待を行う親が児童虐待を「しつけ」と開き直る根拠とすることが少なくなかった。2018年と2019年に東京都目黒区や千葉県野田市において重大な児童虐待死事件が続いたことを契機に、2019年6月、法制審議会民法（親子法制）部会に懲戒権規定に関する見直しの是非が諮問されることとなった。2022年2月に法制審議会答申がなされ、同年12月に懲戒権廃止と体罰禁止義務新設の民法改正が行われた。

この点について、我妻栄は、1959年の時点で、親権の内容として懲戒権は時代遅れな規定と断じている[35]。それから60余年も経た法制審議会において、民法の懲戒条項の是非が論じられたのである。ドイツ民法典は1957年に懲戒権を削除し、フランス民法典も1958年に廃止しており、わが国の民法の懲戒権規定の削除は、国際標準に比べて遅すぎる改正だったといえよう。

Ⅲ　親権喪失制度

1　2011年の民法改正

2011年改正の民法は、明治民法から1947年民法に受け継がれてきた親権喪失宣告制度を大きく転換した。2011年改正民法は、親権喪失制度として、親権喪失・管理権喪失・親権の辞任・管理権の辞任に、新しく親権停止（834条の2）を加えて5類型とした。親権喪失の審判は、従前の親権喪失宣告制度より要件が大幅に緩和され、親権停止の審判は、さらにその適用基準を緩和した制度として新設されたのである。管理権喪失の審判も、親権停止の審判と同一の基準に緩和された。

2　親権喪失の審判

(1)　意義

民法834条は、父又は母による虐待又は悪意の遺棄があるときその他父又は

35　「親族法の改正　座談会第2回」法律時報31巻11号89頁（1959年）。

母による親権の行使が著しく困難又は不適当であることにより子の利益を著しく害するときは、家庭裁判所は、子、その親族、未成年後見人、未成年後見監督人又は検察官の請求により、その父又は母について、親権喪失の審判をすることができる、と規定する。

明治民法のときから、親権喪失については、「親権濫用又は著しい不行跡」という親の有責性が判断基準とされてきた。これに対して、2011年改正の現行民法は、「父又は母による虐待又は悪意の遺棄」という父母の有責行為を列挙するとともに、「その他父又は母による親権の行使が著しく困難又は不適当であることにより子の利益を著しく害するとき」と規定して、有責行為以外であっても親権喪失が認容され得ることとなった。

(2) 親の有責性から子の利益侵害へ

ア　親の有責性

民法834条の「虐待」とは、子に対して重大な怪我や後遺症を生じさせる程度の身体的暴行あるいはわいせつな行為など、重篤な身体的、性的または精神的な加害行為をいう。また、「悪意の遺棄」とは、正当な理由のない故意の育児放棄や著しい減食や長期間の放置などをいう。いずれも父または母の重度の有責性、非難可能性を親権喪失の認容要件とする。

イ　子の利益侵害

民法834条の「親権の行使が著しく困難」とは、重度の精神疾患等により適切な親権行使が不可能またはそれに近い状態をいう。また、「親権の行使が著しく不適当」とは、子に対する日常的な身体的暴行、あるいは子の養育において必要な世話や措置をほとんど行わないことなどをいう。

いずれも父または母の有責性や非難可能性が不存在もしくは中軽度ではあるが、その親権行使の実情が著しく適切さを欠いているため、当該父または母に親権行使をさせることが子の健全な育成のために著しく不適当であり、その結果として、子の利益を著しく害していると認められることを親権喪失の認容要件とする[36]。

36　飛澤知行編著『一問一答平成23年民法等改正』43頁（商事法務，2011年）。

ウ　認容要件の転換

このように家庭裁判所における親権喪失審判の認容要件は、従前からの有責行為に加えて、父または母による親権の行使が子の利益を著しく害するという非有責行為も広く含むこととされた。

したがって、現行民法においては、虐待や悪意の遺棄など親の非難可能性や有責性の存在を必須の条件とはせず、そのような有責行為がない場合でも、家庭裁判所は、子の利益が著しく害されていると認められるときには親権喪失の審判を行うことができる。親権喪失審判の認容の要件が、親の有責性から子の利益の侵害に転換されたことにより、民法における親権喪失の審判の判断基準は、明治民法由来の親権喪失宣告の基準よりも大きく緩和されたのである。

(3) 審判の申立権者

親権喪失の審判申立ては、子、子の親族、未成年後見人、未成年後見監督人、検察官の請求により行われる（民法 834 条）。

従前の親権喪失宣告制度における申立権者は、子の親族と検察官に限定されていたが、親権喪失の審判においては、子および未成年後見人および未成年後見監督人が申立権者に付け加えられた。また、児童相談所長も、親権喪失審判の申立てを行うことができる（児童福祉法 33 条の 7）。

(4) 子による親権喪失の審判申立て

ア　子の当事者としての権利

子による親権喪失審判の請求については、2011 年民法改正に係る法制審議会部会においても、重要な論点の一つとして議論された。反対論者は、未成年者に大きな精神的負担を課すおそれ、当該未成年者が両親や親族間の紛争に巻き込まれるおそれなどをその理由としてあげた。

しかし、子は、親権に係る法律関係の当事者であり、親権喪失・親権停止・管理権喪失の審判によって直接的な影響を受ける。子の年齢によっては、夫婦の離婚に関連する紛争に子が巻き込まれる可能性や過度の精神的負担が生じる懸念もあるが、親権の行方について最も影響のあるのは子自身であり、当該未成年者に家庭裁判所への親権喪失審判請求の権利を付与することは当然といえよう。例えば、重篤な性的虐待の被害を親から受けている未成年者本人に対し、親権喪失の審判の請求権を与えない理由は全くない。

もとより、児童相談所長が児童福祉法に基づいて、父または母の親権喪失・親権停止・管理権喪失の審判の申立てを行うべき事案も少なくないが、必ずしも児童相談所長が家事審判申立てを行うとは限らない。かりに、児童相談所長が消極的であれば、子が自分自身で家庭裁判所に請求することによって、時機を失することなく適切に自己の権利を守ることが可能となる[37]。

イ 手続代理人の選任

子が独自で、親権喪失・親権停止・管理権喪失の審判申立てを行う場合、裁判長は、当該子の申立てにより、または申立てをしない場合には子に対し手続代理人選任を命じ、若しくは職権で、弁護士を手続代理人に選任することができる（家事事件手続法23条、118条、168条）。

子に意思能力があれば、家庭裁判所に親権喪失・親権停止・管理権喪失の審判申立てを行うことができるが、子の意思能力の有無は、一定の年齢で画一的に線を引くことはできず、家庭裁判所調査官の調査や子の陳述聴取を通じて個別に判断されることとなる。

ウ 15歳以上の子の権利

民法は子の氏の変更（791条）や子の普通養子縁組（797条）などにおいて15歳以上の未成年者に行為能力を認めている。認知の訴え（787条）など意思能力のある子に家庭裁判所への請求権を認める諸規定に基づく家庭裁判所実務を勘案すると、15歳以上であれば当然に意思能力があるものとして子本人の請求が認められ、15歳未満の場合は事案毎に個別に判断されるべきである。

また、親権喪失、親権停止または管理権喪失の審判においては、当該親権者だけでなく、申立人ではない15歳以上の子については、その子の意見陳述を聴取しなければならないとされている（家事事件手続法169条）。

(5) 未成年後見人および未成年後見監督人の審判請求

ア 意義

親権停止の審判により親権を停止されている父母について、親権停止の審判の期間満了後に、引き続き親権停止または親権喪失、管理権喪失の審判申立てを行う必要のある場合があり得る。また、管理権喪失の審判を受けた父母につ

---

37 正当理由なく医療同意を拒否する親に、子の申立てによる親権停止を認容した宮崎家審平成25年3月29日家裁月報65巻6号115頁（2013年）。

いて、親権喪失・親権停止の審判申立てをする可能性もある。

親権停止等により選任された未成年後見人や未成年後見監督人は、父母の親権停止期間あるいは管理権の喪失中に、子の身上監護や財産管理等の事務または監督業務を通じて子と親の状況を把握することができる。そのため未成年後見人や未成年後見監督人は、当該父母による親権行使の適否を的確に判断することが可能であり、必要があると認めるときには、積極的に父母の親権喪失等の申立てを行い、当該未成年者の利益に寄与するべきである。(民法834条)。

イ　未成年後見人等が複数の場合

親権喪失や親権停止の審判の申立ては、家庭裁判所に対する子の関係者や関係機関からの通報あるいは情報提供に近い性質を有している。

したがって、複数の未成年後見人や未成年後見監督人が選任されているような場合でも、民法の関連条文の文理上において、また、職権による調査に基づいて最終的な適否を判断するのは家庭裁判所であることを考慮すれば、未成年後見人や未成年後見監督人はそれぞれ単独で親権喪失等の審判申立てをすることができるものと解される。

同様の理由により、財産管理に関する権限のみを有する未成年後見人においても、親権喪失等の審判の申立てをすることができる[38]。

(6) 親権喪失および親権停止の審判における一部認容

親権喪失の審判の請求がなされた場合に、家庭裁判所は、親権喪失は認めないが、一部認容として親権停止あるいは管理権喪失の審判をすることができるとの見解がある。これは、親権喪失の審判の請求には、親権停止の審判や管理権喪失の審判の請求も包含されるとの立場から、家庭裁判所は、親権喪失の原因までは認められないまでも、親権停止の原因は認められると判断したとき、親権停止の審判をすることは可能であるとするものである。一方、親権停止の審判または管理権喪失の審判の請求に親権喪失の審判をすること、親権停止の審判の請求に管理権喪失の審判をすること、管理権喪失の審判の請求に親権停止の審判をすることは、いずれも前者の審判請求が後者の請求を包含する関係にないため認められないとする[39]。

38　前掲・飛澤知行編著『一問一答　平成23年民法等改正』37頁。

39　安倍嘉人ほか監修『子どものための法律と実務』44頁（日本加除出版、2013年)。同

これらの解釈は、子の利益を擁護する観点に立った現実的で有意な運用であり、今後、家庭裁判所の実務において広く取り入れられることを望みたい。

3　親権停止の審判

(1) 親権停止とは

ア　意義

民法834条の2は、父又は母による親権の行使が困難又は不適当であることにより子の利益を害するときは、家庭裁判所は、子、その親族、未成年後見人、未成年後見監督人又は検察官の請求により、その父又は母について、親権停止の審判をすることができると規定し、その期間を「2年を超えない範囲内」と定めている。親権喪失が無期限の親権剥奪であるのに対し、親権停止は有期限（2年以内）の親権剥奪と解される。直近の審判実務においては、親権停止期間2年が、2022年は62.1%、2023年は56.3%と大半を占めている[40]。

イ　申立権者

親権停止の審判は、子、子の親族、未成年後見人、未成年後見監督人、検察官が申立人とされ、児童相談所長も親権停止の審判の申立てを行うことができる。いずれも親権喪失の審判の場合と同様である。

ウ　認容の要件

親権喪失の審判が「親権の行使が著しく困難又は不適当であることにより子の利益を著しく害するとき」としているのに対して、親権停止の審判は、「親権の行使が困難又は不適当であることにより子の利益を害するとき」とした。親権停止の認容要件には「著しく」が抜けており、その認容の判断基準は親権喪失の審判に比べて大きく緩和されている。

エ　背景および効果

親権停止の審判の創設の背景には、児童虐待に係る被虐待児を親から分離して一時保護や施設入所措置をしたとしても、医的侵襲を伴う医療行為への同意、病院への入院、精神病院への医療保護入院、予防接種、アパートの賃貸借契約

上『一問一答　平成23年民法等改正』52頁。

40　最高裁判所事務総局家庭局「親権制限事件及び児童福祉法に規定する事件の概況」（令和4年、令和5年）」。

や携帯電話契約等の法律行為などにおいて、どうしても親権者の同意が必須となるという社会の現実が存在していた。

親権停止の審判制度が幅広く活用されることにより、宗教的教義による輸血拒否など医療ネグレクトへの対応の円滑化をはじめ、親子分離されたすべての施設入所児童や里親委託児童について、その日常生活における福祉の向上を図ることが可能となる。

(2) 親権停止の審判例

親権停止の審判、あるいは親権停止の審判を本案とする保全処分が認められた家事審判例として、次のようなものがある。

なお、審判前の保全処分が認容されるためには、本案に係る審判認容の蓋然性および保全処分の必要性が認められることを要するが、後者の保全処分の必要性については疎明に基づいて判断される（家事事件手続法 109 条 1 項）。

①子の医療行為への同意拒否

子に原因不明の高熱を出す疾病があるにもかかわらず、実母と養父が正当な理由なく医療行為に同意しないため、子が詳しい検査を受けたり、定期的な通院をすることが困難な状況にあった。当該未成年者の申立てにより、父母の親権行使が不適当なため子の利益を害する場合にあたるとして、2 年間の親権停止を認容した[41]。

②宗教的教義に基づく子への輸血拒否

児童の生命の安全および健全な発達を得るためには可及的速やかに手術を行う必要があり、親権者が輸血に同意しないことが宗教的教義に基づくものであっても、児童の生命に危険を生じさせる可能性が極めて高く、親権の行使が困難または不適当であることにより子の利益を害することが明らかであり、親権者の陳述を聴く時間的余裕もない、として親権職務執行停止および職務代行者選任の保全処分を認容した。

これは親権者の宗教的教義に基づいた子への輸血拒否に対して、児童相談所長による親権停止の審判申立を本案とする保全処分の申立を認容し、親権職務執行停止中の職務代行者に申立人たる児童相談所長を選任したものである[42]。

41　宮崎家審平成 25 年（2013 年）3 月 29 日家庭裁判月報 65 巻 6 号 115 頁。

42　東京家決平成 27 年（2015 年）4 月 14 日家庭の法と裁判 5 号 103 頁。

「エホバの証人」という宗教団体に関連して、同様な事案が全国で生じている。
③重篤な心臓疾患で直ちに治療と手術を要する乳児の事案

先天性の心臓疾患で入院中の乳児（4ヶ月）の親権者は、見舞いに来院する回数が少なく、医師の治療方針の説明をキャンセルしたこともあったところ、当該児童の心不全が進行して直ちに手術が必要になったため、児童相談所長が当該児童を一時保護し、親権停止の審判および親権職務執行停止の保全処分の申立てを行い、親権者の職務執行停止が認容された[43]。本件においては、親権職務代行者の選任申立は行われていないため、一時保護を行った児童に係る児童相談所長の親権一時代行権（児童福祉法33条の2）に基づいて、児童相談所長が当該手術の代諾を行ったものと推測される[44]。

なお、本事案に関しては、保全処分は、親権職務代行者を選任した場合は、当該職務代行者に告知すれば親権者への告知を待つことなく審判の効力が生じるが（家事事件手続法174条2項）、親権職務代行者を選任しない場合には、親権者に告知されたときに効力が生じることになり（家事事件手続法74条2項および109条2項）、親権者の対応によっては手術への着手が遅れる可能性があった点にも留意すべきであろう。

(3) 医療ネグレクトと親権停止

2011年の民法改正前は、医療ネグレクトに対しては、親権喪失宣告の申立てを本案とし、旧家事審判法および旧家事審判規則に基づいて、親権者の親権職務執行停止と職務代行者選任の保全処分を申し立て、選任された職務代行者の同意によって子の手術等の医的侵襲行為を行い、治療目的が達成された後に本案の親権喪失宣告申立ての取り下げをするという複雑な方法により対処することが一般的であった。

親権停止の審判の創設によって、親権者が正当な理由なく子に係る医療行為に同意しない医療ネグレクトの事案において、前述の審判事例のように今後も有効に活用されることが期待される。2022年の全国家庭裁判所において親権停止の認容審判は87件あったが、そのうち14件が医療ネグレクトを原因としており、2023年は80件の親権停止の認容審判のうち10件が医療ネグレクト

43　東京家審平成28年（2016年）6月29日家庭の法と裁判10号100頁。
44　「家事関係裁判例解説」家庭の法と裁判10号101頁（2017年）。

の事案であった[45]。

また、緊急性のある医療ネグレクトについては、親権停止の審判事件を本案として、親権者の職務執行停止と職務代行者選任の保全処分を申し立てるのが一般的な対応である。

(4) 親権停止の更新

ア　更新ではなく親権喪失へ

2011年の民法改正は、親権停止について更新制度を採用しなかった。そのため、引き続き継続の必要がある場合は、2年後に改めて親権停止あるいは無期限の親権喪失の申立てが必要となる。しかし、当該子が10代後半の高年齢児であるような場合を除いては、安易に2年ごとの親権停止の審判を繰り返すべきではない。

通常、児童相談所は、虐待を理由に親権停止の審判を受けた親に対して、親子再統合に向けて引き続き親に対する指導および支援を継続する。2年後においても親権の行使が困難または不適当な状態であるならば、「子の利益を著しく害する」状況と判断し、親権停止ではなく親権喪失の審判の申立てを考慮する必要があろう。

イ　停止期間満了と経過的措置

親権停止審判の期間経過前に親権喪失等の審判の申立てがなされた場合であっても、親権停止期間の満了により当該父母に親権が回復する。

この際、児童虐待事案の実務においては、通常、親権停止期間の満了と新たな親権喪失等の審判の間は、家事事件手続法174条に基づいて親権者の職務執行停止、または親権職務代行者の選任の保全処分により対応することとなる。その間、児童福祉法33条に基づいて、児童相談所長（知事の委任）による一時保護を行うことにより、子の身柄を確保することも可能である。

(5) 親権停止審判と児童福祉法28条の承認

親権停止の場合は、未成年後見人が医療代諾権を有し、法律行為を代理するのに対して、児童福祉法28条に基づく家庭裁判所の承認による入所措置等の

45　認容審判の件数は子の親族・児童相談所長・子などの申立ての全件数。前掲・最高裁判所事務総局家庭局「親権制限事件及び児童福祉法に規定する事件の概況（令和4年、令和5年）」。

場合、児童相談所長には、医療代諾や子の法律行為における代理が一般には認められない。また、親権停止では、適当な弁えのある祖父母やおじおばなどがいれば、未成年後見人として審判に基づく親族による子の引き取りも可能であるが、児童福祉法に基づく子の措置先は、入所施設または里親やファミリーホームとなる[46]。もとより、祖父母は親族里親に認定され得るし、おじおばも、養育里親として里親委託の対象となり得るが、自分の子や兄弟姉妹から虐待を受けた孫や甥姪を里親として受託し、その虐待を行う親から当該子を守ることは通常は困難であろう。

一方、親権停止においては、未成年後見人の選任とその氏名や住所の戸籍記載などの課題があるのに対し、児童福祉法28条に基づく施設入所等においてはその必要がなく、戸籍等には記載されない。

このように両者は立法趣旨が異なり、運用上の利点と課題がある。しかし、子の権利擁護の観点からは、重篤な児童虐待の事案において、児童相談所は児童福祉法28条の申立てではなく、常に親権停止の審判の申立てを優先して対応するべきであり、それが2011年の民法改正の趣旨に沿うものと考える。

4 管理権喪失の審判

(1) 意義

民法835条は、「父又は母による管理権の行使が困難又は不適当であることにより子の利益を害するとき」として、親権停止と同一の要件で子の財産等に関する父母の管理権喪失の審判を可能とした。これは旧規定の「親権を行う父又は母が、管理が失当であったことによってその子の財産を危うくしたとき」と比較して、財産管理権喪失の要件が緩和され、該当する範囲が「子の利益を害するとき」に広がったものと解される。

この管理権喪失の審判は、親権者に子の身上監護をさせるのは問題ないが、子の財産管理等も行わせると当該財産を失う危険等があるなどの理由で、管理権のみの喪失が必要な場合のために設けられており、親権喪失の審判と同様に期間の定めはなく無期限である。

---

46 磯谷文明「民法等改正と児童相談所側の実務」家庭裁判月報64巻6号106頁（2012年）が詳しい。

(2) 実情

本条の「子の利益を害するとき」の具体例の一つとして、子がアパート賃貸契約や携帯電話契約などをする際に当該法律行為に係る親の同意が得られない場合などがあげられる。このような親の不作為または正当な理由のない不同意によって子の利益が害されると認められる場合においては、親権者の管理権喪失の審判をすることも選択肢としてはあり得る。現に児童相談所長の申立てによる管理権喪失の事例が若干あるが[47]、虐待で子が施設入所中などの事案では、身上監護権を含む親権喪失または親権停止の審判申立てを行うべきであり、管理権喪失のみの審判申立ては例外的なものとなろう。

なお、父母ともに管理権喪失の審判がなされたときは、管理権を行う者がいなくなるため未成年後見が開始し、児童相談所長は、児童福祉法33条の8に基づいて、財産に関する権限のみを有する未成年後見人の選任請求を行わなければならない。

47　管理権喪失審判の全国児童相談所長による請求件数は、2015年度2件、2018年度1件（各年度厚労省「福祉行政報告例・児童福祉」）。

第3章　未成年後見制度（民法Ⅱ）

Ⅰ　わが国における後見制度の沿革

1　旧民法草案および旧民法

わが国の未成年後見制度は、民法決議（1871年）、皇国民法仮規則（1872年）、左院の後見人規則草案（1874年）で定められ、旧民法草案人事編（1888年）および旧民法（1890年）を経て、明治民法（1898年）「第6章後見」において、法定化されるに至った。

(1) 旧民法草案

1888年（明治21年）に起草された旧民法草案人事編は、後見について、例えば、次のように規定した[1]。

(後見開始の時期)

第266条　後見ハ未成年者ノ父若クハ母ナル生存者ノ死去ニ依リテ開始ス
　　父母共ニ存シ若クハ生存者アリト雖トモ親権ヲ失ヒ又ハ之ヲ行フ事能ハサル時亦同シ

(後見人の数)

第267条　未成年者ノ人数ノ多少ヲ問ハス後見人ハ一名タル可シ…（以下略）

(2) 旧民法人事編

旧民法草案に基づいて、旧民法人事編では、例えば、次のような規定がなされたが、旧民法自体が施行に至らなかった[2]。

(選定後見人)

第167条　遺言後見人モ祖父若クハ戸主タル後見人モ有ラサルトキ又ハ此等ノ後見人カ免除セラレ除斥セラレ罷黜セラレ若クハ死亡シタルトキハ親族

1　前掲・前田達明編『史料民法典』692頁、各条文の見出しは著者作成。

2　同上1105頁、各条文の見出しは著者作成。

会ニ於テ後見人ヲ選定ス

（後見監督人）

第169条　後見ニハ一人ノ後見監督人ヲ付スルコトヲ得…（以下略）

2　明治民法における後見制度

(1) 経緯

明治民法は、未成年者の行為能力は総則編に定め、後見は親族編で規定した。また、「心神喪失ノ常況ニ在ル者」に対する禁治産宣告についても、様々な経過を経て、行為能力に関する条項は総則編、後見に関する条項は親族編で規定されることとなった[3]。この変則的な形式は、現行法に引き継がれている。

(2) 後見制度の内容

ア　未成年後見

明治民法は、親の監護・教育権を権利とともに義務とし、財産管理権も規定した。未成年後見は、家制度の下において、この親権制度を補完するものと位置づけられた。未成年後見は、父および母の死亡等により親権者がいない場合、または親権者が子の財産の管理権を有さない場合に開始された。

また、その未成年後見人は、次の順序で選任された。

①親権者の遺言による指定未成年後見人選任（明治民法901条）

②戸主による未成年後見人への就職（同903条）

③親族会による未成年後見人の選任（同904条）

④親族の請求で裁判所の招集する親族会による未成年後見人選任（同905条）

この未成年後見に関する明治民法の規定は、例えば、次のとおりである[4]。その主な内容は、家制度や戸主や親族会などに係る規定を除けば、戦後の1947年（昭和22年）の改正においてもほとんど変っていない。

（行為能力）

第4条　未成年者カ法律行為ヲ為スニハ其法定代理人ノ同意ヲ得ルコトヲ要ス
　　但単ニ権利ヲ得又ハ義務ヲ免ルヘキ行為ハ此限ニ在ラス

3　田山輝明『続・成年後見法制の研究』91頁（成文堂、2002年）が詳説。

4　前掲・前田達明編『史料民法典』1121、1184頁、各条文の見出しは著者。

前項ノ規定ニ反スル行為ハ之ヲ取消スコトヲ得

(後見の開始)

第 900 条　後見ハ左ノ場合ニ於テ開始ス

一　未成年者ニ対シテ親権ヲ行フ者ナキトキ又ハ親権ヲ行フ者カ管理権ヲ有セサルトキ

二　禁治産ノ宣告アリタルトキ

(指定後見人)

第 901 条　未成年者ニ対シテ最後ニ親権ヲ行フ者ハ遺言ヲ以テ後見人ヲ指定スルコトヲ得…（以下略）

(戸主が後見人)

第 903 条　前二条ノ規定ニ依リテ家族ノ後見人タル者アラサルトキハ戸主其後見人ト為ル

(親族会による選任)

第 904 条　前三条ノ規定ニ依リテ後見人タル者アラサルトキハ後見人ハ親族会之ヲ選任ス

(裁判所の招集する親族会による選任)

第 905 条　……後見人ヲ選任スル必要ヲ生シタルトキハ其父、母又ハ後見人ハ遅滞ナク親族会ヲ招集シ又ハ其招集ヲ裁判所ニ請求スルコトヲ要ス

(後見人の数)

第 906 条　後見人ハ一人タルコトヲ要ス

(後見監督人)

第 911 条　前条ノ規定ニ依リテ指定シタル後見監督人ナキトキハ法定後見人又ハ指定後見人ハ其事務ニ着手スル前親族会ノ招集ヲ裁判所ニ請求シ後見監督人ヲ選任セシムルコトヲ要ス…（以下略）

(親族会)

第 945 条　親族会員ハ 3 人以上トシ親族其他本人又ハ其家ニ縁故アル者ノ中ヨリ裁判所之ヲ選定ス…（以下略）

イ　禁治産後見

禁治産後見に関しては、親族編の未成年者に係る後見規定に相乗りする形で、後見人の選任や後見事務などについて定められた。

後見人選任においては、第1順位が禁治産者の父母または配偶者であり、他は未成年後見と同様に第2順位は戸主、第3順位は親族会による選任である。また、準禁治産者には保佐人が付された。

明治民法における禁治産後見に関する規定は、例えば次のようであった[5]。

(禁治産宣告)

第7条　心神喪失ノ常況ニ在ル者ニ付テハ裁判所ハ本人、配偶者、四親等内ノ親族、戸主、後見人、保佐人又ハ検事ノ請求ニ因リ禁治産ノ宣告ヲ為スコトヲ得

(後見)

第8条　禁治産者ハ之ヲ後見ニ付ス

(行為能力)

第9条　禁治産者ノ行為ハ之ヲ取消スコトヲ得

(禁治産者の療養看護)

第922条　禁治産者ノ後見人ハ禁治産者ノ資力ニ応シテ其療養看護ヲ力（つと）ムルコトヲ要ス

禁治産者ヲ瘋癲（ふうてん）病院ニ入レ又ハ私宅ニ監置スルト否トハ親族会ノ同意ヲ得テ後見人之ヲ定ム

ウ　未成年後見と禁治産後見の相異点

明治民法の未成年後見と禁治産後見は、当時の家制度におけるその家の財産保全という側面では類似するものがあり、かつ法文上の共通条項も少なくない。いずれもその後見人にほぼ全般的な代理権と取消権が授与されている。

しかし、未成年後見と禁治産後見が制度化された経緯や趣旨、親権との関係の存否、後見開始理由、後見の内容などにおいて、制度発足時から両者は近接領域ではあるが、あくまで別の制度として推移してきたものといえよう。さらに明治民法においては、親族会が重要な役割を果たしているように、未成年後見と禁治産後見の両制度とも、家制度の下での家や親族の私事として位置づけられており、社会や司法・行政との関係性は稀薄であったと考える。

5　前掲・前田達明編『史料民法典』1121、1186頁。各条文の見出しは著者。

また、戦前の家制度の下では、その家にとって必要が生じたときに後見人を選任したものであり、未成年後見と禁治産後見のいずれについても、未成年者や障害者の権利擁護のための制度ではなかった点に留意すべきであろう。

3　戦後の後見制度の転換

(1)　民法改正要綱

戦後の1946年（昭和21年）7月、内閣に臨時法制調査会が設置され、同年10月成立の民法改正要綱のうち、後見に係るものは次のとおりである[6]。

①要綱第31

親族会を廃止し、後見の監督機関としての親族会の権限は一部を後見監督人に、一部を裁判所に移すこと。

②要綱第32

後見監督人は指定後見監督人の外必要ある場合に裁判所之を選任するものとし、後見監督人なき場合においては其の権限は裁判所之を行うものとすること。

(2)　1947年の民法改正

1947年（昭和22年）5月施行の新憲法は、法の下の平等（14条）、両性の本質的平等（24条）など新しい人権に係る理念を規定した。これを受けて1947年12月に民法が改正され、家制度の廃止、戸主や親族会の廃止、妻の無能力制度の廃止、父母の共同親権など新しい憲法の理念を具現化した。

法定後見に関しても、1947年の民法は、「家のための後見」という明治民法の理念から転換し、旧来の規定を残しつつも、その根本の趣旨においては「被後見人のため」の制度に変更されたものと解されている[7]。親族その他の利害関係人の請求があれば、家事審判所（家庭裁判所の前身）が介入し、家事審判所による後見人選任が行われるようになったことはその一例である。

1947年改正民法の後見に関する主な条文は、次のとおりである[8]。

（後見の開始）

6　前掲・前田達明編『史料民法典』1302頁。

7　前掲・田山輝明『続・成年後見法制の研究』146頁。

8　前掲・前田達明編『史料民法典』1324頁、各条文の見出しは著者。

第838条　後見は、左の場合に開始する。

一　未成年者に対して親権を行う者がないとき、又は親権を行う者が管理権を有しないとき。

二　禁治産の宣告があったとき。

（選定後見人）

第841条　前二条の規定によって後見人となるべき者がないときは、家事審判所は、被後見人の親族その他の利害関係人の請求によって、後見人を選任する。後見人が欠けたときも、同様である。

（後見人の数）

第843条　後見人は、一人でなければならない。

（選任後見監督人）

第849条　前条の規定によって指定した後見監督人がない場合において必要があると認めるときは、家事審判所は、被後見人の親族又は後見人の請求によって、後見監督人を選任することができる。後見監督人の欠けた場合も、同様である。

（未成年後見人の権利義務）

第857条　未成年者の後見人は、第820条乃至第823条に規定する事項について、親権を行う者と同一の権利義務を有する。但し、親権を行う者が定めた教育の方法及び居所を変更し、未成年者を懲戒場に入れ、営業を許可し、その許可を取り消し、又はこれを制限するには、後見監督人があるときは、その同意を得なければならない。

（財産管理権および代理権）

第859条　後見人は、被後見人の財産を管理し、又、その財産に関する法律行為について被後見人を代表する。

第824条但書の規定は、前項の場合にこれを準用する。

（未成年者の親権の代行）

第867条　後見人は、未成年者に代わって親権を行う。

第853条乃至第857条及び第861条乃至前条の規定は、前項の場合にこれを準用する。

(3) 1959年の「仮決定及び留保事項（その2)」

「法制審議会民法部会小委員会における仮決定及び留保事項（その2)」において、後見に関する主要事項とそれに対する我妻栄（法制審議会民法部会長、および小委員会長）の解説は、次のとおりである[9]。

ア　第51「後見開始」

親権者が行方不明等の事由により事実上親権を行うことができない場合に、当然に後見が開始するものとすべきか、あるいは親権喪失の審判をまって後見が開始するものとしこの場合における法律関係を明確化すべきかについて、なお検討する。

我妻栄は、この第51「後見開始」に関して、民法838条の「親権を行う者がないとき」、818条3項の「父母の一方が親権を行うことができないときは…」という表現は不明瞭であり、解釈も一致していないため、これを明瞭にし、後見の開始を画一的に公示すべしとする考え方である、と解説している。

イ　第52「後見人の選任方法」

後見人の選任については、左の諸点につき、なお検討する。

①後見人はすべて家庭裁判所が選任するものとし、指定又は法定の後見人を廃止すべきか。

②職権による後見人の選任（解任）を認むべきか。

③被後見人本人による後見人の選任（解任）の請求を認むべきか。

我妻栄は、第52「後見人の選任方法」について、後見に対する家庭裁判所の監督を強化し、その実効を保障するために、まず、その出発点で家庭裁判所をして後見人の存在を把握させようとする考えに立脚するものであり、また、現行法の指定・法定の後見人は家庭裁判所の選任の際に考慮すべき条件とする、と解説している。

ウ　第53「後見人の数」

第843条については、後見人は一人に限らないものとすべきか否か、一人に限らないものとした場合に各後見人の権限及び責任をいかに定むべきかにつき、

9　前掲・前田達明編『史料民法典』1366頁。前掲・我妻栄「解説」法律時報31巻10号15頁～16頁。「親族法の改正　座談会第3回」法律時報31巻12号122頁（1959年）の我妻栄見解。

なお検討する。

この第53「後見人の数」につき、我妻栄は、例えば、おじおば夫婦が共同して後見人となって協力する場合、父方と母方両方からの二人の後見人が互いに牽制し合う場合などにも、数人の後見人が適当なこともあろうかという考えであり、いずれにしても、親権が共同を原則とする以上、後見人を一人に限る必要はあるまいという考え方である、と解説している。

エ 第55「後見監督人」

後見監督人については、この制度を存置すべきか否かにつき、なお検討する。

我妻栄は、この第55「後見監督人」について、後見人の監督機関としての実効性が疑われるので、むしろ家庭裁判所の直接的監督強化の途をとろうとする考えである、と解説している。

オ 第56「財産管理に関する後見人の義務」

財産管理に関する後見人の義務については、左の諸点につき、なお検討する。

①第853条により調整した財産目録は家庭裁判所に提出しなければならないものとすべきか。

②家庭裁判所に毎年計算書を提出しなければならないものとすべきか。

③家庭裁判所は後見人に相当の担保を供させることができるものとすべきか。

④後見人の義務を強化することと関連して、相当の事由があるときは、家庭裁判所は後見人の義務の一部を免除することができるものとすべきか。

カ 第57「重要な財産行為」

重要な財産行為については、家庭裁判所の許可を得なければならないものとすべきか否かにつき、なお検討する。

我妻栄は、第56「財産管理に関する後見人の義務」と第57「重要な財産行為」について、後見人に対する監督を強化し、かつその管理の適正化を期そうとすると同時に、被後見人にめぼしい財産のない場合などは、個別的に、その義務を軽減しようとするものと解説している。

4 1999年の民法改正

1990年代においては、高齢社会の急激な進展により、高齢者や知的障害者、精神障害者などに関わる様々な法律問題が顕在化した。また、社会福祉の分野では、施設入所等の福祉サービスを利用する場合、従来の行政処分としての措置制度を廃止し、高齢者本人と各施設との契約制度への転換などを内容とする社会福祉基礎構造改革がすすめられた。福祉サービスの利用において、利用者と施設との契約を原則とする介護保険法が制定され、2000年4月に施行されることになった。

このようなわが国の急激な社会の変容の中で、判断能力の不十分な者を保護するためには、明治民法以来の禁治産・準禁治産制度では適切な対応ができないとの見方が支配的となり、1999年（平成11年）の民法等の改正による成年後見制度が導入されるに至ったのである。

判断能力が十分でない成年者それぞれの保護の必要性に応じて、柔軟で弾力的な措置を可能とするために、従来の禁治産・準禁治産制度から後見・保佐・補助の3類型の制度に改正された。禁治産の改正による後見制度、準禁治産の改正による保佐制度、そして新設の補助制度である。

その他、配偶者法定後見人制度の廃止、複数成年後見人制度の導入、法人成年後見人制度の明文化、成年後見人等選任の考慮事情の明文化、身上配慮義務および本人の意思の尊重、成年後見人等の権限、監督体制の充実が規定され、同時に、他の法律によって、市区町村長申立制度、任意後見制度、成年後見登記制度等が創設された。

5　2011年の民法改正

2011年（平成23年）の親権制度改正は、児童虐待防止を目的として行われたものである。2011年の民法改正のうち、未成年後見制度に関わる主なものは次のとおりであり、成年後見制度に近似した法のつくりとなった。

①民法842条「未成年後見人は、一人でなければならない」の削除
②複数の未成年後見人の許容
③法人の未成年後見人の許容
④複数の未成年後見監督人および法人の未成年後見監督人の許容
⑤親権喪失の審判による未成年後見の開始
⑥親権停止の審判（新設）による未成年後見の開始

Ⅱ 未成年後見制度の概要

1 未成年後見の意義

(1) 児童福祉のための社会的後見制度

未成年者は、親権者による身上監護および財産管理の権利と義務の下で、法律行為の制限と同時に諸権利が保護される。一方、親権者のない未成年者については、従前から、「親権の延長としての後見」の理念により、その監護教育および財産管理を内容とする未成年後見が活用されてきた[10]。

しかし、2011年の児童虐待防止を目的とした親権法改正により、未成年後見制度においては、児童保護の社会資源の一つとして未成年後見人が位置づけられた。このことは、わが国の未成年後見制度が、単なる未成年者の私的財産保護の枠を超え、親権の延長という伝統的任務に加えて、「児童福祉のための社会的後見制度」という新しい任務を付与されたものと考える。それは社会福祉法人やNPO法人などによる法人後見が認められたこと、複数後見を許容されたこと、未成年後見人の報酬補助事業が開始されたことなどに論拠を求めることができよう。

(2) 他益後見としての未成年後見

わが国における親権制度は、1947年の改正民法によって大きく転換されたものの、未だ自益後見の要素を残している。民法828条ただし書における養育費および財産管理費用と子の財産の収益との相殺規定はその一例である。また、親権者には子の財産調査や財産目録作成の義務規定はなく、親権者に対して後見監督人や家庭裁判所のような関与・監督機関も存在しない[11]。

一方、わが国の後見制度に関しては、基本的には戦後1947年の民法改正、さらに1999年民法改正による成年後見制度の導入、2011年の未成年後見制度に関する民法改正を通じて、未成年後見と成年後見のいずれについても他益後見制度に転化したものと認めることができよう。

---

10 前掲・我妻栄『親族法』352頁。

11 前掲・於保不二雄編『新版注釈民法（25）親族（5）改訂版』11頁、233頁。

(3) 未成年後見の現状

未成年後見の選任申立は、成年後見に比べて審判件数が少なく、1年間の新受件数は、2020年は1,657件、2021年は1,533件、2022年は1,059件であり、2,000件以下で推移して最近はかなり減少傾向にある[12]。

(4) 身上監護を中心とした後見制度へ

この未成年後見の実情を踏まえると、未成年後見については、①親の死亡による相続財産の遺産分割協議や相続放棄などの法律行為、②死亡した親の退職金や生命保険金など資産を有する未成年者の財産管理、③15歳未満の子を養子にする縁組の代諾権者の必要性などのために、主として親族により未成年後見人の選任請求が行われているものと推測される。しかし、それらの行為は当該未成年子の財産管理に偏った対応であり、子の最善の利益のために未成年後見人を選任し、以て当該児童の福祉と心身ともに健やかな育成を図ろうとする思いが稀薄であるようにも感じられる。

一方、両親が児童虐待で親権喪失の審判を受けた子については、その子が多額の財産を有しているかどうかに関わりなく、家庭裁判所における審理のプロセスによって、必ず未成年後見人が選任される。その親権者のいない未成年者は、家庭裁判所に選任された未成年後見人の監護の下に、日常生活においては、施設入所や里親委託あるいは祖父母など親族による養育によって成長し、やがて成人して施設や里親や親族などの家庭から自立していく。

このような親権者のいない未成年者の実情を勘案すると、未成年後見制度は、親権の延長であると同時に「児童福祉のための社会的後見制度」として社会に認知される必要があり、かつ、当該未成年者が成人するまでの間の「身上監護を中心とした後見制度」として、より積極的な活用がなされるべきである。

(5) 未成年後見と成年後見の相違点

未成年後見と成年後見は、その法制化の経緯、親権との関係の存否、後見の内容などにおいて別制度として運営されてきたが、2011年の民法改正によって、両者は法的には共通点の多い近接領域となった。

しかし、未成年後見は、身上監護が主目的となる。かつ、親から受け継いだ

12　最高裁判所『司法統計年報家事編　第3表　家事審判事件の受理、既済、未済手続別事件別件数～全家庭裁判所』(令和2年～令和4年)。

資産も未成年被後見人の教育や養育に積極的に活用すべきであり、敢えて節約して多額の資産を当該未成年子が成人するまで残しておく必要はない。この点において、未成年後見は、財産の保全に重点を置く成年後見とは、その後見の目的と内容において大きく異なるものと考える。

2　未成年後見の開始

(1) 開始の時期

ア　開始の原因

未成年後見は、未成年者の親権者が不在となったときなどに開始し、当該未成年者に対する監護や教育などの身上監護および未成年者の財産に関する法律行為の代理などの財産管理を内容とする。

未成年後見は、未成年者に対して親権を行う者がないとき、または親権を行う者が管理権を有しないときに開始すると規定されており（民法838条1号）、両親の死亡あるいは両親の親権喪失の審判等により親権者のいない未成年者になった場合、または親権者が管理権喪失の審判を受けた場合などが該当する。家庭裁判所の審判例では、親権者の生死不明、精神障害、長期の受刑など事実上親権を行使できない場合にも、未成年後見の開始が認められている[13]。

イ　当然の開始

未成年後見は、両親の死亡、失踪宣告、親権喪失の審判、親権停止の審判などにより、当然に開始する。家庭裁判所による未成年後見人選任の審判の有無を問わない。この点で、後見開始と同時に成年後見人が就職する成年後見制度と異なっている。換言すると、民法の規定する未成年後見の開始とは、未成年者に対して未成年後見人を選任すべき状態が生じたことを意味している[14]。

(2) 親権制限による未成年後見の開始

ア　親権制限の3類型

既述のとおり、親権制限には、次の3類型がある。

①親権喪失の審判

虐待や悪意の遺棄など親の非難可能性や有責性の存在は必須条件ではなく、

13　前掲・於保不二雄編『新版注釈民法（25）親族（5）改訂版』251頁。

14　前掲・我妻栄『親族法』355頁。

家庭裁判所は、子の利益が著しく害されていると認めるときには、親権喪失の審判を行うことができる（民法834条）。

②親権停止の審判

親権停止の審判の要件は、親権の行使が困難または不適当であることにより子の利益を害するときとされ、親権喪失審判の要件の「著しく」が無く、その判断基準は親権喪失の審判より一層緩和されている（民法834条の2）。

③管理権喪失の審判

親権停止と同一の要件で、子の財産等に関する父母の管理権喪失の審判を可能とする（民法835条）。

イ　親権喪失および親権停止の審判等による開始

①親権制限による当然の開始

未成年後見は、未成年者に対して親権者がいないか、または親権者が管理権を有しないときに開始するため、両親が親権喪失若しくは親権停止の審判または管理権喪失の審判を受けた場合は、当然に未成年後見が開始する。

②親権喪失と親権停止の審判等の必要性

2011年の民法親権規定の改正は、児童虐待の防止を主目的に行ったもので、従来の親権喪失宣告の判断基準を緩和して親権喪失の審判に変更し、さらに、より条件を緩和した親権停止の審判を新設した。

この点について、児童虐待などを理由とした親権喪失制度に対して批判的な見解がある[15]。その論拠は、児童福祉法上の諸措置による子の保護制度の整備で親権喪失制度の担うべき役割は減少するのであるから、安易に親権剝奪するのではなく、親権者が正しく親権を行使しうるような条件を整備し、かつ親権者に援助と助言を与えることが国家の責務である、というものである。

もとより、現在の児童福祉法などによる児童保護制度が不十分であるとの指摘はそのとおりだと思う。しかし、児童福祉や児童保護の諸施策が整備充実されたとしても、親権制度が存続する限り、子の権利を守るために親権喪失や親権停止の審判等が不必要になることはない。例えば、親権者による子への重篤な性的虐待、子が生命の危険に瀕するような医療ネグレクト、自宅内で継続さ

15　田中通裕『親権法の歴史と課題』286頁（信山社1993年）、許末恵「親権制限及び未成年後見についての検討課題」戸籍時報673号31頁（2011年）。

れる常軌を逸した暴力あるいは放置や遺棄など、子への重大な権利侵害を完全に防ぐためには、親権喪失や親権停止などによる対応が必須となる虐待ケースは少なくない。

児童虐待の通告件数が年間20万件を超える今日においても、全国の児童相談所長による親権制限の申立件数は、2022年の親権喪失の審判申立ては4件、親権停止の審判申立ては66件、2023年の親権喪失の審判申立ては8件、親権停止の審判申立ては66件に過ぎない。民法上の親権制限を選択しないで、親子分離を行うための児童福祉法28条に基づく家庭裁判所の施設入所承認審判申立ても2022年は477件、2023年は543件である[16]。2018年の東京目黒区5歳児虐待死事件、2019年の千葉県野田市小4児童虐待死事件などを想起すると、全国の児童相談所における親権喪失の審判申立てが4件あるいは8件という数字は、児童虐待の実態からは少なすぎると考えるべきであろう。

未成年子が人としての生存と健全な精神が脅かされる重篤な虐待事案において、中長期的な親子分離と子の適正な養育に対する親の介入を排除するために、虐待を行う親の親権喪失や親権停止の審判を申し立てることは児童相談所長の当然の責務であり、児童福祉法による措置等を充実させることと両立し得るものである。

③親権停止審判と未成年後見の開始

児童相談所長によって親権停止の審判が申立てられる場合、児童相談所長の一時保護処分によって、当該児童の身柄は一時保護所や児童福祉施設で確保されているのが通常である。その後、家庭裁判所による親権停止の認容の審判があった場合は未成年後見が開始し、児童相談所長によって速やかに未成年後見人選任の申立てが行われ、直ちに未成年後見人が選任されるのが一般的な家事審判における実務の流れである。

なお、親権停止制度について、親権を剥奪せずにその行使を2年以内の間制限するもので、親権者から親権を剥奪して法律上親権者のいない状況となる親権喪失とは異なるとして、親権停止の審判による未成年後見の開始と未成年後見人選任に対する反対論がある[17]。しかし、法制審議会部会での議論の経緯は

16　前掲・最高裁判所事務総局家庭局「親権制限事件及び児童福祉法に規定する事件の概況（令和4年、令和5年）」。

ともかく、民法834条の親権喪失は親権の無期限剝奪、民法834条の2の親権停止は親権の2年以内の有期限剝奪と解すべきであり、親権停止の審判制度に関して、敢えて親権の帰属と行使の分離の観点から論ずる意味はない。

(3) 児童相談所長の親権一時代行と未成年後見制度

ア　親権者のない場合

児童福祉法33条の2は、児童相談所長は、一時保護が行われた児童で、親権者または未成年後見人のないものに対し、親権者または未成年後見人があるに至るまでの間は親権を行うと規定している。また、同法33条の8は、児童相談所長は、親権者のない児童については未成年後見人の選任請求をしなければならず、未成年後見人があるに至るまでの間は親権を行うと定めている。

これは親権者のない児童について、一定の事由の下で児童相談所長は親権の一時代行を行うことができるが、親権者または未成年後見人があるに至るまでの短期間の簡易な事項に限定して、親権一時代行が認められるものと解する。児童福祉法は、児童相談所長に親権者の不存在の場合には未成年後見人の選任請求をすることを義務づけており、速やかに家庭裁判所の選任に係る未成年後見人の職務に委ねることが当該未成年子の利益に資することになろう[18]。

この点で、親権停止等の場合は、この児童福祉法に基づく親権の一時代行制度を活用し、児童相談所長が親権を行うものとして、未成年後見人を選任することなく対応することが考えられるという見解がある[19]。これは未成年被後見人の問題行動などで学校への呼び出しや少年審判への出頭や損害賠償責任、あるいは後見報酬の低さや未成年後見人の氏名住所等の戸籍記載など、未成年後見人の加重な負担の現実を考慮したものと思料される。実務での困難さは理解し得るが、やはり民法の本則に従い、親権停止の審判後は速やかに未成年後見人を選任して、その職務上の保護の下に未成年子を置くべきであると考える。

17　許末恵「児童虐待防止のための親権法改正の意義と問題点」法律時報83巻7号69頁(2011年)。

18　同趣旨の見解として、久保野恵美子「子どものための養育支援と介入を統合する立法へ」法律時報91巻5号2頁(2019年)。

19　前掲・磯谷文明「民法等改正と児童相談所側の実務」家裁月報64巻6号116頁。

イ　親権者のある場合

児童相談所長は、一時保護が行われた児童で親権者または未成年後見人のあるものについても、監護、教育および懲戒に関し、その児童の福祉のため必要な措置をとることができる。この場合、児童の親権者等は、当該措置を不当に妨げてはならない。また、当該措置は、児童の生命または身体の安全を確保するため緊急の必要があると認めるときは、その親権者等の意に反しても、これをとることができる（児童福祉法33条の2）。これは一時保護した児童に親権者がある場合であっても、当該児童の福祉あるいは緊急の必要があるときは、親権者の意に反してでも必要な措置をとることができ、児童相談所長による親権の一時代行の権限が親権者に優先するとするものである。

しかし、この児童福祉法の規定があっても、児童の手術や入院治療など様々な分野において、児童相談所長による親権一時代行の実効性は必ずしも確立されていない。この実情からは、本規定のみをもって常に未成年後見人の選任に代えることができると解するべきではない。実際には、一時保護中の児童について緊急手術が必要になり、親権者の同意が得られないような場合に限定して活用すべき規定である。

(4)　未成年後見と成年後見の重複

民法7条は、後見開始の審判の対象者を成年に限定していないので、未成年者であっても、精神上の障害により事理弁識能力を欠く常況にある場合は、成年後見の対象となり得る可能性がある。例えば、未成年の知的障害者について、成年に達する前に成年後見が開始されていれば、未成年者本人が成年に達した場合、親権または未成年後見は消滅するが成年後見が継続するため、成年到達時における法定代理人の不在期間をなくすことができる。また、成年後見の方が親権や未成年後見よりも行為能力の制限が大きいという特徴があるため、関係者にとっては実益もあり得る。

この場合、未成年者本人は、未成年者として親権または未成年後見に服すると同時に成年被後見人としての制限にも服すことになる。両者の権限が重複する場合は、親権者若しくは未成年後見人または成年後見人のいずれもが、それぞれの規定による権限を行使することができると解されている[20]。

3　未成年後見人の決定

(1) 選定未成年後見人

ア　意義

未成年後見人の種類には、単独親権者が遺言で自己の死亡後に未成年後見人となるべき者を指定する指定未成年後見人（民法839条）と、家庭裁判所の選任する選定未成年後見人（民法840条）がある。しかし、未成年後見人の指定は実務上ほとんど実績がないため[21]、一般には、未成年後見人は選定未成年後見人のことをいう。

イ　選任請求権者

未成年後見人の指定がないときは、子や親族等の請求に基づいて、家庭裁判所が選定未成年後見人を選任する申請主義がとられている。具体的な選任請求権者は、未成年者本人またはその親族その他の利害関係人である。

未成年者本人は、民法840条が年齢を限定していないため、意思能力があれば選任請求権があると解されており、事案毎に個別に判断がなされる。家事審判の実務では、15歳以上の未成年者の申立てであれば、有効な申立てとして手続が進められる[22]。また、利害関係人の範囲については、子の利益のために広く解されるべきであり、未成年者を引き取って養育してきた者（児童福祉施設長、里親など）、非行少年の矯正教育にあたる者（少年院長、保護観察所長など）なども該当すると解されている[23]。

例えば、両親が不明な棄児の場合、遺棄された時点で未成年後見は当然に開始し、直ちに児童相談所により乳児院若しくは児童養護施設等の児童福祉施設に入所措置または里親委託される。棄児の親を特定することができないとき、児童相談所長は、児童福祉法に基づき家庭裁判所に未成年後見人の選任申立てをしなければならない。未成年後見人の選任申立てについて児童相談所長が消極的な場合には、当該棄児の養育にあたっている乳児院や児童養護施設の施設

20　我妻栄・有泉亨・清水誠・田山輝明『コンメンタール民法　総則・物権・債権（第5版）』52頁、54頁（日本評論社、2018年）。

21　前掲・安倍嘉人ほか監修『子どものための法律と実務』48頁。

22　相原佳子ほか編『事例解説未成年後見実務』67頁（日本加除出版、2018年）。

23　前掲・於保不二雄編『新版注釈民法（25）親族（5）改訂版』297頁。

長あるいは里親は、民法840条の利害関係人として、当該棄児の利益のために、未成年後見人の選任申立てを行う必要があろう。

ウ　選任申立ての取下げ制限

これら選任請求権者による未成年後見人選任申立ては、審判がされる前であっても、家庭裁判所の許可を得なければ取り下げることができない（家事事件手続法121条、180条）。

これは未成年後見人の選任請求権者が、申立てをした後、自らが未成年後見人に選任される見込がないことなどを不満として、その申立てを取り下げる場合があるため、公益的見地および未成年被後見人となるべき者の利益保護に配慮したものである[24]。

エ　親権制限と未成年後見人

児童虐待を原因とする家事審判事件において、父母の親権喪失または親権停止が認容されて子に対して親権を行う者がいなくなった場合も、未成年後見が開始する。

その際は、速やかに適切な未成年後見人が選任されなければならず、重度の虐待事案においては、親権喪失等の親権制限と未成年後見人の選任は一体のものと解されており、重篤な虐待を受けた子を救済するための車の両輪と位置づけることができる[25]。

(2) 家庭裁判所の職権による追加的選任

家庭裁判所は、多額の財産相続や保険金の受領など、複数の未成年後見人が望ましい状況になった場合の未成年後見人の追加的選任については、未成年被後見人、その親族、その他の利害関係人若しくは未成年後見人の請求により、または職権で、更に未成年後見人を選任することができる（民法840条2項）。

(3) 父母による未成年後見人の選任請求義務

親権若しくは管理権を辞し、または親権喪失、親権停止若しくは管理権喪失の審判があった父母にも未成年後見人の選任請求義務の規定がある（民法841条）。このうち親権喪失や親権停止の審判等を受けた親権者に未成年後見人選

24　秋武憲一『概説　家事事件手続法』220頁（青林書院、2012年）。

25　窪田充見「親権に関する民法等の改正と今後の課題」ジュリスト1430号8頁（2011年）。

任の請求義務を課すことは不適当であり、「法文の過誤として無視する他はない」との批判がある[26]。2011年の民法改正でも、従前どおりに父母の選任請求の義務規定が引き継がれており、非現実的で妥当性を欠くものと考える。

(4) 児童相談所長等の選任請求義務

児童相談所長と生活保護の実施機関（福祉事務所）には、明文により選任請求義務が課されている。児童福祉法33条の8は、親権者のいない未成年者について、児童相談所長に未成年後見人選任の請求を義務付けており、選任されるまでの間は児童相談所長が親権を行うものとされている。

未成年後見人については、家庭裁判所の職権による選任が認められないため、本人や親族等の請求がなければ、児童相談所長は速やかに未成年後見人の選任請求をする法的義務が生じる。しかし、実情は、児童虐待による親権喪失審判または親権停止審判に係るものを除いて、未成年後見人選任請求は積極的には行われていない。全国の児童相談所長による未成年後見人選任請求件数は、2019年度124件、2020年度139件、2021年度124件であり、その大半が児童相談所長による親権喪失または親権停止の審判申立ての関連事案と解される[27]。

(5) 法人および複数の未成年後見人

2011年の民法改正により、法人の未成年後見人および複数の未成年後見人が認められるようになった（民法840条）。しかし、ドイツの官庁後見のように行政機関等による公的後見制度は、わが国では未だ制度化されていない。（この点については後述する）

(6) 未成年後見人の欠格・解任・辞任・終了

ア　欠格事由

次の者は、後見人となることができない（民法847条）。

①未成年者、②家庭裁判所で免ぜられた法定代理人、保佐人または補助人、③破産者、④被後見人に対して訴訟をし、またはした者並びにその配偶者および直系血族、⑤行方の知れない者、である。

イ　解任

未成年後見人に不正な行為、著しい不行跡、その他後見の任務に適しない事

26　前掲・我妻栄『親族法』356頁。

27　厚労省「福祉行政報告例・児童福祉31表」（令和元〜3年度）。

由があるときは、家庭裁判所は、未成年後見監督人、未成年被後見人若しくはその親族若しくは検察官の請求により、または職権で、これを解任することができる（民法846条）。

ウ 辞任

未成年後見人は、正当な事由があるときは、家庭裁判所の許可を得て、その任務を辞することができる（民法844条）。

エ 終了

未成年被後見人の成年到達、養子縁組、死亡等によって未成年後見は終了する。後見終了のとき、未成年後見人は、2ヶ月以内にその管理の計算を行うが、未成年後見監督人があるときはその立会いを要する（民法870、871条）。未成年後見人は、後見終了から10日以内に、市区町村に後見終了届を提出する義務がある（戸籍法84条）。

(7) 成年後見制度との相異点

家庭裁判所は、成年後見開始の審判をするときは、職権で成年後見人を選任する。成年後見人が欠けたときは、家庭裁判所は、成年被後見人若しくはその親族その他の利害関係人の請求により、または職権で成年後見人を選任する（民法843条）。成年後見開始の審判は、本人、配偶者、四親等内の親族等の請求に基づくが、成年後見人の選任は、家庭裁判所が職権で行う職権主義を採用している。この点、本人またはその親族その他の利害関係人の選任請求に基づく未成年後見人の選任とは大きく異なっている。

一方、複数の後見人と法人後見人が許容されること、後見人の辞任、後見人の解任、後見人の欠格事由について、未成年後見と成年後見は同一である（民法843条ほか）。

また、市区町村長は、老人福祉法32条、知的障害者福祉法28条、精神保健福祉法51条の11の2に基づき、身寄りのない高齢者や知的障害者、精神障害者について、特に必要があると認めるときは、法定後見開始の審判の請求をし得るが、未成年後見人に関しては、市区町村長申立ては制度化されていない。

4　未成年後見人の職務

(1) 財産調査および財産目録の作成

未成年後見人は、遅滞なく未成年被後見人の財産の調査に着手し、1ヶ月以内にその調査を終わり目録を作成しなければならない。ただし、この期間は、未成年後見人の上申書等の提出により家庭裁判所が伸長し得る（民法853条）。

実務では、未成年後見人に選任された者は、期限内に所定の様式で初回報告書、財産目録、年間収支予定表を作成し、家庭裁判所に提出する。初回報告書の提出後は、家庭裁判所の指定月に毎年1回、定期報告書を作成し提出する[28]。

財産目録には、預貯金・現金、有価証券（株式、投資信託、国債など）、不動産（土地）、不動産（建物）、保険契約（本人が契約者か受取人）、その他の資産（貸金債権、出資金など）、負債（立替金など）を記載する。年間収支予定表には、未成年者の収入（遺族年金、生命保険金など）、未成年者の支出（生活費、学費・教育費、住居費、税金、保険料など）を記載する[29]。

(2) 財産目録作成前の権限の制限

未成年後見人は、財産目録の作成を終わるまでは、急迫の必要がある行為のみをする権限を有する。ただし、急迫の必要がない行為については代理権がなく、善意の第三者に対抗することができない。（民法854条）

(3) 未成年被後見人に対する債権債務の申出義務

未成年後見人が、未成年被後見人に対し債権を有しまたは債務を負う場合、未成年後見監督人があるときは、財産の調査に着手する前に、これを未成年後見監督人に申し出なければならない（民法855条）。

(4) 未成年被後見人が包括財産を取得した場合

未成年後見人に係る財産調査および目録作成義務、財産目録作成前の権限制限、債権債務の申立義務は、未成年後見人が就職した後に、未成年被後見人が相続等により包括財産を取得した場合についても同様とされる（民法856条）。

28　前掲・相原佳子ほか編『事例解説　未成年後見実務』91頁。

29「第2　未成年後見人等のための書式」『未成年後見人に選任された方へ』（東京家裁後見センター、2024年）。

5　未成年後見監督人

(1) 未成年後見監督人の決定

未成年後見においては、未成年後見人を執行機関とし、未成年後見監督人および家庭裁判所を監督機関とするが、未成年後見監督人は必置の機関とはされていない[30]。未成年後見監督人は、遺言による指定または家庭裁判所による選任で決定される。

未成年者に対して最後に親権を行う者で管理権を有する者は、遺言で未成年後見監督人を指定することができる（民法848条、839条1項)。家庭裁判所は、必要があると認められるときは、未成年被後見人若しくはその親族若しくは未成年後見人の請求または職権によって、未成年後見監督人を選任することができる（民法849条)。ただし、家庭裁判所は、この選任未成年後見監督人を必ず選任するのではなく、未成年被後見人の財産状況や未成年後見人の人物その他の事情を考慮して、その必要があると認めるときにのみ選任する[31]。

実務上は、未成年後見人に親族を選任するとき、親族後見人による財産管理や身上監護が適正に行われるように、家庭裁判所が、職権により専門職の未成年後見監督人を選任して親族後見人の監督を行わせることが多い。具体的には、財産管理において、①未成年被後見人に1000万円以上の預金債権があるとき、②遺産を相続して遺産分割協議が必要なとき、③多額の保険金を受領するときなどに弁護士等の専門職が選任されている。身上監護においては、①未成年被後見人に対する虐待のおそれがある場合、②親族間で未成年被後見人の養育について意見の対立がある場合、③その他未成年被後見人に特別な配慮を要する事情がある場合などに、社会福祉士など専門職の未成年後見監督人が選任されている[32]。

また、未成年後見監督人は、未成年後見人と同様に、法人の未成年後見監督人および複数の未成年後見監督人の選任が認められる（民法852条)。

30　前掲・我妻栄『親族法』371頁。

31　同上372頁。

32　前掲・相原佳子ほか編『事例解説　未成年後見実務』16頁、85頁。

(2) 未成年後見監督人の職務

ア　未成年後見監督人の基本的職務

未成年後見監督人の基本的な職務は、次のとおりである（民法851条）。

①未成年後見人の事務を監督する。これが職務の中核である。

②未成年後見人が欠けた場合に、遅滞なくその選任を家庭裁判所に請求する。

③急迫の事情がある場合に、必要な処分をする。

④未成年後見人またはその代表する者と未成年被後見人との利益相反行為について、未成年被後見人を代表する。

イ　その他の未成年後見監督人の職務

未成年後見監督人のその他の職務は、次のとおりである。

①財産調査および目録作成並びに後見の計算における立会い

未成年後見人よる財産の調査および目録の作成並びに未成年後見人の任務終了時の管理の計算は、未成年後見監督人があるときは、その立会いを要する（民法853条、871条）。

②未成年後見人の未成年被後見人に対する債権または債務の申出義務

未成年後見人が、未成年被後見人に対して、債権を有しまたは債務を負う場合、未成年後見監督人があるときは、財産調査に着手する前に、未成年後見監督人に申し出なければならず、未成年後見人が、未成年被後見人に対し債権を有することを知って申し出ないときは、その債権を失う。なお、この申出義務は、未成年後見監督人がある場合に限られており、未成年後見監督人がない場合にはその義務は生じない。（民法855条）

③後見事務の監督

未成年後見監督人は、いつでも、未成年後見人に対し後見の事務の報告若しくは財産の目録の提出を求め、または後見の事務若しくは未成年被後見人の財産の状況を調査することができる。また、未成年後見監督人は、家庭裁判所に未成年被後見人の財産の管理その他後見の事務について必要な処分を命ずるよう請求することができる。（民法863条）。

④未成年被後見人の身上監護に係る同意

未成年後見人は、親権者が定めた教育の方法および居所を変更し、営業を許可し、その許可を取り消し、またはこれを制限するには、未成年後見監督人があるときは、その同意を得なければならない（民法857条）。未成年後見人による親権の代行の場合も同様である（民法867条）。

⑤未成年被後見人の財産管理に係る同意

未成年後見人が、未成年被後見人に代わって営業若しくは民法13条1項各号に掲げる行為（元本の領収を除く）をし、または未成年被後見人がこれをすることに同意するには、未成年後見監督人があるときは、その同意を得なければならない（民法864条）。

(3) 未成年後見監督人の欠格・解任・辞任

未成年後見監督人の欠格事由、解任、辞任は、成年後見の場合と同一である。

ア　欠格事由

未成年後見人の配偶者、直系血族および兄弟姉妹は、未成年後見監督人となることができない（民法850条）。また、①未成年者、②家庭裁判所で免ぜられた法定代理人、保佐人または補助人、③破産者、④未成年被後見人に対して訴訟をし、または訴訟をした者並びにその配偶者および直系血族、⑤行方の知れない者は、未成年後見監督人になり得ない（民法847条、852条）。

イ　解任

未成年後見監督人に不正な行為、著しい不行跡その他後見の任務に適しない事由があるときは、家庭裁判所は、未成年後見人、未成年被後見人若しくはその親族若しくは検察官の請求により、または職権で、未成年後見監督人を解任することができる（民法846条、民法852条）。

ウ　辞任

未成年後見監督人は、正当な事由があるときは、家庭裁判所の許可を得て、その任務を辞することができる（民法844条、民法852条）。

Ⅲ　未成年後見人の権利と義務

1　未成年被後見人の身上監護

(1) 概要

未成年後見人は、未成年被後見人の身上監護に関する権利と義務、すなわち、監護および教育の権利義務、子の人格の尊重と子への配慮および体罰等の禁止、居所指定権、職業許可権について、親権者と同一の権利と義務を有する（民法857条）。ただし、憲法の定める基本的人権、児童福祉法2条1項および児童の権利に関する条約12条に基づいて、未成年後見人は、未成年被後見人の年齢や成長段階に応じて、その意見を表明する権利を尊重しなければならない。

未成年後見人は、未成年者の身上監護においては、まさに親代わりであり、親権の延長線上で親権制度を補完し、さらに社会的後見制度を支えるものであるが、未成年被後見人を直接養育するという事実行為は含まれない。未成年後見人が祖父母など近親者である場合を除くと、一般に未成年者本人は、入所施設や里親による社会的養護に委ねられる。

(2) 監護教育

民法820条は、親権を行う者は、子の利益のために子の監護及び教育をする権利を有し義務を負う、と規定する。

また、2022年の改正で、新しい民法821条は、親権を行う者は、第820条の規定による監護および教育をするに当たっては、子の人格を尊重するとともに、その年齢および発達の程度に配慮しなければならず、かつ、体罰その他の子の心身の健全な発達に有害な影響を及ぼす言動をしてはならないと規定した。これは監護教育権の包括的総則規定である民法820条とともに子の人格の尊重および子への配慮を定め、監護教育権の行使全般において子の人格尊重と子への配慮がなされるべきことを明確化する趣旨である[33]。

このように、子を一人の人間として尊重し、健全な社会人としての成長を図ることが監護教育であり、未成年後見人は、民法857条に基づいて親権者と同一の監護教育に係る権利義務を有し、適切な監護教育を通じて未成年被後見人の育成責任を負う。

(3) 居所指定

民法822条は、子は親権を行う者が指定した場所にその居所を定めなければならないとする。この居所指定権は、親権者の監護教育権から生じる具体例の一つであり、子は親権者の指定した場所にその居所を定めなければならない。

未成年後見人には、民法857条に基づいて、未成年被後見人に対して、その

33　前掲・法制審議会民法（親子法制）部会13回会議資料13-1、6頁。

指定場所に居所を定めるよう命ずることが認められている。

(4) 懲戒権と体罰禁止

ア 懲戒権（2022年廃止）

民法は、未成年後見人に、未成年被後見人の利益のための監護および教育に必要な範囲内で未成年被後見人を懲戒することを認めてきたが、2022年の民法改正によって懲戒権に関する規定はすべて廃止された。

イ 体罰禁止（2022年新設）

2022年の民法改正で、第821条に体罰等禁止の規定が新設され、未成年後見人は、未成年被後見人の監護教育において、体罰その他の子の心身の健全な発達に有害な影響を及ぼす言動をしてはならないこととなった。禁止される行為には、尻たたきや抑制的平手打ちなどの身体的体罰だけでなく、著しい暴言による畏怖などの精神的体罰も含まれる。

(5) 職業許可

民法823条の職業許可権は、子が職業を営むことでその子の利益が害されないようにするために、親権者による事前許可を要するとする。未成年後見人は、民法857条により未成年被後見人の職業許可権を有するが、成年年齢が18歳となり対象年齢が僅かなため、今後の存在意義は小さくなろう。

(6) 身分行為の代理

ア 身分行為に係る法定代理権

身分行為は、未成年者自身の意思により決定されるべきものである。しかし、民法は、その例外として、特定の身分行為につき親権者に法定代理権を認めた。

この親権と同じ趣旨で、未成年後見人は、法定代理人として、①認知の訴えの提起（787条）、② 15歳未満の未成年被後見人の氏の変更の許可申立て（791条3項）、③ 15歳未満の未成年被後見人の養子縁組の代諾（797条）、④養子が15歳未満である場合の離縁の代諾（811条2項）、⑤養子が15歳未満である場合の離縁の訴え（815条）、⑥養親が20歳未満の者である場合の縁組の取消し（804条）、⑦婚外子を産んだ未成年被後見人たる母の親権の代行（867条1項）、⑧相続の承認・放棄（917条）を行うことができる[34]。

---

34 前掲・我妻栄『親族法』362頁。

イ　養子縁組

①未成年後見人による代諾

養子となる未成年者が15歳未満であるときは、その法定代理人である未成年後見人が、本人に代わって、縁組の承諾をすることができる。ただし、両親の離婚などにより単独親権者とは別に監護者（民法766条）があるとき、あるいは養子となる者の父母で親権停止の審判を受けている者があるときは、その同意を得なければならない。一方、15歳以上の未成年者が養子となる場合には、未成年者本人が養子縁組の合意ができるため、未成年後見人が代諾することはできない。（民法797条）。

この未成年者の養子縁組については、養子となる者が15歳未満で法定代理人が代諾するとき、あるいは15歳以上で未成年者本人が単独でするとき、いずれの場合においても家庭裁判所から未成年者養子の許可を得なければならない（民法798条）。この家庭裁判所の許可は、審判に係る養子縁組が当該未成年者の福祉に合致するか否かを基準として行われ、審判実務においては縁組の動機や目的、経済的状況、養子との親和性、家族環境等を総合的に考慮して判断されている[35]。

ところが、自己または配偶者の直系卑属を養子とする場合は、家庭裁判所の許可は不要である（民法798条ただし書）。例えば、親権者かつ監護者の親がその子を再婚相手の養子とする場合（いわゆる連れ子養子）は、家庭裁判所がその養親の適格性について審理することができない。その結果、養親による連れ子養子への虐待など、子の利益に著しく反することが数多く引き起こされている。従前から民法798条ただし書には立法論として疑問との批判もあり、子の権利擁護および児童虐待防止の観点からも、家庭裁判所の許可を要するものと改正すべきと考える[36]。

②未成年後見人と未成年被後見人との養子縁組

未成年後見人がその未成年被後見人を養子とするには、家庭裁判所の許可を得なければならず、後見人の任務が終了して未成年後見人でなくなった場合も、

35　前掲・相原佳子ほか編『事例解説　未成年後見実務』141頁

36　前掲・我妻栄『親族法』274頁。大塚正之ほか著『家族法実務講義』242頁（有斐閣、2013年）。

その後見の管理の計算が終わらない間は同様である（民法794条）。これは未成年後見人がその未成年被後見人を養子にすることによって財産管理に関する後見の監督を免れることを防止する趣旨である[37]。換言すると、未成年後見人がその地位を利用し、未成年被後見人の財産を私物化し不正費消する目的の養子縁組を防止することにある。

したがって、未成年後見人がその後見に係る未成年被後見人を養子にする場合は、家庭裁判所における両事件に係る審判の趣旨と基準が異なるため、未成年養子の許可（民法798条）と未成年被後見人を養子とする後見養子の許可（民法794条）の両方が必要となる。さらに、当該未成年被後見人が15歳未満のときは、未成年後見人は、養親となる者であると同時に当該養子縁組を代諾する法定代理人となって利益相反行為となるため、未成年後見監督人がない場合は、特別代理人の選任を家庭裁判所に請求し、その特別代理人による養子縁組の代諾も必要となる。

③特別養子縁組の場合

特別養子縁組の場合は、実父母の同意が必要であり、家庭裁判所の審判によって成立するため（民法817条の2、817条の6）、未成年後見人に代諾権はない。しかし、家庭裁判所は、特別養子適格確認の審判および特別養子縁組成立の審判をするとき、養子となる者の未成年後見人の陳述を聴取しなければならない（家事事件手続法164条の2第6項3号、164条6項2号）。

ウ　婚姻の同意

民法737条が未成年の子が婚姻をするには父母の同意を要すると規定していたが、2022年4月施行の民法改正で成年年齢と婚姻適齢が18歳となり、同条は削除された。なお、旧規定において、未成年後見人による未成年被後見人の婚姻への同意に係る明文規定は存在しなかった。一方、成年被後見人が婚姻をする場合は、その成年後見人の同意を要しない（民法738条）。

エ　認知能力

認知をするには、父または母が未成年者であっても、その法定代理人である未成年後見人の同意を要しない（民法780条）。一方、父または母が成年被後見

37　前掲・我妻栄『親族法』265頁。

人の場合においても、成年後見人の同意を要しない（民法780条）。

オ　遺言能力

未成年者であっても、15歳に達した者は、遺言をすることができる（民法961条）。ただし、遺言をする未成年者は、遺言をする時においてその意思能力を有しなければならない（民法963条）。また、未成年被後見人が、後見の計算の終了前に、未成年後見人またはその配偶者若しくは直系卑属の利益となるべき遺言をしたときは、その遺言は無効となる（民法966条）。

(7) 医療同意

ア　医療同意とは

治療のために医学的適応性のある医療行為であったとしても、患者本人の身体的完全性と自己決定権への侵襲であるため、患者本人は医師から十分な説明を受けて、かつその医療行為に同意する権利を有している。この医療行為に関する医師の説明と患者本人の医療への同意によってはじめて、当該医療措置が法的に正当化され、治療を受ける患者本人の権利が保護されることになる。この医療同意に関する原則は、医療行為の各形態、身体的疾病および精神的疾病の治療、さらに終末医療や延命措置の実施についても妥当する[38]。

イ　医療代諾権

このような治療が必要な患者が認知症や障害により判断能力を欠くか若しくは不十分な場合、患者本人以外の者による医療同意を認めるべきかどうかという重要な問題がある。この点、わが国の成年後見制度においては、成年後見人に医療代諾権はないと解されている。

一方、未成年者については、従前から、医療行為に係る自己決定について、親権者や未成年後見人など法定代理人による代諾が行われている。

ウ　児童の権利に関する条約との関係

児童の権利に関する条約12条1項は、「締約国は、自己の意見を形成する能力のある児童がその児童に影響を及ぼすすべての事項について自由に自己の意見を表明する権利を確保する。この場合において、児童の意見は、その児童の年齢及び成熟度に従って相応に考慮されるものとする」[39]と児童の意見表明権

38　田山輝明編著『成年後見人の医療代諾権と法定代理権』45頁、56頁、69頁（三省堂、2015年）。

を認めている。本条約の定める「児童の意見表明権」に基づくと、年齢と成熟度に従って相応に考慮されるため、例えば15〜17歳の児童なら医療同意を行う主体たり得るが、乳児や幼児の場合は親や法定保護者による代諾の対象となると解することができよう。

また、本条約18条は、「……父母又は場合により法定保護者は、児童の養育及び発達についての第一義的な責任を有する。児童の最善の利益は、これらの者の基本的な関心事項となるものとする。」とし、親または法定保護者には児童の養育および発達についての第一義的責任があり、その際には「児童の最善の利益（the best interests of the child）」が基本的な指標となると定めている。

この児童の権利に関する条約の諸規定は、児童（18歳未満）は、医療同意に関する意見を表明してその年齢と成熟度に従って相応に考慮されるよう求める権利を有するが、親または法定保護者は、当該児童の意見表明をその年齢と成熟度に応じて尊重し、児童の最善の利益を考慮しながら医療代諾を行う権限と義務を有すると解すべきであろう。

エ　未成年後見人による医療代諾

未成年者の治療の際には、親権者は医療代諾権を有するものとして医療機関や社会一般で解されており、それを前提にして、親権者が未成年者本人に代わり具体的な医療行為への同意を行っている。

未成年後見人が親権者と同様の医療代諾権を有するかどうかについて明文規定はないが、未成年後見人は未成年被後見人の身上監護について親権者と同一の権利義務を有するものであり（民法857条）、未成年後見人には未成年被後見人に対する医療行為について代諾する権限と義務があると解される。医療機関の実務において、未成年被後見人の入院、手術、予防接種など様々な医的侵襲行為等について、未成年後見人は、親権者と同様に医療行為の代諾権を有するものとして運用されている。

しかし、乳幼児と15歳以上の少年とを同列視することはできない。治療を受ける児童の年齢と成熟度に相応した対応が必要であり、児童の権利に関する条約および児童福祉法2条の定めに則り、当該児童の年齢および発達の程度に

39　外務省訳。1989年に国連が採択し、1994年に日本が批准した。

応じてその意見表明を尊重して、児童の最善の利益が確保されるべきである。実際には、当該児童による医療行為への意思表示を優先する場合もあり得よう。

オ　医療ネグレクト

児童虐待の類型の一つとして、医療ネグレクトがある。これは児童が病気や怪我のため社会通念上適切な医療水準の治療が必要であるにも拘わらず、親が故意に放置または治療を拒否することなどをいう。

2011年の民法改正で、2年を超えない範囲内で親権停止の審判をすることができることとなった。親権停止の審判があれば未成年後見が開始し、選任された未成年後見人の医療代諾によって、当該児童に対する医療行為が行われる。この親権停止制度の新設の背景には、児童虐待に係る被虐待児を親から分離して一時保護や施設入所措置をした場合にも、医的侵襲を伴う医療行為、病院への入院、精神病院への医療保護入院、予防接種など医療に係る法律行為において、虐待を行った親権者の同意が必要となるという理不尽な現実があった。

この親権停止制度が広く活用されることにより、医療ネグレクトへの対応の円滑化をはじめ、親子分離された施設入所児の福祉の向上が期待される。例えば、輸血を行わなければ子の生命に危険があるにもかかわらず、父母が宗教教義上の理由から輸血を拒否するケースなどである。2023年の全国家庭裁判所の親権停止の認容審判80件のうち10件が、医療ネグレクトを原因としている[40]。

なお、親が宗教上の理由により子の治療における輸血を拒否する事案においては、乳幼児など低年齢児の場合は児童相談所長が親権停止の審判を申し立てるべきであるが、おおむね15歳以上の児童の場合は児童本人の意思を聴取し、当該宗教と子の関係性と宗教上の支配の有無と程度を慎重に調査し、子の利益に資するために適切な判断と対応を行う必要がある。

一方、緊急性のある医療ネグレクトの事案については、児童相談所長が、家事事件手続法174条に基づき、親権停止の審判事件を本案として、親権者の職務執行停止と職務代行者選任の保全処分を申し立て、親権職務代行者による代諾で医療行為を行うのが本則と解される。これに対して、親権停止審判事件を

40　前掲・最高裁事務総局家庭局「親権制限事件及び児童福祉法に規定する事件の概況（令和5年）」。

本案として親権職務執行停止の保全処分が認容された場合、児童福祉法33条の2第1項「児童相談所長は、一時保護が行われた児童で親権を行う者又は未成年後見人のないものに対し、親権を行う者又は未成年後見人があるに至るまでの間、親権を行う」に基づき、必要な医療行為に同意することができると解する見解がある[41]。さらに同見解は、児童相談所長は、児童の生命または身体の安全を確保するため緊急の必要があると認めるときは、親権者の意に反しても、必要な措置をとることができるのであり（児童福祉法33条の2第2項および第4項）、親権者の職務執行停止の保全処分が認容されていなくても、緊急の場合には必要な医療行為に同意することができるとする。

しかし、基幹法たる民法の定める親権者の権利義務を児童福祉法の一条項で制限することはできないものと解され、実際に、各医療機関が、児童相談所長の医療代諾を承認するかどうかについても疑問がある。もとより、医療現場において、子の手術等に係る児童相談所長の医療代諾を当該医療機関が独自に受け入れた場合には、仮に法的問題が生じたとしても、当該児童相談所長の属する行政側が責任を負担することになろう。行政側は、子の利益のために承認した適法な行為として、法的責任の有無について争うことになる。

2 未成年被後見人の財産管理

(1) 未成年後見人による財産管理

ア 意義

未成年後見人は、未成年被後見人の財産を管理する権利と義務を有し、かつ、その財産に関する法律行為について、未成年被後見人に代わって代理権を有する。未成年被後見人の財産上の法律行為に係る同意権、未成年後見人の同意を得ないで未成年被後見人が行った法律行為の取消権または追認権についても、親権者と同様の権利と義務を有する。（民法859条、5条）

また、当該未成年者の行為を目的とする債務を生ずべき場合には、本人の同意を得なければならない（民法859条2項、824条ただし書準用）。この点については、労働基準法58条により親権者または未成年後見人による労働契約の締

41 前掲・磯谷文明「民法等改正と児童相談所側の実務」家裁月報64巻6号119頁。

結が禁止されているため、未成年被後見人の同意が問題となる事案は、労働基準法が適用されない家事使用人として雇用される場合など一部に限定されると解されている[42]。もとより、親権者または未成年後見人が、子や未成年被後見人に代わって賃金を受け取ることは禁止される（労働基準法59条）。

イ　財産管理の効果

ここに財産管理とは、未成年被後見人の財産の保存、利用、改良、処分を目的とした行為をいい、事実上および法律上のすべての行為を含む。この財産管理権の効果は、事実行為の権利と法律行為の権利に分類し得るが、法律行為の権利は法定代理権と同意権で構成される。後者の法律行為の権利は、財産管理権と対立するものではなく、財産管理権から派生する権利と解されている[43]。

①事実行為の権利

未成年後見人は、未成年被後見人の財産を占有する権利、あるいは処分する権利を有する。具体的には、預貯金と収支の管理や家屋の修繕など財産の保全、家屋の賃貸など財産の利用、家屋の増築など財産の改良、管理目的の範囲内での財産の処分などである[44]。

②法定代理権

未成年後見人は、未成年被後見人の財産に関する法律行為について、未成年被後見人を代表する（民法859条）。ここに代表とは代理と同義であり、実質的・理論的に代理と異なるところはない[45]。また、この代理権は、未成年被後見人の意思に基づくことなく発生するため、法定代理権と解されている[46]。

未成年後見人は、この法定代理権に基づいて契約の締結等の法律行為を行うが、未成年被後見人に代わって営業若しくは民法13条1項列挙の行為（元本の領収を除く）をする場合、未成年後見監督人があるときは、その同意を得なければならない（民法864条）。この点、未成年後見監督人がない場合には、後

42　前掲・我妻栄『親族法』336頁。前掲・安倍嘉人ほか監修『子どものための法律と実務』40頁。

43　前掲・於保不二雄編『新版注釈民法（25）親族（5）改訂版』132頁、408頁。

44　同上126頁。

45　前掲・我妻栄『親族法』335頁。

46　前掲・於保不二雄編『新版注釈民法（25）親族（5）改訂版』408頁。

見監督の実を挙げるために、家庭裁判所の許可を要することにすべきとの学説が有力である[47]。なお、未成年後見人が未成年後見監督人の同意を得ないでした行為は、未成年被後見人または未成年後見人が、これを取り消すことができる（民法865条）。

民法13条1項列挙の行為とは、借財または保証、不動産または重要な動産に関する権利の得喪、訴訟行為、贈与・和解・仲裁合意、相続の承認・放棄または遺産分割、贈与・遺贈の拒絶、建物の新築・改築・増築または大修繕などをいう。なお、民法864条ただし書により、元本の領収は未成年後見監督人の同意の対象から除外されている。元本の領収とは、利息や家賃などの法定果実を生む財産を受領することであり、賃貸家屋の引き渡しを受けたり、銀行預金を引き出す場合には未成年後見監督人の同意は必要ない[48]。

③同意権

意思能力を有する未成年被後見人は、財産に関する法律行為を自ら行うことができるが、その場合は未成年後見人の同意を得なければならない。未成年後見人は、その同意を得ないで未成年被後見人がした法律行為を取消または追認することができる。（民法5条）

未成年後見人は、未成年被後見人が営業若しくは民法13条1項列挙の行為（元本の領収を除く）をすることに同意するには、未成年後見監督人があるときは、その同意を得なければならない（民法864条本文）。この場合、未成年後見人が未成年後見監督人の同意を得ないで与えた同意に基づく未成年被後見人の行為は、未成年被後見人または未成年後見人においてこれを取り消すことができる（民法865条）。ただし、これは未成年被後見人の行為の取り消しであって、未成年後見人の同意の取消ではない[49]。

(2) 財産管理における注意義務

ア 未成年後見人の善管注意義務

未成年後見人は、善良な管理者の注意をもって、後見事務を処理する義務を

---

47 前掲・我妻栄『親族法』365頁。前掲・於保不二雄編『新版注釈民法（25）親族（5）改訂版』241頁。前掲・「仮決定及び留保事項（その2）」第57。

48 前掲・於保不二雄編『新版注釈民法（25）親族（5）改訂版』443頁。

49 前掲・我妻栄『親族法』366頁。

負う（民法869条、644条）。善良な管理者の注意義務とは、未成年後見人の属する職業や社会的地位に応じて通常期待される程度の抽象的な注意義務を指し、親権者の場合よりも厳しい注意義務が課されている。このように未成年後見人には、後見事務に関する善管注意義務があるため、後見の財産管理において被後見人の財産に損害を与えた場合、未成年後見人は、債務不履行責任または不法行為責任を負うことになる。

また、未成年後見人は、就職後遅滞なく未成年被後見人の財産調査に着手し、1ヶ月以内に終了して目録を作成しなければならない（民法853条）。実務では、未成年後見人は、財産目録と年間収支予定表を作成し、家庭裁判所に初回報告を行う。その後、通常は年1回の定期報告を行い、未成年被後見人が成年になるまで継続する[50]。未成年後見人の任務が終了したとき、未成年後見人は、2ヶ月以内にその管理の計算をしなければならない（民法870条）。しかし、親権者にはこのような義務は課されていない。

イ　親権者の場合の注意義務

親権者は、子の財産管理において、自己のためにするのと同一の注意をもって、その管理権を行わなければならない（民法827条）。自己のためにするのと同一の注意とは、親権者の注意能力に応じた具体的な注意義務を指し、善管注意義務よりも低い基準である。

親権者は、子が成年に達したとき、遅滞なくその管理の計算をしなければならないが、その子の養育および財産の管理の費用は、その子の財産の収益と相殺したものとみなされるため（民法828条）、現実に管理の計算が行われる事案は少ないと思われる。

3　利益相反行為

(1) 未成年後見における利益相反行為

未成年後見人と未成年被後見人との利益が相反する行為については、未成年後見人は、親権者の場合と同様に、その未成年被後見人のために特別代理人を選任することを家庭裁判所に請求しなければならない。利益が相反する行為と

50　前掲・相原佳子ほか編『事例解説　未成年後見実務』90頁。

は、その法律行為の内容が、未成年後見人の利益になる一方で、未成年被後見人にとって不利益になるものをいう。ただし、未成年後見監督人がある場合は、未成年後見監督人が未成年被後見人を代理するため、その必要がない。（民法860条、826条）

親権者の利益相反行為としては、親権者が自己の債務のために子の不動産に抵当権を設定すること[51]、未成年者と親権者が共同相続人である場合に親権者が当該未成年子を代理して相続放棄をすること[52]などが代表的な判例であり、未成年後見人と未成年被後見人の場合も同様に解されよう。

また、当該法律行為が利益相反行為にあたるかどうかの判断基準について、判例は、取引の安全を重視し、もっぱら行為の外形からのみ判断する形式的判断説に立つ[53]。しかし、近時の多数説（実質的判断説）は、実質的に見て未成年子の不利益において親権者の利益を防止することであるとして、利益相反は具体的な事情について実質的に判断すべきであるとする[54]。裁判実務においては、利益相反行為かどうかは、個々の事案の具体的事実関係の下で判断されている[55]。

(2) 特別代理人

ア　特別代理人の選任

未成年後見人と未成年被後見人の利益相反行為において、未成年後見監督人が選任されていない場合、家庭裁判所は、未成年後見人の請求により、未成年被後見人の特別代理人を選任する。例えば、未成年後見人と未成年被後見人が、共同相続人として遺産分割協議をする場合などである。

通説は、特別代理人選任の請求は、未成年後見人だけでなく、未成年後見人選任に関する民法840条を類推適用して、親族その他の利害関係人にもあると解する[56]。

51　最判昭和37年10月2日民集16巻10号2059頁［1962年］。
52　最判昭和53年2月24日民集32巻1号98頁［1978年］。
53　最判昭和42年4月18日民集21巻3号671頁［1967年］など。
54　前掲・於保不二雄編『新版注釈民法（25）親族（5）改訂版』138頁。
55　前掲・相原佳子ほか編『事例解説　未成年後見実務』24頁。
56　前掲・我妻栄『親族法』344頁、368頁。前掲・於保不二雄編『新版注釈民法（25）親族（5）改訂版』148頁、432頁。

しかし、特別代理人に選任される者の資格に制限はなく、申立人の推薦する者の中から選任されるのが実情であり、未成年者の保護として機能していないと指摘されている。実際上は、関係者間で協議が整い、あと特別代理人の同意だけという段階で選任申立てが行われる場合が多い。家庭裁判所が職権で適任者を捜すことが現実的に困難なため、申立人の身代わりのような人物が選任されていることに対して批判がある[57]。

イ　特別代理人の権限

特別代理人は当該行為について代理権を有し、意思能力のある未成年被後見人に同意を与えることができる[58]。

通常、特別代理人は特定の行為について個別的に選任され、その権限は、家庭裁判所の特別代理人選任に係る審判書の趣旨によって定められる[59]。具体的には、遺産分割の事案であれば、特定の遺産分割案に合意するか拒否するかの権限となる。

Ⅳ　未成年後見における諸課題

1　未成年被後見人の責任能力と賠償責任

(1) 未成年被後見人に係る監督者責任

未成年者は、他人に損害を加えた場合において、自己の行為の責任を弁識するに足りる知能を備えていなかったときは、その行為について損害賠償責任を負わない（民法 712 条）。

この責任無能力者がその責任を負わない場合において、その責任無能力者を監督する法定の義務を負う者すなわち未成年後見人や親権者は、原則として、その責任無能力者が第三者に加えた損害を賠償する責任を負う。ただし、監督義務者がその義務を怠らなかったとき、またはその義務を怠らなくても損害が生ずべきであったときは、未成年後見人等は損害賠償責任を負わない（民法 714 条 1 項）。この点、民法 712 条および 713 条の責任無能力による免責と 714

57　前掲・於保不二雄編『新版注釈民法（25）親族（5）改訂版』149 頁、432 頁。

58　前掲・我妻栄『親族法』345 頁。

59　前掲・於保不二雄編『新版注釈民法（25）親族（5）改訂版』150 頁。

条の監督義務者の責任は、一体として損害賠償制度を構成している。714条1項ただし書の免責は、ほとんど認められることのない実質的な厳格責任であり、被害者保護のための制度と理解されてきた[60]。

しかし、2015年に最高裁は、責任能力のない11歳の未成年者の行動によって生じた人身損害賠償請求の事案（サッカーボール事件）で、監督義務者としての義務を怠らなかったとして、その親権者の監督者責任の成立を否定した[61]。この最高裁判決は、714条1項ただし書の免責規定を適用して、監督義務者の賠償責任を否定した初めての事例であり、未成年後見人に係る事案についても、今後の下級審への影響に留意する必要がある。

また、成年被後見人の事案であるが、重度の認知症高齢者の線路内立入り死亡事故に係る鉄道会社からの損害賠償請求訴訟において、当該認知症高齢者の妻および長男は、民法714条1項にいう責任無能力者を監督する法定義務者およびそれに準ずべき者に当たらないとした最高裁判決（2016年）もある[62]。

なお、監督義務者に代わって責任無能力者を監督する者、例えば小学校の校長や担任教員などが、民法714条2項の代理監督者として賠償責任を負うかどうかについては、学説および判例上の争いがある[63]。

(2) 未成年後見人などの負担する賠償責任

前記の最高裁判決をふまえ、未成年被後見人の責任能力と監督義務者等の賠償責任に関しては、年齢や責任弁識能力の有無、監督義務者の監督義務や見守り義務の範囲と程度、さらに監督・見守り義務を怠ったかどうかなどについて、各裁判実務で個別事案毎に損害賠償責任の存否が判断されることになる。

ただし、民法714条などが無条件で適用され、未成年後見人が常に損害賠償責任を負担する状況は、後見人に就職する者が大幅に減少して後見制度の崩壊を招く危険があることに留意しなければならない。一方で、被害を受けた側の損害賠償請求の権利も当然に守られるべきことを考慮すると、政府が関与する自動車賠償責任保険のように準公的な後見賠償責任保険制度の創設も選択肢の

60　窪田充見「サッカーボール事件」論究ジュリスト16号13頁（2016年）。
61　最判平成27年4月9日民集69巻3号455頁（2015年）。
62　最判平成28年3月1日民集70巻3号681頁（2016年）。
63　田山輝明『事務管理・不当利得・不法行為　民法要義6』216頁（成文堂、2006年）。

一つとして考えられる。なお、弁護士の場合は、弁護士賠償保険等の加入に際し、「未成年後見特約」として未成年者の不法行為に対する賠償責任保険を付帯することが可能となっている[64]。

2　未成年後見における法人後見

(1) 経緯

従前から、民法上で法人が後見人になれないという規定はなかった。1999年の成年後見に係る民法改正まで、法人後見の可否については解釈上論争があったが、可能とするための条文上の根拠がないという消極的な理由により否定説が多数であった。その後、2011年の改正民法840条3項は、「未成年後見人となる者が法人であるときは…」という成年後見と同様な規定の仕方によって、未成年後見における法人後見を明文で許容した。

(2) 未成年後見における法人後見の必要性

ア　法人後見の意義

虐待を行う親に対する親権喪失や親権停止の審判、あるいは両親との死別の場合、当該未成年者は、親族による養育がなされなければ、その多くが児童養護施設などに措置される。このような未成年者について、施設を運営する社会福祉法人等が、当該未成年者の法人後見人となる事案の増加が見込まれる。

未成年者が施設入所しているとき、施設長や職員との個人的な愛着関係を基礎にした後見は、本人の利益になる場合が少なくない。未成年後見の場合、一般に、入所する児童福祉施設を経営する社会福祉法人が後見人になったとしても、施設入所している高齢者のような利益相反の問題は比較的少ないのではないかと考える。

もとより、当該未成年者が遺産相続や生命保険金受領などにより多額の資産を有する場合は、利益相反が生じるため、入所施設の社会福祉法人のみによる未成年後見は不適切であり、第三者の専門職後見人との共同若しくは分掌による後見など慎重な配慮を要する。また、他の社会福祉法人による未成年後見支援事業や未成年後見を主目的に設立されたNPO法人などを利用するのも選択

64　前掲・相原佳子ほか編『事例解説　未成年後見実務』144頁。

肢のひとつである[65]。

イ　法人後見の適法性

児童相談所長（知事の委任）による入所措置を受け入れた法人を未成年後見人に選任することは児童福祉法の予定する権限関係と整合しない、との見解がある[66]。しかしながら、父母との死別などによって養育者がいなくなった要保護児童について、児童相談所長（知事の委任）が児童福祉法27条1項に基づく行政処分として施設入所措置をとった場合、定員超過など特段の理由がない限り、当該入所施設は受け入れを拒否することはできない。さらに、児童養護施設の運営法人が入所児童の未成年後見人に選任されたとしても、未成年後見人としての同意権に基づいて当該児童の施設入所措置を拒否することなど現実にはあり得ないし、児童福祉法上の権限関係においても認められていないのである。

したがって、入所施設を運営する社会福祉法人が、現に入所措置されている未成年者の法人後見人になることに特段の問題はなく、児童福祉法上も適法であり、現実には入所児童の最善の利益に資する事案が少なくない。もとより、多額の資産を相続した未成年者の場合のように、施設を運営する社会福祉法人と利益相反が生じる可能性があるときは、外部の法人や個人と複数後見を行うなど不正への対応が必要である。

ウ　社会資源としての法人後見

また、法人後見制度そのものについて、法人後見は主に年長児童の財産管理を想定しており、単なる財産管理であれば財産管理人で足りるとして法人後見を再検討すべきとの見解がある[67]。

しかし、重篤な虐待を受けて親権喪失の審判等により親子分離された児童や、両親が災害等で死亡し親族による適切な養育を受けられない児童にとって、未成年後見人による社会的後見と児童養護施設や里親による社会的養護は、車の

65　例えばNPO法人「岡山未成年後見支援センターえがお」（2012年設立）。

66　前掲・飛澤知行編『一問一答 平成23年民法等改正』69頁。

67　岩志和一郎「Ⅱ親族法・未成年後見法・扶養法」戸籍時報No. 750・33頁（2017年）。許末恵「財産管理・財産以外の行為の法定代理・未成年後見の検討課題」家族〈社会と法〉33巻80頁（2017年）。

両輪として機能するだろう。さらに、その未成年後見人による後見は、身上監護を中心としながら、あわせて財産管理を行うものである。親権者のいない施設入所児童や里親委託児童にとって、身上監護と財産管理を法人の後見人が担当するほうが、子の利益に適切な事案は決して少なくないと考える。

このように、法人による未成年後見を必要としている未成年者の存在に十分配慮すべきであり、児童の権利擁護のための社会資源の多様性を敢えて否定するべきではないと思う。

(3) 児童虐待における法人後見の役割

児童相談所長が、児童虐待の事案において、虐待親の親権喪失審判の申立てを行うことは全国の児童相談所で年間10〜20件程度であり、非常に少ないのが実情である。この背景の一つには、未成年後見人の選任の難しさが存在する。一般に、親権喪失等に至るような父母は親族からも孤立していること、さらにその親族も健全な状態の家庭が少ないことなどが、未成年後見人の選任を難しくさせている。また、未成年後見は、その期間が10年を超えて長期にわたる場合もあり、養育に関する未成年後見人の責任が重大であることも理由としてあげられる。

親の親権喪失等に係る被虐待児の監護教育においては、未成年後見人の果たすべき役割は非常に大きくて重い。しかし、未成年後見人が個人ではなく法人であれば、複数の職員が関わることなどにより、比較的容易にその役割を果たすことができる。社会福祉法人やNPO法人などの福祉団体が、法人として未成年後見人に就職することは日本の実情に適合するものであり、当該児童の状況に応じて未成年後見の多様性を構築することができよう。また、公的な未成年後見人の報酬補助事業や損害賠償保険料補助事業などの活用、およびその拡充が期待される。

3　未成年後見における機関後見（公的後見）

(1) 未成年後見人選任の実情

児童相談所長が、重篤な虐待事案において、被虐待子の親の親権喪失や親権停止の審判またはその保全処分を申立てて認容された場合、実務上は未成年後見人または親権職務代行者を家庭裁判所に推薦することを求められる。

その際、未成年後見人や親権職務代行者の適格者が見つからないときは、暫定的に児童相談所長自身が私人として就職せざるを得ない。この場合、児童相談所長には、子が成人するまでの長期にわたって未成年後見人としての職責が生じることになる。また、所長個人の戸籍上の住所氏名が子の戸籍に記載されるため、虐待した親から逆恨みによる報復を受けるおそれもある。さらに、当該未成年子が第三者に対して加害行為を行った場合は、監督義務者としての損害賠償責任を負う可能性も生じる。このような未成年後見人や親権職務代行者の家庭裁判所への推薦が難しいことなどを理由に、児童相談所長が、親権喪失や親権停止の審判申立に消極的になるという実情がある。

(2) 機関後見（公的後見）についての議論の経緯

この問題を解決するため、児童相談所長等の行政機関が虐待を受けた未成年者の未成年後見人になれるよう法改正すべきだという意見が、児童相談所側から表明されてきた[68]。これは従前より機関後見と称され、児童相談所長などによる直接的な公的後見制度をいう。

この点、2011年民法改正に際して法務省が設置した親権制度研究会においては、公的機関としての児童相談所長が未成年後見人に選任されるものとすれば、未成年後見人の戸籍情報などプライバシー保護、後見報酬の確保、未成年者が第三者に対し加害行為を行った場合の監督義務者責任などについて利点があるとの意見があった[69]。しかし、この研究会報告を引き続いだ法制審議会の部会では、委員から積極的な機関後見制度新設の提起はなく、未成年後見における児童相談所などの機関後見についてはほとんど議論されなかった。

(3) 機関後見（公的後見）の有効性

虐待親やその親族の状況から、家庭裁判所の親権喪失や親権停止審判に合わせて適格な未成年後見人を選任することは難しい。しかし、児童相談所長などの行政機関を未成年後見人に選任する制度を創設し、児童相談所長などを暫定的に未成年後見人に選任することによって解決し得る。さらに、その場合には、家庭裁判所における家事審判の促進という副次的効果も期待できよう。

68　2000年（平成12年）3月23日、第147回国会衆議院青少年問題に関する特別委員会における全国児童相談所長会会長の意見陳述。

69　「児童虐待防止のための親権制度研究会報告書」43頁（法務省、2010年）。

また、児童相談所長は、被虐待子について児童養護施設入所措置または里親委託を行った場合、措置解除されるまでの長期にわたって、その措置から生じるすべての責任を負担する。児童福祉法27条に基づく措置は、児童相談所長と当該子との新たな結びつきと支援の始まりでもある。親権喪失の審判等が認容された後、まずは当分の間、児童相談所長が機関として当該子の未成年後見業務を行うことは自然の流れであり、かつ、有意な効果をもたらすと考える。

さらに、民間の個人や社会福祉法人等より、むしろ行政機関による後見の方が適している事案もある。たとえば、性的虐待を行った親は、親権喪失の審判の後にあっても、施設から未成年者の連れ戻しや未成年後見人への威嚇や脅迫などを執拗に行うことがある。虐待した親が反社会的勢力の構成員などの場合も同様の暴力的行為がある。いずれも全国の児童相談所で現実に起きていることであり、このような事案では、個人や民間法人での対処は非常に難しく、一定の公権力を有する行政機関自体が未成年後見人として対応することのほうが適格かつ効果的であると考える。

他方、わが国に公的後見を導入するのは制度的に困難であり、親権の適切な規制や児童福祉法の諸措置の整備・拡充をすべきであるとして公的後見に反対する見解もある[70]。しかしながら、性的虐待など重篤な児童虐待事案においては、子は虐待を行う親から分離されて安全に日常生活を過ごす権利があり、家庭裁判所に虐待親の親権喪失あるいは親権停止が認容された場合、当該子は直ちに未成年後見人が選任され、その監護の下に、医療や学校教育など適切な養育を受けて成長する権利を有する。未成年後見人の迅速な選任が困難な場合は、暫定的に児童相談所などの公的機関が未成年後見人に就職して、当該子の当面の社会的な養育義務を果たすことに何の問題も生じない。

(4) 諸外国の公的後見制度

この機関後見について、ドイツではBGB1774条が、少年局を後見人および暫定後見人として選任することができると規定している。SGB Ⅷ 55条は、少年局がBGBの規定による後見人や保護人等になる場合について定め、これを官庁後見、官庁保護などと定義している（詳細は後述する）。

70　前掲・許末恵「親権制限及び未成年後見についての検討課題」39頁。

フランスにおいても、フランス民法典411条が「地方公共団体への付託による未成年後見」を規定するとともに、社会福祉家族法典L.224-1条乃至L.224-12条は、親権全部取上げの判決が言い渡された場合などにおける「国の被後見子制度」について定めている（詳細は後述する）。

日本においても、暫定的あるいは困難事案における未成年後見の選択肢の一つとして、保全処分における親権職務代行を含めて、児童相談所などの行政機関による機関後見制度の創設を検討すべきものと考える。

4 未成年後見における複数後見

(1) 複数後見の沿革

ア 明治民法の後見人一人制

未成年後見人が1名とされることは、親権が父権として位置付けられていることと不可分であると解される。明治民法906条は、「後見人ハ一人タルコトヲ要ス」と規定した。このように明治民法906条が後見人一人制を規定したことについて、民法修正案理由書は、後見人は親権に類する権利を行うものであるから親権者の数（すなわち父親1人）にあわせるべきこと、後見人を複数にすると意見の統一を欠き家族上の紛議が生じるおそれがあることの2つを理由としてあげている[71]。

明治民法における親権は、家制度の下で父権が優先され、単独親権者の父が死亡したときは「家ニ在ル母」が親権者となる（明治民法877条）。さらにその母が死亡したときは、親権者の遺言による選任、戸主の就職、親族会による選任の順で、1名の未成年後見人が選任されることになる（同法901条、903条、904条、905条、906条）。母が離婚して家を出ているときは、親権者たる父の死亡によって直ちに後見が開始し（同法900条）、一人の未成年後見人が選任された。

イ 成年後見における複数の後見人の許容（1999年改正）

1947年の改正民法843条（1999年改正で842条に変更）も、「後見人は、一人でなければならない」と後見人一人制をとっていたが、1959年（昭和34年）

---

71 前掲・於保不二雄編『新版注釈民法（25）親族5（改訂版）』303頁。

の法制審議会民法部会小委員会による「仮決定及び留保事項（その2）第53」は、「第843条については、後見人は一人に限らないものとすべきか否か、一人に限らないものとした場合に各後見人の権限及び責任をいかに定むべきかにつき、なお検討する」とした。後見人一人制は明治民法における家制度のなごりと解していたのであろう。

この「仮決定及び留保事項（その2）」に基づく民法改正が行われることはなかった。しかし、1999年の民法改正において、新843条3項が成年後見人の人数について明文で複数を肯定し、成年後見についてのみ後見人一人制が廃止された。一方、複数の未成年後見人の是非については、1999年改正における成年後見問題研究会では、とくに論点として取り上げられることなく、将来の課題として残された[72]。

ウ　複数の未成年後見人の許容（2011年改正）

2011年の民法改正により、842条「後見人は、一人でなければならない」を削除した。また、民法840条2項は、未成年後見人がある場合においても、家庭裁判所は、必要があると認めるときは、未成年被後見人若しくはその親族その他の利害関係人若しくは未成年後見人の請求により、または職権で、更に未成年後見人を選任することができるとして複数の未成年後見人について定めた。さらに、民法857条の2は、未成年後見人が数人ある場合の権限の行使等について規定した。

(2) 複数の未成年後見人の必要性

2011年の法改正によって複数の未成年後見人が許容された。その必要性は、特に次の2点にある。

ア　未成年後見の責任の重さ

前述のとおり、未成年後見は成年後見に比べて審判件数が少なく、全国家庭裁判所における未成年後見人選任の新受件数は、2022年が1,059件であり、かつ減少傾向にある。このうちの多くは、養子縁組や相続財産の分割協議、死亡した親の多額の生命保険金の管理などのために、親族により家庭裁判所に対して未成年後見人の選任請求が行われたものであろう。

72　前掲・於保不二雄編『新版注釈民法（25）親族5（改訂版）』272頁。

しかし、いずれのケースでも、両親の死亡、遺棄、児童虐待による親権喪失など当該未成年者はきわめて厳しい境遇で生きることを余儀なくされている。そのような未成年者が、心身の発達に応じ、学校や社会での活動を広げていくため、未成年後見人の負担は、時間の経過とともに増え続ける。事案によっては、複数の未成年後見人による対応が不可欠となろう。

イ　社会資源の効率活用

社会的養護を要する未成年者は、各種社会資源の積極的な活用を図る必要がある。そのために、複数の未成年後見人が制度として認められるべきである。例えば、父母が死亡または親権喪失した未成年者について、その親族と社会福祉法人が未成年後見人に就職することが有効な場合がある。また、里親委託されている未成年者につき、里親の不祥事防止のため、複数の職種の専門職を未成年後見人に就職させる選択肢もある。未成年者に大きな資産がある場合には、弁護士等の専門職を未成年後見人の一人に就職させることが適切である。

(3) 複数の未成年後見人の権限行使

ア　共同行使の原則

未成年後見人が複数あるときは、共同してその権限を行使する（民法857条の2第1項）。ここに「共同してその権限を行使する」とは、原則として、複数の未成年後見人が、身上監護および財産管理のいずれについても、共同すなわち全員一致して権限を行使することをいう。

とりわけ身上監護については、子の安定した身上監護を行うために、複数の未成年後見人による慎重な協議が必要であるとの配慮から単独行使を排除したものと解される。一方、財産管理では、次のような例外も認められ得る。

イ　財産管理の権限のみを有する未成年後見人

未成年後見人が複数あるときは、家庭裁判所は、職権で、その一部の者について、財産に関する権限のみを行使すべきことを定めることができる（民法857条の2第2項）。この場合、その定めをされた未成年後見人は財産管理の権限のみを有することになるため、他の未成年後見人は身上監護を行い、さらに財産管理も行うことになる。

ウ　財産管理について単独による行使または事務分掌による行使

未成年後見人が複数あるとき、家庭裁判所は職権で、財産に関する権限について、各未成年後見人が単独で権限を行使すること、または複数の未成年後見人が事務を分掌してその権限を行使すべきことを定めることができる（民法857条の2第3項）。

財産管理に関して単独行使が定められたときは、各未成年後見人は財産管理の権限を単独で行使し、事務分掌が定められたときは、各未成年後見人は定められた分掌範囲で独立して権限を行使する。

エ　身上監護の共同行使の原則と財産管理における例外

民法857条の2の文理解釈上、身上監護に関する権限のみを有する未成年後見人は認められず、また身上監護について権限の単独行使や事務分掌の定めをすることも認められない[73]。

これは身上監護に関する権限を有する未成年後見人が、身上監護に必要な財産管理の権限を行使できなければ、未成年被後見人の書籍や学用品や洋服など日常的な生活用品の購入や管理等に支障を来すためと解説されている[74]。

要約すると、複数の未成年後見人がいる場合、身上監護を行う未成年後見人は必ず財産管理も行い、身上監護は共同行使によるのに対して、一方の財産管理については、家庭裁判所の職権で財産管理のみを行う未成年後見人を定めることができ、さらに家庭裁判所の職権で単独行使または事務分掌による行使などの例外を認めることができる、ということである。

オ　複数の未成年後見監督人の権限行使

複数の未成年後見監督人がいる場合も、複数の未成年後見人と同様の権限の行使となる（民法852条）。すなわち、未成年後見監督人は、未成年後見人の身上監護の事務を監督し、急迫の事情がある場合や、未成年被後見人と未成年後見人の利益相反行為においては自ら後見事務を行う（民法851条）。複数の未成年後見監督人がある場合、身上監護に関する未成年後見監督人の職務は、必ず共同して権限を行使し、財産管理に関する職務は、共同行使が原則であるが、例外として家庭裁判所の定めによって単独行使または事務分掌による行使とすることができる[75]。

73　前掲・安倍嘉人ほか監修『子どものための法律と実務』51頁。

74　前掲・飛澤知行編著『一問一答　平成23年民法等改正』73頁。

75　同上79頁。

カ　複数の成年後見人の場合との相異点

一方、複数の成年後見人の場合、後見事務は単独行使が原則であるが、必要な場合は、家庭裁判所の職権により、事務の共同行使や分掌が認められ得る(民法859条の2)。共同行使の場合は、全員一致した場合のみ権限を行使することができ、分掌の場合は、各成年後見人は分掌された範囲では独立して権限を行使し得る。分掌の例としては、財産管理の事務は弁護士に分担させ、身上配慮に関する事務は社会福祉士に分担させることなどが想定される。

このように、複数の未成年後見人の権限の行使に関する規定と複数の成年後見人の権限の行使に関する規定は、その細部において規律が異なっている点に留意する必要がある。

5　児童相談所長の未成年後見人選任請求義務

(1) 意義

民法838条1号は、未成年者に対して親権を行う者がないとき、または親権を行う者が管理権を有しないときに後見が開始すると規定している。したがって、親権喪失だけではなく親権停止や管理権喪失の場合も、本条に基づき未成年後見が開始されることになる。

児童福祉法33条の8は、親権者のいない未成年者について、児童相談所長に未成年後見人選任の請求を義務付けており、選任されるまでの間は児童相談所長が親権を行うものとしている。未成年後見人については、家庭裁判所の職権による選任が認められないため、親族等の請求がなければ、児童相談所長は速やかに未成年後見人の選任請求をする必要がある。

実務では、児童相談所長の申立による親権喪失・親権停止の審判等が認容される際は、家庭裁判所が児童相談所長に対して、事前に未成年後見人選任申立と未成年後見人候補者推薦を準備するよう勧告することが多い。

(2) 選任請求は児童相談所長の義務

児童福祉法には、児童相談所長による未成年後見人選任請求中の親権の一時代行のほか、児童相談所長または児童福祉施設の長による里親委託や施設入所中の未成年者に係る親権の一時代行が規定されている（児童福祉法33条の8、同47条)。この点について、こども家庭庁は、児童相談所長あるいは児童福祉施設長による親権の一時代行を第一義的とし、多額の相続財産を未成年者が有する場合などにおける例外的な対応として未成年後見人の選任を行うよう全国の児童相談所に通知している[76]。

しかし、これは未成年後見制度の本来の趣旨とは異なるものと考える。民法838条によって、未成年後見は両親の死亡あるいは親権喪失・停止の審判などにより当然に開始する。親権喪失の審判等の事案に限らず、親権者が不存在となった場合には、当該未成年子の福祉のために速やかに未成年後見人が選任されなければならない。

親のいない子にとって、社会的後見制度による親代わりとして、未成年者の進路選択や日常生活での法律行為を代理する未成年後見人の存在は不可欠であり、児童福祉法33条の8の「その福祉のため必要があるとき」の文言を制限的に解釈するべきではない。本条を児童相談所長に対する未成年後見人選任請求の義務付け規定と解し、時機を失することなく家庭裁判所に申し立てるべきである。

6　未成年後見人の報酬

(1) 未成年後見人への報酬の付与

未成年後見人は、家庭裁判所に報酬付与申立てをすることができ、家庭裁判所は、未成年後見人および未成年被後見人の資力その他の事情によって、未成年被後見人の財産の中から、相当な報酬を未成年後見人に付与することができる（民法862条）。専門職後見人だけでなく親族後見人も報酬付与申立てをすることができるが、報酬を付与するかどうかおよび付与する場合の金額は家庭裁判所が決定し、審判書にその内容を記載する。

一方、親権者は報酬を与えられないが、子の養育費および財産の管理の費用は、子の財産の収益と相殺したものとみなされるため（民法828条ただし書）、親権者には事実上の報酬が支払われている場合もある。

76　こども家庭庁「児童相談所運営指針」（平成6年3月30日こ支虐第164号）第4章第9節4（未成年後見人選任・解任の請求）、厚労省「全国児童福祉主管課長会議資料」（平成24年2月27日）。

(2) 未成年後見人の報酬等に対する公的補助

ア　補助対象

児童相談所長申立に係る未成年後見人への報酬補助、損害賠償保険料の公的補助事業が行われている[77]。この未成年後見人支援事業は、児童虐待防止対策支援事業の一つとして実施されているものであり、補助の対象となる未成年後見人は、次の条件を満たさなければならない。

①児童福祉法33条の8に基づいて、児童相談所長が家庭裁判所に未成年後見人選任請求を行い、家庭裁判所より未成年後見人に選任された者

②児童相談所長が選任請求を行う場合に準じる状況にあると児童相談所長が認める児童について、児童相談所長以外の者が選任請求を行い、未成年後見人に選任された者

③上記①または②により補助対象となる未成年後見人は、当該未成年被後見人の預貯金や不動産等の資産の合計が一定額（1,700万円）未満であること、かつ未成年後見人が未成年被後見人の親族でないこと、または入所している施設を運営する法人若しくは当該法人の職員または委託された里親でないことが条件となる。

なお、上記②の「児童相談所長が選任請求を行う場合に準じる状況にあると児童相談所長が認める児童」とは、児童相談所が把握している児童であること、かつ保護者のない児童または保護者に監護させることが不適当であると認められる児童であること、さらに親族が監護養育能力および財産管理能力の全部または一部を欠くため親族以外の者を未成年後見人として選任せざるを得ない状況にある児童であることをいう[78]。

イ　補助額

対象となる未成年後見人への報酬補助は一人あたり月額上限2万円、未成年後見人の賠償責任保険の保険料は一人あたり年額5,210円、未成年被後見人の傷害保険料は一人あたり年額7,680円である[79]。

77　厚労省「児童虐待防止対策支援事業実施要綱 第3・14」（平成17年5月2日、雇児発第0502001）。

78　前掲・「児童虐待防止対策支援事業実施要綱 第3・14（3）②イ」。

79　補助事業の報酬額と損害賠償保険料は、2022年度現在。

(3) 無資産の児童に対する未成年後見への支援

児童虐待ではなく災害や事故等により親権者のいない未成年者についても、児童相談所長は、児童福祉法33条の8に基づいて未成年後見人の選任請求をする義務がある。しかし、現実には殆ど行われていない。親権者がいない未成年者のうち、児童虐待ではなく、一般の無資産の未成年者に係る未成年後見人に対しても、報酬補助や損害賠償保険料補助などの公的補助による支援の対象とし、当該未成年者の権利擁護と健全育成を図る必要があろう。

この点、未成年後見人の報酬等への公的支援は、未成年後見制度を単なる私人の権利利益の保護ではなく、未成年後見人を児童の福祉に資する機関と認めることから説明し得るという見解もある[80]。しかし、前述のとおり、未成年後見制度そのものを「児童福祉のための社会的後見」と法的に位置づける観点に立って、未成年後見人の報酬や損害賠償保険料等の支援に限定することなく、より広い未成年後見の実施体制をつくり、児童相談所長による機関後見など様々な公的な支援の枠組みを確立する必要があると考える。

7　未成年後見に係る戸籍実務

(1) 戸籍記載の嘱託

家庭裁判所は、家事事件手続法116条に基づいて、「別表第一」に掲げる事項についての審判の効力が生じた場合および審判前の保全処分が効力を生じた場合には、最高裁判所規則の定めるところにより、戸籍の記載の嘱託をしなければならない。家庭裁判所から戸籍記載嘱託書が市区町村長に送付されると、各市区町村の管理する戸籍に未成年後見人の氏名等が記載される。

最高裁判所家事事件手続規則76条1項は、この戸籍の記載の嘱託を要するものとして、①親権喪失、親権停止または管理権喪失の審判、②未成年後見人または未成年後見監督人の選任の審判などを規定している。さらに、同規則76条2項2号は、家事事件手続法174条1項により親権者の職務の執行を停止、またはその職務代行者を選任する審判前の保全処分についても、戸籍記載の嘱託を要するものとしている。

80　中田裕康『新法解説　民法改正　児童虐待防止のための親権制度等の改正』法学教室373号65頁（2011年）。

(2) 戸籍記載の問題点

児童虐待に係る戸籍実務では、未成年後見人とともに親権職務代行者の氏名等も未成年者の戸籍に嘱託記載される。弁護士や社会福祉士など専門職が未成年後見人や親権職務代行者に就職する場合、当該未成年者の親族等との厳しい葛藤が生じることが少なくないが、その際に専門職後見人の戸籍上の氏名、本籍地や戸籍筆頭者などの戸籍記載事項が未成年者の戸籍を通じて相手方に知られることになる。

また、児童相談所長も、親権喪失や親権停止の審判があったとき、私人として未成年後見人や親権職務代行者に就職することを求められる事案が珍しくない。そのような虐待ケースに際し、当該児童相談所長が、この未成年後見人あるいは親権職務代行者として戸籍記載されることを敬遠して、親権喪失等の審判申立てや親権職務執行停止と職務代行者選任の保全処分申立に消極的になるという現実がある。

このような実情に対処するためには、家事事件手続規則 76 条が定める未成年後見人や親権職務代行者の戸籍記載を、他の方法で代えて記録することも選択肢の一つである。また、児童相談所長などを個人ではなく行政機関として未成年後見人や親権職務代行者に選任するという機関後見（公的後見）の許容、あるいは現行規則の下でも、専門職後見人や児童相談所長の所属機関や事務所の住所を戸籍記載するなどの配慮が検討されるべきである。

8　親族の未成年後見人による横領と刑事責任

未成年被後見人の直系血族など親族の未成年後見人が、その管理に係る未成年被後見人の財産を横領した場合、刑法 255 条により同法 244 条 1 項を準用して刑を免除する「親族相盗例」の適用はなく、業務上横領として刑事責任を負うことになる。

最高裁判所は、未成年後見人である祖母が共犯者 2 名と、未成年被後見人である孫から預かり保管中の預金口座から高額の現金を引き出した横領事件について、「未成年後見人の後見の事務は公的性格を有するものであって、家庭裁判所から選任された未成年後見人が、業務上占有する未成年被後見人所有の財物を横領した場合に、……刑法 244 条 1 項を準用して刑法上の処罰を免れるものと解する余地はないというべきである」とし[81]、たとえ祖母であっても親族相盗例の適用はなく、業務上横領罪としての処罰は免除されないとした。成年後見人についても同様の判例がある[82]。

9　後見制度支援信託

ア　概要

最高裁判所は、未成年後見人による横領等の頻発という実情を考慮し、すべての未成年被後見人を対象として後見制度支援信託の運用を行っている。後見人による財産の横領等を防止して適切な財産管理を行うために、家庭裁判所の関与の下に財産管理を信託銀行に任せるものである。成年被後見人の場合も同様に取り扱われている。

この後見制度支援信託は、信託銀行が、未成年被後見人の金融資産（現金および預貯金のみ）を預かる制度であり、この制度を利用するためには、新たに専門職後見人の選任が必要である。選任された専門職後見人が後見制度支援信託が必要と判断した場合、後見制度支援信託の利用に適する旨の報告書を家庭裁判所に提出する。家庭裁判所が後見制度支援信託の利用が必要と決定すれば、未成年後見人と信託銀行との契約締結後、後見制度支援信託による財産管理が始まる。

イ　管理実務

財産管理の実務は、まず1ヶ月間に支出する金員が計算され、その範囲の金額を未成年被後見人が保管して、その他は信託銀行において信託される[83]。

そして、未成年被後見人の趣味に要する費用や旅行費用や高額商品購入や進学費用などの支払のために、相応の資金を未成年後見人が引き出す場合は、家庭裁判所に指示書の発行を請求する必要がある。この指示書を提示することによって、未成年後見人は、必要な金額を信託銀行から払い出すことができる。

ウ　問題点

しかし、財産の費消を節約して18歳の成人した若者に数百万、数千万円の

81　最決平成20年2月18日刑集62巻2号37頁（2008年）。

82　最決平成24年10月9日刑集66巻10号981頁（2012年）。

83　前掲・相原佳子ほか編『事例解説　未成年後見実務』38頁。

資産を残すことが、必ずしも本人の幸せにつながるわけではない。手にした大金を遊興費などで瞬く間に浪費したり、現金を預けていた信託銀行による強引な投資勧誘も危惧される。未成年被後見人については、その資産の保全よりも、普段の生活での学用品や楽器や運動用具など本人の希望するものの購入など、社会常識の範囲内で柔軟に対応されるべきである。

未成年後見人は、児童の権利に関する条約の定める子の意見表明権を尊重する義務があり、家庭裁判所も、月々の支出金額の算定や指示書の発行について、子の利益と権利を重視する対応が必要であろう。この点で、日弁連は、後見制度支援信託について、子どもの権利保障の観点から問題があるため慎重な運用をすべきとしている[84]。

実情は、相当な高額資産を有する場合でなければ信託できないこと、信託銀行への報酬支払が必要なこと、親族の未成年後見人に加えて専門職の未成年後見監督人を選任するほうが不祥事防止には適切であること等の理由から、未成年後見に後見制度支援信託が利用されているケースは少ないという[85]。

10 未成年後見と里親制度

(1) 里親制度

後述のとおり、里親には、養育里親、専門里親、養子縁組里親、親族里親の4種類がある。このうち親族里親は、祖父母など直系血族と兄弟姉妹のように要保護児童の扶養義務のある親族およびその配偶者であって、要保護児童の両親等が死亡、行方不明、拘禁、疾病による入院等の状態になったため、当該児童の養育を希望する者をいう[86]。ところが、これには親の虐待、養育拒否、精神疾患の場合も含むものとして運用されている[87]。法の支配と明確性の理論の観点からは、このような一遍の行政通知による制度変更には疑問を持つ。

---

84 日弁連「未成年後見制度をより使いやすくするための制度改正と適正な運用を提案する意見書」(2012年)。

85 前掲・相原佳子ほか編『事例解説 未成年後見実務』39頁。

86 児童福祉法施行規則1条の39。

87 厚労省「里親制度の運営について・里親制度運営要綱」第5・5（雇児発0905002号、2002年)。

(2) 未成年被後見人の里親委託

未成年後見人が選任されている児童についても、児童相談所長（知事の委任）は、当該児童の福祉のために必要と認める場合には、里親に委託することができる。

なお、児童相談所の実務では、この未成年被後見人の里親委託にあっては、未成年後見人が当該児童を受託する里親となり、またはすでに児童を受託している里親が当該児童の未成年後見人となることも可能とされる[88]。

88　前掲・厚労省「里親制度の運営について・里親制度運営要綱」第5・1（1）シ。

第4章　児童福祉法

Ⅰ　児童福祉法の制定

1　沿革

日本国憲法が1947年5月に施行され、児童福祉法は、この憲法の民主的な理念の下で1947年に制定された。児童福祉法は、戦後の混乱の中で、戦災孤児、引き揚げ孤児等の保護だけではなく、すべての児童の福祉を対象に定められた児童に関する法律である。施策の対象は18歳未満の者であり、満1歳に満たない乳児、満1歳から小学校就学の始期に達するまでの幼児、小学校就学の始期から満18歳に達するまでの少年の3つに分類される。

制定当初の児童福祉法1条は、児童が心身ともに健やかに生まれ、育成され、生活を保障され、愛護されなければならないとして、すべての国民に対する児童の健全育成、生活保障、愛護の義務づけという児童福祉の理念を定めた。また、同法第2条は、国および地方公共団体は、児童の保護者とともに児童を心身ともに健やかに育成する責任を負う、として国および地方公共団体に対する児童の育成責任を義務づけた[1]。

このような児童福祉法における児童福祉の理念と児童育成の責任は、法の制定から70年を経た2016年の児童福祉法改正によって、児童の権利に関する条約の理念を取り入れ、児童の権利と児童の最善の利益を基本とする規定に大きく改正されることになる。

1　国立公文書館デジタルアーカイブ「児童福祉法」(1947年)。

2　禁止行為規定の承継

(1) 禁止される行為

児童福祉法34条は、戦前の旧児童虐待防止法の禁止行為に係る規定を引き継いだ。「何人も、次に掲げる行為をしてはならない」とされた禁止行為（12項目）のうち、主なものは次のとおりである。

①障害児等を公衆の観覧に供する行為（1項1号）

「身体に障害又は形態上の異常がある児童を公衆の観覧に供する行為」すなわち先天的または後天的な障害を見せ物にすることをいう。

②こじきをさせる行為（1項2号）

「児童にこじきをさせ、又は児童を利用してこじきをする行為」をいい、児童を「だし」に使うことも含む。

③かるわざ、曲馬をさせる行為（1項3号）

文言が感覚的に古いが、公衆の娯楽を目的として、満15歳未満の児童にかるわざまたは曲馬（綱渡りや曲乗りなど）をさせる行為をいう。

④戸々に又は道路等で歌謡、遊芸その他の演技をさせる行為（1項4号）

満15歳未満の児童に戸々にまたは道路等の戸外で歌謡、遊芸その他の演技を業務としてさせる行為をいう。

⑤深夜に、戸々に又は道路等で物品の販売等をさせる行為（1項4号の2）

児童に午後10時から午前3時までの間、戸々にまたは道路等の戸外で物品の販売、配布、展示、拾集、役務の提供を業務としてさせる行為をいう。たとえば、花売りや新聞売りなどである。

⑥風俗営業等の店舗に物品販売等を目的に立ち入らせる行為（1項4号の3）

満15歳未満の児童について、戸々にまたは道路等の戸外で物品の販売、配布、展示、拾集、役務の提供を業務として行うために、この児童を風俗営業等の店舗等に立ち入らせる行為をいう。

⑦酒席に侍る行為を業務としてさせる行為（1項5号）

満15歳未満の児童に、酒席に侍する行為を業務としてさせる行為をいう。具体的には、芸妓やホステスなどである。

⑧児童に淫行をさせる行為（1項6号）

児童に第三者と淫行させることをいう。ここに淫行とは性交およびその類似行為をいい、心身の未熟な児童が淫行をすることによって、その健全な育成が阻害されることのないように児童を保護するのが本規定の趣旨である。

また、児童への性的虐待として性交等が行われた場合、すなわち親や教員などの行為者が淫行の相手方になった事案について、本規定に該当するものとして処罰した判例もある[2]。

⑨営利目的で児童の養育を斡旋する行為（1項8号）

個人や団体などによる営利目的の養子縁組斡旋の行為をいう。

従前から、養子縁組の斡旋については、寄付金や会費などの名目による金品授受という不透明な斡旋事業の実態が社会問題となっていた。養子縁組あっせん事業については、交通、通信等に要する実費またはそれ以下の額を徴収することは差し支えないが、それ以外の金品はいかなる名称であっても受け取ることはできないとされている[3]。

⑩入所児童の酷使（2項）

児童養護施設、障害児入所施設、児童発達支援センター、児童自立支援施設において、それぞれ児童福祉法の定める設置目的に反して、入所児童を酷使する行為をいう。これは障害児入所・通所施設や児童自立支援施設等において、その支援目標に反する訓練や強制作業などを行わせることである。

(2) 罰則

これらの禁止行為規定に違反した者に対しては、児童福祉法60条に基づいて刑事罰が科せられる。

①児童に淫行をさせる行為（1項6号）を行った者は、10年以下の懲役（拘禁刑）若しくは300万円以下の罰金またはその併科を処せられる。

②入所児童を酷使する行為（2項）を行った者は、1年以下の懲役（拘禁刑）または50万円以下の罰金に処せられる。

---

2 親に関して東京高判平成22年8月3日高刑集63巻2号1頁、教員に関して最決平成28年6月21日刑集70巻5号369頁。

3 民間あっせん機関による養子縁組のあっせんに係る児童の保護等に関する法律9条。「養子縁組あっせん事業の指導について」（雇児発0501第3号、2014年）および「養子縁組あっせん事業を行う者が養子の養育を希望する者等から受け取る金品に係る指導等について」（雇児福発0501第5号、2014年）。

③その他の禁止行為を行った者は、3年以下の懲役（拘禁刑）若しくは100万円以下の罰金またはその併科に処される。

II 児童福祉理念の発展

1 2016年の法改正

2016年に児童福祉法は、その冒頭の児童福祉の理念や児童の育成責任について、児童の権利に関する条約を背景に次のような改正が行われた。

児童福祉法1条は、「全て児童は、児童の権利に関する条約の精神にのっとり、適切に養育されること、その生活を保障されること、愛され、保護されること、その心身の健やかな成長及び発達並びにその自立が図られることその他の福祉を等しく保障される権利を有する」として、1条の児童福祉の理念が改正された。これは児童の権利に関する条約の内容を取り入れてわが国の児童福祉の原理として明文化したものであり、同条約と同じように「児童の権利」が強く表明されている。

2 児童の育成責任の明確化

(1) 児童育成への国民の努力義務

児童福祉法2条1項は、「全て国民は、児童が良好な環境において生まれ、かつ、社会のあらゆる分野において、児童の年齢及び発達の程度に応じて、その意見が尊重され、その最善の利益が優先して考慮され、心身ともに健やかに育成されるよう努めなければならない」とした。これは、旧1条1項を2条に移し、児童の権利に関する条約の規定する意見表明権の尊重や最善の利益の考慮などの文言を加えて、国民の努力義務としたものである。

(2) 保護者および国・地方公共団体の育成責任

児童福祉法2条2項は、児童の権利に関する条約18条と同様、保護者の第一義的な育成責任を明示するとともに、同条3項は、国と地方公共団体は保護者とともに児童の育成責任を負うことを明記した。

(3) 家庭と同様の養育環境または良好な家庭的環境において養育

ア　養子縁組や里親委託の優先

児童福祉法3条の2は、国と地方公共団体は、第一義的には児童の「家庭における養育」において保護者を支援し、当該家庭における養育が困難または適当でない場合には「家庭における養育環境と同様の養育環境」において、そのいずれも適当でない場合には「できる限り良好な家庭的環境」において養育されるよう必要な措置を講じなければならないとする。

換言すると、①児童は家庭において養育されるべきであるが、②児童を家庭において養育することが困難または適当でない場合、まずは優先して、当該児童を養子縁組や里親やファミリーホーム（小規模住居型児童養育事業）のような「家庭における養育環境と同様の養育環境」において養育されるべきであり、③さらに、児童を里親など家庭同様の養育環境において養育することが適当でない場合は[4]、グループホーム（地域小規模児童養護施設）などのような「良好な家庭的環境」において養育されなければならないという趣旨である。

イ　問題点

このための施策として、フォスタリング事業（里親養育包括支援事業）が新たに開始され、里親委託や養子縁組などの拡大と支援が進められている[5]。しかし、わが国は、里親や養親となることへの社会的あるいは宗教的な文化や伝統が未成熟であり、さらには貧困を主要因とする婚姻および出産の先送りと非婚の増加によって顕著な少子化が進むという厳しい状況にある。このような厚労省の計画[6]のとおり、短期間で、要保護未就学児の里親委託率を75％以上、学齢期以降は50％以上にすることは、特に都市部においては困難であろう。

さらに、児童にとって、里親委託されることが常に幸福であるとは限らない。里親からの虐待も現に存在し、里親との不調により傷心して施設に戻される児童も少なくない。一方、児童養護施設の優れた職員との出会いによって適切な

4　児童が「家庭」に強い拒否感があり、里親だけでは対応困難な場合など。

5　厚労省「里親養育包括支援（フォスタリング）事業の実施について」（平成31年4月17日子発0417第3［2019年］）。

6　厚労省新たな社会的養育の在り方に関する検討会「新しい社会的養育ビジョン」（2017年）。厚労省「社会的養育の推進に向けて」16頁（2019年）。

養育を受け、立派な社会人に成長した児童も数多い。児童福祉法の里親委託優先の考え方は、「里親委託こそ最善」という少し偏った理念を前提にしていると思わざるをえない。

Ⅲ 児童福祉法に基づく措置

1 児童相談所長による措置

児童相談所長（知事権限を委任）は、通告等を受けた要保護児童などについて、児童福祉法27条に基づいて、次のような必要な措置をとる。

(1) 児童福祉司指導

児童や保護者を定期的に児童相談所に通わせるなどの方法により、児童福祉司や児童心理司などが相談、助言、心理療法、精神療法、家庭環境調整などを継続的に指導する（児童福祉法27条1項2号)。

(2) 児童福祉施設入所措置など

親権者等が同意する場合は、里親若しくはファミリーホーム委託、または乳児院、児童養護施設、児童心理治療施設、児童自立支援施設等への入所措置を行う。障害児入所施設については、原則は利用契約であり、例外として行政処分の措置による。（同法27条1項3号）

親権者等が不同意のとき、虐待など児童の福祉を害する場合は、家庭裁判所に家事審判申立てを行い、入所承認等の審判に基づいて入所や委託の措置を行う（同法28条)。

(3) 保護処分の決定に基づく措置

触法少年等につき、家庭裁判所の審判があった場合、当該審判に基づいて、児童自立支援施設等に入所措置を行う（同法27条の2)。この場合、親権者等の同意は不要である。

2 社会的養護

(1) 要保護児童

児童福祉法6条の3第8項は、保護者のない児童または保護者に監護させることが不適当であると認められる児童を「要保護児童」と定義し、国および地方公共団体にその養育を義務づけている。

保護者のない児童とは、保護者の死亡、長期入院、行方不明、遺棄等でほかに養育する者がいない児童をいい、保護者に監護させることが不適当であると認められる児童とは、保護者が児童を虐待しまたは監護を怠り、その他児童に必要と認められる監護が提供されていない児童をいう。

(2) 社会的養護の意義

児童福祉法2条3項は、「国及び地方公共団体は、児童の保護者とともに、児童を心身ともに健やかに育成する責任を負う」と規定しており、国および地方公共団体は、家庭で養育されることが困難な児童すなわち要保護児童を養育する義務を負っている。このような国および地方公共団体によって提供される養育を社会的養護という。社会的養護には、次のような3類型がある。

ア　家庭養護（家庭と同様の養育環境）

里親またはファミリーホームに委託して、家庭と同様の養育環境の下で児童を養育する。里親への委託児童は4人以下、養育者の住居で養育を行うファミリーホームの定員は5～6人である。

イ　グループホーム（良好な家庭的環境）

グループホーム（地域小規模児童養護施設）と小規模グループケアの2種類がある。グループホームは、定員4～6人とされ、本体施設の支援の下、地域の民間住宅などを活用して家庭的養護を行う。小規模グループケアは、地域での分園型と本体施設での本園ユニットケア型があり、前者は1グループ4～6人、後者は6人の小規模なグループで家庭的養護を行うものである。

ウ　本体施設

児童養護施設、乳児院など従前からの児童入所施設であり、小規模ケアへの転換が進められている。20人以上の大舎、13人～19人の中舎、12人以下の小舎に分類される。

(3) 児童福祉法による措置

社会的養護は、児童福祉法27条1項3号に基づいて、児童相談所長（知事の権限を委任）による措置として行われる。行政処分であり、里親委託あるいは入所措置と称されている。

里親には、被委託児童の養育費（一般生活費、医療費、教育費など）が支給され、養育里親には里親手当（2024年度月額90,000円）も加算され、専門里親には月額141,000円が加算される。里親は、児童福祉法に基づく措置によって当該児童の養育を行うものであって、里親と被委託児童の間に法的な親子関係は生じない。

3 社会的養護のための施設

(1) 児童養護施設

児童養護施設は、保護者のない児童、虐待されている児童その他環境上養護を要する児童を入所させて、これを養護し、あわせて退所した者に対する相談その他の自立のための援助を行うことを目的とする施設である。

安定した生活環境の確保その他の理由によりとくに必要のある場合には乳児を含み、必要と認められる場合は、満20歳に達するまで引き続き入所することができる。全国で610か所、定員30,140人である（2022年3月末現在）[7]。

職員として施設長、児童指導員、保育士、家庭支援専門相談員、栄養士、嘱託医等の職員を配置している。家庭支援専門相談員（ファミリーソーシャルワーカー）は、早期家庭引き取りに向けた家庭・家族環境調整の充実を図る。心理療法担当職員が配置された施設では、家庭や家族との関係調整を行い、児童の家庭復帰や家族再統合を視野に入れた支援を行う。

(2) 乳児院

乳児院は、乳児を入院させて、これを養育し、あわせて退院した者について相談その他の援助を行うことを目的とする施設である。保健上、安定した生活環境の確保その他の理由によりとくに必要のある場合には、幼児を含む。

職員は、看護師、保育士、児童指導員、家庭支援専門相談員、栄養士、嘱託医等が配置されている。全国に145施設、定員3,827人である（2022年3月末）。

(3) 児童心理治療施設

児童心理治療施設は、従前の情緒障害児短期治療施設であり、名称の変更だけでなく施設目的も具体的に規定された。児童心理治療施設は、家庭環境、学校における交友関係その他の環境上の理由により社会生活への適用が困難にな

---

7 こども家庭庁「社会的養育の推進に向けて」（2024年4月）、以下同じ。

った児童を、短期間、入所させ、または保護者の下から通わせて、社会生活に適応するために必要な心理に関する治療および生活指導を主として行い、あわせて退所した者について相談その他の援助を行うことを目的としている。

入所児童はいわゆる情緒障害を有する児童で、情緒障害とは、情緒を適切に表出したり、抑制できないことをいう。たとえば、緘黙、PTSD（心的外傷後ストレス障害）、摂食障害、家庭内暴力などである。

この施設は、生活施設というより治療施設であり、医師、心理療法担当職員、児童指導員、保育士、看護師、家庭支援専門相談員などが配置され、全国に53 施設、入所定員は 2,016 人である（2022 年 3 月末）。

(4) 児童自立支援施設

不良行為をなす児童などを入所させ、または保護者の下から通わせる児童福祉施設である。職員は、児童自立支援専門員、児童生活支援員、家庭支援専門相談員などが配置されている。全国に 58 か所、入所定員は 3,403 人、入所現員は 1,103 人である（2023 年 10 月）。

(5) 里親

里親には 4 類型がある。里親には、被委託児童の生活に要する養育費が支給され、養育里親と専門里親には里親手当も加算して支給される。

ア　養育里親

養育里親とは、一定人数（4 人）以下の要保護児童を養育することを希望し、かつ、都道府県知事が行う研修を修了したことその他厚生労働省令で定める要件を満たす者であつて、養育里親名簿に登録されたものをいう（児童福祉法 6 条の 4 第 1 号）。2022 年 3 月末の委託児童数は 4,709 人である。

イ　専門里親

一般の養育里親のうち、3 年以上の養育里親経験などがあって、専門里親研修を修了し、委託児童の養育に専念できる養育里親で、被虐待児童、非行児童、身体障害若しくは知的障害若しくは精神障害がある児童を養育するものとして養育里親名簿に登録されたものを「専門里親」という（児童福祉法施行規則 1 条の 36）。2022 年 3 月末の委託児童数は 204 人である。

ウ　養子縁組里親

養子縁組里親とは、一定人数（4 人）以下の要保護児童を養育することおよび養子縁組によって養親となることを希望し、かつ、都道府県知事が行う研修を修了した者であって、養子縁組里親名簿に登録されたものをいう（児童福祉法6条の4第2号）。2022年3月末の委託児童数は348人である。

エ　親族里親

親族里親とは、一定人数（4人）以下の要保護児童を養育することを希望する者で、当該要保護児童の父母以外の親族であって厚生労働省令で定める者のうち、都道府県知事が児童を委託する者として適当と認めるものをいう（児童福祉法6条の4第3号）。2022年3月末の委託児童数は819人である。

具体的には、要保護児童の扶養義務のある親族（祖父母など直系血族と兄弟姉妹）およびその配偶者であって、要保護児童の両親等が死亡、行方不明、拘禁、疾病による入院、虐待、養育拒否、精神疾患の状態になったため、当該児童の養育を希望する者である。祖父母等の親族里親には里親手当が支給されないが、おじ・おばは養育里親になることができるため、その場合は里親手当を受給し得る。

4　里親類似の制度

(1) 里子慣行

わが国の一部に「里子慣行」と称され、親がその子を里子に出して第三者に養育を委託する慣行が未だ存在するという。この点で、幼児に限らず広く子の監護教育を第三者に委託するのは、必ずしも公序良俗に反するものではなく、監護教育委託契約は有効であるとの見解がある[8]。また、当事者または代諾権者との間に養子縁組意思の合致があるにも拘わらず養子縁組の届出のない「事実上の養親子関係」については認めるべきであるとの有力説もある[9]。

しかし、①民法親権規定に基づく親権者の子の利益のための監護教育の義務、②児童福祉法2条による親の子の育成に係る第一義的責任および子の最善の利益の優先考慮の義務、③児童の権利に関する条約における父母の児童の養育および発達についての第一義的な責任および児童の最善の利益への配慮の義務、などの観点からは、親権者と第三者との監護教育委託契約は、明らかに児童の

8　前掲・於保不二雄編『新版注釈民法（25）親族（5）改訂版』70頁。
9　前掲・我妻栄『親族法』280頁。

人権侵害になると考える。さらに、児童の人身売買を引き起こす可能性もあり、公序良俗に反して無効と解すべきである。

(2) 同居児童に係る届出義務

4親等内の児童の場合を除き、児童を親権者または未成年後見人から離して、自己の家庭に3月（乳児は1月）を超えて同居させる意思を持って同居させた者などは、市町村長を経て都道府県知事に届け出なければならない（児童福祉法30条1項）。また、親権者等は、経済的理由等により、児童をそのもとにおいて養育しがたいときは、市町村や児童相談所等に相談しなければならない（同条3項）。この児童福祉法30条1項に規定する知事への届出を怠った者は、30万円以下の罰金に処せられる（児童福祉法62条2項4号）。

(3) 保護受託者制度

かつて児童福祉法27条には、児童の養育を委託する保護受託者に関する規定があった。児童養護施設入所児童や里親委託児童が義務教育終了後に就職する際、その自立を支援するために、保護受託者宅に居住させる等の方法で養育と職業指導を行う制度で、職親制度ともいわれた。この保護受託者制度は、2004年の児童福祉法改正により廃止された。

5　非行児童の措置

(1) 意義

戦後1947年の児童福祉法制定により、不良行為をなす児童等については教護院等への措置により処遇されてきた。その後、1997年に児童福祉法の当該規定が改正され、施設の目的が不良性を除去するための教化と保護の「教護」から児童の「自立支援」に転換され、施設名称や入所対象児童も変更された。

非行児童に対する処遇は、制定当初の児童福祉法においても児童福祉における重要な施策の一つであったが、1997年の改正はその点をより強調し明確にしたものといえよう。現在の児童福祉法による非行児童への支援は、次のとおりである。

(2) 児童自立支援施設

児童自立支援施設は、①不良行為をなす児童、②不良行為をなすおそれのある児童、③家庭環境その他の環境上の理由により生活指導等を要する児童、を入所させ、または保護者の下から通わせる児童福祉施設の一つである。

(3) 児童相談所による措置

非行児童に係る児童相談所の措置には、次の3種類がある。

ア　児童福祉司指導

児童相談所への通所等による指導が適当と認められる場合は、在宅のままで児童福祉司指導の措置を行う（児童福祉法27条1項2号）。

イ　児童自立支援施設等入所措置

施設入所が必要と認められ、親権者等の同意がある場合は、児童自立支援施設等への入所措置を行う（同法27条1項3号）。

ウ　家庭裁判所送致

家庭裁判所の審判に付すことが適当と認める場合は、家庭裁判所に送致し（同法27条1項4号）、家庭裁判所は少年法等に基づいて保護処分などを行う。

また、当該非行児童について、非開放処遇の強制的措置が必要と認められるときも、家庭裁判所に送致しなければならない（同法27条の3）。

Ⅳ　児童福祉法による虐待対応

1　市区町村の権限

(1) 第一義的な相談機関

児童福祉法10条の2に基づいて、児童虐待を含む市区町村の相談部門として、こども家庭センターの設置がすすめられている。東京都内では、従前から、各市区町村に「子ども家庭支援センター」の名称で総合的な相談窓口が設けられていた。

かつて、2004年の児童福祉法改正で、市区町村が児童家庭相談の第一義的な窓口とされた。急増する児童虐待の通告に全国の児童相談所が対応しきれなくなったことが法改正の最も大きな理由である。しかし、市区町村では福祉専門職の職員配置が少なく、一部の指定都市を除きその対応能力には限界があった。児童福祉法上は、市区町村は技術的に難易度の低いケースを担当することが想定されているが、専門職の少ない大半の市区町村においては、児童虐待ケースに対して的確な専門的援助や緊急対応を行うことは難しい。

さらに、市区町村は児童保護や虐待防止に関する諸権限を付与されておらず、子育てや諸手当など一般の福祉相談は可能であっても、児童虐待については単なる経由または通告機関とならざるを得ない。かりに緊急の虐待相談を受けたとしても、市区町村には一時保護や立入調査などの権限がなく、実効性のあるケース対応を行うことは困難なのである。

このような児童相談所と市区町村という二階建ての相談体制は、必然的に両者の連携不足を生み、重篤な児童虐待への対応の遅れの原因の一つともなってきた。厚生労働省と国会は、20年前のその場しのぎの法改正が惹起した厳しい現実を直視する責任があるだろう。

(2) 児童相談所との関係

ア　児童相談所への依頼、送致、通知の義務

市区町村は、①児童の福祉に関する実情の把握と情報の提供、②児童の福祉に関する必要な調査および指導、③専門的な知識や技術を必要とするものに係る児童相談所への技術的援助および助言の依頼、④医学的・心理学的・教育学的・社会学的・精神保健上の判定を必要とするものに係る児童相談所への判定の依頼などを行うことが義務づけられている（児童福祉法10条）。

また、市区町村は、虐待など保護者に監護させることが不適当と認められる要保護児童については、次の措置をとらなければならない（児童福祉法25条の7、児童虐待の防止等に関する法律［以下、虐待防止法という］8条）。

①児童相談所に送致

市区町村は、児童福祉法27条の措置（施設入所など）を要すると認める者、あるいは医学的・心理学的・教育学的・社会学的・精神保健上の判定を要すると認める者を児童相談所に送致する。

②都道府県知事または児童相談所長に通知

市区町村は、虐待防止法8条の2による出頭要求、児童福祉法29条若しくは虐待防止法9条による立入調査、児童福祉法33条による一時保護の実施が適当であると認める者を、都道府県知事または児童相談所長に通知する。

イ　児童相談所における対応

児童相談所は、市区町村から依頼された専門的な知識や技術を必要とするものに係る技術的援助・助言、および医学的・心理学的・教育学的・社会学的・

精神保健上の判定の実施、その他必要な助言を行う（児童福祉法11条）。

また、児童相談所は、市区町村から児童福祉法27条の措置を要するものとして送致された児童について、必要があると認める場合は、児童福祉法27条による施設入所措置や児童福祉司指導などの措置をとらなければならない。さらに、必要があると認めるときは、立入調査を行い、当該児童に一時保護を行い、出頭要求等を行わなければならない（児童福祉法26条、27条、33条、虐待防止法8条、8条の2、9条）。

2　児童相談所の権限

(1) 専門職の配置

児童相談所には、児童福祉司、児童心理司、児童精神科医等の専門職員が配置される。このうちソーシャルワークを担当する児童福祉司の配置数は、児童福祉法施行令の定める基準を標準として、各都道府県が定める[10]。

(2) 児童相談所長への権限の委任

児童福祉法および虐待防止法は、児童虐待への対応に係る権限の帰属を都道府県、都道府県知事、児童相談所長の三つの機関に区分して規定している[11]。しかし、児童相談所において日常的に行われる入所措置などの個別支援を知事決定で行うことは、たとえ事案決定権を補助機関の部長などに下ろしたとしても、その意思決定や事務処理において迅速性と機能性を欠くことになる。また、各児童に係る法的対応等の決済区分を知事の補助機関とする場合、施設入所承認の家裁申立てや強制立入調査など重要な行政処分を知事が了知しないまま執行されるなど、当該処分決定についての責任の帰属が曖昧となる可能性がある。

そのため、多くの自治体では、児童福祉法27条1項（入所措置）、28条（入所措置に係る家庭裁判所承認申立）、29条（立入調査）、33条2項（一時保護）、また、虐待防止法8条の2（出頭要求）、9条（立入調査）、9条の2（再出頭要求）、9条の3（裁判官への許可状請求および臨検・捜索）など知事や都道府県の権限の大半を、地方自治法153条2項に基づいて、各都道府県知事の制定する規則で

10　人口3万人に1名を配置し、虐待相談対応発生率が全国平均より高い場合は上乗せする（児童福祉法施行令3条）。

11　指定都市は、都道府県と同一の責務と権限を有している。

児童相談所長に委任している。その結果、児童虐待に係るほとんどの業務が児童相談所長の権限とされ、「児童相談所長」の職名によってそれぞれの行政処分が執行されている。

たとえば東京都の委任規則では、児童福祉法および虐待防止法に基づく都知事の権限のほとんどが各児童相談所長に委任されており、例外的に都知事による勧告（虐待防止法11条4項）などが知事権限として留保されている[12]。

本著では、児童福祉法や虐待防止法の定める「都道府県」または「都道府県知事」の権限事項について、大半の権限が児童相談所長に委任されている東京都の規律にならい、原則として「児童相談所長（知事の委任）」あるいは「児童相談所」と表記する。一方、児童福祉法33条の7（親権喪失等の審判請求）のように、法の明文規定に基づいた児童相談所長の専権事項については「児童相談所長」と表記する。

全国の児童相談所は、児童福祉法、虐待防止法、民法、家事事件手続法などの関係法令に基づき、児童虐待の通告や相談に対して、法と各自治体規則により付与された責任と権限の下に、次のような法的対応の権利と義務がある。

3　児童相談所の虐待対応

(1) 通告

ア　通告の義務

児童福祉法は、被虐待児など保護者に監護させることが不適当であると認められる児童すなわち要保護児童を発見した者に、児童相談所、市区町村、都道府県設置の福祉事務所への通告を義務づけている（児童福祉法25条）。

この通告を受理した市区町村や都道府県設置福祉事務所において、その対応が困難な事案については、市区町村は、送致・通知などの措置をとることにより、事案を児童相談所に引き渡しあるいは意見付きの伝達をしなければならない（児童福祉法25条の7）。このとき、主たる責任を負う機関を明確にするために、児童福祉法および虐待防止法における根拠条文を明記して、送致や通知などの措置を実施する必要がある。

12　児童福祉法施行細則1条（昭和41.10.1規則169号）、児童虐待の防止等に関する法律施行細則1条（平成13.3.30規則96号）。

イ 安全確認の実施

通告、または市区町村からの送致等を受けた児童相談所は、関係機関からの情報収集を行い、安全確認を実施する。こども家庭庁の児童相談所運営指針が、安全確認の所定時間を48時間以内で設定することと定めているため[13]、各都道府県は48時間以内の当該児童の安全確認を自ら義務づけている。一部には24時間以内の期限を設定している自治体もある。この点、ドイツ、フランス、イギリスにおいては、通告に対するスクリーニングを実施して、必要なケースに限定して緊急対応の対象としている（別途、後述する）。

(2) 受理会議

ア 定期または緊急の受理会議

児童相談所は、虐待通告を受けた場合、定期の受理会議または緊急受理会議で当該ケースの受理の可否および当面の対処方針について協議する。各児童相談所において、受理会議は曜日と時間を決めて定期的に行われているが、緊急受理会議は、通告を受けた後、直ちにその事案について協議するものであり、通告時に児童相談所内で執務中の職員のみで行う。近隣住民からの匿名電話の場合であっても、直ちに児童相談所長が児童相談所内に在席する児童福祉司等を集めて緊急受理会議を開催する。

イ 当面の対処方針の決定

自宅や学校など安全確認を行う場所とその手順、警察や市区町村など協力を依頼する関係機関の特定、一時保護した場合の入所先などについて確認し、所長が担当の児童福祉司を指名して対応を開始する。通告に対して緊急対応のできる虐待対策班を設置したり、さらには24時間対応が可能な体制を敷いている児童相談所や都道府県もある。

(3) 調査

ア 関係機関の調査

児童相談所の調査は、市区町村などの関係機関の協力を得て行われる。まず、当該児童の居住する市区町村の児童福祉担当課への調査依頼から始まる（児童福祉法12条6項、13条8項、虐待防止法13条の4）。地域の民生委員・児童委員

---

13 前掲・こども家庭庁「児童相談所運営指針」第3章第3節3。

や主任児童委員に調査を依頼することもある（児童福祉法17条、18条）。また、通告内容によっては、医療機関、警察署、学校、保育園、幼稚園、保健所、市区町村の保健センター、児童館、学童クラブなど関係機関への調査も実施する（虐待防止法13条の4）

一般に、児童相談所による初期の調査内容は、対象家庭の住民登録事項、最近の転入家庭であれば前の住所地で状況、各種手当の受給状況、同居人がいれば児童との身分関係や職業、保育園の通園の有無、在籍する学校名と出席状況、乳児の健診記録、学校や保育園での当該児童の状況、近隣住民の目撃情報などが中心である。

イ　家庭訪問による調査

一方でこれらの関連情報の収集を行いながら、児童の安全確認等を行う必要があると認められる場合には、児童福祉司は、当該家庭を直接訪問して安全確認と任意調査を行う（虐待防止法8条）。突然の自宅訪問にトラブルになる場合も少なくないが、虐待通告があったため児童相談所として当該児童の安全確認をする義務があることを説明し、親と児童の協力を求めることになる。

自宅への訪問調査では、第一に、当該児童に直接面会したうえで怪我やネグレクトの有無などについて目視による安全確認を行うこと、第二に、当該児童のおかれている家庭状況と養育環境について、短時間で可能な限り見極めることが主目的となる。

(4) 立入調査

ア　意義

児童相談所による安全確認および調査には、立入調査が必要な場合がある。児童福祉法29条に基づいて、児童福祉法28条の施設入所承認の申立て等を行うために必要があると認めるとき、児童相談所長（知事の委任）は児童の住所、居所、学校など従業する場所に立入調査をすることができる。ただし、親権者に強力に拒否されたときは、強制的に立ち入ることは認められていない。

一方、虐待防止法9条に基づく立入調査は、「児童虐待が行われているおそれがあると認めるときは、……児童の住所又は居所に立ち入り、必要な調査又は質問をさせることができる」と規定しており、立入調査を実行する条件を「児童虐待が行われているおそれがあると認めるとき」に拡大し、立入調査場所については「住所又は居所」に限定している。したがって実務上は、二つの法律を併せて立入調査の根拠規定とし、立入調査を実行している。

全国の児童相談所の立入調査件数は、2019年度100件、2020年度69件、2021年度75件という状況である[14]。直近では年間20万件を超える児童虐待通告件数に対して、非常に少ない件数といえよう。

イ　任意または強制の立入調査

①任意立入調査

児童福祉法における立入調査は、児童福祉法28条の入所承認申立てのために必要があると認めるときに、児童の住所等に立ち入って必要な調査・質問をできるものである。しかし、適正手続の観点から、あくまで任意調査としての域を出ないものであり、保護者の強い拒否にあったときは、実行できない。

虐待する親権者であっても当然にその人権は守られるべきであり、児童の生命身体に危害が切迫し、あるいは現に危害が加えられているような緊急事態の場合を除き、保護者の拒否を実力で突破して屋内への立入調査を行うことはできない。鍵の破壊等は通常の立入調査の権限を超える違法な行為となる。

②警察官の同行

立入調査は、児童相談所の職務であり、同行する警察官の援助には限界がある。あくまで、児童相談所による職務執行を円滑に実施できるよう、警察官がその警察官職務執行法等の任務と権限に基づいて行うものであり、警察官は児童相談所の権限行使の補助者ではない。もとより、親が児童相談所職員の職務執行を暴行や脅迫により妨げる場合や児童への加害行為等の緊急事態の場合に、警職法6条1項あるいは刑事訴訟法220条1項1号や213条による立入や現行犯逮捕は可能と実務上は解されている[15]。

③強制立入調査（臨検・捜索）

このような強制力を欠く実情を補うために虐待防止法が改正され、2008年以降は、一定の手続の下に強制立入調査（臨検・捜索）が認められるようになった。裁判官の許可状に基づく臨検・捜索は、親が施錠や暴力的行動で居宅内

14　厚生労働省「（各年度）福祉行政報告例～児童福祉　30表」。

15　警察庁「児童虐待の防止等に関する法律第10条を踏まえた援助要領」（平成12年11月）、同庁「児童虐待への対応マニュアル」（平成14年3月）。

への立入りを拒否した場合であっても、児童相談所が施錠を解除するなど親の抵抗を排除して室内に入り児童の捜索をすることができる。

なお、ドイツ、フランス、イギリスのいずれの国においても、この実力行使を行うのは警察の役割であり、児童福祉機関の職務ではない点に留意したい。

(5) 一時保護

ア　沿革

1947年の制定当初の児童福祉法33条は、児童相談所長は必要があると認めるときは児童に一時保護を加えることができる、と規定した[16]。2022年の法改正までは、児童福祉法においてその趣旨と文言は殆ど変わっていない。

当時は終戦直後の混乱期で、戦災孤児などの要保護児童が街中に急増したため、児童相談所が警察等と協力して浮浪児の強制的な拘束と施設収容を行っていた。これは刈り込みと称され、その強制収容の根拠としたのが児童福祉法33条であり、さらに、厚生省（当時）の解釈通知が一時保護の強制適用にお墨付きを与えて補完した。

この一時保護に関する厚生省の通知として、次のようなものがある。

①浮浪児の一斉保護については、警察署及び家庭裁判所と連絡し、三者協力してこれを行うことが望ましい。但し、児童相談所長の行う一時保護の権限は、児童の保護のために必要なときは、児童自身の意思を問うことなく、これを行うことができるものと解する[17]。

②児童福祉法33条の規定に基づく一時保護は、終局的な保護の措置をとるまでのごく短期間のものであり、家庭裁判所の決定によらなくても児童に対して強制力を行使することができる[18]。

③法33条に規定する一時保護は、児童の親権を行う者または後見人の同意を得られない場合にも行い得る[19]。

当時の終戦後の混乱期には、戦災孤児たちが、その日の飢えをしのぐために盗みなどの触法行為を犯すことを余儀なくされていた。そのため、この解釈を

16　国立公文書館デジタルアーカイブ「児童福祉法」。

17　昭和23年12月28日児発第897号厚生省児童局長通知（1948年）。

18　昭和24年6月15日厚生省発児第72号厚生事務次官通知（1949年）。

19　昭和36年6月30日発児第158号厚生事務次官通達（1961年）。

現実的な対応として容認する傾向があったことは否めない。しかしながら、児童相談所長が、児童保護を名目に、戦災孤児たちを令状なしで抑留し拘禁することは、明らかに憲法31条の適正手続、憲法33条の逮捕令状主義、さらに憲法の核心的理念である法の支配に反するものであった。

ところが、この児童福祉法33条の定める一時保護の強権的運用は、爾後80年近くを経た最近まで続いてきた。警察からの身柄付通告に係る触法少年だけでなく虐待を受けた児童に対しても、家庭裁判所の審判を経ることなく、児童相談所長の職権として実行されてきた。日本国憲法のみならず、児童の権利に関する条約第9条「児童は、司法審査に基づく場合を除いて、父母の意思に反してその父母から分離されない」、第37条「児童は、不法又は恣意的に自由を奪われず、逮捕、抑留又は拘禁は法律に従って行われ、最短の適切な期間に限定される」などの国際条約にも抵触していたのである。

イ 一時保護の実情

全国の児童相談所における一時保護の総数は、2021年度は26,435件であり、内容は虐待ケースが15,263件（58%）、非行ケースが2,872件（11%）などであり、虐待を理由とするものが60%に近い。また、一時保護の総数のうち8,037件（30%）が、強制的な職権による一時保護（以下、職権一時保護という）により行われている[20]。

その内訳として、虐待を理由とする一時保護総数15,263件のうち、職権一時保護は6,522件で43%を占める。また、職権一時保護の総件数8,037件のうち、虐待を理由とする職権一時保護数6,522件は81%を占めている。すなわち、虐待を理由とする一時保護は、40%を超える高い割合で職権一時保護として行われ、さらに職権一時保護の総件数の80%を超えている。

また、一時保護期間が2ヶ月を超えたケースの総数は4,076件であり、そのうち虐待ケースは2,806件で69%の高い率となっている。

以上のことから、次のように要約できよう。

①全国の児童相談所における一時保護総数のうち30%の事案が、職権一時保護の方法により行われている。

20 厚労省「福祉行政報告例〜児童福祉15表」（令和3年度）。

②職権一時保護のうち80%超が虐待ケースである。
③一時保護期間が2ヶ月を超えるケースの70%近くが、虐待ケースである。

ウ　職権一時保護への批判

一時保護は親権者等の同意により行われるのが原則であるが、児童相談所長は、不適切な養育や虐待あるいは非行などの理由で、必要があると認めるときは、児童を一時保護することができる（児童福祉法33条）。

この点、一時保護は、児童の安全を迅速に確保し適切な保護を図るため、または児童の心身の状況、そのおかれている環境その他の状況を把握するために行われるものであるとの見地から、児童相談所の実務においては、親権者等や児童本人の同意は必ずしも必要ではないとして運用されてきた。これは前述の厚生労働省の解釈に基づいており、明文規定が存しないにも拘わらず、各児童相談所においては、職権一時保護として当然のように実行されてきた。

換言すると、虐待ケースにおいては、児童相談所長が、「虐待のおそれがあり、親子分離が必要」と判断したときは、親権者等や子ども自身の同意を得ることなく、当該児童を保護することができるということになる。非行ケースにおける触法少年等についても、警察からの身柄付通告などの場合、児童本人や親権者の意思に拘わらず一時保護を行い、一時保護所に収容してきた。著しく強力な行政処分の権限が、児童相談所長に与えられていたといえよう。

しかし、この強権的な一時保護の運用は、憲法の規定や児童の権利に関する条約に反するものであり、親権者の同意のない一時保護については裁判所による審判の対象とするべきであった。また、児童相談所の現場においても、たとえ被虐待児童に係る緊急の一時保護が多数を占める実態を考慮しても、裁判所による一時保護の事前承認若しくは一定期間内の事後承認を義務付けるべきだ、との意見が少なくなかった。

エ　一時保護における司法審査の義務化（2022年新設）

2022年、児童福祉法の定める一時保護は、事前または事後に裁判官による一時保護状の発付を要する行政処分となり、例外的に親権者の同意がある場合などは一時保護状を要しない、とする改正が行われた（児童福祉法33条）[21]。

21　2022年6月に改正法公布、2025年6月施行予定。

この一時保護における司法審査の義務化は、次のような内容である。

①一時保護の要件

児童相談所長は、児童虐待のおそれがあるとき、身柄付通告（少年法6条の6第1項）を受けたときその他の場合に、必要があると認めるときは、児童の安全を迅速に確保し適切な保護を図るため、または児童の心身の状況、その置かれている環境その他の状況を把握するため、児童の一時保護を行うことができる（児童福祉法33条1項）。この点では、児童相談所長が「必要があると認める」ことが、一時保護の核心的な要件となっている。

②裁判官への一時保護状の請求

児童相談所長は、一時保護を行う場合には、あらかじめ一時保護を開始する前に、または一時保護を開始した日から起算して7日以内に、児童虐待のおそれなどに該当し、かつ、一時保護の必要があると認められる資料を添えて、管轄する地方裁判所、家庭裁判所または簡易裁判所の裁判官に一時保護状を請求しなければならない（児童福祉法33条3項）。

ただし、一時保護を行うことについて親権者または未成年後見人の同意がある場合、親権者または未成年後見人が不存在の場合、一時保護を開始日から起算して7日以内に解除した場合は、一時保護状の請求を必要としない（児童福祉法33条3項1号乃至3号）。

③一時保護状の発付

一時保護状の請求を受けた裁判官は、当該児童につき、前記①の要件に該当すると認めるときは、一時保護状を発付する（児童福祉法33条4項）。

④一時保護状の請求却下の場合

児童相談所長は、裁判官が一時保護状の請求を却下する裁判をしたときは、速やかに一時保護を解除しなければならない。ただし、一時保護を行わなければ児童の生命または心身に重大な危害が生じると見込まれるときは、児童相談所長は、当該裁判があった日の翌日から起算して3日以内に限り、その関係資料を添えて、簡易裁判所裁判官がした裁判に対しては管轄地方裁判所に、その他の裁判官の場合は各家庭裁判所または地方裁判所に、当該裁判の取消しを請求することができる。（児童福祉法33条7項）。

なお、児童相談所長は、この取消請求をするとき、一時保護状の請求についての裁判が確定するまでの間、引き続き一時保護を行うことができる（児童福祉法33条9項）。

⑤一時保護の期間制限

一時保護の期間は、当該一時保護を開始した日から2月を超えてはならないが、児童相談所長は、必要があると認めるときは、引き続き一時保護を行うことができる（児童福祉法33条12項、13項）。

この引き続き一時保護を行うことが当該児童の親権者または未成年後見人の意に反する場合においては、児童相談所長は、引き続き一時保護を行おうとするとき、および引き続き一時保護を行つた後2月を超えて引き続き一時保護を行おうとするとき毎に、家庭裁判所の承認を得なければならない（児童福祉法33条14項）[22]。この一時保護の延長に係る審判の新受件数は、2021年485件、2022年532件、2023年549件であった[23]。

ただし、当該児童に係る施設入所等承認の申立て、または当該児童の親権者に係る親権喪失若しくは親権停止の審判の請求若しくは未成年後見人に係る未成年後見人の解任請求がされている場合は、この家庭裁判所の承認は必要としない（児童福祉法33条14項ただし書）。しかし、このような家庭裁判所に親権喪失等の家事審判を申し立てるときは、審理に数ヶ月超の日数を要することを考慮して、児童の学ぶ権利や遊ぶ権利などを保障するためにも、審判に先行して入所施設あるいは里親への一時保護委託が考慮されるべきであろう。

さらに、児童相談所長は、引き続いての一時保護に係る承認の申立てをした場合において、やむを得ない事情があるときは、一時保護を開始した日から2月を経過した後または引き続き一時保護を行つた後2月を経過した後も、当該申立てに対する審判が確定するまでの間、引き続き一時保護を行うことができる。当該申立てを却下する審判があった場合は、当該審判の結果を考慮してもなお引き続き一時保護を行う必要があると認めるときに限る。（児童福祉法33条15項）。

しかし、一時保護延長の主な原因は、当該児童の援助方針をめぐる児童相談

22　大阪高決平成30年（2018年）6月15日家庭の法と裁判21号92頁は、2ヶ月を超える一時保護を承認した原審判を支持し、児童の親の抗告を棄却。

23　前掲・最高裁判所「親権制限事件及び児童福祉法に規定する事件の概況（令和5年）」。

所と親権者との調整不調や遅延であり、保護された児童の学校での学習権を奪うなど児童の基本的人権を侵害していることに配慮する必要がある。一時保護所での生活の長期化は極力避けなければならず、安易な一時保護の継続はソーシャルワーク機関としての児童相談所の資質が問われることになろう。

オ　一時保護の効果

一時保護には、児童の身柄確保と保護という二つの側面がある。児童の身柄確保は、被虐待児童などについては児童の安全を図るため、あるいは触法少年については援助実施までの身柄の確保のためであり、いずれも児童相談所の重要な責務である。身柄を確保された児童は、原則として児童相談所に付置されている一時保護所で保護される。

しかし、一時保護所は、もともと触法少年の身柄の確保を主な目的の一つとしていたこともあり、私語禁止や外出禁止など生活上の制約が大きく、被虐待児童にとっては居心地が極めて悪い施設といえよう。虐待ケースで家庭裁判所への審判申立てにより長期化が予測され学校への通学の必要のある場合などには、児童養護施設や里親などに一時保護委託することも可能である。乳児であれば乳児院に一時保護委託し、当該児童が入院中の場合には一時保護処分を行った上で医療機関での入院を継続する場合もある。

カ　児童相談所と親との葛藤

一般に、被虐待児の一時保護への親の反発はきわめて強い。職権で強制的に一時保護を行った場合、保護者による脅迫や加害行為が、児童相談所の職員に対して行われるケースが少なくない。激昂した保護者による長時間の抗議や暴力的な行為、さらにその暴力的言動が連日あるいは長期間にわたって続く事案もある。それは全国いずれの児童相談所においても、ごく日常的な出来事と言うことができる。

一時保護における裁判官の一時保護状発付の義務化によって、児童相談所と一時保護された児童の親との葛藤が少しでも緩和することを望む。

(6) 総合診断（判定）

児童相談所は、虐待通告を受理し、調査を行った当該児童について、在宅または一時保護所への入所または児童相談所への通所を通じて総合診断を行う。

具体的には、児童福祉司の社会診断、児童心理司の心理診断、児童精神科医の医学診断、一時保護所での児童指導員による行動診断により、当該児童について心理的・医学的・社会的・日常行動の側面から、総合診断と判定を行う。

判定は、原則として、児童相談所長、各部門の責任者、各担当者が出席して判定会議において行うが、援助方針の最終決定ではなく、必要のある場合に限り適宜開催することが多い。

(7) 援助方針会議

ア　援助内容を決定

児童相談所長、児童福祉司、児童心理司などが出席して、当該児童の援助方針を決定するためのものである。総合診断を基にして各専門職が意見を述べ、児童の最善の利益にあった援助内容を決定する重要な会議であり、児童相談所長が主宰する。これを援助方針会議といい、通常は毎週特定の曜日と時間を決めて、定期的に開催する。

イ　社会診断

事例として、母子家庭に係る近隣住民からの虐待通告事案について、援助方針会議の内容を想定してみたい。

最初に、担当の児童福祉司は、当該児童が保育園に通園している場合、保育園の職員から児童の状況について聞き取り調査を行う。日常的なアザや怪我の有無、衣服の清潔さ、食事が十分与えられているかどうか、児童本人の性格や言動、保育園での特異な行動の有無、送迎の際の親との会話の内容などである。また、母親との面談ができた場合はその生育歴を含む人物像、母親の病歴、母親の勤務先、知り得る範囲で収入額、児童扶養手当の受給状況、男性同居人が居ればその職業など当該家庭の状況についても可能な範囲で調査する。これらの調査結果から、当該児童と親の日常生活を可能な限り明らかにし、今後の児童の援助方針を決定するための基礎的情報として、援助方針会議で各職員間の共有化を図る。これらの一連の調査による診断を社会診断という。

ウ　心理診断

児童心理司は、当該児童と面談ができた場合、児童に同居家族と居宅を一緒に描かせた絵や所定の人や動物の人形で作らせた箱庭などによる心理学的分析、プレイルームにおける行動観察や知能検査結果などを総合して心理診断を行い、その有意な特徴について意見を述べる。

エ 医学診断

児童精神科医が当該児童や親の診察を行った場合は、医学診断としてその結果の説明と留意事項について説明を受ける。児童精神科医の医学診断は、重篤な虐待ケースにおいてとくに重視され、児童の援助方針に大きな影響を与えることが多い。

オ 行動診断

一時保護を行っている児童の場合には、児童指導員が一時保護所における当該児童の日常行動の観察をもとに作成した行動診断について、担当の児童福祉司から報告を受ける。

カ 最終決定権者は児童相談所長

援助方針会議ではこれらの社会診断、心理診断、医学診断、行動診断の分析を踏まえて、当該児童の援助方針について議論を深め、担当の児童福祉司が、当該児童の具体的な援助方針を提起するのが一般的である。

援助方針会議では通常は合議の形式により援助方針を決定するが、この援助方針の最終決定権者は児童相談所長であり、会議を現に主宰する児童相談所長がすべての結果責任を負うことは法律上明らかである。

(8) 援助の決定

児童相談所は、総合診断による判定結果を踏まえ、援助方針会議で児童にとって最善の利益となる援助方針を決定する。援助内容は次の3種類となる。

ア 在宅指導

①意義

親子分離をすることなく、児童福祉司指導や継続指導の対象として、家庭訪問や通所の方法により、親子関係の調整や家族指導、児童の心理療法などを行う。在宅指導には、児童福祉法上の処分として児童福祉司指導、および、行政処分ではないが広義の指導形態として継続指導という形態による関与も児童相談所の実務において行われている。

児童福祉司指導は行政処分として行う家族への介入であり、児童相談所の援助を通して当該児童の健全な養育を図ろうとするものである。継続指導は、児童福祉法上の規定はないが、当該児童と家族との関わりを維持し、児童福祉司などによる継続的なソーシャルワークを実施することである。

②具体例

例えば、関係機関や近隣住民による虐待通告で家庭訪問をしたところ、当該児童に怪我はなく、またネグレクトとまでいえる状態ではないが、貧困状態にある家庭のため十分な養育環境になく公的援助を要すると判断した事案などがこの対象ケースとなる。児童福祉法27条1項2号の児童福祉司指導の措置をとるときは、指導措置決定通知書を保護者に送達し、定期的に家庭訪問を行って養育状況を把握し、虐待の防止に留意するとともに福祉施策や社会資源を活用した各種支援を行うなどの介入がなされる。

イ　児童福祉施設入所措置など

親子分離を行い、児童福祉法27条1項3号に基づいて児童養護施設や乳児院への入所措置、里親委託などの措置をとることをいう。

親子を分離することなく、在宅のまま援助するのが児童相談所による支援の原則であるが、親子の同居によって児童の生命・身体に危機が生じると認められるとき、児童相談所は当該親子の分離を図らなければならない。通常は、一定期間の親子分離が必要であることを親に説明し、その同意を得て施設入所措置や里親委託などを行う。

ウ　家事審判の申立て

親との同居の下で児童の生命・身体に危機が生じているにもかかわらず、親が当該児童の施設入所等に同意しない場合、児童相談所長（知事の委任）は、施設入所等の承認を家庭裁判所に申し立てることができる。

また、児童相談所長は、児童の利益のために必要がある場合は、親権喪失の審判、親権停止の審判、管理権喪失の審判を家庭裁判所に申し立てることができる。（家事審判申立ては、次項4および5で詳述する。）

(9) 立入調査拒否等の罪

児童相談所の立入調査に対して拒否・妨害・忌避等を行った場合は、罰金50万円以下に処せられる（児童福祉法61条の5)。これは戦前の旧児童虐待防止法11条を引き継いだものであり、児童相談所が活用することはほとんどない。かつて2000年に、東京都の児童相談所が、本条に基づいて警視庁に告発した事案が1件あるが、送検後に起訴猶予となっている。

(10) 要保護児童対策地域協議会

要保護児童対策地域協議会は、地方公共団体による子どもを守る地域ネットワークとして、その設置について地方公共団体の努力義務として規定された(児童福祉法25条の2)。たとえば、東京都では、全区協議会・地域協議会・個別ケア会議の三層構造の形で設置され、市区町村を中心に児童相談所、学校、児童福祉施設、保健・医療機関、警察署などが情報交換と個別ケースの支援内容に関する協議等を行っている。

この協議会は、①乳児家庭全戸訪問事業(児童福祉法6条の3第4項)の実施等により把握した保護者の養育支援が必要な「要支援児童」、②保護者に監護させることが不適当と認められる「要保護児童」、③出産後の養育について出産前において支援が必要な「特定妊婦」への適切な保護や支援を図るために設置される。その実情は、児童虐待等の事前防止のために情報交換等を主目的とする地域の協議機関である。

この要保護児童対策地域協議会(要対協)は、関係機関における情報の共有が本来の主たる目的であり、協議に係るケース数が非常に多いことを勘案すると、その議論の内容に過大な期待をするべきではないと考える。

(11) 児童福祉審議会

児童相談所長(知事の委任)が、児童を乳児院や児童養護施設等に入所措置する場合、児童若しくはその保護者の意向と当該措置が一致しないとき、または児童相談所長(知事の委任)が必要と認めるときは、児童福祉審議会の意見を聴かなければならない。児童相談所が、児童福祉審議会の意見を聴取しなければならないのは、このいずれかの要件に該当する場合に限定される。ただし、緊急を要する場合はこの限りではなく、事後に児童福祉審議会へ報告することで代えることができる(児童福祉法27条6項、同法施行令32条)。

多くの自治体では、月1回程度の割合で児童福祉審議会の専門部会において審議されている。専門部会は、児童福祉や心理学を専門とする大学教員、児童虐待事件に詳しい弁護士、児童精神科医などで構成され、各児童相談所における児童虐待の困難事案について、当該児童相談所からの諮問に対して部会の答申を行う。

大学教員、弁護士、児童精神科医等の各委員は、それぞれの専門的知見に基づいて事案に対する意見を述べ、最終的には部会長がまとめを行い、当該事案に係る審議事項について答申を行う。内容は、同意、助言、指示等と事案によって様々である。法的な拘束力はないものの、児童福祉審議会部会からの指示や助言は、児童相談所の実務においては、当該児童相談所長に対する事実上の命令的効果を有している。

例えば、児童福祉法28条事件として家庭裁判所の承認を得て施設入所措置した事案において、その入所措置を解除する場合は慎重な判断が必要であり、通常は児童福祉審議会への諮問または意見の聴取を行う。入所期間中の保護者に対する指導状況とその効果、措置児童の精神的身体的状態などについて、専門家の立場から客観的な評価と措置解除の是非について、委員それぞれの意見表明がなされる。

4　施設入所等承認の申立て

(1) 児童福祉法28条の意義

保護者がその児童を虐待し、著しくその監護を怠り、その他保護者に監護させることが著しく当該児童の福祉を害する場合、児童福祉法27条1項3号の措置による親子分離をすることが当該児童の親権者または未成年後見人の意に反するときは、児童相談所長（知事の委任）は、家庭裁判所の承認を得て法27条1項3号の措置をとることができる（児童福祉法28条1項）。

ここに児童福祉法27条1項3号の措置とは、児童虐待などを原因とする要保護児童につき、児童相談所長（知事の委任）が児童養護施設への入所措置や里親委託をとることをいうが、同条4項は、当該措置は親権者の意に反してとることができない旨を定めている。そこで、親権者の意に反してでも当該児童を施設入所措置するべきと判断した場合は、家庭裁判所の承認を得ることによって当該入所措置が法的に可能となるという趣旨である。

また、児童福祉法28条に基づく家庭裁判所の承認は、親権の一部を事実上制限するものであるが[24]、この承認は児童の身柄確保を行う強制執行力を有さず、また施設入所後に親による強制連れ戻しに遭った場合もそれに対抗するこ

24　釜井裕子「児童福祉法第28条1項1号の家庭裁判所の承認について」家庭裁判月報50巻4号53頁（1998年）。

とはできないことに留意する必要がある。

なお、児童福祉法 28 条に基づく入所措置についての承認の審判は、家事事件手続法別表第一 127 および 128 に規定され、後見や保佐開始などと同様に公共的性質を持ち、紛争性が少なく、家事調停の対象にならない「別表第一事件」とされている。

(2) 申立ての実情

全国の児童相談所において、児童福祉法 28 条 1 項に基づく施設入所承認申立ての全国家庭裁判所における新受件数は、2021 年 451 件、2022 年 477 件、2023 年 543 件である[25]。

具体例として、親族からの通告により母子家庭を家庭訪問したところ、母親が重度の統合失調症で判断能力と育児能力に欠け、ゴミが山積みされた部屋の中で、乳幼児が空腹のため泣いているという事案が想定される。母親は、精神疾患により判断能力を欠くため、当該乳幼児の生命が危険な状態にあることを認識することができない。このような場合、児童福祉司は、まずは親族等の力を借りて母親を説得するが、母親がどうしても児童の施設入所に同意しない場合がある。その際、児童相談所長（知事の委任）は、まず当該児童を一時保護し、直ちに家庭裁判所に施設入所等承認の申立てを行い、その承認の審判を得た後に、当該児童を児童養護施設若しくは乳児院に入所措置または里親委託をすることになる。

(3) 事実上の親権一部停止

児童福祉法 28 条に基づいた家庭裁判所の承認審判に基づく施設入所措置であっても、親権者による児童の強制的な連れ戻しが行われることもしばしばある。その場合、連れ戻した親権者に未成年者略取誘拐罪などの刑事罰が科され得るかどうか、裁判実務では確定していない。

しかし、虐待防止法 12 条は、児童相談所長および児童福祉施設長が、入所措置がとられているか一時保護されている場合、児童の保護のために必要があると認めるときは、親権者に対して児童との面会、通信の全部または一部を制限することができることを規定している。さらに、同条は、児童相談所長は、

25 前掲・最高裁判所事務総局家庭局「親権制限事件及び児童福祉法に規定する事件の概況（令和 5 年）」。

家庭裁判所の承認審判による入所措置がとられ、または一時保護されている場合に、親権者による連れ戻しのおそれがあるなどと認めるときは、当該親権者に児童の入所先を告知してはならないことも明文で定めている。

このように法28条の承認審判による入所措置がとられている場合、児童相談所長によって児童の入所先の不告知や親権者に対する児童との面会・通信の制限がなされ得るなどの関連法令も勘案すると、家庭裁判所の承認審判は、児童が施設等に入所している限り、児童相談所長の入所措置権、施設長や里親の監護・教育権が優先し（法47条3項乃至5項）、事実上の親権一部停止と解することができる。

(4) 児童福祉法28条は廃止すべき

児童福祉法28条は、戦前の旧児童虐待防止法2条3号を引き継いだものであり[26]、親権停止の審判制度の創設時に廃止すべきであったと考える。この点、2011年民法改正における法制審議会部会において、親権停止制度と児童福祉法28条の要件の比較や役割分担についての議論は行われていない。親権停止制度の創設は民法上の親権制限の拡大であり、その立法趣旨において児童福祉法28条との調整は必要ないと判断したものと推測し得る[27]。

また、親権停止には未成年後見人の選任が必要となるが、児童福祉法28条では不要であり、現行法が機関後見（公的後見）を認めていないため、この点では児童相談所にとって利用しやすい制度であることは否定できない。また、親権停止審判、未成年後見人選任、親権職務執行停止、職務代行者選任があった場合、家庭裁判所は、家事事件手続法116条および家事事件手続規則76条に基づいて、当該児童の戸籍への記載を嘱託するが、児童福祉法28条では戸籍への記載は行われない。このことも、児童相談所にとっては、児童福祉法28条の方が使い勝手のいい点である。

さらに、こども家庭庁の児童相談所運営指針は、虐待を行う保護者が児童相談所による保護者指導に従う意欲を削がない観点から、まず児童福祉法28条

26　前掲・拙著『児童虐待の防止を考える』40頁。町野朔ほか編『児童虐待の防止』6頁（有斐閣、2012年）。

27　前掲・磯谷文明「民法等改正と児童相談所側の実務」家庭裁判月報64巻6号107頁（2012年）も同旨（論者は法制審議会部会委員）。

の申立てを行うのが原則と指示している[28]。また、性的虐待のように将来の親子再統合が望めない場合は親権喪失等の審判請求を第一に検討すべきであるが、まず児童福祉法28条による入所措置での対応を検討し、同措置が適切でない場合などに親権喪失等の審判請求を行うのが相当であるとする見解もある[29]。

しかし、親子分離に際して、親権喪失と親権停止に児童福祉法28条の入所承認を加えて、同一平面で並列的に三つの制度を選択肢として設ける必要はない。親権停止の審判と児童福祉法28条の入所承認の要件や判断基準については、法の文言が異なっているため厳密に比較することはできないが、いずれも親権者の意に反する親子分離を主目的とし、その期間も2年間であることなどを勘案すると、家事審判における認容の判断基準はほぼ変わらず、従来の児童福祉法28条申立てで認容される事案は親権停止の審判でも認容されるものと解される。

親子分離の方法に係る3類型の併存は、児童相談所による事案への対応を複雑にするだけであり、2011年民法改正で親権喪失に加えて親権停止の審判を創設した意義が損なわれる。児童福祉法28条により施設入所している児童について、手術等の医療行為や契約行為に親権者の同意を得られず子の利益が守られないなどの実情に配慮して親権停止制度が創設されたことを忘れてはならない。今後、児童相談所による重篤な児童虐待に係る強制的な親子分離の実施においては、親権停止の審判請求を第一義的な対応策とすることが望ましく、戦前の旧児童虐待防止法を引き継ぐ児童福祉法28条は廃止されるべきである。

5　児童相談所長による親権喪失審判等の申立て

(1) 申立ての意義

親権喪失、親権停止、管理権喪失の審判の申立ては、子や親族や未成年後見人等だけでなく、児童福祉法33条の7により児童相談所長にも認められている。児童相談所長は、その親権喪失・親権停止などの申立権を積極的に活用し、性的虐待などの重篤な虐待から未成年者を保護する行政上の責務を負わされているのである。

28　前掲・こども家庭庁「児童相談所運営指針」第4章第9節1（2）。

29　前掲・安倍嘉人ほか監修『子どものための法律と実務』202頁。

(2) 申立ての実情

児童相談所長は、親権者がその親権の行使において困難または不適当であることにより子の利益を害するときなどは、親権喪失の審判あるいは親権停止の審判、管理権喪失の審判の請求をすることができる。また、併せて、親権職務執行停止または親権職務代行者選任の保全処分の申立てをすることができる。

民法 838 条によって、親権喪失の審判、親権停止の審判、管理権喪失の審判が行われると同時に未成年後見が開始されるため、その際には、児童相談所長は、未成年後見人選任の請求を行うことを義務づけられている。

全国の児童相談所長による親権喪失の申立件数は、2021 年が親権喪失 16 件、親権停止 118 件、2022 年が親権喪失 4 件、親権停止 66 件、2023 年が親権喪失 8 件、親権停止 66 件となっている[30]。児童相談所長による親権喪失の審判申立ては 2011 年の民法改正前よりわずかに増加し、親権停止の審判はおおむね 70 件前後の申立てが行われている。ただし、後述のドイツの実情と比較すると、著しく少ない件数である。

なお、親権喪失や親権停止の審判申立ては、長期的な視点から当該虐待を受けた子の最善の利益に配慮して行うべきものであり、虐待親との交渉材料として利用してはならない。不明確な援助方針の下で親権喪失や親権停止の審判を申し立てたり、虐待親の強固な要求に応じて安易に審判申立ての取り下げを行ってはならない。それはソーシャルワークの基本原則から逸脱するだけでなく、虐待を受けた子の利益に反する可能性が高いからである。この点、2022 年の児童相談所長による親権停止審判申立の 18.2%、2023 年の親権停止審判申立ての 16.7% が取下げられている事実に留意する必要があるだろう。

(3) 児童相談所長の申立義務

児童相談所長による親権喪失の審判等の請求は、現在も少ない。旧制度の下では、その理由として、現行親権制度下での親権喪失の法的効果の大きさ、さらに審判まで事案によっては 1 年超の長い期間を要すること、家庭裁判所が親権喪失の審判に消極的なことなどが、かつて指摘された。

しかし、直近の 2023 年の家裁実務においては、親権喪失の審判は 4 か月以

30　前掲・最高裁判所事務総局家庭局「親権制限事件及び児童福祉法に規定する事件の概況（令和 3 年〜令和 5 年）」。

内に38.0%、6か月以内に58.3%、親権停止の審判は4か月以内に44.5%、6か月以内に69.5%の事件が終局しており、親権制限事件における審理期間は大幅に短縮されている。終局結果も、児童相談所長による申立事案では、親権喪失が認容された事案は取り下げを除くと87.5%、親権停止が認容された事案は取下げ等を除き86.8%となっている[31]。この点で、2011年の民法改正を契機として、家庭裁判所における親権喪失と親権停止の審判の迅速化が進み、申立ての認容についても積極的であることが窺える。

他方、親権喪失と親権停止の審判に共通するものであるが、親権喪失・親権停止審判後の未成年後見人選任の困難性は現実には大きな壁であり、親権職務代行者や未成年後見人の戸籍登載も児童相談所の親権喪失の審判等の申立てにおける消極性の要因の一つとなっている。

しかし、重篤な身体的虐待、著しいネグレクトあるいは性的虐待などのように、適切に親権を行使するどころか、子の権利を著しく侵害する父母も決して少なくない。未成年後見人への法人後見や複数後見の容認などによって親権喪失の審判の壁は低くなっており、児童の利益のためにとくに必要があると判断した場合には、児童相談所長は、家庭裁判所への親権喪失の審判請求をためらうべきではない。また、親権停止の審判についても、児童相談所長による申立てが少ない傾向は同じであり、今後の積極的な活用を望みたい。

(4) 保全処分

ア　概要

家事事件手続法105条1項は、本案の家事審判事件が係属する家庭裁判所は、家事事件手続法の定めるところにより、仮差押え、仮処分、財産の管理者の選任その他の必要な保全処分を命ずる審判をすることができると規定している。

親権に関する審判事件においても、家事事件手続法174条は、この保全処分を認めている。同法174条1項に基づき、家庭裁判所は、親権喪失、親権停止または管理権喪失の申立てがあった場合、子の利益のために必要があると認めるときは、親権喪失の審判等が効力を生ずるまでの間、親権者の職務の執行を停止し、またはその職務代行者を選任することができる。

31　前掲・「親権制限事件及び児童福祉法に規定する事件の概況（令和5年）」。

審判例として、宗教的信念により親権者が未成年者への輸血を拒否した事案について、親権停止の審判申立を本案とする保全処分の申立を認容し、申立人の児童相談所長を職務代行者に選任したものがある[32]。

イ　保全処分の効力発生

家事事件手続法174条2項は、親権者の職務執行停止の審判は、職務執行を停止される親権者や子に対し親権を行う者だけでなく、選任された職務代行者に告知することによって、その効力を生ずるとしている。これは職務執行を停止される者が審判の告知の受領を拒否したり、突然に行方不明になるなどの事態にも対処することができるように保全処分の効力発生要件とその時期を明確化したものである[33]。

この保全処分については、職務代行者を選任せずに児童福祉法33条の2第1項に基づいて、児童相談所長による親権の一時代行での同意で目的を果たすことができるとの見解があるが[34]、保全処分の効力発生を担保するためには、職務代行者の選任が必要と解される。

ウ　戸籍への嘱託記載

親権者の職務執行停止および職務代行者選任の審判については、家事事件手続法116条および家事事件手続規則76条に基づき、当該児童に係る戸籍への記載の嘱託が行われる。適任の職務代行者の候補者が見つからず、暫定的に児童相談所長が職務代行者に就職した場合も、現行法では所長個人として、当該未成年者に係る戸籍事務を管掌する者（市区町村）に対し、家庭裁判所からの嘱託記載が通知される。

エ　未成年後見人の解任請求と保全処分申立て

未成年後見人による未成年被後見人の財産横領など不正な行為、あるいは当該児童への虐待などがあった場合、児童相談所長は、児童福祉法33条の9に基づき、家庭裁判所に未成年後見人の解任請求をすることができる。同時に、未成年後見人解任の審判事件を本案として、家事事件手続法181条に基づき、当該未成年後見人の職務の執行を停止し、または職務代行者を選任する保全処

32　東京家決平成27年4月14日［2015年］家庭の法と裁判5号103頁。

33　前掲・秋武憲一編著『概説　家事事件手続法』216頁

34　前掲・磯谷文明「民法等改正と児童相談所側の実務」家裁月報64巻6号120頁。

分を申し立てることができる（家事事件手続法127条を準用）。

6　親権の一時代行

児童相談所長等の親権一時代行に係る規定は、次のとおりである。

(1) 一時保護における親権一時代行

ア　親権者等のない場合

児童相談所長は、一時保護が行われた児童で親権者または未成年後見人のないものに対し、親権者または未成年後見人があるに至るまでの間、親権を行う。ただし、民法797条に基づく養子縁組の代諾については、都道府県知事の許可を得なければならない（児童福祉法33条の2第1項）。

イ　親権者等のある場合

児童相談所長は、一時保護が行われた児童で、親権者または未成年後見人のあるものについても、その児童の福祉のため必要な措置をとることができ、緊急の必要があると認めるときは、その親権者等の意に反しても行うことができる（児童福祉法33条の2第2乃至4項）。

(2) 児童福祉施設長などによる親権一時代行

ア　親権者等のない場合

児童福祉施設の長は、入所中の児童で親権者または未成年後見人のないものに対し、親権者または未成年後見人があるに至るまでの間、親権を行う。また、児童相談所長は、小規模住居型児童養育事業（ファミリーホーム）を行う者または里親に委託中の児童で親権者または未成年後見人のないものに対し、親権者または未成年後見人があるに至るまでの間、親権を行う。ただし、いずれの場合も、民法797条に基づく養子縁組の代諾については、都道府県知事の許可を得なければならない（児童福祉法47条1乃至2項）。

イ　親権者等のある場合

児童福祉施設の長または里親等は、入所中または受託中の児童等で親権者または未成年後見人のあるものについても、監護および教育に関し、その児童等の福祉のため必要な措置をとり得る。児童等の親権者または未成年後見人は、当該措置を不当に妨げてはならない。当該措置は、児童等の生命または身体の安全を確保するため緊急の必要があると認めるときは、その親権者等の意に反しても、これをとることができる（児童福祉法47条3乃至5項）。

ウ　未成年後見人の選任請求中の場合

児童相談所長は、親権者のない児童等について、その福祉のため必要があるときは、家庭裁判所に対し未成年後見人の選任を請求しなければならない。この場合、未成年後見人があるに至るまでの間、児童相談所長は、当該親権者のない児童等に対して親権を行う。ただし、民法797条に基づく養子縁組の代諾は、都道府県知事の許可を得なければならない。（児童福祉法33条の8）。

(3) 親権一時代行の効力

親権者等のない児童に係る親権の一時代行については、いずれも「親権を行う者又は未成年後見人があるに至るまでの間」と規定されているとおり、ごく短期間の簡易な事項に関して児童相談所長等に親権の一時代行を認めているものと解する。児童福祉法は、親権者が不存在の場合には、児童相談所長に未成年後見人の選任請求をすることを義務づけているからである。

かりに親権者のある一時保護中の児童について医的侵襲行為などが必要になった場合、親権者の同意が得られないときには、児童相談所長は、親権停止の審判の請求を本案とする保全処分で親権者の職務停止と親権職務代行者の選任を申し立て、職務代行者の同意により医療行為を行うべきである。この保全処分の審判を待っていては児童の生命、身体の安全を確保できないほどの緊急性がある医療行為についてのみ、医療機関の理解と協力を得て、児童相談所長の親権一時代行による医療同意で対応することとなる。それは重篤な疾病でかつ緊急手術等の必要があるなど緊急避難的な場合に限定されるべきであるが、医療機関への法的強制力はないものと解される。

また、児童福祉施設入所措置または里親委託されている親権者のある児童に関して、児童福祉法47条に基づく児童福祉施設の長や里親等による親権の一時代行についても、監護・教育に係る必要最小限の措置あるいは家庭裁判所の審判や保全処分を待つ時間的余裕のない緊急性の高い事案に限られるものと解される。

第5章　児童虐待の防止等に関する法律

I　法律制定までの経緯

1　戦前の児童虐待防止法（1933年）

(1) 法の制定と継承

戦前の児童虐待防止への取り組みとして、1909年（明治42年）に「児童虐待防止協会」が設立されて児童の保護が開始され、その後、わずかな養育金を目当てに子を貰い受ける「貰い子」の殺害事件に端を発して、1933年（昭和8年）には児童虐待防止法が制定された。

この児童虐待防止法2条は、保護責任のある者が14歳未満の児童を虐待または監護を怠り刑罰法令に触れるかまたはそのおそれがある場合、①地方長官の権限で親族その他の私人の家庭または施設への委託処分、②条件を付して監護させる処分、③訓誡処分という3種類の行政処分を規定した。

この第2条は、現行児童福祉法28条の「保護者が、その児童を虐待し、著しくその監護を怠り、その他保護者に監護させることが著しく当該児童の福祉を害する場合において…」の文言に受け継がれ、地方長官の行政処分は、都道府県知事が職権または家庭裁判所の承認を得て現行児童福祉法27条1項3号の施設入所措置や里親委託をする手続として継承されている。同様に、条件を付して監護させる処分と訓誡処分は、それぞれ現行児童福祉法27条1項の児童福祉司指導措置（2号）、訓戒措置等（1号）の原型である。児童虐待防止法9条の主務大臣への訴願制度も、現行児童福祉法28条の家庭裁判所の承認制度または行政不服審査法に基づく審査請求制度に置き換えられている。

また、地方長官は、7条1項および2項に基づく内務省令により、「軽業、曲馬」「戸々または道路での諸芸若しくは物品販売、歌謡、遊芸」、さらに「不具奇形の観覧」「乞食」「芸妓、酌婦、女給」等を禁止または制限することができ、その違反には懲役刑を含む刑罰が科された[1]。これも現行児童福祉法34条の禁止条項と同60条の罰則規定に引き継がれている。

さらに、児童虐待防止法8条は、「地方長官ハ…必要アリト認ムルトキハ当該官吏又ハ吏員ヲシテ児童ノ住所若ハ居所又ハ児童ノ従業スル場所ニ立入リ必要ナル調査ヲ為サシムルコトヲ得」とし、第11条の罰則とともに立入調査について定めている。これも現行児童福祉法29条の「立入調査」および第61条の5の罰則規定の原始規定と解される。

戦後1947年の児童福祉法制定により、この児童虐待防止法は、入所措置や立入調査や禁止制限事項などの主要条項を新しい児童福祉法に引き継いで廃止された。ただ、戦前の児童虐待防止法における「児童ヲ虐待シ」や「著シク其ノ監護ヲ怠リ」などの厳しい文言は、現行法制においても生きている。

なお、本法は、貰い子殺しや継子いじめへの対処、および軽業や歌謡や乞食など街頭で行われる児童労働の禁止と制限を主目的としたものであり、現在の児童の権利を守るための児童保護法とは根本的に理念が異なるものであった。

(2) 法の内容

この児童虐待防止法は、次のとおり全11条であった[2]。

[児童虐待防止法]（昭和8年4月1日、法律第40号）

1条　本法ニ於テ児童ト称スルハ14歳未満ノ者ヲ謂フ

2条　児童ヲ保護スベキ責任アル者児童ヲ虐待シ又ハ著シク其ノ監護ヲ怠リ因テ刑罰法令ニ触レ又ハ触ルル虞アル場合ニ於テハ地方長官ハ左ノ処分ヲ為スコトヲ得

一　児童ヲ保護スベキ責任アル者ニ対シ訓誡ヲ加フルコト

二　児童ヲ保護スベキ責任アル者ニ対シ条件ヲ附シテ児童ノ監護ヲ為サシムルコト

三　児童ヲ保護スベキ責任アル者ヨリ児童ヲ引取リ之ヲ其ノ親族其ノ他ノ私人ノ家庭又ハ適当ナル施設ニ委託スルコト

前項第三号ノ規定ニ依ル処分ヲ為スベキ場合ニ於テ児童ヲ保護スベキ責

---

1 「児童虐待防止法第7条ニ依ル業務及行為ノ種類指定ノ件（内務省令21号）」（国立国会図書館デジタルコレクション、官報1933年8月2日）。

2 国立公文書館デジタルアーカイブ（www.digital.archives.go.jp）。

任アル者親権者又ハ後見人ニ非ザルトキハ地方長官ハ児童ヲ親権者又ハ後見人ニ引渡スベシ但シ親権者又ハ後見人ニ引渡スコト能ハザルトキ又ハ地方長官ニ於テ児童保護ノ為適当ナラズト認ムルトキハ此ノ限ニ在ラズ

3条　地方長官ハ前条ノ規定ニ依ル処分ヲ為シタル場合ニ於テ必要アリト認ムルトキハ児童ガ14歳ニ達シタル後ト雖モ1年ヲ経過スル迄仍(なお)其ノ者ニ付前条ノ規定ニ依ル処分ヲ為スコトヲ得

4条〜6条　［費用負担］〔略〕

7条　地方長官ハ軽業、曲馬又ハ戸戸ニ就キ若ハ道路ニ於テ行フ諸芸ノ演出若ハ物品ノ販売其ノ他ノ業務及行為ニシテ児童ノ虐待ニ渉リ又ハ之ヲ誘発スル虞アルモノニ付必要アリト認ムルトキハ児童ヲ用フルコトヲ禁止シ又ハ制限スルコトヲ得

前項ノ業務及行為ノ種類ハ主務大臣之ヲ定ム

8条　地方長官ハ第2条若ハ第3条ノ規定ニ依ル処分ヲ為シ又ハ前条第一項ノ規定ニ依ル禁止若ハ制限ヲ為ス為必要アリト認ムルトキハ当該官吏又ハ吏員ヲシテ児童ノ住所若ハ居所又ハ児童ノ従業スル場所ニ立入リ必要ナル調査ヲ為サシムルコトヲ得此ノ場合ニ於テハ証票ヲ携帯セシムベシ

9条　本法又ハ本法ニ基キテ発スル命令ノ規定ニ依リ地方長官ノ為ス処分ニ不服アル者ハ主務大臣ニ訴願スルコトヲ得

10条　第7条第1項ノ規定ニ依ル禁止若ハ制限ニ違反シタル者ハ1年以下ノ懲役又ハ千円以下ノ罰金ニ処ス

児童ヲ使用スル者ハ児童ノ年齢ヲ知ラザルノ故ヲ以テ前項ノ処罰ヲ免ルルコトヲ得ズ但シ過失ナカリシ場合ハ此ノ限ニ在ラズ

11条　正当ノ理由ナクシテ第8条ノ規定ニ依ル当該官吏若ハ吏員ノ職務執行ヲ拒ミ、妨ゲ若ハ忌避シ又ハ其ノ尋問ニ対シ答弁ヲ為サズ若ハ虚偽ノ陳述ヲ為シ又ハ児童ヲシテ答弁ヲ為サシメズ若ハ虚偽ノ陳述ヲ為サシメタル者ハ五百円以下ノ罰金ニ処ス

2 児童虐待の急増

このように1947年制定の児童福祉法において、旧児童虐待防止法の規定が、親権者の意に反する施設入所措置等（28条）、立入調査（29条）、禁止事項（34条）、および罰則事項（60条、61条の5）などとして承継された。

その後、海外での児童虐待急増の報道に接しても、わが国には家族を大切にする伝統があるので児童虐待は存在しない、などという現実を直視しない論理が当時の行政において支配的であった。メディアや一般国民も関心が薄く、児童虐待防止は主要な行政施策とはならなかった。

ところが、1980年代後半から全国の児童虐待に関する相談が徐々に増え始め、1990年度には1,101件と1,000件を超えた。8年後にはその6倍、10年後の2000年度には17倍の17,725件と急速に増加した[3]。

同時に、虐待による児童の死亡事案も増え、メディアからも厚生省（当時）と児童相談所への批判が急速に高まった。そこで急遽、厚生省が各都道府県と指定都市に「平成9年厚生省児童家庭局長通知」を発したが効果がなく、3年後の児童虐待の防止等に関する法律の成立に至る[4]。

3 児童虐待の防止等に関する法律の制定

2000年（平成12年）、厚生省は児童虐待防止に関する特別法の立法化について、従前の反対の立場から必要性を認める方向に転じ、5月には議員立法による児童虐待の防止等に関する法律が、全会一致で成立した[5]。

この児童虐待の防止等に関する法律（以下、虐待防止法といい、本章での根拠条文の表示では「法」とする）については、①児童虐待防止を目的とする特別法として法制化したこと、②児童虐待の定義づけを行ったこと、③児童虐待の防止等について国や自治体の責務を明らかにしたこと、④国民の通告義務とその

---

3 厚生省「（各年度）福祉行政報告例」。1990年度から虐待を主訴とする集計が開始された。

4 関連法の制定と改正過程については、拙著『児童虐待の防止を考える』（三省堂、2017年）99頁以下を参照されたい。

5 衆議院『青少年問題に関する特別委員会議録』（平成12年3月23日～平成19年4月26日）。

刑事免責を規定したこと、⑤立入調査などにおける警察官の援助を規定したこと、を有意なものとして一般的には評価されている。

しかし、①親権の停止と児童相談所長への親権付与、②裁判所の令状に基づく立入調査および一時保護、③児童相談所の役割見直しと警察への権限移管など、当時の児童相談所側が強く要望していた事項は立法化されなかった。一方では、法律による児童虐待の定義づけ、一般国民の虐待通告義務の法制化などへの批判もあり、全体としては課題を残し、かつ新たな問題を抱えることになる新法の制定であったと思う。

Ⅱ　法律の概要

1　児童虐待の定義

(1) 児童虐待の4類型

虐待防止法2条は、児童虐待とは、保護者がその監護する児童について行う4種類の行為であるとして、それぞれの定義づけを行っている。

①身体的外傷が生じ、またはおそれのある暴行（身体的虐待）

児童の身体に外傷が生じ、または生じるおそれのある暴行を加えることをいう。たとえば、殴る、蹴る、床にたたきつける、熱湯をかける、たばこの火を押しつける、冬季に屋外に薄着で閉め出すなどの暴力行為により、骨折、打撲傷、内出血、頭蓋内出血、火傷などの外傷を生じさせることである。

②性交等のわいせつ行為（性的虐待）

児童に性交等のわいせつな行為をすること、または児童をしてわいせつな行為をさせることをいう。

たとえば、児童に性交や性的な行為をすること、児童ポルノの被写体にすることなど、その他広く児童を対象としてわいせつな行為を行うことをいう。

③著しい監護養育義務の怠り（ネグレクト）

児童の心身の正常な発達を妨げるような著しい減食または長時間の放置、保護者以外の同居人による身体的・性的・心理的虐待と同様の行為の放置、その他の保護者としての監護を著しく怠ることをいう。

たとえば、食事を十分に与えない、下着や衣服を長期間にわたって不潔なままにする、居宅内を悪臭や不衛生など不潔な状態なまま放置する、病気になっても薬を与えない、重病にも拘わらず病院に連れて行って医師の診察を受けさせない、乳幼児を居宅に残したまま長期間不在にする、夏季に乳幼児を車の中に放置する、学齢期の児童を親の意思で登校させない、同居人が身体的・性的・心理的虐待を行うことを抑止せずに黙認する、などである。

④著しい心理的外傷を与える言動（心理的虐待）

児童に対する著しい暴言または著しく拒絶的な対応、児童が同居する家庭における配偶者または事実上婚姻関係にある配偶者の身体に対する暴力およびこれに準ずる心身に有害な影響を及ぼす言動（子の家庭内でのDV）、その他の児童に著しい心理的外傷を与える言動を行うことをいう。

たとえば、大声で怒声を浴びせ脅迫する、児童との関わりを一切拒否する、他の兄弟姉妹と差別的な対応をする、日常的なDVを児童の面前で行う、児童を精神的に傷つけるような言動を繰り返すなどである。

(2) 法による定義の是非

この典型的なものだけではなく、親による子の権利侵害は、代理によるミュンヒハウゼン症候群（Munchausen Syndrome by Proxy, MSBP）や乳幼児揺さぶられ症候群（Shaken Baby Syndrome, SBS）、尻たたきや強い叱責程度まで広範囲であり、本条の4類型と児童の養育における「しつけ」や「体罰」や「不適切な養育」などの近接した概念を明確に分別することはできない。なお、MSBPとは、母親が子の病気を捏造して、子を複数の医療機関へ繰り返し連れて行き、子が様々な医学的検査や治療にさらされるという児童虐待の特殊な態様をいい[6]、SBSとは硬膜下血腫、脳実質損傷に起因する浮腫、網膜出血の3徴候で診断される症状をいう。また、2017年、親などによる性的虐待に対して刑法179条の監護者わいせつおよび監護者性交等の罪が新設されたが、その他の類型に係る児童虐待罪は存在しない。

児童虐待の定義化によって、近隣住民や関係機関からの虐待通告が促進される効果は認められる。しかし、ネグレクトや心理的虐待は非常に曖昧で広い概念であり、法律で児童虐待が定義されていても、その効果や効力は限られたも

---

6 MSBPの判例として、熊本家審平成21年［2009年］8月7日家裁月報62巻7号85頁、札幌高決平成15年［2003年］1月22日家裁月報55巻7号68頁。

のとなり、行政統計上の意味しかないと考える。また、家庭内のDVが心理的虐待として法に明記されたため、警察からのDV事案に係る虐待通告が2010年以降急増している。この点、必ずしも配偶者へのDVと児童への虐待が同一家庭で生じるとは限らないということにも留意すべきである[7]。

今後、児童虐待を類型化して法律で定義することについて、その効果を検証し、必要な見直しをすべきである。この点では、ドイツ、フランス、イギリスのいずれの国も、法律による児童虐待の定義をしていない。

(3) 児童虐待の主体

虐待防止法2条において、児童虐待を行う主体は、保護者すなわち「親権を行う者、未成年後見人その他の者で、児童を現に監護するもの」とされている。

児童虐待における虐待者の大半が実母や実父などの親権者である。親権者が不存在のため未成年後見人が選任されているときは、当該未成年後見人が虐待者となる場合もある。親権者と未成年後見人以外で児童を現に監護する者としては、離婚後の民法766条に基づく監護者が想定される。監護者は父母の協議により定められるが、協議が整わないときは家庭裁判所が定める。親権者ではない他方の親が監護者と定められた場合、監護者は、子の監護について権利を行使し、義務を果たすことになるが、その一部が虐待者となる可能性はある。これらの親権者、未成年後見人、監護者の3類型の保護者は、法律に基づいて、いずれも子の利益のために子の監護および教育をする権利を有し義務を負う。虐待防止法は、この監護・教育をする権利と義務を有する者自身が児童虐待を行う場合、当該児童の権利利益を擁護するために、都道府県知事が法の規定に基づいて、一時保護、臨検捜索、面会通信の制限、接近禁止命令等によって、虐待防止と被虐待児童の保護を行うことを定めている。この点、虐待防止法2条の「現に監護するもの」について、一方では、被虐待児童の母親の内縁関係の男性で当該児童を監護している者、児童福祉施設長、里親などを本法の定める「保護者である」とし、他方では、親権者や未成年後見人であっても当該児童の養育を他人に委ねている場合は「保護者ではない」とする見解があるが[8]、

7　全国児童相談所長会『児童虐待相談のケース分析等に関する調査研究　結果報告書』（2009年）では、子への虐待家庭でDVが存在するのは15.1%。

8　こども家庭庁『子ども虐待対応の手引き（2024年4月改正版）』1章1（3）。

法律の条文を機械的に解釈して法の目的を見失うような見解には疑問がある。

2　早期発見と通告

児童福祉法25条では、虐待などによる「要保護児童」を発見した者に児童相談所等に通告する義務を負わせており、全国民が通告義務の対象となっている。一方、虐待防止法6条では、「児童虐待を受けたと思われる児童」を発見したすべての国民に、児童相談所等への通告を義務づけている。後者のほうが、「虐待を受けたと思われる」として、被虐待児童の峻別を通告者の主観に委ねているため、対象の幅が広くなっている。

また、同法5条は、児童虐待を発見しやすい立場にある団体および職員に早期発見に努めることを義務づけている。団体としては、①学校、②児童福祉施設、③病院、④都道府県警察、⑤女性相談支援センター、⑥教育委員会、⑦配偶者暴力相談支援センター、⑧その他児童福祉に業務上関係のある団体、個人としては、①学校教職員、②児童福祉施設職員、③医師、④歯科医師、⑤保健師、⑥助産師、⑦看護師、⑧弁護士、⑨警察官、⑩女性相談支援員、⑪その他児童福祉に職務上関係のある者である。ただし、この特別な通告義務者も、通告懈怠の罰則は付されておらず、訓示規定にとどまる。

さらに、同法6条3項は、当該通告義務を遵守する場合、刑法の秘密漏示罪その他守秘義務に関する規定につき刑事免責されることを定めているが、民事上の責任についての明文の規定はない。

3　保護者に対する指導

児童虐待を行った保護者に対し、児童相談所長（知事の委任）は、児童福祉法27条1項2号に基づいて児童福祉司指導等の措置をとることができる。保護者がこの指導を受けないとき、都道府県知事は、当該保護者に指導を受けるよう勧告することができる。都道府県知事は、この勧告に従わない場合において必要があると認めるときは、児童相談所長をして、当該児童に一時保護、施設入所措置、家庭裁判所への入所承認申立て等の必要な措置を講じさせなければならない（法11条5項）。また、勧告を受けた保護者が当該勧告に従わず、その監護する児童に対し親権を行わせることが著しく当該児童の福祉を害する場合、児童相談所長は、必要に応じて親権喪失・親権停止等の審判を請求しなければならない（法11条6項）。

この法11条は児童相談所の指導に従わない虐待親に対して、段階的な手順による法的対応の実行を都道府県知事（児童相談所長に委任）に義務づけた規定であるが、現実の虐待親への対応がこのような事務的な手順で行われることはない。実際には、常に児童福祉司の粘り強いソーシャルワークによる虐待親への指導と援助が基本となる。友好的な関係を保つソーシャルワークの実践とともに、その一方で、同一の児童福祉司が強権的な一時保護や家事審判申立てなど法的対応をすすめることは、本来はソーシャルワーカーにとって両立することの難しい行動であり、法11条のように事務的・機械的な手順で法的対応をすすめることは通常は行われない。児童相談所は、虐待親について公正で冷静な評価を行い、まずは虐待を受けた児童の将来的な利益に十分に配慮したうえで、強制的な方法しか選択肢がないと判断した場合に限って、法的対応に着手する。本条の立法趣旨については、疑問がある。

4　臨検・捜索（強制的立入調査）

(1) 臨検・捜索の意義

立入調査を何度も拒否された虐待事例などを契機に、2007年に虐待防止法が大幅に改正され、強制的に児童の安全確認と安全確保を行う臨検・捜索すなわち強制的立入調査制度が創設された（法8条の2、法9条の2乃至9条の9）。

その後2016年には、再出頭要求を臨検・捜索の必須条件とせず臨検・捜索を簡略化するための改正が行われた。

臨検・捜索の流れは、次のとおりである。

①虐待通告があれば、児童相談所は緊急受理会議を開催する。

②児童相談所は、当該児童の安全確認を実施する（一般には48時間以内）。

③児童相談所長（知事の委任）は、児童の安全確認ができず、児童虐待が行われているおそれがあると認めるときは、直ちに立入調査を行う。この場合、事前に保護者に当該児童を同伴して出頭するよう要求し、保護者が出頭要求に応じない場合に、立入調査を行うこともできる。

④児童相談所長（知事の委任）は、当該保護者が立入調査を拒否、妨害、忌避

するとき、児童虐待が行われている疑いがあるときは、所管の地方裁判所・家庭裁判所・簡易裁判所に臨検・捜索の許可状の請求を行う。この場合、事案によっては、臨検・捜索手続とあわせて再出頭要求を行うこともできる。

⑤児童相談所長（知事の委任）は、裁判官の発する許可状に基づき、当該児童の安全確認と安全確保のために、当該児童の住所若しくは居所を臨検し、当該児童を捜索することができる。この際、必要があるときは、解錠その他必要な処分をすることができる。また、これらの職務執行に際し必要があると認めるときは、所管の警察署長に援助を求めることができるが、警察官が臨検・捜索を行うわけではない。

⑥児童相談所長（知事の委任）は、児童の安全確認と安全確保を行う。必要があると認める場合は、当該児童の一時保護を行う。

(2) 臨検・捜索の実効性

裁判所の許可状発付を除いて、すべて児童相談所長（知事の委任）の権限および責任として構成されているため、今後も児童相談所長（知事の委任）による強制立入調査制度の積極的運用は難しいと考える。

実務では裁判所の許可状が数時間で発付されるにもかかわらず[9]、実際に臨検・捜索を行った事案は、2021年度において全国の児童相談所で6件、2020年度2件、2019年度1件であった[10]。非常に少ない実績だと思う。

この強制立入調査制度は、児童相談所側の要望も踏まえて法制化されたものである。しかし、多くの児童相談所長（知事の委任）にとって、臨検・捜索は、強権的な実力行使であるため、実際に執行することが困難なものになっている。

この点、2016年に再出頭要求を省略できる強制立入調査の簡略化の法改正が行われたところであるが、実情は再出頭要求などの手続が面倒だから活用されていないのではない。児童相談所にとって、臨検・捜索の執行それ自体がソーシャルワーク機関としての機能を逸脱するため実施が難しいのであって、今後も臨検・捜索の件数が大幅に増加することはないと思われる。

---

9 前掲・磯谷文明「民法等改正と児童相談所側の実務」家庭裁判月報64巻6号83頁。

10 厚生労働省「（各年度）福祉行政報告例～児童福祉30表」。

5　面会、通信の制限および入所先等の不告知

(1) 面会・通信の制限

児童相談所長および施設長は、児童福祉法27条1項3号に基づいて施設入所措置（同意入所を含む）がとられているか、若しくは一時保護が行われている場合において、児童の保護のために必要があると認めるときは、保護者に対して当該児童との面会、通信の全部または一部を制限し得る（法12条1項）。

(2) 入所先等の不告知

児童福祉法28条に基づいて家庭裁判所の承認を受けて施設入所措置がとられている場合、または一時保護が行われている場合に、当該児童の住所または居所を明らかにしたとすれば当該保護者による連れ戻しのおそれがあるなど再び児童虐待が行われるおそれがあり、または当該児童の保護に支障をきたすと認めるときは、児童相談所長は、児童の入所施設等の名称や住所を当該保護者に告知してはならない（法12条3項）。

6　接近禁止命令

都道府県知事または児童相談所長は、施設入所措置がとられ、または一時保護が行われ、かつ当該保護者に対して面会・通信の全部が制限されている場合において、児童の保護のためにとくに必要があると認めるときは、聴聞手続を経た後、6月を超えない期間を定めて、保護者に対して、当該児童の住所、居所、就学する学校など児童の身辺につきまとい、または当該児童の通常所在する場所の付近をはいかいしてはならないことを命ずることができる。この命令禁止期間は、6月を超えない範囲を定めて更新し得る（法12条の4）。一時保護や同意による施設入所の場合も対象となる。

これに違反した場合は、1年以下の懲役（拘禁刑）または100万円以下の罰金に処せられる（法17条）。入所施設からの連れ戻しなどの虐待事例などが勘案され、強制連れ戻し等の抑止手段として法制化されたのものである。

しかし、いずれも都道府県知事または児童相談所長に対して、すべての権限および責任の付与を行っており、この点でDV防止法とは異なっている。本来、これらの職務は司法権に属するものである。都道府県知事または児童相談所長が、面会・通信の全部制限を行い、さらに厳格な聴聞手続を経て親権者に

つきまとい・はいかい禁止命令を発するのは現実的には困難と思われる。

全国の児童相談所で接近禁止命令が出された実績は、2021年度4件、2020年度4件、2019年度2件、2018年度3件、2017年度0件、2016年度1件であり、実際にはほとんど活用されていない[11]。虐待を行う親といえども当該児童にとっては親であり、親が拘禁刑などに処されることを求めて刑事告発をすることは、さらに難しいだろう。

児童の福祉のために親子の長期的な完全分離を維持する必要があるのであれば、接近禁止命令違反の犯罪者として告発するのではなく、児童福祉法および民法に基づいて親権喪失または親権停止の審判の申立てを行うべきである。

Ⅲ 法的対応の流れ

民法、児童福祉法、虐待防止法の規定に基づき、児童相談所長が被虐待児を保護するまでの法的対応の主な流れを整理すると、次のようになる。（本文と図の番号は対応、［ ］内は根拠法）

①通告と受理

児童虐待の通告を受けた児童相談所は、受理会議または緊急受理会議で受理の可否および通告内容と当面の対応を協議する。［児童福祉法］

②安全確認の措置

通告に係る家庭の初期調査を行った後、48時間以内に当該家庭を直接訪問して、通告された児童の安全確認を行う。［児童福祉法］

③立入調査

通告された児童の安全確認が拒否されたときは立入調査を行う。事案によっては、出頭要求を経由して立入調査を行うこともできる。［虐待防止法］

④臨検・捜索

立入調査を親が拒否・妨害・忌避するときは、裁判官の許可状を得たうえで臨検・捜索を実施する。事案によっては、再出頭要求を臨検捜索手続と同時に行い、再出頭要求を経由して臨検捜索を行うこともできる。［虐待防止法］

11 厚生労働省「（各年度）福祉行政報告例～児童福祉30表」。

⑤一時保護

　必要があると認める場合は、当該児童を一時保護する。親の同意がないときは、裁判官の一時保護状を請求して一時保護を行う。［児童福祉法］

⑥援助方針会議

　心理診断・医学診断・社会診断・行動診断の総合診断（判定）を経て、援助方針会議で協議し、援助方針を決定する。［児童福祉法］

⑦施設入所等承認の申立て

　親子分離が必要な場合、親が同意したときは施設入所措置等を行うが、親が不同意のときは、家庭裁判所に施設入所等承認の申立てを行う。［児童福祉法］

⑧親権喪失・親権停止等の審判申立て

　親の親権行使が著しく困難または不適当な場合などにおいては、家庭裁判所に親権喪失・親権停止・管理権喪失の審判の申立てを行う。［民法］

⑨面会・通信の制限

　施設入所措置または一時保護中のとき、必要がある場合、当該親に対し面会・通信の全部または一部の制限を行うことができる。［虐待防止法］

⑩接近禁止命令

　施設入所措置または一時保護中のとき、必要がある場合、当該親に児童へのつきまとい・はいかいを禁止することができる。［虐待防止法］

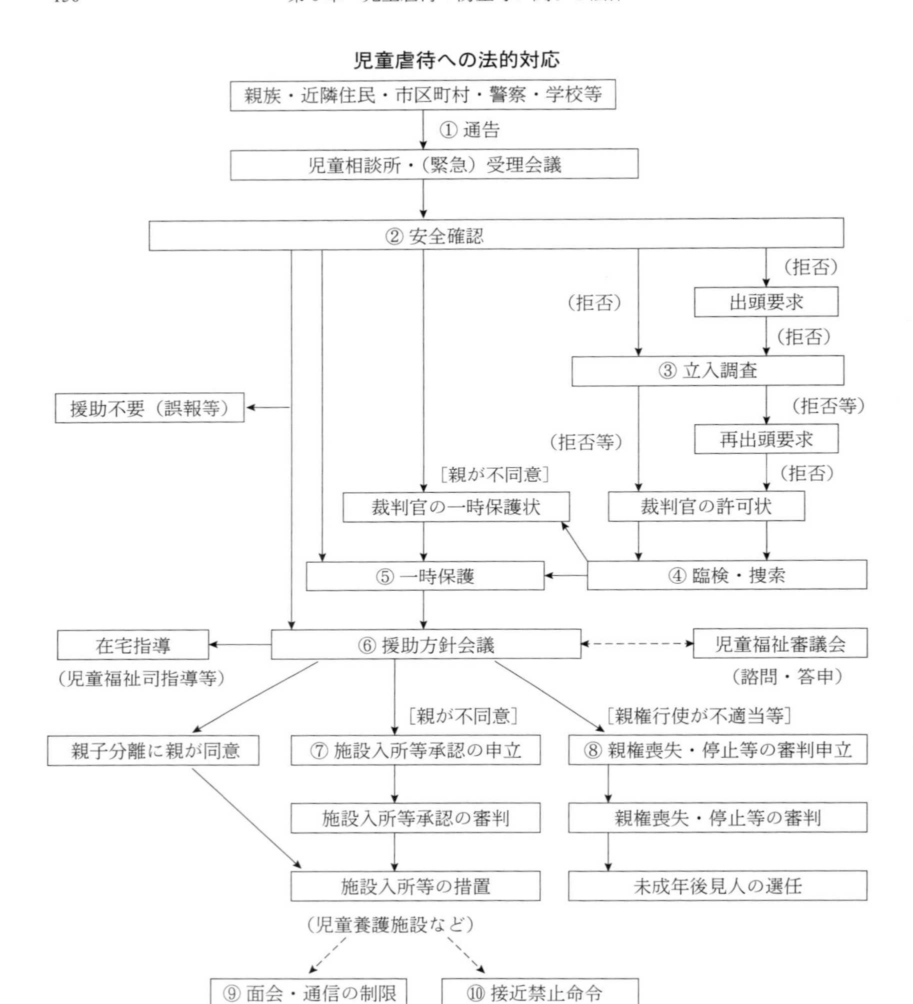
児童虐待への法的対応
親族・近隣住民・市区町村・警察・学校等
① 通告
児童相談所・(緊急) 受理会議
② 安全確認
(拒否)
出頭要求
(拒否)
(拒否)
③ 立入調査
援助不要（誤報等）
(拒否等)
再出頭要求
(拒否等)
[親が不同意]
(拒否)
裁判官の一時保護状
裁判官の許可状
⑤ 一時保護
④ 臨検・捜索
在宅指導
(児童福祉司指導等)
⑥ 援助方針会議
児童福祉審議会
(諮問・答申)
[親が不同意]
[親権行使が不適当等]
親子分離に親が同意
⑦ 施設入所等承認の申立
⑧ 親権喪失・停止等の審判申立
施設入所等承認の審判
親権喪失・停止等の審判
施設入所等の措置
未成年後見人の選任
(児童養護施設など)
⑨ 面会・通信の制限
⑩ 接近禁止命令
(佐柳作成 2024.3)

第6章　その他の児童保護関係法

I　児童憲章

児童憲章は、憲法の精神に基づき、児童福祉法の理念を広く国民が認識するため、国民各層の代表者による審議を経て、1951年5月5日のこどもの日に、児童憲章制定会議が宣言したものである。法律ではないため法的拘束力は有しないが、児童の権利保障のうえで重要な歴史的な意義を有している。冒頭の一節は次のとおりである。

児童憲章（昭和26年5月5日［1951年］）

われらは、日本国憲法の精神にしたがい、児童に対する正しい観念を確立し、すべての児童の幸福をはかるために、この憲章を定める。

児童は、人として尊ばれる。

児童は、社会の一員として重んぜられる。

児童は、よい環境の中で育てられる。

（以下の1〜12は省略）

II　児童買春・児童ポルノ処罰法

1　経緯

(1) 児童の売買等に関する児童の権利条約選択議定書の採択

1994年に国際連合人権委員会が、児童の売買、児童買春及び児童ポルノに関する児童の権利に関する条約の選択議定書の草案作成に係る作業部会を設置し、最終案が、2000年の国連総会において、「児童の売買、児童買春及び児童ポルノに関する児童の権利に関する条約の選択議定書」として採択された[1]。

この選択議定書は、児童売買による性的搾取、臓器売買、強制労働、あるいは児童買春や児童ポルノ製造などから児童を保護するために、児童の売買、児童買春、児童ポルノ製造等の犯罪化、裁判権の設定、犯罪人引き渡し、国際協力などについて定めている。わが国は、2002年にこの児童の売買等に関する児童の権利条約選択議定書に署名し、2005年に批准した。

このような国際的な潮流の中で、1999年にわが国においても児童買春・児童ポルノ処罰法が制定されることになる。

(2) 児童買春・児童ポルノ処罰法の改正過程

2004年には、①児童ポルノの不特定または多数の者への提供等の法定刑の引き上げ、②児童ポルノの不特定または多数の者への提供等に加え、特定かつ少数の者への提供とこれを目的とした製造や所持等の犯罪化、③児童に性的な姿態をとらせて児童ポルノを製造する行為を新たに犯罪化、④児童ポルノの画像データの提供とこれを目的とした保管の犯罪化などの改正が行われた[2]。

2014年では、①自己の性的好奇心を満たす目的で、児童ポルノを所持および画像データでの保管の犯罪化、②盗撮行為等による写真および画像データでの児童ポルノ製造の犯罪化、などの改正がなされた[3]。2014年改正においては、児童ポルノの単純所持の禁止が明文化されたが、漫画・アニメ・CG（コンピューターグラフィックス）など実在しない児童に係る仮想児童ポルノについては、表現の自由の規制につながる可能性があるとの観点から見送られた。

このような児童ポルノ規制の経緯については、一般的に、1999年の法制定当初には児童ポルノを拡散する行為を中心に規制し、2004年と2014年改正を経て、製造規制さらには所持規制にまで拡張されたと解されている[4]。

1　波多野里望『逐条解説 児童の権利条約 改訂版』354頁（有斐閣2005年）。

2　森山真弓ほか編著『よくわかる改正児童買春・児童ポルノ禁止法』58頁（ぎょうせい、2005年）。永井善之「児童ポルノの刑事規制根拠に関する一考察」金沢法学60巻1号133頁（2017年）。

3　前掲・永井善之「児童ポルノの刑事規制根拠に関する一考察」136頁。

4　同上139頁。

2　内容

(1) 法の名称

2014年の改正で、「児童買春、児童ポルノに係る行為等の規制及び処罰並びに児童の保護等に関する法律」に改称された。一般には、児童買春・児童ポルノ処罰法などと略称されている。(以下、根拠条文の表示は「法」とする)。

本法における児童とは、18歳未満の者をいう（法2条1項)。

(2) 児童の性的搾取や虐待の全面的禁止

2014年改正では3条の2の規定が新設され、何人も、児童買春、児童ポルノの所持、児童ポルノに係る電磁的記録の保管その他児童に対する性的搾取または性的虐待に係る行為をしてはならないと規定された。すべての国民に対して、児童の性的搾取や性的虐待に係る行為の全面的禁止を求めたのである。

(3) 児童買春の禁止

児童買春とは、児童やその保護者等に、対償を供与しまたはその供与の約束をして、当該児童に対して性交等をすることをいう（法2条2項)。ここに対償とは、現金や物品など、性交等の反対給付としての経済的利益をいう[5]。法3条の2は、何人も児童買春をしてはならないと規定している。

(4) 児童ポルノの規制

ア　児童ポルノの定義（法2条3項)

児童ポルノとは、写真や電磁的記録に係る記録媒体その他の物であって、①児童を相手方とする性交等に係る児童の姿態［1号]、②他人が児童の性器等を触る行為等に係るもので性欲を興奮させ又は刺激する児童の姿態［2号]、③衣服の全部又は一部を着けず、殊更に児童の性的な部位が露出され又は強調されているもので、かつ、性欲を興奮させ又は刺激する児童の姿態［3号］について、視覚により認識することができる方法により描写したものをいう。

このうち③については、従来の法文が、「衣服の全部又は一部を着けない児童の姿態であって性欲を興奮させ又は刺激するもの」と明確性の理論に反する規定であったため、広範かつ曖昧で不明確な定義であり違憲無効の疑いがあるなどの批判があった[6]。そこで、2014年の改正において、「殊更に児童の性的

5　前掲・森山真弓『よくわかる改正児童買春児童ポルノ禁止法』75頁。

な部位（性器等若しくはその周辺部、臀部又は胸部をいう。）が露出され又は強調されているものであり、かつ、」の文言を「性欲を興奮させ又は刺激するもの」の前に付け加えることにより、一定の明確化がなされたところである。

なお、児童ポルノは、視覚により認識する描写に限定されており、単なる文字や音声や録音に係る記録媒体は該当しないと解されている。

イ　児童ポルノの所持

児童買春・児童ポルノ処罰法3条の2は、何人もみだりに児童ポルノを所持し、若しくは法2条3項に掲げる児童の性的な姿態を視覚により認識することができる方法により描写した電磁的記録を保管するなどの行為をしてはならない、としている。これは目的を限定せず、あるいは目的の有無を問わず、児童ポルノの所持や保管を広く禁止するという趣旨である。具体的には、児童ポルノに該当する写真やDVDの所持、同様にその動画や画像のパソコンのサーバーやクラウド上での保管などを禁止し、違法とするものである。

同時に、2014年の改正では、単純所持に係る罰則も新設された。その適用については、「自己の性的好奇心を満たす目的で、児童ポルノを所持した者」に限定してはいるが、「自己の性的好奇心を満たす目的」という曖昧で主観的な要件は、刑罰法規における明確性の理論に反しており、単純所持者の内心の自由や人格を処罰することにもつながるおそれがある。また、児童ポルノ等に関する選択議定書は、「児童ポルノを製造し、配布し、頒布し、輸入し、輸出し、提供し若しくは販売し又はこれらの行為の目的で保有する」行為に対して「刑法又は刑罰法規の適用を完全に受けることを確保する」としており[7]、児童ポルノの単純所持について処罰を義務づける条項は存在しない。

単純所持を罰することによって児童ポルノが根絶されるとの立法事実は存在せず、さらに捜査機関による恣意的な権力濫用のおそれ等の弊害を勘案すると、単純所持の犯罪化には強い疑問がある。法3条の2において、児童ポルノ所持の禁止と違法性が明記され、広く国民に宣言されていることによって、相当な抑止効果を期待し得ると考える。

6　「児童ポルノの単純所持を犯罪化する法案に反対する会長声明」（日弁連、2013年）。

7　外務省訳「児童の売買、児童買春及び児童ポルノに関する児童の権利に関する条約の選択議定書」3条1項（c）。

(5) 罰則

ア　児童買春等

①児童買春（法 4 条）

児童買春をした者は、5 年以下の拘禁刑または 300 万円以下の罰金に処される。この児童買春罪は、親告罪ではない。

②児童買春周旋（法 5 条）

児童買春の周旋をした者は、5 年以下の拘禁刑若しくは 500 万円以下の罰金に処せられ、またはこれを併科される。また、児童買春の周旋をすることを業とした者は、7 年以下の拘禁刑および 1000 万円以下の罰金に処される。周旋とは、児童買春をしようとする者とその相手となる児童を仲介することをいう。

③児童買春勧誘（法 6 条）

児童買春の周旋をする目的で、人に児童買春をするように勧誘した者は、5 年以下の拘禁刑若しくは 500 万円以下の罰金に処せられ、またはこれを併科される。児童買春の周旋をする目的で、人に児童買春をするように勧誘することを業とした者は、7 年以下の拘禁刑および 1000 万円以下の罰金に処せられる。勧誘とは、特定の者に児童買春をすることを積極的に勧めることであり、いわゆる呼び込みや客引き行為などをいう。

イ　児童ポルノ

①単純所持（法 7 条 1 項）

自己の性的好奇心を満たす目的で、児童ポルノを所持した者は、1 年以下の拘禁刑または 100 万円以下の罰金に処される。ただし、自己の意思に基づいて所持するに至った者であり、かつ、当該者であることが明らかに認められる者に限られる。

また、自己の性的好奇心を満たす目的で、法 2 条 3 項のいずれかに掲げる児童の性的姿態を視覚により認識することができる方法により描写した情報を記録した電磁的記録（画像データ等）を保管した者も、同様に 1 年以下の拘禁刑または 100 万円以下の罰金に処される。

②特定少数者への提供、製造等（法 7 条 2、3 項）

特定かつ少数の者に児童ポルノを提供した者は、3 年以下の拘禁刑または 300 万円以下の罰金に処せられる。法 2 条 3 項に掲げる児童の性的姿態を視覚により認識することができる方法により描写した情報を記録した画像データ等を提供した者も、同様に3年以下の拘禁刑または300万円以下の罰金に処せられる。

特定少数者への提供目的で、児童ポルノを製造し、所持し、運搬し、輸入し、輸出した者、画像データ等を保管した者も、同様の処罰をされる。

③性的姿態をとらせた児童ポルノの製造（法7条4項）

児童に法2条3項に掲げる性的姿態をとらせ、これを写真、画像データ等に描写することにより、当該児童に係る児童ポルノを製造した者は、3年以下の拘禁刑または300万円以下の罰金に処せられる。

④盗撮等による児童ポルノの製造（法7条5項）

盗撮等の手段により、ひそかに法2条3項に掲げる児童の性的姿態を写真、画像データ等に描写することにより、当該児童に係る児童ポルノを製造した者も、3年以下の拘禁刑または300万円以下の罰金に処せられる。

⑤不特定多数の者への提供、公然陳列等（法7条6、7、8項）

児童ポルノを不特定若しくは多数の者に提供し、または公然と陳列した者は、5年以下の拘禁刑若しくは500万円以下の罰金に処せられ、またはこれを併科される。法2条3項に掲げる児童の性的姿態を視覚により認識することができる方法により描写した情報を記録した画像データ等を不特定または多数の者に提供した者も、同様の処罰をされる。

児童ポルノを不特定若しくは多数の者に提供しまたは公然と陳列する目的で、児童ポルノを製造、所持、運搬、輸入、輸出した者、および画像データ等を保管した者は、5年以下の拘禁刑若しくは500万円以下の罰金に処せられ、またはこれを併科される。

⑥児童買春等目的人身売買等（法8条）

児童を児童買春における性交等の相手方とさせ、または法2条3項に掲げる児童の性的姿態を描写して児童ポルノを製造する目的で、当該児童を売買した者は、1年以上10年以下の懲役に処せられる。

ウ　国外犯（法10条、刑法3条）

外国において児童買春、児童買春周旋、児童買春勧誘、児童ポルノの所持、保管、提供、製造等を行った日本国民の国外犯も、日本国内で処罰される。

Ⅲ　少年法

1　少年法の意義

少年法は、少年の健全な育成を期し、非行のある少年に対して性格の矯正および環境の調整に関する保護処分を行うとともに、少年の刑事事件について特別の措置を講ずることを目的としている（少年法1条）。

少年の保護事件において、家庭裁判所の審判に付される少年は、次のように分類される（少年法2条、3条、65条1項）。

①犯罪少年は、14歳以上20歳未満で、罪を犯した少年

②触法少年は、14歳未満で刑罰法令に触れる行為をした少年

③虞犯少年は、その性格または環境に照らして、将来、罪を犯し、または刑罰法令に触れる行為をするおそれのある18歳未満の少年（特定少年は適用除外）

2　審判

(1) 審判不開始

事案が比較的軽微だったり、少年の非行性が浅くすでに非行から回復していることなどが判明し、審判に付するのが相当でないと認めるときは、家庭裁判所は、審判を開始しない旨の決定をして事件を終局させなければならない（少年法19条1項）。これを保護的措置による審判不開始決定という。

(2) 不処分

家庭裁判所は、審判が開始された少年保護事件であっても、審判の結果、保護処分に付することができず、または保護処分に付する必要がないと認めるときは、その旨の決定をしなければならない（少年法23条2項）。

すなわち、審判事由が存在しないことや年齢超過であるなどにより保護処分ができない場合、また、保護処分に付する必要がないと認めるときは不処分の決定がなされる。これを保護的措置による不処分決定という。

(3) 児童相談所長送致

家庭裁判所は、児童福祉法による措置を相当と認めるときは、事件を権限を有する児童相談所長等に送致しなければならない（少年法18条1項）。

児童福祉法による措置は、訓戒・誓約、児童福祉司指導、児童自立支援施設等への入所措置の種類がある。いずれも任意措置であるため、児童自立支援施設への強制入所措置をとるためには、家庭裁判所の保護処分によらなければならない。

(4) 検察官送致

ア 18歳未満の少年の場合

①通常逆送

家庭裁判所は、拘禁刑以上の刑（死刑、拘禁刑）にあたる罪の事件について、調査の結果、その罪質および情状に照らして刑事処分を相当と認めるときは、決定をもつて、これを検察官に送致しなければならない（少年法20条1項）。

ただし、家庭裁判所は、調査の結果として、刑事処分ではなく保護処分とすることができる。

②原則逆送

また、故意の犯罪行為により被害者を死亡させた罪の事件では、家庭裁判所は、その罪を犯すとき16歳以上の少年に係るものについては、原則として検察官に送致（逆送）しなければならない。ただし、調査の結果、犯行の動機および態様、犯行後の情況、少年の性格、年齢、行状および環境その他の事情を考慮し、刑事処分以外の措置を相当と認める場合はこの限りではなく、保護処分をすることができる。（少年法20条2項）。

なお、刑法の定める刑事責任年齢は14歳以上である（刑法41条）。

イ 特定少年の場合

2021年改正で、18歳以上の少年すなわち18歳と19歳の少年を特定少年として、保護事件および刑事事件の特例が定められた（少年法62条乃至68条）。

①通常逆送

特定少年は、少年法20条の適用から除外されるため、罰金刑以下の刑に当たる事件を含むすべての犯罪事件について、家庭裁判所は、調査の結果、その罪質および情状に照らして刑事処分を相当と認めるときは、決定をもつて、これを検察官に送致しなければならない（少年法62条1項）。

したがって、罰金刑に相当する軽微な犯罪も逆送の対象となり得る。

②原則逆送

家庭裁判所は、特定少年について、故意の犯罪行為により被害者を死亡させた罪の事件でその罪を犯すとき16歳以上の少年であった場合、または、死刑または無期若しくは短期1年以上の拘禁刑に当たる罪の事件でその罪を犯すとき特定少年（18歳または19歳）であった場合、原則として検察官に送致しなければならない（少年法62条2項）。したがって、強盗罪や強制性交等罪なども原則逆送の事件として取り扱われる。

ただし、調査の結果、犯行の動機、態様および結果、犯行後の情況、特定少年の性格、年齢、行状および環境その他の事情を考慮し、刑事処分以外の措置を相当と認めるときはこの限りではなく、保護処分をすることができる。（少年法62条2項ただし書）。

(5) 保護処分

家庭裁判所は、審判を開始した事件につき、決定で、次の保護処分をしなければならない。ただし、決定の時に14歳未満の少年の少年院送致については、とくに必要と認める場合に限る（少年法24条）。特定少年については、6月の保護観察、2年の保護観察、少年院送致に限定されている（少年法64条）。

①保護観察

全国50ヶ所の保護観察所の保護観察官と保護司が処遇する。保護観察は、社会の中で通常の生活を営ませながら、指導監督と補導援護により更生を図る。

②児童自立支援施設または児童養護施設送致

児童自立支援施設は、国立2施設と各都道府県に設置されている。なお、児童養護施設への送致は、実際にはほとんど行われていない。

③少年院送致

少年院は、少年法に基づく保護処分で送致された者等を収容する施設である。

3　少年院の概要

(1) 矯正施設

少年院は、家庭裁判所から送致され保護処分の執行を受ける者および少年院において刑の執行を受ける者を収容し、これらの者に対し矯正教育その他の必要な処遇を行う施設である（少年院法3条）。

全国に46少年院があり、たとえば東京には、多摩少年院、東日本少年矯正医療・教育センター、愛光女子学園がある。2022年末現在の収容人員は、計1,350人（男1,210人、女140人）である[8]。

(2) 種類

少年院には次の5種類があり、それぞれに該当する者を収容する（少年院法4条)。家庭裁判所の少年院送致決定の主文は、「少年を第1種少年院に送致する」などとし、送致すべき少年院の種類を指定する（少年審判規則37条1項)。

①第1種　保護処分の執行を受ける者であって、心身に著しい障害がないおおむね12歳以上23歳未満の者
②第2種　保護処分の執行を受ける者であって、心身に著しい障害がない犯罪的傾向が進んだおおむね16歳以上23歳未満の者
③第3種　保護処分の執行を受ける者であって、心身に著しい障害があるおおむね12歳以上26歳未満の者
④第4種　少年院において刑の執行を受ける者
⑤第5種　2年の保護観察に付されていた特定少年（18歳と19歳）であって、保護観察中の者に対する収容決定を受けた者

4 少年院と児童自立支援施設の異同

(1) 目的

少年院は、家庭裁判所から保護処分として送致された者等を収容し、これに矯正教育その他の必要な処遇を行う施設である。

児童自立支援施設は、児童相談所が、不良行為をなす児童などを入所させ、その自立支援を行うことを目的とする。

(2) 対象年齢

少年院は、第1種乃至第5種の5種類に分類され、おおむね12歳以上26歳未満の者が収容される。児童自立支援施設には、18歳未満の児童が入所するが、20歳に達するまでは措置延長が可能である。

少年院の収容者数は1,350名（2022年末現在)、児童自立支援施設の在籍者数

8 法務省「少年矯正統計2022年」。

は 1,103 名（2023 年 10 月現在）である。全国の児童自立支援施設の定員充足率は 32% であるが、定員と現員の乖離に都市部と地方との地域差がある[9]。

(3) 収容または入所の決定機関

少年院は、少年法 24 条に基づく家庭裁判所の保護処分により収容される。児童自立支援施設は、児童福祉法 27 条に基づく児童相談所長（知事の委任）の措置により入所し、少年法に基づく保護処分の場合も児童福祉法 27 条の 2 により児童相談所長（知事の委任）の入所措置がとられる。

(4) 処遇形態

少年院では、長期処遇と一般短期処遇と特修短期処遇に分けられ、長期処遇は非開放処遇の期間が大半である。一般短期処遇では半開放処遇または開放処遇、特修短期処遇は開放処遇がなされている。

一方、児童自立支援施設では入所期間の定めはなく、個別自立支援計画に基づき処遇される。また、開放処遇であるが、児童福祉法 27 条の 3 または少年法 6 条の 7 に基づく家庭裁判所の決定により、国立 2 施設では強制的措置（施錠可能な居室への収容）をとることができる。

(5) 処遇職員

少年院では、法務教官が少年を指導し、児童自立支援施設では、児童自立支援専門員と児童生活支援員が児童を支援する。

(6) 指導領域

少年院では、生活指導や職業指導などの矯正教育を行っており、児童自立支援施設においては、枠のある生活の中での「育て直し」、被虐待体験等のある児童への特別なケア、自らの行った非行行為と向き合う取り組みなど、一部には少年院での取組の成果も活用されている[10]。少年院での教科指導は法務教官が行い、児童自立支援施設の多くには地域の小・中学校の分校または単独校が設立されて専任教員が教科教育にあたっている。

9　前掲・法務省「少年矯正統計 2022 年」。前掲・こども家庭庁「社会的養育の推進に向けて」（2024 年 4 月）。

10　『児童自立支援施設のあり方に関する研究会報告書』（厚労省 2006 年）。

Ⅳ　刑法等

1　児童虐待に対する刑事規制の是非

わが国では児童福祉法34条の禁止行為に係る罰則（60条）を除いて、児童虐待は、刑法の規定により処罰される。すなわち、身体的虐待には、208条の暴行罪や204条の傷害罪等が適用され、ネグレクトは218条の保護責任者遺棄罪、219条の保護責任者遺棄致死傷罪などで罰せられる。性的虐待には179条の監護者わいせつおよび監護者性交等罪、あるいは176条の不同意わいせつ罪や177条の不同意性交等罪などが適用される。

この点については、児童虐待の防止等に関する法律に具体的処罰規定がまったく欠けている点を誤りであると断じ、児童への虐待致死について「児童虐待致死罪」の規定の創設など、刑罰の持つ社会倫理性により児童虐待行為を社会悪として明確にするべきであるとする見解もある[11]。

確かに、性的虐待をはじめ、刑事罰を積極的に適用すべき事案も少なくない。しかし、一般に児童虐待への対応の基本は、児童の権利と福祉を守ることであり、刑事規制の先行は必ずしも良い結果をもたらすとはいえない。児童虐待においては、ソーシャルワークによる支援あるいは家庭裁判所による法的対応が優先されるべきであり、検察・警察への通報などにより不用意かつ過剰な刑事規制がなされると、かえって児童の福祉が損なわれることにもなりかねない。児童虐待への刑事罰適用はあくまで犯罪者たる親への対応であり、児童相談所などの関係機関では、まずは刑事処罰とは異なる平面において、虐待された児童への福祉の視点からの対応が重要であると考える。

親の身柄拘束と刑事罰に端を発して家庭崩壊を招くこともあり、一方では、刑事罰を科したとしても親権喪失の審判がなされない限り、再び同居した後に虐待が繰り返される可能性が高いなど、刑事規制の強化には民法や児童福祉法との関連性など検討すべき課題が多い。

一方、重篤な性的虐待については厳格な対応を要する。ここに重篤な性的虐

11　三枝有「児童虐待の予防を見据えて」古橋エツ子編『家族の変容と暴力の国際比較』71頁（明石書店、2007年）。

待とは、性交またはその類似行為を行うなど、直ちに親子分離を要する程度の性的虐待をいう。重篤な性的虐待に親子再統合の配慮は不要であり、性的虐待の事実を確認できた場合は、一時保護に引き続いて、早急に児童相談所長の申立てにより親権喪失の審判等によって親子分離を行うなど、迅速でかつ厳しい対処が必要となる。

2　児童福祉法の禁止行為と罰則

(1) 児童への禁止行為

既述のとおり、児童福祉法34条は、12項目の禁止行為を定め、同法60条は違反者への罰則を規定して児童の保護を行っている。主な禁止行為は、①身体障害又は形態上の異常がある児童を公衆の観覧に供する行為、②児童にこじきをさせる行為等、③15歳未満の児童にかるわざ又は曲馬をさせる行為、④15歳未満の児童に、戸々に又は道路等で、歌謡、遊芸その他の演技をさせる行為、⑤児童に、深夜に、戸々に又は道路等で、物品の販売等をさせる行為、⑥15歳未満の児童に風俗営業等の店舗に物品販売等を目的に立ち入らせる行為、⑦15歳未満の児童に酒席に侍る行為を業務としてさせる行為、⑧児童に淫行をさせる行為、⑨営利目的で児童の養育を斡旋する行為、⑩児童養護施設、障害児入所施設、児童自立支援施設等において、それぞれ児童福祉法の規定する設置目的に反して、入所児童を酷使する行為、である。

(2) 罰則

これらの禁止行為規定に違反した者に対しては、刑事罰が科せられる。

①児童に淫行をさせる行為（1項6号）を行った者は、10年以下の拘禁刑若しくは300万円以下の罰金又はその併科、②入所児童を酷使する行為（2項）を行った者は、1年以下の拘禁刑または50万円以下の罰金、③その他の禁止行為を行った者は、3年以下の拘禁刑若しくは100万円以下の罰金またはその併科に処される。

3　児童に対する性犯罪と刑法

(1) 概要

性犯罪から児童を保護するための法律としては、刑法のほか児童福祉法、児童買春・児童ポルノ処罰法、各都道府県の青少年健全育成条例などがある。

このうち刑法の児童への性的虐待に対する罪としては、2017年に新設された監護者わいせつ罪と監護者性交等罪、2017年と2023年改正で法定刑の引き上げ、罪名、構成要件等の変更が行われた不同意性交等罪および不同意わいせつ罪がある。

(2) 監護者わいせつ罪

18歳未満の者に対し、現に監護する者であることによる影響力があることに乗じてわいせつな行為をした者は、監護者わいせつ罪に処せられる（刑法179条1項）。本罪については、別途詳説する。

(3) 監護者性交等罪

18歳未満の者に対し、その者を現に監護する者であることによる影響力があることに乗じて性交等をした者は、監護者性交等罪に処せられる（刑法179条2項）。本罪については、別途詳説する。

(4) 不同意わいせつ罪

①暴行若しくは脅迫を用いることなど、②心身の障害を生じさせることなど、③アルコール若しくは薬物を摂取させることなど、④睡眠その他の意識が明瞭でない状態にさせることなど、⑤同意しない意思を形成するなどのいとまがないこと、⑥恐怖若しくは驚愕させることなど、⑦虐待に起因する心理的反応を生じさせることなど、⑧経済的または社会的関係上の地位に基づく影響力によって受ける不利益を憂慮させることなどの行為または事由その他これらに類する行為または事由によって、同意しない意思を形成し、表明し若しくは全うすることが困難な状態にさせまたはその状態にあることに乗じて、わいせつな行為をした者は、婚姻関係の有無に拘わらず、不同意わいせつ罪として6月以上10年以下の拘禁刑に処せられる（刑法176条）。

(5) 不同意性交等罪

この不同意わいせつ罪と同様の8類型の行為または事由によって、同意しない意思を形成することなどが困難な状態にさせまたはその状態にあることに乗じて、性交、肛門性交または口腔性交等をした者は、婚姻関係の有無に拘わらず、不同意性交等罪として5年以上の有期拘禁刑に処せられる（刑法177条）。

16歳未満の者に対し、上記の性交等をした者も、5年以上の有期拘禁刑に処せられる。ただし、当該16歳未満の者が13歳以上である場合は、その者が生まれた日より5年以上前の日に生まれた者に限り処罰される。

4　監護者わいせつ罪および監護者性交等罪

(1) 経緯

従前から児童相談所などの関係機関が、刑法に基づいて、加害者である親等の監護者を刑事告発すべき性的虐待事案が少なからず存在した。しかし、実際のケースでは、監護者の支配下にある児童が拒否できないまま性的虐待に応じざるを得ないなどの事情があり、当時の刑法の「暴行又は脅迫」の要件を立証することが難しく、監護者による性犯罪として刑法上の訴追が困難な事案も少なくなかった。

一方、親などによる性的虐待が児童福祉法により有罪とされた事案も存在した。ただ、裁判実務においては、児童に対して事実上の影響力を及ぼして、その児童が淫行をなすことを助長促進する具体的行為をしたかどうかが争点となる。その立証を行う必要があり、かつ法定刑も軽いものであった。

そのため、従前から、親などによる性的虐待に関しては、重篤なPTSD発症など児童の受ける被害の重大さと犯罪の悪質さなどに鑑み、刑法における暴行脅迫という犯罪構成要件を撤廃し、非親告罪でかつ加重的な刑事罰を課すべきとの主張が児童福祉関係者を中心になされてきた。

2016年9月、法制審議会が、刑法における性犯罪の処罰規定見直しの流れの中で、親権者など「監護者であることによる影響力があることに乗じたわいせつな行為又は性交等に係る罪の新設」を法務大臣に答申するに至った[12]。法制審議会における議論の経緯は別として、これは児童虐待に係る性的虐待罪の創設であり、2017年6月の国会において法制審議会の答申どおり成立した。

新設された罪においては、「暴行又は脅迫」という要件はなく、同居の親など児童を「現に監護する者」であれば、その影響力があることに乗じた行為であると認められて有罪となり得ることとなった。

12　法制審議会177回総会（2016年9月）、法制審議会刑事法（性犯罪関係）部会「要綱（骨子）修正案」（刑事法部会第7回会議、2016年6月）。

(2) 立法の趣旨

実親や養親等の監護者が、18歳未満の者に性交等の性的行為を、監護・被監護の関係により生ずる影響力に乗じて行うことは、被害を受けた児童の性的自由ないし性的自己決定権を侵すものであるとして、この類型の事案に対処するために監護者わいせつ罪および監護者性交等罪が新設された[13]。本罪は非親告罪であり、本罪の新設は、監護者による性的虐待が刑法上の犯罪であることを明確にし、さらには性的虐待を行った監護者の処罰を容易にした。監護者による性的虐待を抑止し、児童の福祉と児童の心身の健全育成に寄与することが期待できよう。

(3) 要件と定義

ア　要件

本罪の要件は、次のとおりである。

まず、監護者わいせつ罪においては、18歳未満の者に対し、その者を現に監護する者であることによる影響力があることに乗じてわいせつな行為をした者は、監護者わいせつ罪として、6月以上10年以下の拘禁刑に処せられる（刑法179条1項、176条）。

次に、監護者性交等罪においては、18歳未満の者に対し、その者を現に監護する者であることによる影響力があることに乗じて性交等をした者は、監護者性交等罪として5年以上の有期拘禁刑に処せられる（刑法179条2項、177条）。ここに性交等とは、性交、肛門性交または口腔性交などをいう。

イ　現に監護する者

この刑法179条の定める「現に監護する者」とは、事実上、18歳未満の者を監督し保護している者をいい、民法上の監護権の有無を問わない。現に監護する者に当たるためには、監護者と被監護者の間に依存・非依存ないし保護・被保護の関係が認められ、かつ、その関係に一定期間の継続性が存在しなければならない[14]。すなわち、18歳未満の被害者の日常生活全般において、一般

13　田野尻猛「性犯罪の罰則整備に関する刑法改正の概要」論究ジュリスト23号116頁（2017年）。樋口亮介「性犯罪規定の改正」法律時報89巻11号114頁（2017年）。

14　前掲・田野尻猛「性犯罪の罰則整備に関する刑法改正の概要」論究ジュリスト23号116頁。今井猛嘉「監護者わいせつ罪及び監護者性交等の罪」法律時報90巻4号64頁

的には同居の状況にあり、衣食住や教育費など生活費に係る経済的な従属関係、生活上の指導監督など精神的な支配関係などによって、監護と被監護の継続的な関係の存在が必要である。

具体的には、同居している実親や養親が典型例であり、他には、親の再婚相手で養子縁組をしていないものの当該子の日常生活を経済的に支えて指導監督をしている者、親の長期不在のため親代わりに養育している親族などが相当する。学校教員やスポーツ指導者は、生活全般における監護と被監護の関係がないため、通常は該当しない[15]。児童福祉法27条の措置によって18歳未満の者が里親委託されている場合、当該里親は、本罪の「現に監護する者」に該当すると解される。児童福祉法に基づいて施設入所措置された18歳未満の者について、児童養護施設、乳児院、障害児入所施設、児童心理治療施設、児童自立支援施設、グループホームの職員も、一定の条件下で該当する可能性がある。

ウ　影響力があることに乗じて

「影響力があることに乗じて」とは、現に監護する者の影響力が一般的に存在し、その影響力を及ぼしている状態で性交等やわいせつ行為をすることをいう。ただし、影響力を利用するための具体的行為を行うことは不要であり、「現に監護する者」が立証されれば、現に監護する者であることによる「影響力があることに乗じ」たことが認められると解されている。また、18歳未満の被害者による同意の有無は問題とならず、18歳未満の者が性交等やわいせつ行為に同意していたと見られる事情があったとしても、本罪の構成要件としては無関係であり、本罪は成立する[16]。

(4) 不同意わいせつ罪および不同意性交等罪との関係

16歳未満の者への不同意わいせつ罪と不同意性交等罪は、暴行若しくは脅迫など8類型の行為または事由がない場合においても、あるいは被害者の同意があった場合にあっても、これらの罪が成立する（刑法176条3項、177条3項)。したがって、監護者わいせつ罪および監護者性交等罪の被害者は、16歳

（2018年)。

15　前掲・田野尻猛「性犯罪の罰則整備に関する刑法改正の概要」論究ジュリスト23号117頁。

16　同上117頁。

以上18歳未満の児童ということになる[17]。すなわち、現に監護する者が、家庭内で16歳未満の児童に性交等やわいせつ行為を行った場合は、現に監護する者かどうかの認否に関わりなく、刑法177条の不同意性交等罪、または176条の不同意わいせつ罪に処せられることになる。

この点では、監護者性交等罪および監護者わいせつ罪の保護法益について、児童の性的自由ないし性的自己決定権とともに児童の福祉と心身の健全な育成にもあると解する見地からは、監護者性交等罪および監護者わいせつ罪の量刑を現行法より加重すべきであり、より重罰化された本罪を適用することによって、16歳未満の児童への性交等やわいせつ行為を含めて、監護者による性的虐待を厳しく処罰する必要があると考える。

(5) その他の事項

ア　非親告罪

2017年の改正で、不同意わいせつ罪、不同意性交等罪が非親告罪化され、新設の監護者わいせつ罪および監護者性交等罪も非親告罪とされた。その結果、すべての性犯罪が非親告罪とされることになった。

イ　公訴時効

公訴時効は、監護者性交等罪が15年、監護者わいせつ罪は12年である（刑事訴訟法250条3項）。さらに、被害者が犯罪行為終了時に18歳未満である場合、その公訴時効は、それぞれの期間に当該犯罪行為終了時から被害者が18歳に達する日までの期間を加算した期間とされる（刑事訴訟法250条4項）。

これは親等の監護者の支配下にあった被害者に、被害の認識および加害を行った監護者への対応について、時間的余裕を与える効果を生む。

ウ　量刑

本罪の新設および不同意性行等罪と不同意わいせつ罪の年齢条件が変更されるまでは、後述のように児童福祉法の淫行罪の拡大解釈により、親等の監護者の性的虐待が処罰されてきた。

しかし、児童福祉法の解釈で監護者による性的虐待を処罰するのではなく、本罪を新設することによって、基幹法たる刑法に児童に対する親等の性的虐待

17　前掲・今井猛嘉「監護者わいせつ罪及び監護者性交等の罪」法律時報90巻4号67頁。

を明記して犯罪化し、厳しい処罰が可能となった。さらには、量刑の軽重は、児童に対する親等の性的虐待の悪質性と被害の重大性に相応するものでなければならず、本罪は、不同意性交等罪および不同意わいせつ罪と比べ、被害の重大性と悪質性が高いと考える。

本罪では、不同意性交等罪および強制わいせつ罪と同じ量刑が科されているが、監護者からの性的被害が惹起する被害児童の重篤なPTSD（心的外傷後ストレス障害）、被害児童の人格や誇りや将来の夢を破壊するが如き監護者からの破倫の行為、児童を監護する者としての立場に乗じる非道な所業などを勘案すれば、本罪の量刑はさらに加重されて然るべきであろう。

なお、監護者による性的行為が継続して複数回なされていた場合は、本罪の保護法益の重大性を踏まえて、特定できる性的行為を個別に一罪として評価し、併合罪として処罰することが本罪新設の趣旨に合致しよう[18]。一方、同じ監護状態下で、継続的に同一の対象者に性行為を行うことが想定されていることから、包括一罪として解する余地があるとする見解もある[19]。

5　児童に対する性犯罪と児童福祉法

(1) 児童に淫行をさせる罪

児童福祉法は、すべての国民に対して、「児童に淫行をさせる行為」を禁止し、違反者には10年以下の拘禁刑若しくは300万円以下の罰金またはその併科を定めている（児童福祉法34条1項6号、60条1項）。児童福祉法による淫行禁止とその処罰は、児童淫行罪と称されることもある。

しかし、この児童淫行罪による処罰は「淫行」に限られており、わいせつ行為が含まれていない。また、刑法の不同意性交等罪や監護者性交等罪が、5年以上の有期拘禁刑であるのに比べて量刑が軽い。

(2) 淫行とは

児童福祉法に「淫行」の定義はないが、一般に淫行とは性交またはその類似行為と解されている。児童福祉法の定める淫行禁止規定の趣旨は、心身の未熟な児童に淫行をさせることによってその健全な育成が妨げられることのないよ

18　前掲・今井猛嘉「監護者わいせつ罪及び監護者性交等の罪」法律時報90巻4号67頁。

19　前掲・樋口亮介「性犯罪規定の改正」法律時報89巻11号118頁。

うに児童を保護することにあると考える。

最高裁の判例は、児童福祉法における淫行とは、児童の心身の健全な育成を阻害するおそれがあると認められる性交またはこれに準ずる性交類似行為をいい、さらに、児童を単に自己の性的欲望を満足させるための対象として扱っているとしか認められないような者を相手とする性交またはこれに準ずる性交類似行為は，淫行に含まれるとする[20]。

しかし、司法権が、一般国民に向けて「淫行」の定義を示し、直截的に淫行禁止の義務を課すことができるわけではない。児童福祉法の定める禁止行為は、戦前の児童虐待防止法の影響を受けて文言と表現が古く、現在のわが国に適応していない。刑罰法規における明確性の基準の確立の観点から、淫行という文言を変更し、さらにその定義を児童福祉法上で明記する必要があろう。

(3) 淫行をさせる行為

ア　定義

本罪は、条文の文言からも明らかなように、主として管理売春からの児童の保護を意図したものであろう[21]。しかし、この「淫行をさせる行為」は、第三者を相手にして児童に淫行をさせる売春のような行為だけでなく、その行為者自身を相手方として淫行をさせる行為も含むものと解されている。最近の判例においても、養父による15歳の養女に対する性交を「淫行をさせる行為」に該当するとして懲役刑に処した東京高裁判決（2010年）[22]、あるいは、高校教員による教え子（16歳）に対する性交を「淫行をさせる行為」に当たるとして原審の有罪判決を正当とした最高裁決定（2016年）[23]などがある。

イ　最高裁決定（2016年）

2016年の最高裁決定は、「させる行為」とは、直接たると間接たるとを問わず児童に対して事実上の影響力を及ぼして児童が淫行をなすことを助長し促進

20　最決平成28年6月21日刑集70巻5号369頁（2016年）。

21　佐野文彦「児童福祉法34条1項6号の児童に「淫行」を「させる行為」の意義と判断方法」論究ジュリスト22号230頁（2017年）。

22　東京高判平成22年8月3日高刑集63巻2号1頁（2010年）。同判決は懲役3年とし、執行猶予を付さなかった。

23　前掲・最決平成28年6月21日刑集70巻5号369頁、同事案の第1審判決は懲役1年6月執行猶予3年（福岡地飯塚支判平成26年5月19日）。

する行為をいうが、そのような行為に当たるか否かは、①行為者と児童の関係、②助長・促進行為の内容および児童の意思決定に対する影響の程度、③淫行の内容および淫行に至る動機・経緯、④児童の年齢、⑤その他当該児童の置かれていた具体的状況を総合考慮して判断するのが相当であるとしている。

さらに同決定は、被告人の高校教員は，単に児童の淫行の相手方となったにとどまらず，当該児童に対して事実上の影響力を及ぼして、児童が淫行をなすことを助長し促進する行為をしたと認められ、被告人の行為は，児童福祉法34条1項6号にいう「児童に淫行をさせる行為」に当たり，同法違反の罪の成立を認めた原審の判断は結論において正当であるとした。

この2016年最高裁決定を敷衍すると、行為者と被害児童の相互関係は、「淫行をさせる行為」かどうかを判断する要素の一つでしかなく、親や教員など児童を保護する責任のある者以外についても、本罪の成立が認められることになる。そうであるならば、児童福祉法34条および60条は、児童の保護責任者ではない者も処罰対象になる点で、明確性を欠く規定となろう。今後、憲法31条の定める適正手続の観点から、犯罪構成要件を明確にした文言と条文に改正する必要があると考える。

(4) 刑法の監護者性交等罪と本罪との関係

ア　保護法益の異同

児童福祉法の淫行罪については、2016年の最高裁決定によれば、児童の心身の健全な育成を阻害するおそれがあると認められる性交またはこれに準ずる性交類似行為が処罰されるのであり、その保護法益は、児童の心身の健全な育成ということになる。

また、刑法の監護者性交等罪の保護法益は、児童の性的自由ないし性的自己決定権とともに、「児童の心身の健全な育成」という児童の利益も保護の対象と考えるべきであろう。

この保護法益の捉え方により、次のように罪数についての見解が分かれる。

イ　法条競合と観念的競合

監護者性交等罪は、その保護法益を、前述のように児童の性的自由ないし性的自己決定権とともに児童の心身の健全な育成と解する場合は、児童福祉法の淫行罪や都道府県条例の淫行罪と保護法益が異質とはいえず、観念的競合ではなく、法定刑が重い監護者性交等罪（刑法179条）が、児童淫行罪や条例淫行罪を吸収することとなる[24]。

一方、監護者性交等罪の保護法益を被監護者の性的自由ないし性的自己決定権と解する通説的見解においては、両者の保護法益は同一ではないため、観念的競合の関係に立つと解されている[25]。この場合、実体法上の複数の罪が成立するが、科刑上一罪として扱われ、最も重い刑すなわち監護者性交等罪によって処罰される（刑法54条1項）。

6　児童への性犯罪と都道府県条例

(1) 淫行処罰規定の実情

各都道府県の青少年健全育成条例では、18歳未満の青少年との淫行などが禁止され、罰則が付されている。例えば、東京都の条例18条の6は、「何人も、青少年とみだらな性交又は性交類似行為を行つてはならない」とし、同条例24条の3は、第18条の6の規定に違反した者は、2年以下の懲役（拘禁刑）または100万円以下の罰金に処すると定めている[26]。

(2) 淫行とは

ア　定義の不明確性

東京都の条例は「みだらな性交又は性交類似行為」を禁止するが、その定義をしていない。「みだらな性交」すなわち「淫行」とは、児童福祉法の児童淫行罪と同様に、性交またはその類似行為と解されるが、この「淫行」の定義の不明確さは、他の自治体においてもおおむね共通している。

イ　最高裁判決（多数意見）

かつて、福岡県の育成条例に関して、被告人側が、①淫行による処罰の範囲が不当に広汎に過ぎること、②淫行の範囲が不明確であること、③淫行とは青少年の精神的未成熟や情緒不安定に乗じるなどの反倫理性の顕著な性行為のみを指すと解すべきであること等を理由として、当該条例が憲法31条の適正手続等に違反していると主張した上告趣意に対し、最高裁は次のように判示し

24　前掲・樋口亮介「性犯罪規定の改正」法律時報89巻11号118頁。

25　前掲・今井猛嘉「監護者わいせつ罪及び監護者性交等の罪」法律時報90巻4号64頁。

26　東京都青少年の健全な育成に関する条例（1964年条例第181号）。

た[27]。

「(本条例のいう) 淫行とは、広く青少年に対する性行為一般をいうものと解すべきではなく、青少年を誘惑し、威迫し、欺罔し又は困惑させる等その心身の未成熟に乗じた不当な手段により行う性交又は性交類似行為のほか、青少年を単に自己の性的欲望を満足させるための対象として扱つているとしか認められないような性交又は性交類似行為をいうものと解するのが相当である。」

と「淫行」を定義し、原審の有罪判決を正当と判示した。

ウ　最高裁判決の少数意見

ただし、この判決においては、3名の判事が、当該条例は憲法違反であるという反対意見を表明している。すなわち、①「本条例10条1項の規定は、犯罪の構成要件の明確性の要請を充たすことができないものであつて、憲法31条に違反し無効」、②「本条例10条1項にいう「淫行」概念は、犯罪の構成要件、すなわち違法行為の類型を示すものとしては明確性の基準に欠けるものとの非難を免れない。(中略)、少なくとも年長青少年との淫行を処罰する限りにおいて、刑罰法規の明確性、適正処罰の観点から考えて憲法31条に違反し無効」、③「条例10条1項の規定は、犯罪構成要件の不明確性の故に、憲法31条に違反して無効」と、いずれも条例の淫行概念の不明確性を指摘して、憲法31条の適正手続に違反して無効と断じている[28]。

(3) 条例による淫行処罰規定のあり方

ア　処罰される行為の不明確性

最高裁の多数意見に基づくと、各都道府県の青少年健全育成条例は合憲であり、「淫行」とは、青少年の心身の未成熟に乗じた不当な手段による性交若しくは性交類似行為か、または青少年を単に自己の性的欲望の満足の対象とする性交若しくは性交類似行為と定義される。

しかし、この未成熟に乗じた不当な手段による性交等や自己の性的欲望の対象とする性交等が、具体的にどのような行為を指すのかは明確ではない。その結果、児童ポルノの単純所持罪と同様、別件逮捕のように捜査機関による恣意

27　最判昭和60年10月23日刑集39巻6号413頁(福岡県青少年保護育成条例事件)(1985年)。

28　①伊藤正己判事の反対意見、②谷口正孝判事の反対意見、③島谷六郎判事の反対意見。

的な捜査権の濫用を引き起こすおそれもある。

また、淫行、みだらな性交などの文言には、前世紀かそれ以前の時代の古色蒼然とした倫理観が窺われ、現代の一般国民の日常に合致したものとは思えない。時の流れと社会の変化から乖離した倫理観でもって、淫行罪の構成要件を不明確にしたまま、国民を2年以下の拘禁刑または100万円以下の罰金を処すという条例を存続させる意義があるとは思えない。

イ　淫行処罰規定は必要か

真に児童の権利の保障を図るのであれば、不明確な淫行処罰規定を据え置くのではなく、刑法や児童福祉法の刑事罰との整合性を図り、憲法31条の適正手続の規定に沿って、明確性の基準を満たした条文に整備する必要があろう。児童に対するどのような者のどのような行為が、どのような理由によって罰せられ、そのことが児童のどのような権利を守ることができるのかについて、その条例の中で明確にすべきである。それができないのであれば、各都道府県条例の淫行処罰規定は廃止すべきものと考える。

7　児童買春・児童ポルノ処罰法

(1) 児童の性的搾取や性的虐待の全面的禁止

既述のとおり、児童買春・児童ポルノ処罰法3条の2は、何人も、児童買春、児童ポルノの所持や保管、その他児童に対する性的搾取又は性的虐待に係る行為をしてはならないと規定し、児童の性的被害等の防止を図っている。

(2) 児童買春の禁止

児童買春は、児童やその保護者等に経済的対償を供与して、当該児童に対して性交等をすることをいう。児童買春をした者は5年以下の拘禁刑または300万円以下の罰金に処される。

(3) 児童ポルノの禁止

児童ポルノとは、児童を相手方とする性交等に係る児童の姿態、全裸や半裸で殊更に性的な部位が露出され性欲を興奮させる児童の姿態などについて、視覚により認識できるよう描写した写真や電磁的記録に係る記録媒体等をいう。

自己の性的好奇心を満たす目的で、児童ポルノを所持した者は、1年以下の拘禁刑または100万円以下の罰金、特定かつ少数の者に児童ポルノを提供や製造をした者は3年以下の拘禁刑または300万円以下の罰金、不特定若しくは多数の者に児童ポルノを提供しまたは公然と陳列しまたは製造した者は、5年以下の拘禁刑若しくは500万円以下の罰金または併科に処せられる。

V　特別養子縁組制度（民法Ⅲ、家事事件手続法）

1　特別養子縁組とは

(1) 意義

特別養子縁組は、養親となる者の請求により、養子と実方の父母およびその血族との親族関係が終了する養子縁組制度であり、家庭裁判所の審判によって成立する（民法817条の2、家事事件手続法164条）。特別養子縁組制度は、民法、家事事件手続法、児童福祉法を根拠法として運用されている。

この特別養子縁組は、当事者間の合意に基づく普通養子縁組とは、その要件と効果等において大きく異なっている。特別養子縁組は、家庭裁判所の審判で成立し、子の利益のための特別の必要性があるときに限られるのに対して、普通養子縁組は、当事者の縁組という合意により成立し、資産の相続や家業の承継などで広く利用されている。なお、未成年者を養子とする場合、普通養子縁組では家庭裁判所の許可を要するが（民法798条）、特別養子縁組においては、未成年に係る家庭裁判所の許可は不要である（民法817条の2第2項）。

(2) 沿革

実方の父母と断絶して養方の嫡出子として取り扱う特別養子縁組は、もともと棄児や孤児や婚外子など要保護児童救済のための国際的な潮流に沿って、1987年にわが国でも新設されたものである。

民法817条の6が、特別養子縁組の成立には実父母の同意を必要とすることを原則としながら、ただし書で「父母がその意思を表示することができない場合又は父母による虐待、悪意の遺棄その他養子となる者の利益を著しく害する事由がある場合は、この限りでない」と規定したのは、諸外国の完全養子縁組において実父母が同意権を濫用する例が多かったため、そのような場合に備えて同意を不要とする例外事由を定めたものとされている[29]。

2 特別養子縁組制度の改正

(1) 2016年児童福祉法改正

2016年の児童福祉法改正で、養子縁組里親が法定化され（児童福祉法6条の4第2号）、特別養子縁組を含む養子縁組に関する相談、情報の提供、助言その他の援助が、都道府県の業務と定められ、通常は児童相談所長に委任して運用されている。これは被虐待児童への自立支援の一環として、従来の養育里親に加えて養子縁組里親を明文化し、さらに児童相談所に養子縁組による被虐待児童の支援を義務づけたものである。

当初は、実方の親の意向確認、養親希望者の適格性調査、児童の出自に関する情報の適正な保管と必要な場合の提供などがその業務内容であった。

(2) 2019年の民法等の改正

2016年の厚労省検討会および2017年の商事法務研究会主催の養子制度研究会での議論を経て、2019年6月の法制審議会答申に基づき、特別養子縁組に関する民法、家事事件手続法、児童福祉法の改正が行われた。

民法等の改正の趣旨は、①養子となる者の年齢を原則15歳未満とし、やむを得ない事由がある場合は18歳未満に上限を引き上げ、②特別養子適格の審判の新設、③特別養子縁組の成立の審判に係る規定整備、④児童相談所長が特別養子適格の確認の審判の請求や手続に参加できる制度の新設などである。

ただし、この2019年の民法等の改正は、児童虐待の防止のために、特別養子縁組の利用を促進する目的で行われたことに留意する必要がある。

3 特別養子縁組制度の概要

(1) 特別養子縁組の要件

ア 養親の夫婦共同縁組

養親となる者は、配偶者のある者でなければならず、夫婦共同で養子縁組を行う（民法817条の3）。

イ 養親となる者の年齢

養親となる者は、25歳以上でなければならない。ただし、夫婦の一方が25

---

29 我妻栄ほか『民法3親族法・相続法第五版』169頁（勁草書房、2024年）。

歳以上であれば、他方は20歳に達していればよい（民法817条の4）。

ウ　養子となる者の年齢

養子となる者は、申立ての時に15歳未満でなければならない。ただし、その者が18歳未満で、15歳に達する前から引き続き養親となる者に監護されている場合で、特別養子縁組の請求がなされなかったことにやむを得ない事由があるときは15歳以上でもよいが、養子となる者が15歳以上であるときはその同意を要する（民法817条の5）。

この点、15歳以上の者の同意は、わずか15歳の児童に、実親だけでなく祖父母等との親族関係も終了する後戻りできない決断をさせ、さらに、15歳から17歳の間のように未成年者として養親による養育を受けることが短い場合は、子の利益のため特に必要があるとは言い難いとの批判がある[30]。

エ　父母の同意

特別養子縁組では、養子となる者の父母の同意を要する。ここに父母とは、特別養子縁組によって法律上の親子関係が断絶する父母をいう。この父母が親権喪失の審判や離婚により親権者でない場合や監護権のみの場合もあるが、親権や監護権の存否に関わりなく、当該父母の同意が必要である。親権喪失の審判の確定した父母であっても、当然にその同意が不要とはならない。

ただし、父母が精神疾患や行方不明でその意思を表示することができない場合、あるいは父母が子を虐待したり、悪意で遺棄したり、その他養子となる者の利益を著しく害する事由がある場合には、父母の同意がなくても、家庭裁判所はその判断により養子縁組を成立させ得る（民法817条の6ただし書）。2019年の法改正は、児童虐待の被害児童について、この民法817条の6ただし書の活用によって、特別養子縁組の利用促進を図ろうとしたものである。

オ　子の利益のための特別の必要性

特別養子縁組は、父母による養子となる者の監護が著しく困難または不適当であること、その他特別の事情がある場合において、子の利益のため特に必要があると認めるときに成立させる（民法817条の7）。

「子の利益のため特に必要があると認めるとき」という要件は、親権喪失の

30　磯谷文明「特別養子縁組制度の課題～実務の視点から」論究ジュリスト32号32頁（2020年）。

審判の「父又は母による親権の行使が著しく困難又は不適当であることにより子の利益を著しく害するとき」（民法834条）とおおむね同じ程度の認容基準と解される[31]。敷衍すると、子の利益のために無期限の親子分離を必要とし、かつ、親子の再統合を目標としないケースといえよう。

カ　監護の状況の考慮

家庭裁判所は、特別養子縁組を成立させるには、養親となる者が養子となる者を6ヶ月以上の期間監護した状況を考慮しなければならない（民法817条の8）。ただし、この試験養育（マッチング）自体は、条文上は成立要件とされていない（民法817条の2第1項）。

家庭裁判所の審判で実親子関係に近い養親と養子の身分関係が形成されるのであるから、果たして相性がよく円満な親子関係を築くことができるのかどうか、試験養育期間を設けて判断するものである[32]。試験養育期間は、養親となる者が特別養子縁組成立の審判を申し立てた時から起算されるが、申立て前の監護の状況が明らかなときは、この限りではない（民法817条の8第2項）。

(2) 特別養子縁組成立には2段階の手続が必要

特別養子縁組は、次の2段階の審判手続を経て成立する。

①特別養子適格の確認の審判（第1段階）～実親に関する要件の審理

養子となる者の父母（以下、実親という）による養育状況および同意の有無など実親に関する要件を審理し、特別養子適格の確認の審判をする。

②特別養子縁組の成立の審判（第2段階）～養親子に関する要件の審理

特別養子適格確認の審判を前提として、養親子におけるマッチングの状況を考慮し、養親子の年齢など養親および養子となる者に関する要件を審理し、養親の監護能力や養親子の親和性を判断して、特別養子縁組の成立の審判をする。

(3) 特別養子適格の確認の審判（第1段階の審判）

ア　特別養子適格の確認の申立て

家庭裁判所は、養親となる者の申立てにより、その者と養子となる者との間における特別養子縁組について、特別養子適格の確認の審判をし得る。ただし、養子となる者の出生の日から2ヶ月を経過する日までおよび養子となる者が

31　前掲・磯谷文明「論究ジュリスト」32号29頁も同趣旨。

32　前掲・我妻栄ほか『民法3　親族法・相続法第五版』170頁。

18歳に達した日以後は、特別養子適格の確認の審判はできない。（家事事件手続法［以下、手続法と表す］164条の2第1項）。また、児童相談所長の申立ての場合も、児童の出生の日から2ヶ月を経過する日までおよび児童が18歳に達した日以後は、特別養子適格の確認の審判はできない（手続法239条1項）。

イ　適格の確認

特別養子適格の確認とは、養子となる者について、①実親の同意がある場合、または実親がその意思を表示することができないか若しくは実親による虐待、悪意の遺棄その他養子となる者の利益を著しく害する事由がある場合（民法817条の6の要件）、および、②実親による養子となる者の監護が著しく困難または不適当であることその他特別の事情がある場合（民法817条の7の要件）に該当するかどうかについて確認することをいう（手続法164条2項）。

すなわち、家庭裁判所が、実親の同意の有無確認とともに、心身の状況や経済的事情や若年かどうかなどについて、実親の養育能力と虐待の有無など実親による養育状況全般を審理し、特別養子となる者の適格性について判断するものである。端的には、実親に関するすべての要件が満たされているかどうかを審理し、確認する審判といえよう。

ウ　2つの審判の同時申立と同時審判

特別養子適格の確認の申立ては、特別養子縁組の成立の申立てと同時にしなければならない（手続法164条の2第3項）。また、家庭裁判所は、審判手続の長期化防止のために、特別養子縁組の成立の審判を特別養子適格の確認の審判と同時に行い得る。この場合、第1段階の特別養子適格確認の審判について上訴されたときなどは、第1段階の特別養子適格の確認の審判が確定するまで、第2段階の特別養子縁組の成立の審判は確定しない（手続法164条11項）。

エ　実親の同意の撤回制限

特別養子縁組に実親が同意したとき、その同意が、①養子となる者の出生の日から2ヶ月を経過した後にしたもので、かつ、②家庭裁判所調査官による事実の調査を経た上で家庭裁判所に書面で提出されたもの、若しくは審問の期日においてされたものであるときは、その同意をした日から2週間を経過した日以後は撤回することができない（手続法164条の2第5項）。

前記①の「子の出生から2ヶ月が経過した後の同意」の要件については、子の出生直後は特別養子縁組に同意するかどうかについて、実親の心情が揺れ動く場合があることに配慮したものと説明されている[33]。また、前記②の撤回制限は、実親の同意の意味について、家庭裁判所調査官または裁判官が、裁判手続の中で適切に説明を行っているであろうという推定が根拠となっている[34]。

また、この実親の同意の撤回制限は、児童相談所長の申立てによる特別養子適格確認の審判事件について準用される（手続法239条2項）。

オ　適格確認の審判における陳述聴取

家庭裁判所は、特別養子適格の確認の審判をする場合、15歳以上の養子となる者、実親、養子となる者の親権者（実親を除く）および未成年後見人、実親の親権者および後見人の陳述を聴かなければならず、実親の同意がない審判の場合は、その陳述聴取は審問の期日において行う（手続法164条の2第6項）。実親が知れないときは、その陳述の聴取を要しない（手続法164条の2第11項）。この陳述聴取の規定は、児童相談所長の申立てによる特別養子適格確認の審判事件に準用される（手続法236条3項、237条2項）。

カ　適格確認の審判の告知

特別養子適格の確認の審判は、申立人、利害関係参加人、審判を受ける者（養子となる者および実親）、養子となる者の親権者（実親を除く）および未成年後見人、実親の親権者および後見人に告知しなければならない（手続法74条1項、164条の2第9項）。ただし、養子となるべき者の年齢および発達の程度その他一切の事情を考慮して、その者の利益を害すると認める場合には、その審判を告知する必要はない（手続法164条の2第10項）。実親が知れないときも、その審判を告知することを要しない（手続法164条の2第11項）。この審判の告知に係る規定は、児童相談所長の申立てによる特別養子適格確認の審判事件について準用される（手続法237条2項）。

(4)　特別養子縁組の成立の審判（第2段階の審判）

ア　縁組成立の条件

特別養子縁組によって養子となる者は、特別養子適格の確認の審判を受けた者、または児童相談所長の申立てによる特別養子適格の確認の審判を受けた者

33　山口敦士「特別養子縁組制度の改正」論究ジュリスト32号23頁。

34　前掲・磯谷文明「論究ジュリスト」32号30頁。

でなければならない（手続法164条2項）。

この特別養子縁組の成立については、養親となる者が、養子となる者を6ヶ月以上の試験養育期間において、当該子を監護した状況を考慮しなければならない（民法817条の8）。この監護の状況は、養親子のマッチングの結果として審理対象にされるため、事実上の成立要件となる。

イ　縁組成立の審判

家庭裁判所は、養親となる者の申立てにより、特別養子適格確認の審判を前提として、養親の夫婦共同縁組（民法817条の3）、養親となる者の年齢（民法817条の4）、養子となる者の年齢（民法817条の5）、子の利益のための特別の必要性（民法817条の7）など民法の定める要件があるときは、養親子におけるマッチングの状況を考慮して、実親および実方の血族との親族関係が終了する特別養子縁組を成立させることができる（民法817条の2）。

すなわち、特別養子縁組成立の審判は、第1段階の特別養子適格確認の審判の下に、養親となる者の監護能力などの要件、養子となる者の年齢等の要件を審理し、さらにマッチング結果に基づく養親子間の親和性を考慮して、子の利益のための特別の必要性を判断して行うものである。換言すると、養親と養子に関する要件が満たされているかどうか、養親子間の円満な親子関係を期待し得るかどうか、そして子の利益のため特に必要があると認められるかどうかを審理し、最終決定するのが特別養子縁組の成立の審判といえよう。

ウ　成立の審判の手続参加

実親（連れ子の実親を除く）は、養子となる者の親権者であっても、特別養子縁組の成立の審判事件の手続に参加することができず、養子となる者を代理して手続行為をすることができない（手続法164条3項、4項）。

エ　成立の審判における陳述の聴取

家庭裁判所は、特別養子縁組の成立の審判をする場合、養子となる者が15歳に達しているときはその陳述を聴取しなければならず、養子となる者に未成年後見人が選任されているときはその陳述を聴かなければならない。一方、実親については陳述聴取の対象ではない。（手続法164条6項）

なお、家庭裁判所は、親子等に関する家事審判の手続においては、子の陳述の聴取、家庭裁判所調査官による調査その他の適切な方法により、子の意思を把握するように努め、審判をするに当たり、子の年齢および発達の程度に応じて、その意思を考慮しなければならないと規定されているため（手続法65条）、養子となる者が15歳未満の場合であっても、その意思を考慮したうえで、特別養子縁組の成立の可否を判断する義務を負う。

オ 成立の審判の告知

特別養子縁組の成立の審判は、申立人、利害関係参加人、審判を受ける者（養子となる者）、養子となる者の未成年後見人などに告知しなければならない。一方、実親には告知することを要さず、審判をした日とその主文のみが通知される。（手続法74条1項、164条8項、同条10項）

また、特別養子縁組の成立の審判は、15歳以上の養子となる者には告知しなければならないが、養子となる者が15歳未満のときは、年齢および発達の程度その他一切の事情を考慮して、その者の利益を害すると認める場合には、その者に告知することを要しない（手続法164条9項）。

(5) 児童相談所長の関与

ア 特別養子適格確認の審判の請求

①意義

児童相談所長は、特定の児童に関して、家庭裁判所に対し、養親としての適格性を有する者との間における特別養子縁組について、第1段階の特別養子適格の確認を請求することができる（児童福祉法33条の6の4第1項）。これは家事事件手続法別表第1第128の3の項の定める「児童相談所長の申立てによる特別養子適格の確認の審判事件」であり、家事事件手続法164条の2第1項の定める「特別養子適格の確認の審判事件」とは別類型の審判事件である[35]。

この児童相談所長申立てによる特別養子適格確認の審判は、特別養子縁組の成立手続が養親となる者にとって負担が大きいことを踏まえたものであるが、法の建前は、特定の養親候補者の存在を前提としたものではない[36]。養親となることを希望する者は、当該適格確認の審判の確定後6ヶ月以内であれば、特別養子縁組成立の審判を申し立てることが可能である（手続法164条2項）。しかし、児童相談所長が特別養子適格確認の審判を先行して申立て、その審判確

35 前掲・山口敦士「論究ジュリスト」32号24頁、脚注（8）。
36 同上24頁。

定後6ヶ月以内に養親希望者が現れ、特別養子縁組成立の審判を申し立てるということは通常望めない。一般には、児童相談所の援助する児童が、実親の虐待や遺棄等の理由で里親委託や児童福祉施設に措置され、当該里親など事情を知悉した関係者が、当該児童との特別養子縁組を希望して児童相談所に相談することから手続が開始されるものと想定し得る。

②審判申立ての勧奨

児童相談所長は、当該特別養子適格確認請求に係る児童について、特別養子縁組によって養親となることを希望する者が現に存しないときは、養子縁組里親その他の適当な者に対し、当該児童に係る特別養子縁組の成立の審判請求を行うことを勧奨する努力義務を負う（児童福祉法33条の6の4第2項）。

しかし、児童相談所長が、特別養子適格の確認請求を単独で先行して行い、その後に里親などに対して、特別養子縁組の成立の審判請求の勧奨を行うようなことは、現実にはほとんど期待できないだろう。

③関与の目的

養親となる者が全く白紙の状態で、児童相談所長が特別養子適格の確認請求を行うことは通常あり得ない。児童相談所長という公権力が関与する法改正は、児童相談所の関わる個別の児童虐待事案において、当該児童の養親を希望する者の負担軽減を主目的とし、児童相談所長に第1段階の審判申立ての権限を付与したものと解される。

この点について、2019年の法改正は、虐待を受けた児童に対し門戸を広げるために養子候補者の上限年齢を大幅に引き上げたこと、養親候補者の負担軽減および養親候補者と実親が激しく対立することを回避するために審判手続を2段階に分けたこと、養親候補者が特別養子縁組の選択を容易にするため一定の要件を満たした実親の同意を撤回できなくしたことなど、いずれも児童虐待ケースに代表される対立型の事案に対応することが主眼であったとする見解がある[37]。これは2019年法改正の本質と問題点を鋭く指摘したものといえよう。

イ　特別養子適格確認の審判手続への参加

児童相談所長は、その援助対象の児童について、養親となる者が申し立てた

37　前掲・磯谷文明「論究ジュリスト」32号28頁、論者は法制審部会委員。

特別養子適格の確認の審判事件の手続に参加することができ、その手続に参加する児童相談所長は、利害関係参加人とみなされる（児童福祉法33条の6の5、手続法42条7項）。例えば、長期にわたり児童相談所が援助対象としてきた児童について、養親となることを希望する者が、その実親による虐待や悪意の遺棄等を理由に特別養子縁組成立の審判を申し立てた場合、児童相談所長は特別養子適格の確認の審判に参加して、実親による養育状況等につき主張立証することができる。この場合、主として児童相談所長が、実親による虐待や悪意の遺棄等に関する主張立証を行うことにより、養親候補者と実親との間の感情的な対立を少しでも緩和することを期待する制度である。

この審判手続への参加は、虐待などで児童相談所が介入したケースの児童について、実親が同意しない場合を想定していると解されるが、実親が同意している場合においても、児童相談所長の方から「子の利益のための特別の必要性」につき主張立証されることにより、養親候補者の負担軽減と実親との円満な関係維持に寄与するものとなろう。

(6) 特別養子縁組の効果

ア 嫡出親子関係

特別養子縁組を成立させる審判の確定により効力が生じ、養親子間に嫡出親子関係が発生し（民法809条）、養子は養親の氏を称する（民法810条）。

イ 実方との親族関係終了

養子と実方の父母およびその血族との親族関係は、特別養子縁組の成立によって終了する（民法817条の9）。実親だけでなく、祖父母やおじおばや他の親族との親族関係も断たれることになる。したがって、特別養子においては、特別養子縁組成立後、実方との間で相続や扶養の関係は不存在となる。一方、普通養子縁組では、実子への虐待などで実親に親権喪失の審判があった場合でも、実子は実親の扶養義務を負い、実親の負債の相続人になる可能性もある。

ウ 戸籍の編製

特別養子縁組が成立すると、いったん養子だけの単身戸籍が編成され、それを経由して養親の戸籍に入籍して、単身戸籍から除籍される（戸籍法20条の3第1項、18条3項）。特別養子の身分事項欄には「民法817条の2による裁判確定」と記載され、父母欄には養親の氏名、続柄欄には実子と同じ「長男」

「長女」等と記載される[38]。

エ　離縁の原則禁止

特別養子縁組の離縁は、養親による虐待や悪意の遺棄その他養子の利益を著しく害する事由がある場合を除いて許されれず、養親は離縁を請求できない（民法817条の10）。

4　児童虐待防止と特別養子縁組

2019年の民法等の一部改正は、児童虐待防止の一環として特別養子縁組制度を再編成し活用することが主目的であり、児童相談所長について特別養子縁組手続への関与が認められるようになった。

もとより、児童虐待には様々な態様があり、重篤な虐待で児童相談所が介入するケースにおいても、実親がその子の特別養子縁組に同意する事案はあると思う。しかし、実方の父母の同意がある場合を除いて、当該父母による虐待や悪意の遺棄があることを理由に、その同意なしに特別養子縁組を成立させ、実方の父母との法律上の親子関係を断絶させた場合、実父母が当該児童との接触を諦めることは、通常あり得ないのである。例えば、適正な家事審判に基づいて親子分離された事案でも、虐待親が、被虐待児の入所施設や通学する学校の内外を徘徊することは稀ではなく、強制的に連れ戻すことすらある。児童の入所先を不告知にしたときも、その親に捜し当てられることが少なくない。

このような重篤な虐待を行う親の特異性を考えると、特別養子縁組の養親の個人情報を実親に知られないようにするのは不可能といってよいだろう。児童相談所長が特別養子適格の確認の申立権を行使し、実父母との折衝や家庭裁判所での審理で児童相談所を前面に立てたとしても、養親となる者の関連情報を隠し通すことはできない。特別養子適格の確認と成立の審判という2段階の手続と児童相談所長への申立権付与によって、被虐待児と虐待親との完全な分離と断絶を図ろうとするのであれば、それは必ずしも虐待を受けた子の利益とならず、養親と特別養子の平穏な日常生活の安全を脅かすおそれすらある。

重篤な虐待に係る被虐待児童への支援として養子縁組という道を選択するの

38　前掲・相原佳子ほか編『事例解説　未成年後見実務』46頁。

であれば、児童相談所長による親権喪失の審判申立てと未成年後見人選任請求を行い、親権喪失の審判確定と未成年後見人の選任を経た後、未成年後見人の承諾による普通養子縁組を家庭裁判所の許可を得て行うべきであろう。この場合、当該子は、実方の親と法律上の断絶をすることはできず、戸籍の記載も実子同様にはならないが、敢えて実親との激しい葛藤を引き起こす道を選ぶべきではないと考える。

児童虐待ケースのソーシャルワークに個別のマニュアルは存在しない。それぞれに特殊性があり、対応の困難性がある。虐待を受けた児童本人、虐待を行った親、虐待が行われた家族、祖父母などの親族、父母と子それぞれの心身の状況や生育歴、家庭の経済状況、生活環境、親族関係、社会との関連などに関し、千差万別の実情と日常生活がある。児童虐待への対応は、通告の受理から一時保護、家事審判の申立て、親子分離と再統合に至るすべての過程において、原則的かつ柔軟な判断とそれぞれの事情に配慮した個別の支援が求められる。このような児童虐待を取り巻く実情を考えると、特別養子縁組を児童虐待防止の切り札のように位置づけてその活用を図ることには、強い疑問を持つ。

第２編　ドイツの児童保護法制

第1章　概観

1　ドイツ基本法

ドイツ基本法（Grundgesetz für die Bundesrepublik Deutschland）6条は、子の養育および教育は親の自然的権利であり、何よりもまず親に課せられた義務であって、その実行を国家共同社会が監視する、として国家の介入に対する親の優越的権利を認めている。一方で、教育権者が義務を怠る場合または子が放置されるおそれがある場合は、法律に基づく裁判所決定により、子は家族から引き離され得る、として親の権利に国家が介入できることを表明している[1]。

2　民法典、社会法典第8編、家事事件および非訟事件手続法など

ドイツにおける児童保護法制の骨格は、主に4つの法律で構成されている。

第一は、親の配慮権や未成年後見などについて規定する民法典（Bürgerliches Gesetzbuch, 以下BGBという）である。

第二は、親の配慮が不十分な場合の児童保護と援助手続を定めた社会法典第8編（Sozialgesetzbuch Ⅷ, 以下SGB Ⅷという）で、官庁後見などを規定する。

第三に、家事事件および非訟事件手続法（Gesetz über das Verfahren in Familiensachen und in den Angelegenheiten der freiwilligen Gerichtsbarkeit, 以下FamFGという）も、児童保護の諸手続や暫定命令などで重要な役割を果たす。

第四に、刑法典（Strafgesetzbuch）には、子への性的虐待、児童ポルノの頒布や所持、身体への傷害、子の放置による健康被害などに対する処罰規定がある。

1　岩志和一郎ほか「ドイツ『児童ならびに少年援助法』全訳（1）」比較法学36巻1号304頁（2002年）。

第2章　ドイツ民法典（BGB その1）

I　民法典の沿革

1　民法典制定時

BGB 親権法規定は1896年に制定された。BGB 親権法規定は近代的な児童保護法として成立したものだが、嫡出子については父が単独の親権者となるなど、家父長制的な色彩を残していた。当時の BGB1631条1項は「子を教育し、監督し、またその居所を指定する権利と義務を含む」、同条2項は「父は、教育権に基づき、子に対して相当の懲戒手段（Zuchtmittel）を用いることができる」と定めている。この BGB の制定過程における民法典草案が、ナポレオン法典とともに、わが国の明治民法に強い影響を与えたことが窺える。

2　第2次大戦後の改正

戦後の BGB 親権規定に関する主な改正は、次のとおりである[1]。

(1)　懲戒権の廃止（1957年）

第2次世界大戦後、1957年6月18日「男女同権法」により、母にも父と同等の親権者の地位が認められ、同時に1631条2項の父権に基づく懲戒手段の使用に関する文言が削除された。

(2)　親権から親の配慮へ（1979年）

1979年7月18日「親の配慮の権利の新たな規制に関する法律」は、親権制度について、子の福祉を指導理念とし子の保護と補助のための制度に転換した。

1　本章の民法典の沿革は、岩志和一郎「暴力によらずに教育される子の権利」早稲田法学80巻3号1頁（2005年）、岩志和一郎「ドイツの親権法」民商法雑誌136巻4・5号497頁以下（2007年）、西谷祐子「ドイツにおける児童虐待への対応と親権制度（1）」民商法雑誌141巻6号545頁（2010年）を参照。

具体的には、BGB1626条などにおいて親権（elterliche Gewalt）が廃止され、親の配慮（elterliche Sorge）という概念に改められた。また、1631条2項に「屈辱的な教育処置は許されない」という文言が挿入された。

(3)「権利と義務」から「義務と権利」へ（1997年）

1997年12月16日「親子関係法の改正のための法律」は、嫡出子と非嫡出子の区別を廃止し、離婚後の父母についても「共同配慮」を導入した。

また、BGB1626条1項1文の「権利と義務」の文言を「義務と権利」へと逆転させ、親の配慮責任の主要な趣旨が義務であることを強調した。

さらに、BGB1631条2項についても、「屈辱的な教育処置、特に身体的および精神的な虐待は許されない」と修正した。

(4) 暴力によらずに教育される子の権利（2000年）

2000年11月2日「教育からの暴力の排除と子の扶養法の改正に関する法律」で、BGB1631条2項は、1997年改正をさらにすすめて、「子は暴力によらずに教育される権利を有する。体罰、精神的加害およびその他の屈辱的な処置は許されない」として、子の権利を強調した。

(5) 家庭裁判所による措置の例示列挙（2008年）

2008年7月4日、BGB1666条1項の例示を削除し、同条3項において、家庭裁判所のとり得る危機防止措置を例示列挙する改正が、「子の福祉の危機における家庭裁判所の措置を容易化する法律」によって行われた。

従前から法的措置の大半を占めていた親の配慮権の一部または全部剝奪に加え、公的な給付請求の履行命令、退去命令、徘徊禁止命令、つきまとい禁止命令などを例示したものである。

(6) 後見法および世話法の改正（2021年）

2021年5月、「後見法および世話法の改正に関する法律」により、BGBおよびSGB Ⅷの未成年後見および世話に関する事項が大幅に改正され、2023年1月から施行された[2]。また、BGB1631条2項についても、子が暴力や体罰や精神的加害およびその他の屈辱的な処置をされることなく、養育および教育を受ける権利を有することが明示され、平易な表現に文言修正された。

---

2 Gesetz zur Reform des Vormundschafts- und Betreuungsrechts vom 4. Mai 2021, BGBI. I 2021, Nr. 21, S. 882.

Ⅱ　親の配慮権

1　親権から親の配慮への転換

(1) 親の配慮

BGB1626条1項1文は、「親は、未成年の子のために配慮する義務と権利を有する」とし、未成年の子を養育する親の義務と権利をelterliche Sorge（親の配慮）と定義した。同項2文は、「親の配慮は、子の身上に関する配慮（身上配慮）と子の財産に関する配慮（財産配慮）を含む」と規定している[3]。

(2) 共同配慮の原則と例外

親の配慮権は、共同配慮を原則とする。婚姻中の両親は、BGB1626条1項1文により、その未成年の子について共同の配慮権者となり、両親が離婚した場合も、共同配慮は変わらない。

一方、子の出生時に両親が婚姻していない場合、①親が共同で配慮を行うという配慮表明（Sorgeerklärungen）をするか、②親が事後に婚姻をするか、または、③家庭裁判所が両親に共同配慮を委譲したときは、親は共同配慮を行う。なお、一方の親の申立てがあれば、家庭裁判所は、子の福祉に反しない限り、両親に共同配慮の全部またはその一部を委譲しなけれならない。これ以外の場合には母が単独で親の配慮を行うことになる（BGB1626条a）[4]。

子の出生後に、共同配慮権を有する両親が一時的でない別居をした場合、両親の一方は、自己に単独配慮の委譲を家庭裁判所に申し立てることができ、①他方の親が同意し、14歳に達した子が異議を唱えない場合、または、②共同配慮の終了および申立人たる親への委譲が子の福祉に最も適合すると認められる場合は、単独配慮に移行することが認められる（BGB1671条1項）。

また、両親が一時的ではなく別居しており、BGB1626条a第3項に基づいて母親が単独で親の配慮権を有している場合、父親は家庭裁判所に親の配慮権の全部またはその一部を自己に単独で委譲することを申し立てることができ、

3　本編引用の各法律は、ドイツ連邦司法省（Bundesministerium der Justiz）公表のhttps://www.gesetze-im-internet.de/aktuell.html（2023年3月現在）に基づく。

4　前掲・岩志和一郎「ドイツの親権法」民商法雑誌136巻4・5号505頁。

①母親が同意し、その委譲が子の福祉に反しない場合、または14歳に達した子が委譲に異議を唱えない場合、あるいは、②共同配慮を考慮することができず、かつ父親への委譲が子の福祉に最も適合すると認められる場合は、父親に配慮権が委譲される（BGB1671条2項）。

(3) 保護人の選任または家庭的養育の場合の親の配慮権

親の配慮の下にある者は、両親が配慮できない事務について保護人（Pfleger）が付される。これを補充的保護といい、保護人は、委譲された事務について、被保護人の利益のためにその福祉に資するよう配慮し、かつ被保護人を代理する義務および権利を有する。（BGB1809条）。

保護人が選任されている子の事務については、親の配慮権は及ばない。ただし、身上配慮または財産配慮が保護人の権限に属する場合、子の身上および財産の双方に関連する事務について両親および保護人が合意することができないときは、家庭裁判所がこれを決定する（BGB1630条1項、2項）。

一方、両親がその子を長期間にわたって里親などによる家庭的養育に委ねる場合、家庭裁判所は、両親または養育者（里親など）の申立てにより、親の配慮事務を養育者に委譲することができる。なお、養育者の申立てによる委譲には、両親の同意が必要であり、委譲の範囲内において、養育者は、保護人の権利と義務を有する。（BGB1630条3項）。

2　身上配慮

(1) 身上配慮の定義

身上配慮は、子を養育し、教育し、監督し、またその居所を指定する義務と権利を含む（BGB1631条1項）。敷衍すると、身上配慮とは、子の監護・養育の義務と権利、子の居所を指定する義務と権利を主内容とし、子の身体的・知的・精神的成長の助成と社会生活を送る能力を備えた人格を身に付ける教育のための事実行為と法的行為のすべてを包含する[5]。

子の監護および教育は、日常の子育てとして行われる事実行為を中心に、両親が共同で行う法定代理権（BGB1629条）や居所指定権などの法律行為あるい

5　前掲・岩志和一郎「ドイツの親権法」民商法雑誌136巻4・5号513頁。

は法的行為によって実践される。ここに教育（Erziehung）とは、子の知的、倫理的、精神的かつ心的な発達のための配慮をいい、主として子の身体的成長への配慮である養育（Pflege）とは同一ではない。子が成年に達するためのすべての教育的措置の総括[6]、あるいは子の家庭や社会で行われる能力を引き出し全人格的発達を目指すこと[7]とも定義される。

また、子に対する医療行為において、親は、法定代理人として医療機関と診療契約を締結し、通常の医的侵襲行為について同意を与えることができる[8]。しかし、未成年者本人に同意能力がある場合は、妊娠中絶の同意なども含めて未成年者の意思に基づく。その際の同意能力の存否は個別に検討される[9]。

(2) 体罰および精神的加害等の禁止

戦前の BGB1631 条 2 項は、父権に基づく「相当の懲戒手段」を認めていた。1957 年改正で懲戒権が削除され、2000 年改正を経て、2021 年の法改正により、暴力、体罰、精神的加害などの全面禁止が、子の権利として明記された。

この 2021 年改正に係る BGB1631 条 2 項の規定する「その他の屈辱的な措置（anderen entwürdigenden Maßnahmen）」とは、暴力（Gewalt）、体罰（körperlichen Bestrafungen）および精神的加害（seelischen Verletzungen）を包含する広義の概念と解される。禁止される体罰等には、尻たたきなどの軽度の有形力行使はもとより、侮辱的あるいは軽蔑的な態度および過度の叱責や威嚇も含み、子に身体的または精神的侵害を生じさせるようなその他の屈辱的措置を広く包摂するのが改正法の趣旨であろう。

これらの暴力や体罰や精神的加害などによって子の福祉に危機が生じる場合には、BGB1666 条などに基づいて、家庭裁判所の親子分離を含む強制的な措置によって子の保護がなされることになる。

6　田山輝明『成年後見法制の研究（下巻）』270 頁（成文堂、2000 年）。

7　岩志和一郎編著『児童福祉と司法の間の子の福祉〜ドイツにみる児童虐待防止のための諸力連携』12 頁（尚学社、2018 年）。

8　前掲・西谷祐子「ドイツにおける児童虐待への対応と親権制度（1）」民商法雑誌 141 巻 6 号 571 頁。

9　ドイツ家族法研究会「親としての配慮・補佐・後見（1）」民商法雑誌 142 巻 6 号 638 頁（2010 年）。

(3) 家庭裁判所の親への援助義務

BGB1631条3項は、家庭裁判所は、適切な場合には、身上配慮の行使について申し立てた親を援助しなければならないとし、家庭裁判所に子の養育に対する親への援助義務を定めている。

3 財産配慮

BGB1626条1項に基づく財産配慮は、子の財産の維持、利用、増加を目的とするすべての法律上および事実上の行為を含み、不動産、有価証券、預金など子の財産が、原則として親による財産管理に服する[10]。

Ⅲ 子の福祉の危機における法的措置

1 家庭裁判所の措置義務

(1) 身上配慮における危機

BGB1666条1項は、子の身体的、精神的または心理的福祉、あるいはその財産が危険になる場合において、親が危険を防止する意思がないか、または危険を防止できる状態にないときには、家庭裁判所は、危険防止に必要な措置を講じなければならないとして家庭裁判所の法的対応を義務づけている。これは、子の福祉の危機（Gefährdung des Kindeswohls）に際して、当該親について子の危険防止の意思または能力の欠如を法的介入の判断基準とするものである。

このBGB1666条1項乃至4項は、基本法6条2項の「親の自然的権利」を制限し、子の福祉および財産の保護のための家庭裁判所による親と子および家族への介入を認める根拠条文であり、BGB1666条aの公的援助の優先と相当性の原則と併せて、家庭裁判所による子の福祉の危機への対応の義務とその範囲を明確に規定したものである。

かつて、BGB1666条1項前段には、家庭裁判所が法的措置を取るべき理由として、①親の配慮の濫用的行使、②子の放置、③親の責に帰すことのできない養育拒否、④第三者の行為の4類型が列挙されていたが、2008年の改正で

---

10 前掲・ドイツ家族法研究会「(1)」民商法雑誌142巻6号639頁。

すべて削除された。これは、法的介入の決定は、子の状態や子の危険の有無により判断することとし、家庭裁判所の措置を容易化するのが目的であった。

なお、「子の福祉の危機」の範疇には、虐待やネグレクトという典型的類型だけでなく、子の健全な発達を阻害するあらゆる個人的、家庭的または社会的要素が含まれる。例えば、望まない妊娠、父母間の不和、家庭内紛争、学習障害を含む発達障害、不登校、引きこもり、非行、薬物依存、児童ポルノによる被害、インターネットを通じての性被害、単身で入国した難民児童など、広範囲で包括的な概念である[11]また、不衛生な養育環境、義務教育を受けることの禁止、子に対する犯罪の教唆、トルコ系移民家庭の父の女児に対する婚姻の強要なども挙げられる[12]。これはわが国における児童虐待の4類型よりはるかに広く、子に対する広義の不適切な養育と家庭環境に対しては、法に基づいて、公権力による介入と支援の対象となり得るのである。

(2) 財産配慮における危機

BGB1666条2項は、子の財産に対する財産配慮権について、財産配慮を有する者が、子に対する扶養義務若しくは財産配慮に関連する義務に違反するか、または財産配慮に関する裁判所の命令に従わない場合は、一般に、子の財産が危うくされているとみなされると規定している。財産配慮に関する子の福祉の危機の場合も、家庭裁判所による法的措置がなされる。

2　家庭裁判所による法的措置の内容

BGB1666条3項は、子の福祉の危機における裁判所の措置を例示列挙したものである。家庭裁判所のとり得る法的措置は、この6類型に限定されない。

①公的な給付請求の履行命令

児童および少年の援助並びに健康上の配慮等の給付について、親に公的援助の請求を求めること、すなわち少年局に対する養育援助等の申立てを行うことを要求する命令である。

11　髙橋由紀子「児童保護のための少年援助給付の体系」岩志和一郎編著『児童福祉と司法の間の子の福祉』129頁。

12　西谷祐子「ドイツにおける児童虐待への対応と親権制度（2・完）」民商法雑誌142巻1号4頁（2010年）。

②就学義務の遵守に配慮を求める命令

義務教育を受けさせるために、子を学校に通わせる就学命令である。

③退去命令および徘徊禁止命令

一時的または無期限の家族住宅あるいは他の住宅利用の禁止、住宅周辺の特定範囲における滞在の禁止、子が通常滞在する特定の他の場所を捜すことの禁止に関する命令である。

④つきまとい禁止命令

子に連絡をとること、または子との出会いを図るなど、つきまとい行為を禁止する命令である。

⑤意思表示の代行

親の配慮権を有する者の意思表示を代行する行為である。子の入院、医的侵襲行為、輸血など医療行為、その他子に関する法的行為への同意をいう。

⑥親の配慮権の一部または全部剝奪

配慮権の一部剝奪は、親子分離の際の居所指定権剝奪など年間約8,000件、親の配慮権の全部剝奪は、年間7,000件程度が行われている。

Ⅳ 親の配慮権剝奪

1 公的援助優先の原則

BGB1666条a第1項は、親の家庭からの子の分離を伴う措置は、公的援助を含め、その他の方法によっても危険を回避することができない場合に限って許されるとし、在宅援助が原則であることを明記している。これは、親の一方に、一時的または期限を定めずに家族の住宅の使用を禁ずる場合にも適用される。すなわち、子を施設入所させずに、子の福祉を危険にさらしている親の一方を当該住宅から退去させる措置をいう。

これはドイツ基本法の規定から、家庭裁判所は親の配慮権の一部または全部の剝奪において慎重でなければならず、第一義的な公的援助優先の原則を強調したものである。

2　相当性の原則

BGB1666 条 a 第 2 項は、身上配慮権の全部剥奪について、他の措置では効果が生じないか、あるいは他の措置では危険を防止するために十分ではないと認められるときに限り、全部剥奪することが許されるとする。これは相当性の原則と呼ばれるもので、安易な身上配慮権全部剥奪の抑止が目的である。

3　再審査の義務

BGB1696 条 2 項の規定する「子の保護権に関する措置」は、BGB1666 条乃至 1667 条またはその他の BGB の規定に基づく措置で、子の福祉の危機を回避するため、若しくは子の福祉のために必要な場合に限り講じられるべき家庭裁判所の決定に基づく措置をいう。この措置は、子の福祉に対する危機がもはや存在しなくなったとき、または当該措置の必要性がなくなったときは解除されなければならない。(BGB1696 条 2 項)。

この措置について、例えば親の配慮権剥奪のように長期間継続する子の保護権に関する措置をとった場合、家庭裁判所は、適当な時間的間隔をおいて周期的に再審査しなければならない (FamFG166 条 2 項)。これは裁判所による決定に対する検証の義務付けであり、長期間にわたって子の福祉を守るために、家庭裁判所自身にも大きな責任を負わせるものである。

4　他方の親への配慮権委譲

共同配慮の両親の一方が死亡したとき、親の配慮権は生存する親の一方に帰属し、単独配慮の親の一方が死亡した場合、家庭裁判所は、子の福祉に反しない限り、親の配慮権を生存している他方の親に委譲しなければならない。親の一方から親の配慮権を剥奪する場合は、この共同配慮または単独配慮における規定が準用され、他方の親への配慮権の委譲が行われる。(BGB1680 条)。

5　親の配慮権剥奪の実情

このような公的援助優先の原則や相当性の原則の下で、家庭裁判所は、子の福祉の危機における法的措置として親の配慮権の一部または全部剥奪を行うことができる。直近の 2022 年において、家庭裁判所による BGB1666 条 3 項に基づく親の配慮権の全部剝奪は 7,145 件、一部剝奪は 7,810 件であり、わが国と比べて非常に多い件数となっている[13]。

また、親の配慮権全部剝奪の場合であっても、子の里親委託や施設（ハイム）入所による親子分離措置ではなく、少年局による官庁後見の下で、当該子と親の在宅指導が行われることが少なくない。例えば、2006 年にブレーメンで起きたケビン事件も、母親の配慮権が全部剝奪された後、当該子は母親と同居のまま少年局による官庁後見に付されていた事案であった[14]。

V　親の配慮権停止

1　配慮権停止の意義

配慮権停止は、親の行為無能力や秘密出産など特定の理由により、親がその配慮権を行使することができない場合に行われる。ただし、これは、わが国の親権停止審判とは異なり、児童虐待への対応が目的ではない。

2　配慮権停止の類型

(1) 行為無能力者あるいは制限行為能力者の場合

親の一方が、行為無能力者あるいは制限行為能力者であるとき、この法的障害のある親の配慮権は停止される（BGB1673 条 1 項、2 項 1 文）。なお、両親ともに配慮権を有さないときは、後見が命じられる（BGB1773 条）。

(2) 長期間にわたり親の配慮権を行使できない場合

親の一方が、行方不明や長期の受刑や精神疾患等の理由により、長期間にわたって親の配慮権を事実上行使できないと家庭裁判所が認めるときは、その親の配慮権は停止される（BGB1674 条 1 項）。

(3) 秘密出産の場合

妊娠葛藤法（SchKG）25 条 1 項[15]の規定する秘密出産（vertrauliche Ge-

13　Statistisches Bundesamt, “Ausgaben, Einrichtungen und Personal in der Jugendhilfe; Maßnahmen des Familiengerichts bei Kindeswohlgefährdung” (2023).

14　前掲・岩志和一郎編著『児童福祉と司法の間の子の福祉』6 頁脚注 4。

15　妊娠の葛藤の回避および克服のための法律（Gesetz zur Vermeidung und Bewälti-

burt）によって生まれた子の両親の親の配慮権は停止される。この親の配慮権は、親の一方が子の出生届に必要な申立てを行ったことを家庭裁判所が認めるときは、復活する（BGB1674条a）。

なお、秘密出産の場合は、少年局による法定官庁後見が開始する。

(4) 養子縁組に同意した場合

親の一方が養子縁組に同意した場合、その親の配慮権は停止され、少年局が後見人となる。ただし、もう一方の親が単独で親の配慮権を行使する場合、またはすでに後見人が選任されている場合はこの限りではない。（BGB1751条）。

---

gung von Schwangerschaftskonflikten, SchKG)。

第3章　未成年後見制度（BGBその2）

I　概　要

1　後見法の改正

(1) 経緯

ドイツ後見法の多くは、1896年のBGB制定当時のものであった。それらは1900年頃の社会状況を反映したものであり、後見人の財産配慮に関しては詳細な規定がある一方で、身上配慮に関する規定は僅かしか存在しなかった[1]。

1990年に世話法が創設（1992年施行）されたが、未成年後見制度は従前のままであった。後見（Vormundschaft）は未成年者のために、世話（Rechtliche Betreuung）は成年者のために命じられるものであり、後見と世話は対象が異なっている。この両制度については、事後の様々な条文の追加および修正、あるいは世話法が財産配慮および裁判所の監督について後見人の規定を準用したことなどによって、分かりにくい構成となっていった[2]。

2011年に身上配慮について後見法の一部改正がなされた後、2021年5月、未成年者の身上配慮を強化し、かつ財産配慮に関する規定を現代化するために、後見法の包括的な全面改正がなされた。後見法改正は、世話法の全面改正と同時に行われ、両制度の整合性が図られて2023年1月に施行された。

1　本章は、拙論「ドイツの新しい未成年後見制度」季刊比較後見法制17号18頁〜44頁（比較後見法制研究所、2022年11月）に加筆したものである。

2　Deutscher Bundestag 19.Wahlperiode, Drucksache 19/24445, 18.11.2020, Gesetzentwurf der Bundesregierung, "Entwurf eines Gesetzes zur Reform des Vormundschafts-und Betreuungsrechts" S. 1〜4.（BT-Drucks. 19/24445, S. 1〜4.）（ドイツ連邦議会公報 https://dserver.bundestag.de/btd/19/244/1924445.pdf.S.1〜4.）

(2) 財産から人への転換

ドイツにおいても、児童虐待の実情は厳しい状況にある。2022年実績としては、SGB Ⅷ第8条a第1項に基づき、少年局が「子の福祉の危機」としてアセスメントを行ったケースが年間20万件あり、そのうち約6万件の事案について、「差し迫った子の福祉の危機」または「潜在する子の福祉の危機」として少年局による積極的な介入が行われている（この点は、第7章で述べる）。

また、BGB1666条に基づく親の配慮権の全部または一部の剝奪は、年間約15,000件行われ、福祉の危機にある子への教育援助として、毎年新たに約43,000件の施設入所措置、約15,000件の里親委託措置がとられている[3]。

このような子の福祉にとって厳しい状況下で、伝統的な財産管理中心の後見制度を見直し、子の発達、保護、教育に対する後見人や保護人の責任を重視する新しい未成年後見への転換が図られた。後見によって守るべきものは、被後見人の財産に限らず、第一義的には被後見人自身であることが明確にされた。

(3) 主な改正事項

2021年後見法改正法は、課題解決のために、主に次のような改正を行った[4]。

ア BGBの改正

①後見法および世話法全体の再構成

後見法および世話法を、全体的に再構成する。また、財産配慮、裁判所の管理および監督、ならびに費用補償および報酬などに関する現行の後見法の規定を世話法に統合し、必要に応じて世話法に適合させる。

②被後見人の権利

後見法においては、その主体としての権利を有する被後見人が、中心に位置づけられるべきである。また、後見人の教育責任、後見人と通常は日常的に被後見人を教育する養育者との関係を明文をもって規定する。

③名誉職後見人と専門職後見人

様々な後見類型を組み合わせて、少年局を含む専門職後見人を同一順位とし、

---

3 Statistisches Bundesamt, “Ausgaben, Einrichtungen und Personal in der Jugendhilfe: Kinder-und Jugendhilfe-Gefährdungseinschätzungen, Maßnahmen des Familiengerichts bei Kindeswohlgefährdung, Erzieherische Hilfen/Beratungen” (2023).

4 BT-Drucks. 19/24445, op. cit., S. 2.

名誉職後見人のみが優先的に選任される制度に全体として体系化する。

④暫定後見人

後見社団または少年局がまず暫定後見人になり、時間的余裕を持って適切な後見人を選ぶことができるようにする。

⑤養育者の権利強化

現に子を養育している養育者の諸権利を強化する。

イ SGB Ⅷ等の改正

SGB Ⅷの改正においては、BGB 改正に対応して、後見社団の認可、少年局による後見および保護等の遂行、少年局による家庭裁判所への報告義務などの関係条文が修正された。また、後見人および世話人の報酬に関する法律（VBVG）をはじめ、その他関連法の改正が行われた。

(4) 後見法および世話法の改正に関する法律の構成

2021 年の後見法および世話法の改正法は、BGB 第 4 編第 3 章の包括的全面改正を主たる内容とし、同時に SGB Ⅷの改正など全 16 条からなる[5]。

新しい BGB 第 4 編第 3 章は、①後見、②未成年者の保護、③法的世話、④その他の保護の 4 部（Titel）で構成される。これと併せて、1631 条「身上配慮の内容と範囲」の定義、1674 条 a「秘密出産した子の親の配慮権停止」に係る文言修正なども行われた。また、SGB Ⅷ 53 条乃至 57 条について、少年局による後見や保護などへの協力、支援、遂行、報告義務などが改正された。

2 未成年者保護のための制度

未成年者保護のための法的制度として、BGB は、後見、後見を補う保護、養育者による家庭的養育、補助などを規定している。

(1) 後見

未成年者に対する後見（Vormundschaft）は、名誉職の後見人や専門職の後見人などによる個人後見、あるいは少年局による官庁後見によって行われる。後見人（Vormund）は、被後見人の身上および財産配慮の義務および権利を有する。後見は、広義の未成年後見制度の要となっている。

---

5 Gesetz zur Reform des Vormundschafts-und Betreuungsrechts vom 4. Mai 2021, BGBI. I 2021, Nr. 21, S. 882.（後見法および世話法の改正に関する法律）

後見事由としては、家庭裁判所による選任後見、およびBGB1786条と1787条に基づく法定官庁後見の2種類がある。また、後見社団（Vormundschafts-verein）または少年局によって、暫定後見が行われる場合がある。

(2) 保護

ア　沿革

1900年のBGB施行から1992年の世話法の施行まで、世話や監護が必要な者に対しては、後見法（Vormundschaftsrecht）と保護法（Pflegschaftsrecht）が適用されてきた。そこでは、後見は、被後見人のすべての事務における包括的な身上監護および代理として規定され、一方、保護（Pflegschaft）[6]は、相対的には補充的で、個別的効果を有する身上監護と支援措置として規定され、かつ理解されてきた。また、保護は、障害者本人など被保護人の同意を条件とし、さらに行為能力の制限を伴わないため、後見の代わりに利用されることが少なくなかった。したがって、この後見制度と保護制度は、管轄領域を明確に分けたものではなく、相互に補い合う制度と解されている[7]。

2021年の後見法改正によっても、両者の法的な位置づけと相互関係に変化はないものと解する。なお、保護には、他の法律で別段の定めがない限り、後見に関する規定が準用される（BGB1813条）。

イ　後見を補う保護制度

後見を補うための保護制度としては、主に次の種類がある。

①追加の保護

家庭裁判所は、名誉職後見人の選任に際して、被後見人の福祉に資するなどの条件の下に、個別の配慮事務または一定の種類の配慮事務を保護人（Pfleger）に委譲し得る（BGB1776条）。これを追加保護人（zusätzlicher Pfleger）という。困難な事務を専門職保護人に委ねる場合などである。

②養育者による保護

家庭裁判所は、一定の条件の下に、後見人または養育者（Pflegeperson）の申立てによって、個別の配慮事務または一定の種類の配慮事務を保護人として

6　Pflegschaftは、わが国の親族法の概念（監護など）との混同を避けるため保護と訳出し、Vormundは後見人、Pflegerは保護人、Beistandは補助人と表す。

7　前掲・田山輝明『成年後見法制の研究（下巻）』251頁。

の養育者に委譲することができる（BGB1777条）。

③補充的な保護

未成年者の後見人が配慮できない事務について、保護人が付されて処理される（BGB1809条）。補充的保護（Ergänzungspflegschaft）という。補充保護人には、後見人が法律上または事実上の理由で執行できない後見事務が委譲される。例えば、親の配慮権の一部剥奪などの場合に選任される。

④出生前の保護および出捐保護

子の出生に際して両親が親の配慮権を行使できない場合に限って、出産前の子の将来の権利を確保するために保護人を選任し得る（BGB1810条）。

また、未成年者が、他者の死亡または無償の出捐によって財産を取得し、かつ、終意処分の遺贈者または出捐者が、子の両親または後見人は財産を管理するべきでないと決定したとき、未成年者は出捐保護人を付される（BGB1811条1項）。これを出捐保護（Zuwendungspflegschaft）という。

(3) 養育者による家庭的養育

ア 養育者

養育者（Pflegeperson）とは、養育関係の形態や養育許可の有無にかかわらず、子との長期間の同居を委ねられるか、またはすでに長期にわたり同居している者で、子をその出身家庭外において家族同様の形で養育および教育を行う者をいう[8]。具体的には、全日制養育（SGB Ⅷ 33条）を行う里親（Pflegeeltern）、あるいは当該子を養育する祖父母やおじおば等の親族が該当する。BGBは、この養育者による養育形態を家庭的養育（Familienpflege）と規定する。

イ 養育者の決定権限

子が家庭的養育の下で長期間生活している場合、養育者は、日常生活の事務を決定し、当該事務に関して親の配慮権を有する者を代理する権利を有する。また、養育者は、子の労働収入を管理し、子のために扶養、保険、年金およびその他の社会給付を請求し、管理する権限を有する。（BGB1688条1項）。

これらの点に関して、ハイム等の施設長や職員（SGB Ⅷ 34条）、集中的な社会教育学的個別支援施設の施設長や職員（同35条）、および精神障害児の統合

8 BT-Drucks. 19/24445, op. cit., S. 192.

支援のための養育者など（同35条a第2項3号、4号）の支援の範囲内において、子の教育と養育を引き受けた者も、養育者と同等とみなされて当該権限を有する（BGB1688条2項）。

ただし、これらの養育者の権限に関する規定については、親の配慮権を有する者が別段の意思表明をする場合は適用されない。また、家庭裁判所は、子の福祉のために必要な場合は、これらの養育者の権限を制限し、または排除することができる。（BGB1688条3項）。

ウ 養育者となるための許可

昼および夜の全日を通じて、児童または少年をその家庭に受け入れて養育者となろうとする者は、養育の許可を得なければならない。ただし、後見人または保護人としての養育、3親等内の親族による養育、8週間以内の短期間の養育などについては、その許可は必要としない。（SGB Ⅷ 44条）。

(4) 補助

補助（Beistandschaft）は、親の書面による申立てに基づいて、少年局または後見社団が、その職務として、①父子関係の確認、ならびに、②扶養請求権に係る権利の主張および当該請求権に関する処分を行うものである（BGB1712条1項）。請求権に関する処分には、放棄や支払猶予なども含まれると解される。子が第三者の費用負担で養育されている場合、補助人は、扶養義務者の給付の中から第三者に支払う権利を有する（BGB1712条1項2号）。また、この申立ては、上記①②の職務を個別に限定して行い得る（BGB1712条2項）。

補助においては、少年局が当該子の補助人となり、その職務の行使を個別に官庁職員に委譲する（BGB1712条1項、SGB Ⅷ 55条2項）。少年援助広域地方機関に認可された後見社団も、州法の規定する範囲内で補助を引き受けることができる（SGB Ⅷ 54条3項）。

II　後見の事由

1　選任後見

(1) 後見命令の要件

ア　後見命令および後見人の選任

家庭裁判所は、次の①②③の場合、未成年者のために後見を命じ、かつ当該未成年者に後見人を選任しなければならない（BGB1773条1項）[9]。

この規定は、家庭裁判所は職権で後見を命じなければならないという原則を示したものであり、後見命令においては、関係人や関係機関による申立ては必要としない。さらに、家庭裁判所は、後見を命じるだけでなく、両親による後見人の指名（BGB1782条）または家庭裁判所の選出（BGB1778条）によって、特定の後見人を選任しなければならないということを明確にしたものである。誰が後見人になるかについても、裁判所の決定によってのみ行われる[10]。

なお、両親がともに婚姻しておらずかつ後見人を必要とする子が出生したとき（BGB1786条）、および子が秘密出産で出生したとき（BGB1787条）は、当然に少年局による法定官庁後見が行われるため、後見命令および後見人選任は必要ない。

①親の配慮を行う者の不存在

未成年者が親の配慮の下にないとき、家庭裁判所は、未成年者のために後見を命令し、後見人を選任する（BGB1773条1項1号）。例えば、共同配慮権者である父母の死亡、行方不明、死亡宣告、または子の福祉の危機によって父母ともに親の配慮権を全部剥奪（BGB1666条3項6号）された場合である。

この親の配慮権剥奪が共同配慮権者の父母の一方にのみなされたときは、父母の他の一方が単独で配慮権を行使するため、後見は命じられない。一方、BGB1626条a第3項に基づいて母親が単独配慮権者の場合、またはBGB1671

9　本章の改正後見法の訳出では、田山輝明・片山英一郎「後見法と世話法の改革に関する法律草案」季刊比較後見法制14号44頁以下（2021年）を参照。また、インスブルック大学教授ミヒャエル・ガナー氏から多くの助言を得た。

10　BT-Drucks. 19/24445, op. cit., S. 188.

条に基づいて親の一方が単独配慮権者の場合に、その単独配慮権者が配慮権を剥奪されたときは、家庭裁判所は、子の福祉に反しない限り、生存する他の一方の親に配慮権を委譲しなければならないため、必ずしも後見が命じられるとは限らない（BGB1680条）。

なお、親の配慮権停止においては、配慮権を停止された父母の一方が配慮権の行使をできなくなるにとどまるが（BGB1675条）、共同配慮権者の父母ともに親の配慮権を停止された場合、または単独配慮権者の親が配慮権を停止された場合には、後見が命じられる。

②両親が代理権を有しない場合

未成年者の両親が、未成年者の身上および財産に関する事務について、当該未成年者を代理する権限を有していないときは、家庭裁判所によって後見が命じられ、後見人が選任される（BGB1773条1項2号）。例えば、両親が行為無能力者または制限行為能力者であるため親の配慮権が停止されている場合（BGB1673条）、両親の行方不明や長期勾留や精神疾患などを理由に家庭裁判所により親の配慮権が停止されている場合（BGB1674条）などである。

③未成年者の身分が不明

親自体が不明な棄児あるいは親の配慮権者が不明な子のように、未成年者の戸籍上の身分が確認できない場合、家庭裁判所は後見人を選任しなければならない（BGB1773条1項3号）。

イ　出生前の後見命令および後見人の選任

子の出生時に後見人を必要とすることが想定される場合、家庭裁判所は、子の出生前に後見を命じ、後見人を選任し得る。また、この後見人の選任は、当該子の出生をもって効力を生じる。（BGB1773条2項1文、2文）。

(2) 後見人

ア　後見人の種類

家庭裁判所に選任され得る後見人は、次のとおりである（BGB1774条1項）。

①名誉職後見人（ehrenamtliche Vormund）

後見を名誉職として行う自然人をいう。

②専門職後見人（Berufsvormund）

後見を独立した職業として行う自然人をいう。

③社団後見人（Vereinsvormund）

少年援助広域地方機関（überörtlichen Träger der Jugendhilfe）に認可された後見社団（Vormundschaftsverein）の職員で、後見人として専従または非専従で勤務している職員をいう。

④少年局（Jugendamt）

官庁後見などで後見人、保護人、補助人の職務に就く公的機関である。

これらの後見人の種類に関して、2021 年の BGB 後見法改正は、私的な個人後見と官庁および団体後見の調和を図り、実践的な全体構造に発展させたとされている。今後は、自然人の後見人として、名誉職後見人と専門職後見人のほかに、後見社団の職員が後見社団に代わって個人的に後見人に選任される。

一方、少年局は、未成年者の親の配慮が消滅した場合、他に親の配慮を行う適任者がいないときには、少年局職員個人ではなく、国家的な監視機関の職務として少年局自体が官庁後見人に選任される[11]。なお、暫定後見人については、次のとおり、官庁および団体後見として後見社団または少年局が選任され得る。

イ　暫定後見人

①少年援助広域地方機関によって認可された後見社団、および②少年局は、暫定後見人（vorläufigen Vormund）として選任され得る（BGB1774 条 2 項）。

これは家庭裁判所により後見が命じられた後、名誉職後見人や専門職後見人や社団後見人などの適切な後見人を見つけるために、その時間を確保することを目的としたものであり、その間の暫定的な後見人として位置づけられる。

ウ　複数後見人

夫婦は共同で後見人に選任され得る。一方、兄弟姉妹に対しては一人の後見人しか選任することができない。ただし、兄弟姉妹にそれぞれ一人の後見人を選任すべき特別な事由がある場合は、この限りではない。（BGB1775 条）。

なお、複数後見人の選任について、改正前の BGB 旧 1775 条は、「家庭裁判所は夫婦を共同後見人に選任することができる。他の場合においては、家庭裁判所は、複数の後見人を選任する特段の理由がない限り、被後見人のために、そして複数の兄弟姉妹を後見に付すときは全ての被後見人のために、一人の後

11　BT-Drucks. 19/24445, op. cit., S. 189.

見人を選任しなければならない」としていた。その趣旨は、原則として後見人は一人だけ選任されるが、親族や里親などの夫婦が共同後見人になることを認め、さらに、管理財産が多くて後見事務が複雑であったり、身上配慮と財産管理の後見事務を分掌することが適切である場合など特別の理由があるときは複数の後見人選任が認められると解されていた[12]。社団法人についても複数の後見人の一人に選任され得た（BGB旧1791条a第4項）。

この点、2021年の後見法改正は、夫婦については共同後見人になり得るが、兄弟姉妹にそれぞれ一人の後見人を選任すべき特別な事由がある場合を除いて、後見人は一人であることを明記した。すなわち、改正前のBGB旧1775条「数人の後見人」および旧1797条「数人の後見人」は全面削除され、活動領域に応じて共同または別々に行われる共同後見（Mitvormundschaft）は、配偶者との共同後見を例外として、すべて廃止された。ただし、兄弟姉妹がお互いに遠く離れて住んでいるような場合には、特別な事由があるものとして個々の兄弟姉妹に異なる後見人が選任され得る[13]。

(3) 追加保護人

ア　保護人の追加

家庭裁判所は、名誉職後見人の選任に際して、その事務の委譲が被後見人の福祉に寄与するときは、当該名誉職後見人の同意を得て、個別の配慮事務または一定の種類の配慮事務を保護人に委譲することができる。また、この委譲は、後見人の同意があれば、事後においても可能である。（BGB1776条1項）。

これは名誉職後見人が後見を行う場合で、かつ追加保護人の選任が被後見人の福祉に資する場合に限り認められる。例えば、後見人である祖母が孫の扶養請求権を行使するために娘に対して法的措置をとる場合のように、実親との関係で心的葛藤のおそれのある配慮事務、あるいは社会保障給付の申請やその他の行政手続に係る事務などが該当する。このような場合、追加保護人への委譲によって当事者の関係を緩和することができる[14]。

12　ドイツ家族法研究会「親としての配慮・補佐・後見（4）」民商法雑誌145巻1号90頁（2011年）。

13　BT-Drucks. 19/24445, op. cit., S. 189.

14　Ibid., S. 190.

追加保護人の前提条件は、例えば家族またはその他の個人的つながりにより被後見人の利益に資すること、かつ、課題のある配慮事務が専門職保護人、社団保護人、官庁保護人等の追加保護人により有意に引き継がれることである[15]。

イ 保護人の権限

追加保護人は、委譲された被後見人の配慮事務を行い、被後見人を代理する。また、追加保護人は、報酬および費用補償を受ける権利を有する。その他の権利義務については、BGB1809条乃至1813条の未成年者の保護に関する規定が準用され、後見に関する規定が適用される。(BGB1776条3項1文)。

ウ 保護の取消

①被後見人の福祉に反するとき、②後見人または保護人の申立てにより、他方が同意し、かつその取消が被後見人の福祉に反しないとき、③14歳に達した被後見人の申立てにより、後見人および保護人が取消に同意したときは、保護人への委譲の全部または一部を取り消すことができる。なお、当該取消に重大な事由がある場合は、上記②③の同意は不要である。(BGB1776条2項)。

なお、保護の取消の理由は、例えば後見人と保護人との間の配慮事務の分担が実情に合わず支障があるとき、保護人が必要な給付の申請を怠るときなど被後見人の福祉に反する場合、あるいは後見人と保護人の対立、保護人の重大な病気または生活環境の変化などが挙げられる[16]。

エ 保護人の重複選任禁止

BGB1809条「補充保護人」またはBGB1777条「保護人たる養育者」に基づく保護人があるときは、追加保護人を選任することはできない(BGB1776条3項2文)。これは主要な身上配慮が分割され、保護人の間に起こり得る意見の不一致と配慮事務の混乱を避けるためである。

(4) 養育者による保護人

ア 保護人たる養育者への委譲

家庭裁判所は、次の①②③場合、後見人または養育者(Pflegeperson)の申立てにより、個別の配慮事務または一定の種類の配慮事務を、保護人としての養育者に委譲する。この際、被後見人に反対の意思があるときは、そのことが

---

15 BT-Drucks. 19/24445, op. cit., S. 190.

16 Ibid., S. 190.

考慮されなければならない。(BGB1777条1項)。
①被後見人が相当長い間養育者と同居しているとき、または保護の関係の成立時にすでに被後見人と養育者との間に個人的な結びつきが存在しているとき
②養育者または後見人が、他方の委譲の申立てに同意しているとき、および
③委譲が被後見人の福祉に寄与するとき

これは親の配慮権の剝奪による親子分離などに際して、親族など身近な者の下で家庭的養育を行うとき、その者が後見を引き受ける意思または能力がない場合の解決策を示すものである。他方、後見人および通常は被後見人と同居する養育者との相互関係において、保護人としての養育者に配慮事務を委譲する可能性を認めることによって養育者の立場を強化するためのものでもある。被後見人と養育者の間にすでに個人的な結びつきがあれば、保護関係の開始時点でも委譲は可能である[17]。なお、本規定とは別に、BGB1797条は、養育関係が長期間にわたって継続された場合、養育者に日常生活の配慮事務において後見人を代理する権利を付与している。

イ　被後見人にとって重要な配慮事務

被後見人にとって重要な意味があるため規制されている配慮事務は、後見人との共同管理によるときにのみ、保護人としての養育者に委譲することができる（BGB1777条2項）。この際、後見人と保護人たる養育者が重要な意味のある事務について合意できないときは、BGB1793条1項3号に基づいて、家庭裁判所による決定を申し立てなければならない。

被後見人も、満14歳に達した場合は、養育者への委譲の申立てができるが、委譲については、後見人および養育者の同意を要する（BGB1777条3項）。

ウ　施設職員等の保護人への選任

本規定の養育者とは、BGB1688条「養育者の決定権限」の定める養育者と同一であり、BGB1796条3項1号「後見人と養育者の相互関係」に基づいて、施設において被後見人を世話し教育する者は、養育者と同等とみなされる。

しかし、保護人に選任される養育者には未成年者の保護に関する規定が準用されるため、BGB1813条「保護に後見法適用」およびBGB1784条「欠格事

17　BT-Drucks. 19/24445, op. cit., S. 192.

由」に従って、BGB1777条に基づく保護人として被後見人が居住する施設の職員または施設長を選任することは、原則としてはできない（BGB1777条4項）。ただし、後述するように、後見人の欠格事由の例外的解釈の準用によって、個別ケースを考慮した例外的選任があり得る、と解されている[18]。

エ　保護人たる養育者の権利

BGB1777条4項2文に基づいて、未成年者の保護に関する規定（BGB1809条乃至1813条）が、選任保護人としての養育者に原則として適用される。

したがって、保護人たる養育者は、委譲された被後見人の配慮事務を行い、被後見人を代理する。また、保護人たる養育者は、他の名誉職保護人と同様に、費用補償または費用の概算払いの権利を有する。一方、保護人たる養育者は、職業的養育を引き受けるという前提条件が存在しないため、保護人たる養育者の報酬請求権は、原則として否定されると解されている[19]。しかし、名誉職後見人の場合と同様に、被後見人の事務遂行の程度または困難さにより正当と認められ、かつ被後見人に資力がある場合、家庭裁判所が保護人たる養育者に相応な報酬を承認することはあり得る。

オ　委譲の取消

BGB1776条2項「追加保護人の委譲の取消」の準用により、家庭裁判所は、養育者による保護人への配慮事務の委譲の全部または一部を取り消し得る（BGB1777条4項1文）。委譲の取消要件は、追加保護人の場合と同様である。

カ　保護人の重複選任禁止

BGB1809条「補充的保護人」またはBGB1776条「追加保護人」に基づく保護人があるときは、そのほかに養育者を保護人に選任することはできない。これは主要な身上配慮領域に係る配慮権が分割されるのを避けるため、養育者による保護人への配慮権の委譲は、補充保護人または追加保護人と併存できないことを明確にしたものである（BGB1777条4項3文）。

キ　追加保護人と養育者による保護人の相違点

BGB1776条に基づく追加保護人は、被後見人の福祉のために、後見人としての事務を処理することができない後見人を支援するために選任される。

18　BT-Drucks. 19/24445, op. cit., S. 201.

19　Ibid., S. 192.

これに対し、BGB1777条の養育者による保護人の設定意図は、子が同居する家庭の養育者もまた、法律的な対応を可能とすることによって、被後見人の実際の生活状況が考慮されるという点にある[20]。

(5) 後見人の選出

ア　家庭裁判所による選出

家庭裁判所は、BGB1782条「両親の終意処分による後見人指名」に基づいて指名された者に後見を委ねない場合は、被後見人の身上および財産の配慮を行うのに最も適した後見人を選出しなければならない（BGB1778条1項)。

この選出においては、次の①②③が考慮される（BGB1778条2項)。

①被後見人の意思、家族関係、個人的結びつき、宗教的信条および文化的背景
②両親の実際または推定される意思、および、
③被後見人の生活状況

なお、少年局は、個々の事案で、後見人に適した者を家庭裁判所に推薦し、家庭裁判所による後見人選任に協力しなければならない（SGB Ⅷ 53条1項)。

イ　自然人の人的適性および名誉職後見人の優先

自然人の後見人は、被後見人の福祉のために必要な後見を行うため、①専門的知識および経験、②個人的特性、③個人的な生活環境および資産状況、④被後見人の教育に関わる他の関係者と協力する能力および心構えにおいて適性でなければならない（BGB1779条1項)。

さらに、名誉職の後見を行うのに適性で心構えのある自然人すなわち名誉職後見人は、専門職後見人、社団後見人および少年局に対して優先される。BGB1776条「保護人の追加」に基づいて、配慮事務を委譲する保護人が選任される場合も、この人的適性が前提とされる。(BGB1779条2項)。

ウ　専門職後見人や社団後見人の業務負担に対する考慮

専門職後見人または社団後見人が選任される場合は、その職業上の仕事の負担、特にすでに抱えている後見および保護の件数と範囲が考慮されなければならない。専門職後見人または社団後見人は、家庭裁判所に対して、これらについての情報を提供する義務がある。(BGB1780条)。これは後見または保護の執

20　BT-Drucks. 19/24445, op. cit., S. 192.

行において、専門職後見人や社団後見人に過大な業務量を負担させることを抑制し、後見業務の質の向上により被後見人の福祉の促進を図る趣旨である。

エ　暫定後見人の選任

①暫定後見の開始

家庭裁判所によって後見が命じられた時点で、とくに被後見人の人的環境など適切な後見人を選ぶための必要な調査が未だ完了していない場合、または、後見人の選任について一時的に支障がある場合、家庭裁判所は、暫定後見人を選任しなければならない（BGB1781 条 1 項）。暫定後見人には、後見社団または少年局が選任される。

②後見社団による暫定後見

後見社団は、暫定後見人の職務をその職員に個別に委譲する。当該職員にBGB1784 条の欠格事由がないことが前提条件となる。また、後見社団は、暫定後見人に選任された後、直ちに、遅くとも 2 週間以内に、家庭裁判所に対してどの職員に暫定後見人の職務の執行を委譲したかを報告しなければならない。（BGB1781 条 2 項）。

③後見人の早期選任義務

家庭裁判所は、直ちに、遅くとも暫定後見人を選任してから 3 ヶ月以内に、後見人を選任しなければならない。家庭裁判所が調査を開始したにもかかわらず、被後見人に最も適した後見人を未だ選任することができない場合、この期間は、関係人の聴聞を経たうえで、裁判所の決定により、さらに最長 3 ヶ月間延長することができる。（BGB1781 条 3 項）。

④新たに後見人を選任する必要

家庭裁判所が少年局または後見社団を暫定後見人として選任していた場合においても、新たに少年局または社団職員を後見人または社団後見人として選任する必要がある（BGB1781 条 4 項）。

⑤暫定後見の終了

後見人の選任によって、暫定後見人の職務が終了する（BGB1781 条 5 項）。

(6)　両親による後見人の指名および除外

ア　後見人の指名

両親は、その死亡時に子の身上および財産の配慮権を有するときは、終意処分（letztwillige Verfügung）により自然人を後見人として、若しくは夫婦を共同後見人に指名し、または後見から除外することができる（BGB1782 条 1 項 1 文）。終意処分とは、遺言（Testament）または相続契約（Erbvertrag）をいう。相続契約では、被相続人は契約で相続人を定め、遺贈または負担を定め得る。

もし親の死亡前に子が生まれていたとしたら当該親が子の身上および財産の配慮をする権利を有していたであろうときは、指名および除外について、子の出生前においても行うことができる（BGB1782 条 1 項 2 文）。

なお、両親が後見人の指名または除外について相容れない終意処分を行ったときは、最後に死亡した親の一方の処分が適用される（BGB1782 条 2 項）。

イ　指名後見人の回避

後見人に指名された者は、次の①～⑤の場合に限り、本人の同意なしに後見人を回避することができる（BGB1783 条 1 項）。

①指名された者が、BGB1784 条の欠格事由に該当して後見人として選任することができない、または選任すべきでない者のとき

②指名された者の選任が、被後見人の福祉に反するとき

③満 14 歳に達した被後見人が、選任に異議を唱えるとき

④指名された者が、法律上または事実上の理由により、後見を引き受けることができないとき、または、

⑤指名された者が、家庭裁判所の催告から 4 週間以内に、後見を引き受ける意思を表明しないとき

ただし、後見人に指名された者が、上記④に基づいて法律上または事実上の理由によって回避され、かつ、その回避が一時的に選任が妨げられたに過ぎないときは、次の①～③の場合において、当該指名された者の申立てにより、前任の後見人に代わって後見人に選任され得る（BGB1783 条 2 項）。

①指名された者が、前任の後見人の選任後 6 ヶ月以内に申立てを行ったとき

②前任の後見人の解任が被後見人の福祉に反しないとき、および、

③満 14 歳に達した被後見人が、前任の後見人の解任に異議を唱えないとき

(7) 後見人の欠格事由

ア　行為無能力者

行為能力のない者は、後見人に選任されることができない（BGB1784 条 1

項)。したがって、行為無能力者の後見人への選任は無効である。

イ　原則的に除外

次の者は、原則として、後見人に選任されてはならない（BGB1784条2項)。
①未成年者
②特定の被世話人等

世話が後見の執行に重要な事務を包含する場合において世話人が選任されている者、またはBGB1825条「世話人への同意権留保」に基づいて同意権留保が命じられている者である。
③両親の指名による後見人除外者

BGB1782条「両親による後見人の指名および除外」に基づいて、両親が後見人として除外した者である。
④入所施設の職員等

被後見人が生活する施設において、依存的環境にあるかまたはその他の密接な関係にある者をいう。一般的には入所施設（ハイム）の職員または施設長が該当するが、次のように例外的な選任があり得る。

ウ　例外的な選任

後見人たる者または後見人に特に適切と思われる特別な事情があるとき、その者に欠格事由が存在する場合でも、後見人に選任したり、または後見人の解任を見合わせることができる。前述のBGB1784条2項の欠格事由は、あくまで形式的な原則であり、かつ例外があり得る[21]。

例えば、被後見人がハイム入所中の場合、後見人は社団そのものではなく、家庭裁判所によって後見社団の職員が後見人に選任されるため、利益相反を理由とする後見人の欠格事由にあたるかどうかについて、個別に検討する余地がある。したがって、BGB1784条2項4号が欠格事由として規定するハイム職員等についても、利益相反の具体的な危険が存在しない限り、後見人たる者の選任または後見人の解任は、個別ケースごとに考慮されることになる。

なお、世話人に関しては、世話施設の職員等について、個別事案において利益相反の具体的な危険がない場合、利益相反を理由とする世話人の除外規定は

21　BT-Drucks. 19/24445, op. cit., S. 201.

適用されない（BGB1816条6項）。

(8) 後見人の引受義務および選任要件

後見人の引受および選任要件は、次のとおりである（BGB1785条）。

ア　引受義務

家庭裁判所が後見人に選定した者は、家庭、職業その他の事情を考慮して、後見の引き受けを無理なく期待し得る場合は、後見を引き受ける義務を負う。

イ　引受の意思表示

後見人に選定された者は、後見を引き受ける意思を表明した場合に限って、後見人に選任され得る。

ウ　社団の同意

後見社団および社団後見人は、その社団の同意がある場合に限り、後見人に選任され得る。

2　法定官庁後見

(1) 親の配慮権者がいない場合の官庁後見

両親がともに婚姻しておらず、かつ、後見人を必要とする子が出生したとき、その子が国内に常居所を有する場合は、少年局が後見人となる。後見人を必要とする子の出生とは、親の配慮権者の不存在などBGB1773条の定める後見人選任の要件を満たしている場合をいい、法定官庁後見の主要な類型である。ただし、子の出生前にすでに後見人が選任されている場合は、この限りではない。（BGB1786条1文、2文）。

また、BGB1592条1号・2号「婚姻または認知による父子関係」に基づく父子関係が否認によって取り消され、かつ、子が後見人を必要とする場合には、当該判決が確定した時点で少年局が後見人となる（BGB1786条3文）。

(2) 秘密出産の場合の官庁後見

子が秘密出産で出生した場合（妊娠葛藤法第25条1項2文）、その出生時に、少年局が当該子の後見人となる（BGB1787条）。

秘密出産の子の場合は、常に、少年局による法定官庁後見が行われる。

Ⅲ　後見の執行

1　後見人の義務と権利

(1) 被後見人の権利

被後見人としての未成年者は、特に、次の権利を有する（BGB1788条）。この点、2021年の改正後見法が、後見執行の総則規定の冒頭に被後見人の権利を挿入したことに留意する必要がある。

①発達および教育の促進

自己責任を有し、社会生活をなすことのできる人格のために、自らの発達および教育の促進を求めることができる。

②すべての暴力や体罰等の禁止

暴力、体罰、精神的加害、およびその他の屈辱的な処置をされることなく、養育および教育を受けることができる。これは親の配慮義務に関するBGB1631条2項「すべての暴力や体罰等禁止」と同一内容である。

③後見人との交流

後見人と個人的に交流することができる。

④自己の意思や信条などの尊重

自己の意思、人的な結びつき、宗教的信条、および文化的背景の尊重を求めることができる。並びに、

⑤後見事務への関与

被後見人自身の適切な発達状況に応じて、自らに関係する後見事務に関与することができる。

(2) 後見人による配慮および代理

ア　身上配慮および財産配慮の義務と権利

後見人は、被後見人の身上および財産を配慮する義務および権利を有する。これは親の身上配慮および財産配慮の義務と権利を定めたBGB1626条「親の配慮」と同一の規定である。ただし、保護人が選任されている事務については後見人の権限の対象外であるが、後見人との共同管理のために保護人に委譲されている事務は対象となる。（BGB1789条1項）。

イ　後見人の代理権

後見人は、被後見人を代理し、法定代理人となる。ただし、利益相反に相当する法律行為などについては、BGB1824条「世話人による代理権の排除」が準用され、代理権排除など制限を受ける。（BGB1789条2項1文、2文）。

また、家庭裁判所は、個別の事務について、後見人の代理権を剝奪し得る。この剝奪は、被後見人の利益が、後見人、後見人が代理する第三者、または後見人の配偶者とその直系親族など利益相反となる者の利益と重大な対立がある場合にのみ行われる。（BGB1789条2項3文、4文）。

ウ　被後見人の債務負担の制限

被後見人は、BGB1789条2項の代理権の範囲内で被後見人に対して生じた債務については、BGB1629条a「未成年者の責任の制限」に応じて、未成年者の成年の時における現存財産を限度とする責任を負う（BGB1789条3項）。

(3) 後見人の職務執行上の義務

後見人は、その職務執行において、次のような義務を負う（BGB1790条）。

ア　職務執行上の原則

後見人は、独立して、かつ被後見人の福祉に資するために、後見を行わなければならない。具体的には、

①後見人は、被後見人が自主的かつ責任を自覚した行動をとるよう成長する能力および高まる欲求を尊重し、促進しなければならない。

②後見人は、被後見人の発達段階に応じて適切な範囲内で、被後見人の身上配慮および財産配慮に関する事務について被後見人と話し合い、かつ決定に関与させなければならない。そして、合意を得るよう努めなければならない。

③後見人は、その職務執行において、被後見人の福祉に資するために、被後見人と両親との交流を考慮しなければならない。

イ　被後見人との交流義務

後見人は、被後見人と個人的に連絡をとる義務と権利を有する。また、後見人は、原則として月1回、被後見人を普段の場所に訪問しなければならない。

ただし、個々の場合において、訪問間隔を短くしたり長くしたり、または場所を変えたりする必要がある場合はこの限りではない。普段以外の場所が望ましい例としては、里親宅や入所施設内での交流において、被後見人の自由な心

情や実情を把握できないと認められる場合などが想定される。

ウ　情報提供の義務

後見人は、正当な利益がある場合には、被後見人の福祉に反しない限り、かつ後見人にとって許される範囲内で、被後見人の個人的状況に関する情報を、要求に応じて近親者その他の信頼できる者に提供しなければならない。

エ　少年局への通知

被後見人の常居所が他の少年局の管轄区域に移転した場合、後見人は、移転したことを従来の常居所の少年局に通知しなければならない。この通知義務は、社団後見人および後見社団には適用されない。

(4) 被後見人の後見人家庭への受入れ

後見人は、養育および教育のために、被後見人を自分の家庭に受け入れることができる。このとき、後見人と被後見人は、お互いに相手を援助し、思いやる義務がある。(BGB1791条)。また、この場合には、BGB1619条「両親に養育されている子の両親の家庭や店での手伝いに関する規定」が準用される。

(5) 後見の共同執行

ア　後見人と保護人相互の協働

後見人に選任された夫婦は、その後見を共同で執行する(BGB1792条1項)。

後見人および保護人は、被後見人の福祉に資するために、相互に情報提供し、協働する義務を負う(BGB1792条2項乃至4項)。具体的には、
①追加保護人は、その決定において、後見人の見解を考慮しなければならない。
②保護人に選任された養育者および後見人は、共同で配慮すべき事務については、双方の合意により決定しなければならない。

なお、共同後見人の夫婦、および保護人に選任された養育者と後見人の場合には、BGB1629条「子の代理」1項2文および4文が準用される。よって、被後見人に対する意思表示は、それぞれの一方に行えば十分であり、差し迫った危険がある場合は、それぞれの一方が子の福祉のために必要不可欠なすべての法的行為を行うことができる。

イ　家庭裁判所による決定

家庭裁判所は、配慮事務に関する問題について、次の①②③に属する者の間で意見の相違があるときは、申立権者の申立てに基づいて決定を行う

(BGB1793条)。①共同後見人、②兄弟姉妹の配慮事務に共同で関与する複数の後見人、③後見人および追加保護人または保護人に選任された養育者。

なお、この申立権者は、後見人、保護人、満14歳に達した被後見人である。

(6) 後見人の損害賠償責任

後見人は、義務違反によって生じた損害について、被後見人に責任を負う。ただし、後見人が義務違反について責任を負わないときは、この限りではない。その他の場合は、BGB1826条「世話人の責任」が準用される。したがって、後見人は、その義務違反について責任を有する場合のすべての損害について、被後見人に対して損害賠償責任を負い、複数の後見人が損害の責任を有する場合は、連帯債務者として損害賠償責任を負担し、後見社団は、社団後見人の過失について被後見人に対し責任を負う。(BGB1794条1項、1826条準用)。

また、被後見人が、養育および教育のために名誉職の後見を行う後見人の家庭に引き取られた場合には、BGB1664条「両親の制限責任」が準用される。したがって、被後見人を自家に引き取った名誉職後見人は、後見人として配慮権を行使する場合、自己のためにするのと同一の注意をもって行った限りにおいて、被後見人に対し損害賠償責任を負う。(BGB1794条2項、1664条準用)。

2　身上配慮

(1) 身上配慮の内容

後見人は、被後見人の身上に配慮する義務および権利を有する（BGB1789条1項)。身上配慮の内容は、次のとおりである（BGB1795条)。

なお、これは親の配慮に関するBGB1631条「身上配慮の内容と範囲」乃至1632条「子の引き渡しなど」の規定とおおむね同一である。

ア　被後見人の養育、教育および監督

後見人による身上配慮は、特に、BGB1788条「被後見人の権利」の定める被後見人の権利を尊重したうえで、被後見人の居所指定ならびに被後見人の養育、教育および監督を含む（BGB1795条1項1文)。この規定は、親による身上配慮に関するBGB1631条1項と同趣旨である。

被後見人に対する医療行為において、後見人は、法定代理人として医療機関と診療契約を締結し、通常の医的侵襲行為について同意を与えることができるが、被後見人に同意能力がある場合はその意思に基づくことになる。

また、この被後見人の養育、教育および監督は、後見人に付与される法定代理権や居所指定権などの法律行為あるいは法的行為によって実践される。後見人は、被後見人を直接に養育することができるが、その義務を負うものではなく、里親養育や施設教育など家庭外での教育援助によることができる。

なお、後見人は、自分自身の家庭で被後見人を養育および教育をしていないときでも、身上配慮を行う責任があり、かつ、自ら被後見人の養育および教育を促進し、保証しなければならない（BGB1795 条 1 項 2 文）。

イ　その他の身上配慮

身上配慮の内容として、次の事項が準用されている（BGB1795 条 1 項 3 文）。

①職業的専門教育および職業

後見人は、職業的専門教育と職業に関する業務において、特に、被後見人の適性と傾向性について配慮する（BGB1631 条 a 準用）。

②自由を剥奪する収容および自由を剥奪する措置

収容施設の選択は後見人の職務であるが、自由の剥奪を伴う被後見人の収容は、家庭裁判所の許可を必要とする。また、病院や施設にいる被後見人が、長期間または定期的に機械装置、薬物またはその他の方法によって自由が剥奪されるときも、家庭裁判所の許可が必要である。（BGB1631 条 b 準用）。

③不妊処置の禁止

後見人は、被後見人の不妊手術には同意できない（BGB1631 条 c 準用）。

④男児の割礼

後見人は、医療技術上の規則に従って実施される男児の割礼に同意する権利を有する（BGB1631 条 d 準用）。

⑤性別発育の変異を有する子の治療

後見人は、性別発育の変異を有する子の治療に同意する権利と実施する権利を有さない。後見人は、子の自己決定まで延期できない場合は、家庭裁判所の許可に基づき、子の生殖器の外科的処置に同意し得る。（BGB1631 条 e 準用）。

⑥子の引き渡し、交流の決定

後見人は、後見人に被後見人を違法に引き渡さない者に対して、被後見人の引き渡しを求める権利を有する。また、後見人は、第三者との被後見人の交流を規制することを決定する権利も有する。(BGB1632条準用)。

(2) 家庭裁判所の同意

ア 同意を要する行為

後見人は、①1年を超える長期間の職業教育契約の締結、②雇用関係または労働関係を結ぶことを目的とした契約で、被後見人が1年を超える長期にわたって自分自身の給付を義務づけられるもの、③被後見人の常居所の国外への移転、これらに関しては家庭裁判所の同意を要する（BGB1795条2項)。

イ 同意の付与

家庭裁判所は、BGB1788条の定める被後見人の権利を尊重したうえで、後見人による法律行為または居所の移転が被後見人の福祉に反しないときは、上記ア①②③の同意を付与しなければならない（BGB1795条3項)。

(3) 後見人と養育者の相互関係

ア 養育者の利益および意見の考慮

後見人は、養育者の利益も考慮しなければならない。後見人は、身上配慮の決定において、養育者の意見を取り入れなければならない（BGB1796条1項)。

この養育者とは、BGB1777条「保護人としての養育者」、1797条「養育者の決定権限」で使われている概念に対応しており、同様にその権限など内容についてもBGB1688条「養育者の決定権限」と連関している[22]。

イ 養育者と後見人の協働の義務

後見人と養育者の協働に関しては、BGB1792条2項「後見人と保護人の協働」が準用されて、被後見人の福祉に資するために、相互に情報提供し、協働する義務を負う。(BGB1796条2項)。

ウ 養育者と同等とみなされる者

被後見人を昼夜を通じた全日制施設またはその他の居住形態において世話および教育を行う者、あるいは被後見人の集中的社会教育学的な世話を引き受けた者は、本条の定める養育者と同等とみなされる（BGB1796条3項)。

本規定はBGB1688条2項に対応し、子の入所する施設（ハイム）や精神障害児の統合支援施設またはその他の居住形態、または薬物依存などの問題行動

---

22 BT-Drucks. 19/24445, op. cit., S. 209.

を伴う少年の支援施設において、当該子の世話をする者を養育者と同等とみなすという趣旨である[23]。具体的には、入所施設の施設長や施設職員などをいう。

(4) 養育者の権限

ア　養育者の代理権等

被後見人が養育者と長期間同居している場合、養育者は日常生活における事務を決定し、その限りでは後見人を代理する権限を有する。さらに、BGB1629条「子の代理」1項4文が準用されて、養育者には、差し迫った危険があるときは、被後見人の福祉のために必要不可欠なすべての法的行為を行う権限が認められる。この養育者には、BGB1796条3項の定める施設（ハイム）の施設長や職員など養育者と同等の者も含まれる（BGB1797条1項、2項）。

イ　養育者の権限の制限または排除

後見人は、被後見人の福祉のために必要がある場合は、養育者に対する意思表示によって、この養育者の代理権あるいは法的行為を行う権限を制限し、または排除することができる（BGB1797条3項）。

3　財産配慮

(1) 後見人の義務

ア　財産配慮義務における原則

後見人は、被後見人の財産に配慮する義務および権利を有する（BGB1789条1項1文）。この後見人の義務と権利は、親の配慮権と同様である。

この義務と権利の下、後見人は、被後見人の福祉のために、経済的な財産管理の原則および被後見人が自主的かつ責任を持って行動するために成長する必要があることを考慮して、財産配慮を行わなければならない。その際、後見人は、被後見人の財産を保護および保全する義務を負う。（BGB1798条1項）。

また、後見人は、被後見人を代理し法定代理人となるが、利益相反に相当する法律行為などについては、BGB1824条の準用により代理権が排除される。例えば、後見人とその配偶者若しくは直系親族の間の法律行為、後見人と被後見人との間の法律行為である（BGB1789条2項1文および2文）。

23　BT-Drucks. 19/24445, op. cit., S. 210.

イ 世話人における義務の準用

その他の点については、財産目録作成や投資義務など、世話人に関する財産配慮の規定が、後見人の義務として準用される（BGB1798条2項1文）。

ウ 財産目録

財産目録には、後見が命じられた時に存する財産が登録されなければならない。家庭裁判所は、被後見人の発達段階に応じて、被後見人に財産目録を告知しなければならない。（BGB1798条2項2文および3文）。

エ 代理による贈与の禁止

後見人は、被後見人を代理して贈与することはできないが、習俗的な義務または儀礼的な相応の配慮としての贈与はこの限りではない（BGB1798条3項）。

(2) 同意を要する法律行為

ア 世話人に関する規定の準用

世話人がBGB1848条乃至第1854条に基づいて世話裁判所の同意を必要とする事例においては、後見人は、BGB1799条2項に該当する場合を除き、家庭裁判所の同意を得なければならない（BGB1799条1項）。

この家庭裁判所の同意を要する事例とは、世話人に関する有価証券等の処分の同意（1849条）、土地等に関する法律行為の同意（1850条）などである。

イ 同意の特例

BGB1853条1文1号の規定にかかわらず、後見人は、被後見人に反復的な給付を義務づける使用賃貸借契約または用益賃貸借契約またはその他の契約を締結する場合、被後見人が成年に達した後の契約関係が1年を超えて継続するときは、家庭裁判所の同意を得なければならない（BGB1799条2項1文）。

ウ 同意が不要な法律行為

ただし、①被後見人にとって経済的な価値が小さい契約、②被後見人が、成年に達してから遅くとも満19歳になるまでに自らが不利益を受けることなく解約し得る契約関係については、同意が不要である（BGB1799条2項2文）。

(3) 家庭裁判所による同意の付与

ア 同意の条件

家庭裁判所は、法律行為がBGB1798条第1項「後見人の財産配慮義務における原則」に反しないときは、同意を付与する（BGB1800条1項）。

この財産配慮義務における原則とは、被後見人の福祉に資するように、被後見人が自主的かつ責任ある行動のために成長する必要があることを考慮して、後見人が財産配慮を行うことなどをいう。

イ　世話人の規定の準用

同意の付与については、世話人に関するBGB1855条、1856条1項・2項、1857条、1858条が準用され、次のとおりとなる（BGB1800条2項1文）。

①家庭裁判所は、法律行為の同意を後見人にのみ表明する。

②家庭裁判所の同意が必要な契約を同意なしで後見人が締結した場合、当該契約の有効性は家庭裁判所の追完的同意の有無により確定する。

③上記②の際、契約の相手方は家庭裁判所の追完的同意までは撤回権を有する。

④家庭裁判所の必要な同意なしで後見人が行った単独行為は無効である。

なお、被後見人が成年に達した場合は、被後見人による同意が家庭裁判所の同意に代わる（BGB1800条2項2文）。

(4)　後見における制限の免除

ア　少年局などの制限の免除

後見人としての少年局、社団後見人および後見社団には、世話人の義務の免除に係るBGB1859条「法定免除」が準用され、被後見人の財産投資の制限に係る金融機関等との制限合意に関する義務、および被後見人の財産管理に関する計算書の裁判所への提出義務が免除される（BGB1801条1項）。

イ　申立てによる制限の免除

家庭裁判所は、被後見人の財産の危機を招くおそれがないときは、申立てにより、後見人の財産配慮に関する制限を免除し得る（BGB1801条2項1文）。

この場合、BGB1860条「裁判所命令による免除」が準用され、家庭裁判所は、後見人の申立てにより、被後見人の財産が少額の場合や後見人に証券取引などの知識と経験がある場合は、被後見人の財産投資の制限に係る金融機関等との制限合意義務などの制限を免除し得る（BGB1801条2項2文）。

ウ　指名後見人の制限の免除

両親は、BGB1782条「両親による後見人の指名」の要件に留意した上で、その指名に係る後見人について、財産投資の制限に係る金融機関等との制限合意義務などに基づく制限を免除することができる。また、BGB1859条「法定免除」が準用され、計算書作成に代えて年次概要の提出などの制限緩和を行うことができる（BGB1801 条３項）。

エ 制限免除の取消

家庭裁判所は、もはや免除の要件が存在しなくなったとき、またはその継続的適用により被後見人の財産の危機を招くおそれがあるときは、その免除を取り消さなければならない（BGB1801 条４項）。

Ⅳ 裁判所による助言と監督

1 家庭裁判所の助言

家庭裁判所は、後見人を援助し、後見人の職務執行上の権利および義務について助言を行う。BGB1861 条２項「名誉職世話人の義務の告知等」の準用により、家庭裁判所は、後見人にその義務と任務を告知し、助言や支援の提供について指示を行う（BGB1802 条１項）。

2 家庭裁判所による監督

(1) 後見人の全職務を監督

家庭裁判所は、後見人のすべての職務を監督する。家庭裁判所は、特に、後見人が、被後見人の権利ならびに身上配慮および財産配慮における後見人の原則および義務を考慮して、その職務執行義務を遵守しているかについても留意しなければならない（BGB1802 条２項１文、２文）。

(2) 親の配慮の規定の準用

BGB1666 条「子の福祉の危機における裁判所の措置」、1666 条ａ「相当性の原則と公的援助の優先」、1696 条「裁判所の決定および和解の変更」が後見人に対する家庭裁判所の監督に関して準用される（BGB1802 条２項３文後段）。

敷衍すると、子の福祉の危機は、虐待やネグレクトという児童虐待の典型類型だけでなく、子の健全な発達を阻害するあらゆる要素が含まれ、子の福祉の危機が存する場合、家庭裁判所は、危険防止に必要な措置を義務づけられる。これは財産配慮についても同様であり、後見人の有する被後見人に対する身上配慮および財産配慮の権限について、その全部または一部剥奪を含む法的措置が家庭裁判所に義務づけられている（BGB1666 条の準用）。

同時に、家庭裁判所による後見人と被後見人の分離を伴う措置は、公的援助を含めその他の方法によっても危険を回避できない場合に限って許されるという「公的援助優先の原則」、および身上配慮権の全部剝奪について、他の措置では効果が生じないか、危険防止のために十分ではないときに限り許されるという「相当性の原則」も適用される（BGB1666 条 a の準用）。

(3) 世話に関する規定の準用

BGB1862 条「世話裁判所による介入、州法による世話裁判所の監督規定」、1863 条「被世話人に関する報告」のほか 1864 条、1865 条、1866 条、1867 条が、後見に関する家庭裁判所および後見人に準用され、家庭裁判所による後見人への監督が実行される（BGB1802 条 2 項 3 文前段）。

(4) 賠償責任保険への加入

家庭裁判所は、後見人が被後見人に与え得る損害に備えて、後見人に対して保険に加入する義務を課すことができる（BGB1802 条 2 項 4 文）。

3　家庭裁判所による意見聴取と協議

(1) 被後見人の意見聴取

家庭裁判所は、後見人が義務に反して被後見人の権利を守らず、または適切な方法による注意を払わず、または後見人としての義務を他の方法で履行していないという根拠が存在するときは、被後見人に対して個別に意見聴取しなければならない（BGB1803 条 1 項）。

(2) 被後見人との個別協議

家庭裁判所は、被後見人の身上関係に関する後見人の当初報告および年次報告、管理財産の正当な範囲での後見人の決算、ならびに被後見人の身上または経済状況の重要な変化について、被後見人と個別に協議しなければならない。また、後見人は、意見聴取のために招かれ得る（BGB1803 条 2 項）。

V　後見の終了

1　後見人の解任

(1) 一般的理由による解任

家庭裁判所は、次の場合、後見人を解任する義務がある（BGB1804条1項）。

①被後見人の利益または福祉の危機

後見人が職務を継続することにより、特にその義務違反のために、被後見人の利益または福祉が危険にさらされる場合である。

②名誉職後見人の確保

専門職後見人または社団後見人または少年局が後見人に選任された後、他の適当かつ心構えのある名誉職後見人を確保することができた場合である。

③社団後見人の解雇等

選任されていた社団後見人と後見社団の雇用関係が解消された場合である。

④欠格事由に該当

選任後に、欠格事由に抵触する状況が判明し、または生じた場合である。

⑤重大な解任事由

または、解任すべきその他の重大な事由があるときである。

(2) 後見人または後見社団の申立てによる解任

家庭裁判所は、次の場合、後見人を解任する義務がある（BGB1804条2項）。

①職務継続が困難な後見人による解任申立て

後見人に選任された後、その職務を継続することがもはや期待できない状況が生じ、かつ、当該後見人がその解任を申し立てた場合である。

②後見社団による当該社団後見人の解任申立て

社団後見人の選任後に、当該後見社団がその解任を申し立てた場合である。

(3) 被後見人の利益のための解任

家庭裁判所は、後見人の交替が被後見人の福祉に資するときは、申立てに基づき、従来の後見人を解任しなければならない。ただし、これに反対する被後見人の意思、および名誉職後見人の優先が考慮されなければならない。なお、後見人解任と交替の申立権者は、後見人、被後見人の利益のために新しい後見人として申し立てた者、満14歳に達した被後見人、および被後見人の正当な利益を主張するその他のすべての者である（BGB1804条3項）。

2　新たな後見人の選任

(1)　後見人の不在による新たな選任

後見人が解任され、または死亡したとき、家庭裁判所は、遅滞なく、新たな後見人を選任しなければならない（BGB1805条1項）。

この場合、BGB1778条「家庭裁判所による選出」乃至1785条「後見人の引受義務および選任要件」の後見人選出における各関係条項が準用される。

(2)　社団後見人による後見の継続

家庭裁判所は、後見社団からの解雇等による雇用関係の解消または後見社団による社団後見人の解任申立てに基づいて社団後見人が解任された場合、被後見人の福祉に資するときは、当該社団後見人を解任せず、当該社団後見人が私人として引き続き後見を継続することを認め得る（BGB1805条2項）。

3　後見が終了する場合

BGB1773条が定める①親の配慮権者の不存在、②両親が子の身上および財産に関して代理権を有さないこと、③子の身分が不明、という後見開始要件がもはや存在しなくなったとき、後見は終了する（BGB1806条）。

VI　報酬および費用補償

1　後見は無償が原則

後見は、原則として、無償で行われる（BGB1808条1項）。ただし、2021年の後見法改正により、名誉職後見人などへの報酬の支払が可能となった。

2　名誉職後見人の報酬等

(1)　費用補償および概算払

名誉職後見人は、BGB1877条「世話人の費用補償」に基づき後見事務に必要な費用の前払い若しくは補償、またはBGB1878条「世話人の概算請求」に基づき費用の概算払を被後見人に請求し得る（BGB1808条2項1文）。

また、BGB1879条「国庫による前払い等の支払」およびBGB1880条「被世話人の無資力の認定」が準用されるため、被後見人が無資力の場合、名誉職後見人はこれらの費用を国に請求することができる（BGB1808条2項2文）。

(2) 報酬の承認

後見は原則として無償という規定にかかわらず、家庭裁判所は、名誉職後見人への適当な報酬を認めることができる（BGB1808条2項3文）。

この報酬に関してはBGB1876条2文「名誉職世話人の報酬」が準用されるため、被後見人の事務遂行の程度または困難さにより正当と認められ、かつ、被後見人が無資力でない場合、家庭裁判所は、名誉職後見人に相応な報酬を承認することができる（BGB1808条2項4文）。

3　専門職後見人および後見社団の報酬および費用補償

(1) 専門職の定義と報酬等

後見は、例外的に専門職によって行われる。その専門性、ならびに専門職として行う後見人および後見社団の報酬および費用補償に係る請求権は、後見人および世話人の報酬に関する法律（VBVG）に基づいて決定される（BGB1808条3項）。VBVGは、後見に係る専門職の定義および報酬および費用補償について、次のように規定している（VBVG第1条）。

ア　専門性の認定

家庭裁判所は、後見人がその専門的職務内容の後見業務を受託している場合などにおいては、BGB1808条3項の規定する専門性を認めなければならない。通常、後見人が10件以上の後見を行った場合、または後見業務に少なくとも週20時間を要すると見込まれる場合は、専門性が存在すると認められる。

イ　後見社団等のみなす規定

後見人として社団後見人若しくは少年局、または暫定後見人として後見社団若しくは少年局が選任された場合は、専門性が存在するものと認められる。

ウ　報酬および費用補償の請求

家庭裁判所が専門性を認めた場合、またはみなす規定に該当する場合、専門職後見人および後見社団は、被後見人に対し報酬および費用補償を請求することができる。その際、裁判所は支払いを承認しなければならない。

(2) 後見社団の報酬等

後見社団の報酬および費用補償は、次のとおりである（VBVG 第5条)。

社団後見人が選任された場合または後見社団が補助を引き受けた場合、後見社団は報酬の受け取りが認められ、後見社団が暫定後見人に選任された場合も同様である。また、これらの報酬に加えて、後見社団は、BGB1877 条1項の準用により、前払いまたは費用補償を請求することができる。ただし、一般的な管理費用は補償されない。なお、後見業務を実際に行う社団後見人自身は、報酬および費用補償の請求をすることができない。

4　少年局の報酬および費用補償

後見人としての少年局は、報酬を受け取る権利がない（VBVG 第6条1項)。また、少年局は、費用の前払請求はできないが、被後見人が無資力でない場合は、BGB1877 条の準用により補償を請求することができる。ただし、一般的な管理費用は補償されない（VBVG 第6条2項)。

Ⅶ　未成年者の保護

1　補充的保護

(1) 補充保護人の義務と権利

親の配慮の下にある者または後見が行われている者は、両親または後見人が配慮できない事務について保護人が付される。この補充保護人は、委譲された事務について、被保護人の利益のためにその福祉に資するよう配慮し、かつ被保護人を代理する義務と権利を有する。すなわち、補充保護人は、委譲された職務の範囲内で、被保護人に係る親の配慮権を有する者となる。また、補充的保護が必要になったとき、両親または後見人は、その旨を遅滞なく家庭裁判所に届け出なければならない（BGB1809 条)。

(2) 補充保護人の選任事由

未成年者の両親または後見人が、法律上または事実上の理由で所定の配慮事務を遂行できない場合、当該未成年者のために補充保護人が選任される。例えば、日常的な子の養育における親の配慮権行使が両親側の事情によって困難な場合、または身上配慮のうち居所指定権剝奪や親の財産配慮権剝奪など親の配慮権の一部剝奪などにおいて選任され、補充保護人が当該配慮事務を行う[24]。

この点、追加保護人と養育者による保護人が、被後見人の福祉に資するために選任されるのと比べ、補充保護人は、親または後見人による所定の配慮事務の執行不能を理由に選任されるものであり、選任事由が異なる。

なお、BGB1684条3項「子と両親との交流」の交流保護人（Umgangs-pfleger）も補充的保護人の範疇と解されるが、この交流保護人の選任は、BGB1684条の定める特別な要件に基づいて行われる。一方、BGB旧1909条の代理保護人は、2021年改正法における暫定後見人の導入によって廃止された[25]。

2 出生前の子の保護

子が生まれたときに両親が親の配慮権を行使できない場合に限り、出産前の子の将来の権利を確保するために、保護人が選任され得る。この保護は当該子の出生とともに終了する（BGB1810条）。

3 出捐保護

(1) 出捐保護人の選任

未成年者が、他者の死亡を理由にして他者の死亡の際または生者間の無償の出捐によって財産を取得し、かつ、終意処分における遺贈者または出捐における出捐者が、両親または後見人は財産を管理するべきでないと決定したとき、未成年者は出捐保護人（Zuwendungspfleger）を付される（BGB1811条1項）。

(2) 遺贈者または出捐者の権限

終意処分における遺贈者または出捐における出捐者は、次のことを行うことができる（BGB1811条2項）。

①出捐保護人の指名

出捐保護人を指名することができる。

---

24 BT-Drucks. 19/24445, op. cit., S. 225.

25 Ibid., S. 225.

②制限の免除

BGB1843条「有価証券の保管」のほか1845条、1846条、1848条、1849条、1865条に基づく制限について、出捐保護人を免除することができる。

なお、出捐保護人の指名には、BGB1783条「指名後見人の回避」が準用され、また、計算書作成義務が免除された場合の年次概要の提出および期限については、BGB1859条「法定免除」が準用される。

(3) 制限の免除の取消

家庭裁判所は、被保護人の財産が重大な危険にさらされている場合においては、制限の免除を取り消さなければならない。その際、出捐者が生存している限り、出捐者が付与した免除の変更には、出捐者の同意が必要であり、かつ十分である。出捐者が永続的に意思表示不能や永続的に居所不明の場合、家庭裁判所は、出捐者に代わって同意しなければならない。(BGB1811条3項)。

(4) 出捐保護人の報酬

被保護人が無資産でない限り、出捐保護人の時間給の額は、保護事務の執行に有効な専門的知識ならびに保護事務の範囲および難易度に従って決定される。また、BGB1881条「無資力の場合の請求権の移転」が準用され、無資力の被保護人に対する出捐保護人の費用補償等を国が支払った場合は、出捐保護人の請求権は国に移転する(BGB1811条4項)。

4　保護の終結および終了

保護を命じた理由が消滅したとき、保護は終結される。また、保護は、親の配慮または後見の終了により、あるいは個別事務の処理を行うための保護のときはその終結によって、終了する(BGB1812条)。

5　後見法の適用

BGB1773条乃至1808条「後見」に適用される規定は、法律に別段の定めがある場合を除き、BGB1809条乃至1812条「未成年者の保護」に基づく保護に準用される(BGB1813条1項)。

なお、BGB1809条1項1文「補充的保護」に基づく保護には、BGB1782条「親による後見人の指名および除外」および1783条「指名された後見人の回避」は適用されない（BGB1813条2項）。

Ⅷ 少年局の役割

1 後見人および保護人選任への協力

(1) 後見人の推薦

少年局は、個々の事案について、後見人に選任することが適当な者を、家庭裁判所に推薦しなければならない（SGB Ⅷ 53条1項）。

(2) 推薦理由の説明

少年局は、その推薦の理由を述べなければならず、次のことを家庭裁判所に説明しなければならない（SGB Ⅷ 53条2項）。
①被後見人に最も適した後見人を見つけるために講じた措置の内容、および、
②専門職後見人または社団後見人または少年局を後見人を推薦する場合、名誉職の後見を行う適当かつ心構えのある者を見つけることができなかった理由

(3) 保護人選任への準用

後見人選任に係る少年局の家庭裁判所への協力義務は、未成年者の保護について準用される。したがって、少年局は、保護人の選任にあたり、家庭裁判所に保護人の推薦とその理由を説明しなければならない（SGB Ⅷ 53条3項）。

2 後見人および保護人への助言と支援

(1) 後見人の助言と支援を受ける権利

後見人は、被後見人のそれぞれの教育上の必要性に応じて、少年局による定期的および随時の助言と支援を受ける権利を有する（SGB Ⅷ 53条a第1項）。

(2) 少年局による配意と是正の助言

少年局は、後見人が、被後見人の身上監護、特にその教育および養育および配慮することについて、相応に配意しなければならない。また、少年局は、後見人の瑕疵が確認された場合は、後見人の同意のもとに是正されるよう助言する役割を果たさなければならない。なお、後見社団が暫定後見人に、または社団後見人が後見人に選任されたときは、少年局による当該後見人への配意と是正の助言規定は適用されない（SGB Ⅷ 53条a第2項、3項）。

(3) 保護人への助言と支援に準用

少年局による後見人への助言と支援の規定は、未成年者に対する保護について準用され、保護人も少年局による助言と支援を受ける権利を有し、少年局による配意と是正の助言を受けることができる（SGB Ⅷ 53条a第4項）。

3　後見社団の認可

(1) 認可の条件

社団法人（rechtsfähiger Verein）は、次のことを保証する場合、少年援助広域地方機関（überörtlichen Träger der Jugendhilfe、州少年局または共同設置の州少年局）によって後見社団に認可され得る（SGB Ⅷ 54条1項）。

①職員体制の充実と賠償責任保険加入

保護人または後見人としてふさわしい十分な職員数を有し、その監督と継続的な教育を行い、職務上他人に与え得る損害に対して相応な保険に加入する。

②担当ケースは上限50件

社団保護人（Vereinspfleger）または社団後見人として選任された職員は、最大50件を上限として保護または後見を担当し、他の業務を兼務する場合は、それに応じてより少ない件数の保護または後見を担当する。

③名誉職の後見人および保護人の獲得と援助

計画的に名誉職の保護人および後見人の獲得に努め、かつその業務の手ほどきと継続的な教育を行い、かつ助言をする。

④職員間の経験交流の促進

社団における職員間の経験交流を促進する。

(2) 認可の有効範囲

後見社団としての認可は、社団所在地の各州において有効であるが、少年援助広域地方機関の管轄地域に限定される場合もある（SGB Ⅷ 54条2項）。

(3) 後見社団による補助

認可された後見社団は、州法の規定する範囲内で、補助を引き受けることができる（SGB Ⅷ 54条3項）。

(4) 州法による規定

後見社団の認可に関する詳細については、州法で規定される。また、認可付与のために別途の要件を定めることもできる（SGB Ⅷ 54条4項）。

(5) 民間福祉の担い手

ドイツにおける民間福祉は、従前より宗教系などの慈善福祉団体によって担われている。ディアコニー事業団（Diakonie、プロテスタント系）、カリタス事業団（Caritas、カトリック系）あるいはドイツ赤十字社など、その職員は約43万人といわれる[26]。児童または少年に関する後見、保護、補助などの職務も、これらの福祉団体の活動の一部となっている。

4　少年局による後見、保護、補助

(1) 公的後見の意義

少年局は、BGBが規定する場合には、補助人、保護人または後見人となる。それは補助、官庁保護、暫定官庁保護、官庁後見、暫定官庁後見（Beistandschaft, Amtspflegschaft, vorläufige Amtspflegschaft, Amtsvormundschaft, vorläufige Amtsvormundschaft）の5類型に分類される（SGB Ⅷ 55条1項）。

少年局は、児童または少年に関する公的ソーシャルワーク機関であると同時に、子の福祉の危機が生じたとき、必要と認めるときは家庭裁判所の介入を要請する。この介入の要請を受けた家庭裁判所は、少年局の報告をもとに、親と直接対面してその意見を聴取し、当該児童または少年に係る法的措置を決定する。法的措置として親の配慮権の全部または一部を剥奪し、併せて後見人または保護人を選任する場合も多い。

この後見人または保護人の選任において、BGBおよびSGB Ⅷに基づいて、名誉職後見人または名誉職保護人を確保できない場合、少年局が後見人または保護人に選任される。事後に適格な名誉職後見人が見つかった場合、家庭裁判所は、少年局を解任して名誉職後見人を選任する。このように名誉職後見人の優先を原則としており（BGB1779条2項）、あくまで少年局による官庁後見や官庁保護は、暫定的な経過措置として位置づけられている。

しかし、未成年者に対する後見人または保護人選任の実情は、少年局が後見人または保護人に選任されることが多く、80％近くを占めている[27]。直近の

26　前掲・岩志和一郎編著『児童福祉と司法の間の子の福祉』17頁。

27　前掲・西谷祐子「ドイツにおける児童虐待への対応と親権制度（2・完）」民商法雑誌

2022年末における公的後見の実績は、選任官庁後見が45,943件、法定官庁後見が4,078件、選任官庁保護が32,919件、補助が435,497件である[28]。

(2) 官庁職員への個別委譲

少年局は、補助人、保護人または後見人の職務の行使を、個別に官庁職員（Bedienstete）に委譲する。委譲にあたっては、家庭裁判所による選任の原則に留意しなければならない（SGB Ⅷ 55条2項1文、2文）。

(3) 子の意見聴取

少年局は、保護人または後見人の職務を委譲する前に、児童または少年の年齢および発達段階に応じて、可能な限り、官庁職員の選任について児童または少年から口頭による意見聴取を行う義務がある。例外的に委譲前に意見聴取が行われなかった場合は、遅滞なく、事後に行われなければならない。少年局が暫定保護人または暫定後見人に選任された場合は、子の意見聴取は行われない。また、BGB1784条「欠格事由」が準用される。（SGB Ⅷ 55条2項3乃至5文）。

(4) 職員の担当件数は上限50件

少年局から保護または後見の行使のみを委譲された官庁職員は、最大50件を上限として保護または後見を担当し、他の業務を兼務する場合は、それに応じて、より少ない件数の保護または後見を担当する（SGB Ⅷ 55条3項）。

(5) 委譲の内容と効果

職員への委譲の内容と効果は、次のとおりである（SGB Ⅷ 55条4項、5項）。

ア　委譲事項

官庁職員への委譲は、日常的な事務処理に属する事項とする。

イ　法定代理権

委譲された範囲内において、官庁職員は児童または少年の法定代理人となる。

ウ　委譲された職員の義務

委譲された官庁職員は、BGB1790条3項「後見人の交流義務」の規定に基づいて、個人的に連絡をとり、原則として月1回訪問するなど、児童または少

142巻1号44頁。

28 Statistisches Bundesamt, “Ausgaben, Einrichtungen und Personal in der Jugendhilfe: Kinder und Jugendliche; Deutschland, Stichtag, Maßnahmen für Kinder und Jugendliche, Nationalität, Geschlecht” (2023).

年と個人的な交流を行わなければならない。また、当該職員は、BGB1790条1項「後見人の職務執行の原則」、2項「被後見人の成長する能力などの尊重および促進等」、1795条1項「被後見人の養育、教育および監督などの身上配慮義務とその保証等」の規定に基づいて、当該児童または少年の養育および教育のために自ら援助し、かつ保証しなければならない。

エ 後見等の業務の分離

保護および後見の業務は、少年局の他の業務から、機能として、組織としておよび職員として、分離されなければならない。

5 少年局による後見等の執行

(1) BGB の適用

SGB Ⅷのほかに他の規定がない限り、少年局が行う補助、保護および後見の遂行については、BGB の各規定が適用される（SGB Ⅷ 56条1項）。

(2) 適用除外および例外規定

少年局への適用除外および州法による例外規定がある（SGB Ⅷ 56条2項）。

ア 少年局への不適用

BGB1835条5項「財産目録が不十分なときの世話裁判所の作成命令」および1844条「世話裁判所の命令による貴重品の寄託」は、保護人または後見人としての少年局には適用されない。

イ 家庭裁判所の同意の不適用

BGB1848条「投資口座以外の投資金を運用するときの裁判所の同意」が、1799条「裁判所の同意を要する法律行為」と1795条「被後見人の1年を超える職業教育契約および雇用契約」に関連する場合、家庭裁判所の同意は必要ない。

ウ 州法による例外規定

州法では、BGB1802条「家庭裁判所による後見人の全職務の監督」と関連して、BGB1862条「州法による世話裁判所の監督規定」の準用による保護人または後見人としての少年局について、さらなる例外を規定することができる。

(3) 被後見人の資金管理

被後見人の利益に資し、かつ利息を含む金銭の安全な管理、分離および決算が常に保証される限り、家庭裁判所の同意を得て、被後見人の金銭を少年局の資金口座で保有し運用することができる。この場合、州法は、家庭裁判所の同意を要しないと規定することができる。また、少年局が設立した団体によっても、被後見人の金銭を運用することが許される（SGB Ⅷ 56 条 3 項）。

6　報告義務

(1)　後見の開始および要件消滅の報告

少年局は、後見の開始ならびに後見の要件消滅について、遅滞なく、家庭裁判所に報告しなければならない（SGB Ⅷ 57 条 1 項）。

(2)　職務委譲する職員に関する報告

少年局は、後見人に選任される前に、どの職員に官庁後見の職務を委譲するかを家庭裁判所に報告しなければならない。また、少年局が暫定後見人に選任された場合、どの職員に暫定後見人の職務を委譲したかを、選任後直ちに、遅くとも 2 週間以内に家庭裁判所に報告する義務がある（SGB Ⅷ 57 条 2 項）。

(3)　被後見人の状況の報告

被後見人の身上と財産に関する状況について、次のとおり、少年局は家庭裁判所に報告する義務を負う。ただし、後見社団が暫定後見人に、または社団後見人が後見人に選任された場合、この報告義務はない（SGB Ⅷ 57 条 3 項）。

ア　被後見人の個人的情報

少年局は、家庭裁判所に対し、被後見人の個人的な身上および発達に関する情報を提供しなければならない。

イ　身上配慮における後見人の瑕疵

後見人への助言と支援にもかかわらず、被後見人の身上配慮における瑕疵が改善されない場合、少年局は家庭裁判所にその旨を報告しなければならない。

ウ　財産配慮の危機

少年局は、被後見人の財産が危機の状態にあることを知った場合、家庭裁判所に報告しなければならない。

(4)　名誉職後見人への見直しと報告

少年局は、原則として毎年、児童または少年の利益のために自らの後見人としての職を解任して名誉職の後見を行う自然人を選任することが適当かどうかを検討し、家庭裁判所に報告しなければならない。また、少年局が、すでに名誉職の後見が行われ得る状況が生じたことを確認したときも、同様に、家庭裁判所に報告しなければならない（SGB Ⅷ 57条4項）。

(5) 被後見人の転居の報告

被後見人の従前の常居所の少年局は、被後見人の常居所を他の少年局の管轄区域に移したときは、被後見人の新しい常居所を管轄する少年局にその旨を報告しなければならない。ただし。後見社団が暫定後見人に、または社団後見人が後見人に選任された場合は、当該報告は不要である（SGB Ⅷ 57条5項）。

(6) 未成年者の保護への準用

少年局の報告義務は、未成年者の保護について準用され、上記の後見に係る少年局の報告義務は、保護の開始および要件消滅の報告、被保護人の状況の報告などに読み替えられて少年局に課される（SGB Ⅷ 57条6項）。

7 少年局の管轄

(1) 家庭裁判所の選任に係る保護または後見の管轄

家庭裁判所の選任による保護または後見の管轄は、選任の時点の当該児童または少年の常居所がある地域の少年局が権限を有する。児童または少年に常居所がない場合、管轄権は、選任時の実際の居所に基づいて決定される。児童または少年が常居所を定め、または転居したときは、直ちに、少年局は、家庭裁判所に解任の申立てをしなければならない（SGB Ⅷ 87条c第3項）。

(2) 配慮権を有する親がいない場合の官庁後見の管轄

配慮権を有する親が不存在の場合の法定官庁後見は、母親が常居所を有する地域の少年局が権限を有する（SGB Ⅷ 87条c第1項）。

(3) 秘密出産の場合の官庁後見の管轄

秘密出産の場合の法定官庁後見については、子の出生地を所管する少年局が管轄権限を有する（SGB Ⅷ 87条c第2a項）。

Ⅸ　秘密出産

1　経緯

(1) 匿名による出産の類型

ドイツでは、2000年頃から、民間福祉団体の施設において、望まない妊娠で出産した子を匿名で引き渡す仕組みとして次の3類型が存在していた[29]。

ア　赤ちゃんポスト（Babyklappe）

親が、自宅等で出産した子を、匿名で、施設内に置いていく方法である。

イ　匿名出産（anonyme Geburt）

病院や助産施設において、医学的管理の下で分娩して、その子を施設に引き渡す方法である。

ウ　匿名による子の手渡し（anonyme Kindesübergabe）

親が施設の職員に事前に予約をして、匿名で、その子を対面により引き渡す方法である。

(2) 秘密出産の法制化

上記の3類型は、いずれも公的制度外の民間団体の取り組みであり、子の出自を知る権利の侵害との批判があった。

その後、2013年に妊娠葛藤法（SchKG）などの法改正により、秘密出産（vertrauliche Geburt）が制度化された[30]。秘密出産は、適切な医学的管理下での分娩が保障され、かつ、子が16歳に達したときには、母の身元に関する出自証明書を閲覧できる点に特徴がある。

29　高橋由紀子「ドイツの身元秘匿出産法と新生児養子縁組」帝京法学30巻1号2頁（2016年）。渡辺富久子「ドイツにおける秘密出産の制度化」外国の立法No. 260、65頁（国立国会図書館、2014年）。

30　同上「ドイツの身元秘匿出産法と新生児養子縁組」帝京法学30巻1号9頁。同上「ドイツにおける秘密出産の制度化」外国の立法No. 260、66頁。

2　概要

(1) 定義

秘密出産とは、妊婦が身元を明らかにしないままで、かつ、その氏名と生年月日と住所を申告した上で行う分娩をいう（SchKG25条1項、同26条2項）。

(2) 命名

妊婦は、自分の仮名を定め、希望する子の名を男女別にそれぞれ1つ以上を挙げる（SchKG26条1項）。

(3) 妊婦の氏名等の申告義務

妊婦は、子の出自証明書のために、自分の氏名、生年月日、住所を、身元を確認できる有効な証明書を示して申告する（SchKG26条2項）。

(4) 出自証明書の発行

妊娠葛藤相談所は、母の氏名、生年月日、および住所を記録した出自証明書（Herkunftsnachweis）を発行する（SchKG26条2項）。

(5) 管轄少年局への通知

妊娠葛藤相談所は、子の出生地を管轄する少年局に、妊婦の仮名、出産予定日および出産支援施設等を通知する（SchKG26条5項）。

(6) 子の出自証明書閲覧と複写要求

秘密出産により出生し16歳に達した者は、連邦所管庁に保管された出自証明書を閲覧し、その写しを要求することができる（SchKG31条1項）。

(7) 費用負担

秘密出産において必要な費用は、連邦政府が負担する（SchKG34条）。

3　少年局による法定官庁後見

妊娠葛藤法25条1項に基づいて秘密出産した子の両親の配慮権は、停止される。この場合、親の配慮権は、親の一方が子の出生届に必要な申立てを行ったことを家庭裁判所が認めるときは、復活する（BGB1674条a）。

子が秘密出産で出生した場合には、法定官庁後見として、当該子の出生時に、少年局が後見人となる（BGB1787条）。

また、子の養子縁組には親の同意を要するが、親が行方不明のときはその同意は不要である。妊娠葛藤法に基づき秘密出産した子の母親は長期間の行方不明とみなされるため、養子縁組において秘密出産した実親の同意は必要としない（BGB1747条）。

第4章　社会法典第8編

1　意義

基本法6条は、子の養育および教育は親の自然的権利と義務であるとするとともに、国家には親の職務実行を監視する役割を与えている。国は、BGBとSGB Ⅷに基づき、裁判所の決定を条件として親の権利に介入し得る。

SGB Ⅷ（社会法典第8編）は、児童および少年の権利擁護と支援について、行政機関としての少年局の任務をはじめ、児童および少年への援助の具体的な内容を規定している。このSGB Ⅷの規定する「児童および少年」については、児童（Kind）は14歳未満、少年（Jugendlicher）は14歳以上18歳未満をいう。

2　少年局

(1)　公的少年援助機関の設置

公的少年援助機関（Träger der öffentlichen Jugendhilfe）は、州法によって定められる。SGB Ⅷの職務を遂行するために、公的少年援助機関として、地方機関（örtliche Träger）は少年局（Jugendamt）を設置し、広域地方機関（überörtliche Träger）は州少年局（Landesjugendamt）を設置しなければならない。また、複数の地方機関および複数の広域地方機関は、それらが異なる州に属する場合であっても、それぞれの職務遂行のために、共同の機関を設置し業務を行うことができる（SGB Ⅷ 69条）。

ここに地方機関とは郡（Kreis）または郡に属しない特別市（Kreisfreie Stadt, Stadtkreis）のことであり、広域地方機関とは州（Land）のことである。

(2)　少年局の職務

ア　幅広い職務範囲

州少年局は、州全体の少年援助計画の立案や後見社団の認可（SGB Ⅷ 54条）など独自の職務を行い、少年局は、少年援助の実施および監督にあたる最前線の行政機関であり、わが国の児童相談所より職務範囲が広く規模が大きい。

少年局は、家族助成、教育援助、児童虐待対応、非行対応、一時保護、家事事件や少年事件での裁判手続への協力、官庁後見や官庁保護の引き受け、里親委託、養子縁組、保育園設置や運営など、包括的な児童福祉に関する業務を行う機関である。具体的には、「ベルリン市ミッテ区少年局」や「ミュンヘン市少年局」のような形で設置される[1]。

イ 専門職の職員体制

少年局および州少年局の常勤職員は、人格的にそれぞれの職務に適し、その職務にふさわしい養成専門教育を受けた者、または社会福祉事業勤務における特別な経験に基づいてその職務を行うことができる者を雇用しなければならない（SGB Ⅷ 72条1項1文）。現に社会教育学士（Sozialpädagoge）やソーシャルワーカー（Sozialarbeiter）の有資格専門職が相談や援助に携わっている。

また、それぞれの職務が必要とする限り、専門職または適切な養成専門教育を受けた専門職のみがその遂行を担当し、それぞれの職務が必要な場合は、異なる専門分野の専門職が共同作業を行う（SGB Ⅷ 72条1項2文、3文）。

さらに、少年局または州少年局の管理職は、通例は、専門職にのみ委ねられ、職員の継続的な専門研修およびケース対応における助言の確保など日常的な職員の資質向上への配慮も義務づけられている（SGB Ⅷ 72条2項、3項）。

(3) 少年局への通告

ア 通告の意義

児童保護における協力および情報に関する法律（Gesetz zur Kooperation und Information im Kinderschutz, KKG）4条が、子の福祉の危機において、通常は守秘義務を負う専門職の少年局への通告の権利について規定している。本法に基づいて、少年局に通告や情報提供を行った専門職の刑事上および民事上の責任は、いずれも免責される。

イ 特定専門職の通告の権利

次の専門職は、通告の権利を有し、職務上の守秘義務が免除される。

①医師、歯科医師、助産師、産科看護師、または職の遂行または職の名称を使用するために国の定める養成専門教育を必要とするその他の医療専門職

1 前掲・岩志和一郎編著『児童福祉と司法の間の子の福祉』14頁。

②国が認可する学術修了試験に合格した専門心理士
③結婚相談員、家庭相談員、教育相談員または少年相談員
④官庁または公的に認可された法人、施設または宗教財団の相談機関における依存症のための相談員
⑤妊娠葛藤法3条と8条に基づいて認可された相談機関の相談員と応嘱者
⑥国家資格のソーシャルワーカーまたは国家資格の社会教育学士
⑦公立学校教員および国に認可された私立学校の教員

これらの専門職が職務遂行中において、児童または少年の福祉の危機の重要な兆しがあると認めた場合、当該専門職は、児童または少年および教育権者とその状況を検討し、かつ、必要な場合には、児童または少年の効果的な保護を危うくしない限りにおいて、教育権者に対して公的援助の請求を勧告しなければならない（KKG4条1項）。

ウ　助言を受ける権利と情報を提供する権利

医師や教員など4条1項に列挙された専門職は、公的少年援助機関に対して、児童の福祉の危機を評価するために、この分野の経験がある専門家から助言を受ける権利を有する。この評価のために、専門職は必要な情報を当該専門家に伝達する権限を有する。なお、情報は伝達前に仮名にされる。この段階では、子の福祉の危機の存在が未確定の情報提供であることに配意して、個人情報の取り扱いについて慎重に行われている（KKG4条2項1文、2文）。

エ　通告の権利および緊急時の通告義務

4条1項に則っても危機回避できないかまたは公的援助の請求勧告の措置で効果がない場合で、かつ、1項の専門職が児童または少年の福祉の危機を回避するために少年局の介入が必要と考える場合、当該専門職は、少年局に通告する権限を有する。その際、児童または少年の効果的な保護を危うくする場合を除いて、当事者には事前にその旨を教示しなければならない。また、この目的のために当該専門職は、少年局に必要な情報を報告する権限を有する。

この専門職の通告の権利および情報報告の権利は、4条1項1号の医師など医療専門職にも適用され、かつ、当該医療専門職は、児童または少年の福祉に緊急の危機があるとの評価に基いて少年局の介入が必要と判断する場合には、直ちに、その旨を少年局に通告する義務がある。（KKG4条3項）。

オ　通告者へのフィードバックの義務

少年局は、4条1項の専門職から通告を受けた場合、児童または少年の福祉の危機に関する重要な兆しを確認したと見るかどうか、および、児童または少年の保護のために措置を講じたか、現在も措置を講じているかについて、適時に当該専門職にフィードバックしなければならない。その際、児童または少年の効果的な保護を危うくする場合を除いて、当事者には事前にその旨を教示しなければならない（KKG4条4項）。

カ　通告の実情

KKGに基づく医師や教員など専門職からの通告のほかに、警察や民間機関や施設、あるいは児童または少年自身からの通告が受理されることも多い。ベルリン市のように児童保護ホットライン（Hotline-Kinderschutz）を設置して、24時間体制で通報を受け付けている州もある[2]。

(4) 少年局による緊急対応

少年局は、児童の福祉の危機を認識した場合、次のような緊急対応を行う。

ア　危機評価および直接的印象の取得

少年局が児童または少年の福祉の危機について有意な根拠を得た場合、少年局は、複数の専門家との共同作業によって、その危険度を評価（アセスメント）しなければならない。その際、児童または少年の効果的な保護に問題が生じない限り、少年局は、専門的評価に基づいて必要な範囲内で、児童または少年の教育権者（Erziehungsberechtigter）および当該児童または少年を危機の評価に関与させなければならない。そのために児童または少年およびその身上環境について、家庭訪問などの方法で対面による直接的印象（unmittelbaren Eindruck）を取得し、かつ、KKGに基づく通告者を適切な方法で危機評価に関与させる責務がある（SGB Ⅷ 8条a第1項1文、2文）。

なお、この教育権者とは、身上配慮権者および18歳以上のその他のすべての者で、身上配慮権者との合意に基づいて、一時的ではなく、かつ個別業務のためだけではなく、身上配慮の職務を行う者をいう（SGB Ⅷ 7条1項6号）。したがって、親の配慮権を有する両親あるいは後見人のほかには、保護人や養育

2　前掲・岩志和一郎『児童福祉と司法の間の子の福祉』101、118頁。

者などが該当し得る。また、少年局は、援助の提供が危機回避に適切かつ必要不可欠であると判断した場合、その旨を当該教育権者に提言しなければならない（SGB Ⅷ 8 条 a 第 1 項 3 文）。

ベルリン市では、少年局が通告を受理した場合、州法および施行規程に基づいて、対面での直接的印象の取得と危機評価のために、即時介入（2 時間以内または当日中）が必要かどうかを、同日中に判断している[3]。スクリーニングを経て、ケース毎に即時介入の要否を決定している点で、わが国の一律 48 時間以内の安全確認とは異なっている。

イ　家庭裁判所への要請および児童の一時保護

少年局は、家庭裁判所の介入が必要と判断するときは、家庭裁判所に介入を要請（anrufen）しなければならない。当該教育権者が危険度の評価に協力する意思を有さないか、または協力する状態でないときも、同様に要請しなければならない。緊急の危機があり、裁判所の決定を待つことができないとき、少年局は、自ら児童または少年を一時保護する義務を負う（SGB Ⅷ 8 条 a 第 2 項）。

ウ　教育権者および権限のある他の官署への働きかけ

少年局は、危機の回避のために、他の給付実施機関、保健援助機関または警察の介入が不可欠の場合には、当該教育権者による請求を働きかけなければならない。さらに、即時介入が必要であり、かつ、身上配慮権者または教育権者の協力が得られない場合は、少年局が自ら、危機回避に関して権限のある他の官署を介入させなければならない（SGB Ⅷ 8 条 a 第 3 項）。

3　教育援助

(1) 意義

SGB Ⅷ 27 条乃至 35 条では、教育援助（Hilfe zur Erziehung）として、とくに困難な生活状態にあり、教育上の問題を抱える児童および少年とその家族を支援する給付の類型が規定されている。なお、BGB あるいは SGB Ⅷにおける教育（Erziehung）とは、子の能力を引き出して全人格的発達を目指すとい

3　前掲・岩志和一郎『児童福祉と司法の間の子の福祉』106、233、247 頁。

う意味であり、単なる養育でも学校教育でもない広義の法律概念である。

また、少年局は、この教育援助を通じて子の福祉の危機を確認したときは、SGB Ⅷ 8条aに基づき、家庭裁判所に対して親の配慮権への介入を要請する。家庭裁判所は、子の福祉の危機を強制的に回避するため、BGB1666条などに基づき、親の配慮権の全部または一部剝奪の措置などをとる場合がある。

このように教育援助は、要保護児童および少年とその家族への公権力介入の第一段階であり、かつ、児童および少年援助の核心ということができよう。

(2) 内容

身上配慮権者は、児童または少年の福祉に資する教育が保証されず、かつ、当該子の発達のためには、援助が適当で必要不可欠な場合には、その子の教育について援助を受ける権利を有する（SGB Ⅷ 27条1項）。

これを教育援助といい、その種類と範囲は、個々のケースの教育上の必要性によって決定され、児童または少年の直面する社会環境も含めて考慮される。各ケースにおいて児童または少年の教育上の必要性に適合する場合は、異なる種類の援助方法を組み合わせることができる。また、児童または少年を両親の家庭以外で教育する必要がある場合、教育援助を受ける権利は、当該扶養義務者に公的少年援助機関と協力して援助を受ける意思と適合性がなければならない（SGB Ⅷ 27条2項、2a項）。教育援助の種類は、次のとおりである。

(3) 類型

ア　教育相談

教育相談（Erziehungsberatung）とは、教育相談所その他の相談サービスや相談施設が、個人と家庭に関する問題およびその根底にある原因の解明と克服、教育問題の解決、ならびに別居および離婚に際して、当該児童、少年、両親その他の教育権者を援助するものである。教育相談においては、異なるアプローチ技法を有する様々な専門分野の専門家が共同作業を行う（SGB Ⅷ 28条）。

イ　ソーシャルグループワーク

ソーシャルグループワーク（Soziale Gruppenarbeit）は、集団教育学的コンセプトに基づき、集団の中での社会的学習を通して、発達上の困難や行動上の問題のある非行少年などを援助するものである（SGB Ⅷ 29条）。

ウ　教育補助人および世話援助者

教育補助人（Erziehungsbeistand）および世話援助者（Betreuungshelfer）は、当該児童または少年がその発達上の問題を克服する場合、社会環境を包含して支援し、家族との結びつきを保持してその自立を援助する（SGB Ⅷ 30条）。

エ　社会教育学的な家族援助

社会教育学的な家族援助（Sozialpädagogische Familienhilfe）は、集中的な世話および助言を通じて、家族の教育的な課題、日常的な問題の克服、葛藤および危機の解決、ならびに官庁および機関との接触において家族を援助し、かつ自立援助を行うものである（SGB Ⅷ 31条）。この援助の対象は、経済的困難な家庭、ひとり親家庭、構成員に病気や依存症のある家庭などである[4]。

オ　デイグループにおける教育

デイグループでの教育（Erziehung in einer Tagesgruppe）は、日中の一定時間に、グループにおける社会的学習、就学支援、および子育て支援を通じて児童または少年の発達を支援し、家庭における生活を確保する。家庭的養育という適切な形態で支援を行うことも可能である（SGB Ⅷ 32条）。

デイグループでの教育援助は、2022年末現在、14,611件が行われている[5]。

カ　全日制養育（里親養育）

全日制養育（Vollzeitpflege）における教育援助は、児童または少年の年齢および発達段階および人間関係、ならびに児童および少年の出身家庭における教育条件の改善の可能性などに応じて、他の家庭での一時的な教育支援または長期間の生活形態を提供することである。また、特別に発達に障害のある児童および少年のために、適切な形態の家庭的養育を生じせしめて、かつ拡充するものである（SGB Ⅷ 33条）。

里親については各州の定めるところによるが、祖父母などの親族も教育援助の枠内で里親になることが可能である[6]。全日制養育の教育援助は、2022年末現在、71,922件が実施されている[7]。

4　前掲・岩志和一郎編著『児童福祉と司法の間の子の福祉』142頁。

5　Statistisches Bundesamt, “Ausgaben, Einrichtungen und Personal in der Jugendhilfe: Erzieherische Hilfen / Beratungen” (2023).

6　前掲・岩志和一郎編著『児童福祉と司法の間の子の福祉』142頁。

キ　施設教育その他の養育のための居住形態

全日制の施設教育（Heimerziehung）、またはその他の養育のための居住形態における教育援助は、日常生活と教育学的および治療的な対応を組み合わせることによって、入所児童および少年の発達を援助することを目的とする（SGB Ⅷ 34条1文）。わが国の児童養護施設における養育に相当する。

この教育援助は、児童および少年の年齢や発達段階ならびに出身家庭での教育条件の改善の可能性に応じて、家庭への復帰を目指すか、または、家庭的養育に係る他の家庭での教育を準備するか、または、長期的な生活の場を提供して自立した生活を送るための準備をすることにある。また、少年（満14歳以上18歳未満）については、専門教育および雇用ならびに生活全般の問題について、助言および支援を受けることができる（SGB Ⅷ 34条2文、3文）。

全日制の施設教育などは、2022年末現在、81,971件が実施されている[8]。

ク　集中的な社会教育学的個別支援

社会的統合および自立した生活のために集中的支援を必要とする少年（満14歳以上18歳未満）に対しては、社会教育学的な個別支援（Sozialpädagogische Einzelbetreuung）が、集中的に行われる（SGB Ⅷ 35条）。

この教育援助は、売春、アルコール依存、薬物依存、暴力傾向など深刻な反社会的行動または非社会的行動をする年長少年などに住居を提供し、自立援助を図るものである[9]。2022年末現在、3,427件の集中的な社会教育学的個別支援が行われている[10]。

4　一時保護

(1) 一時保護の意義

一時保護（Inobhutnahme）は、差し迫った危機にある児童または少年を保

7　Statistisches Bundesamt, “Ausgaben, Einrichtungen und Personal in der Jugendhilfe: Erzieherische Hilfen / Beratungen”, op. cit..

8　Ibid.

9　前掲・岩志和一郎編著『児童福祉と司法の間の子の福祉144頁。

10　Statistisches Bundesamt, “Ausgaben, Einrichtungen und Personal in der Jugendhilfe: Erzieherische Hilfen / Beratungen”, op. cit..

護するために、少年局に与えられた最も重要な職責の一つである。少年局は、子の一時保護において、事前に家庭裁判所の許可を得る必要はなく、独自の権限として一時保護を実施することができる。ただし、身上配慮権者などが子の一時保護に異議を述べる場合、少年局が一時保護が必要と認めるときは、遅滞なく、家庭裁判所の決定を申し立てなければならない。

SGB Ⅷ 8条a第2項2文は、児童の福祉に危機が及ぶときの少年局による保護義務を定め、さらにSGB Ⅷ 42条は、少年局の一時保護の権利と義務およびその手順について、次のように規定している。

(2) 一時保護の権利と義務

ア　一時保護の要件

少年局は、次の①②③の場合、児童または少年を保護する権利を有し、義務を負う（SGB Ⅷ 42条1項1文）。

①児童または少年が保護を求めるとき、または、

②児童または少年の福祉に対する差し迫った危険があるため、一時保護が必要なときで、かつ、ⓐ身上配慮権者が異議を述べないとき、若しくは、ⓑ家庭裁判所の決定が適切な時期に出されないとき、または、

③外国籍の児童または少年が単身でドイツに入国し、かつ、国内に身上配慮権者も教育権者もいないとき。

イ　児童の収容および分離の権限

一時保護は、児童または少年を、適切な者の下に、または適切な施設もしくはその他の居住形態に暫定的に収容する権限を含む（SGB Ⅷ 42条1項2文）。

また、児童または少年の福祉に対する差し迫った危険があるため一時保護が必要な場合で、かつ、身上配慮権者が異議を述べないとき若しくは家庭裁判所の決定が適切な時期に出されないとき［前記ア②］は、児童または少年を他の者から引き離す権限を含む。

(3) 一時保護における配慮義務

少年局は、子の一時保護を独自の権限として行い得るが、一方で次のような当事者への配慮が義務づけられている（SGB Ⅷ 42条2項）。

ア　保護児童への説明責任

少年局は、一時保護の間に、遅滞なく、児童または少年に対して、この措置

について包括的で理解しやすく、追体験ができて知覚され得る形で解明し、児童または少年とともに一時保護に至った状況を明らかにし、かつ、援助および扶助の可能性を明示しなければならない。

イ　保護児童の連絡する権利への配慮

児童または少年は、その信頼できる者に、遅滞なく、連絡する機会を与えられなければならない。

ウ　保護児童の福祉や安全などへの配慮

少年局は、一時保護の間、児童または少年の福祉のために配慮し、かつ、その際、必要な扶養および疾病援助により、安全を保障しなければならない。

エ　身上配慮権者などの推定意思への配慮

少年局は、一時保護の間、児童または少年の福祉のために必要不可欠なすべての法的行為を行う権限を付与される。その際、身上配慮権者または教育権者の推定される意思が適切に考慮されなければならない。

オ　外国籍の保護児童への配慮

外国籍の保護児童に関する少年局の法的行為には、国際的保護を必要とする場合は、遅滞なく当該児童等の地位の保護許可申請を行うことが含まれる。

(4) 身上配慮権者などへの対応

ア　一時保護の告知と危険度の評価

少年局は、児童若しくは少年が保護を求める場合、または児童若しくは少年の福祉に差し迫った危険があり一時保護が必要な場合で、かつ、身上配慮権者が異議を述べないとき若しくは家庭裁判所の決定が適切な時期に出されないときは、身上配慮権者または教育権者に一時保護したことを遅滞なく告知し、この措置をわかりやすく、追体験でき、知覚できる包括的な形で解明し、かつ、ともにその危険度を評価しなければならない（SGB Ⅷ 42条3項1文)。

その際、少年局は、児童または少年の一時保護について、その身上配慮権者または教育権者の同意を求めなければならない。

イ　身上配慮権者などが異議を述べる場合

身上配慮権者または教育権者が、子の一時保護に同意せず異議を述べる場合、少年局は、遅滞なく、次の①②のいずれかを行わなければならない（SGB Ⅷ 42条3項2文)。もとより、少年局が、その福祉に差し迫った危機があるため一時保護を行った児童または少年に対して、身上配慮権者または教育権者の異議を理由に当該身上配慮権者などに引き渡す場合は希であり、通常は、家庭裁判所に申立てを行うことになる。

①児童の引き渡し

少年局の評価で子の福祉の危機が存在しないか、または身上配慮権者若しくは教育権者が危機を回避する準備ができ、かつ、それが可能な状況にあるときは、児童または少年を身上配慮権者または教育権者に引き渡す。

②家庭裁判所への申立て

少年局は、通常、児童または少年の福祉にとって必要な措置について、家庭裁判所の決定を求めて申立てを行う。

このとき家庭裁判所は、子が緊急事態にあることに配慮して迅速な対応が求められることから、一般に、身上配慮権の全部剥奪を決定するか、あるいは一部剥奪（居所指定権の剥奪）と親に対する公的援助等の請求命令を併せて決定し、さらに必要な審問を簡略化した暫定命令（FamFG49条）の形式をとることが多い。なお、児童または少年の自由剥奪の措置をとる場合（2日以内）を除いて、家庭裁判所の決定を得るまでの期限は定められていないが、一般には数日中、遅くとも1〜2週間以内とされている[11]。

ウ　身上配慮権者等に連絡が取れない場合

少年局は、身上配慮権者などに連絡が取れないときは、児童または少年の福祉に必要な措置について家庭裁判所の決定を求める（SGB Ⅷ 42条3項3文）。

エ　外国籍児童への後見人等の選任

単身でドイツに入国し、かつ国内に身上配慮権者も教育権者もいない外国籍の児童または少年については、遅滞なく、後見人（Vormund）または保護人（Pfleger）が選任される（SGB Ⅷ 42条3項4文）。

オ　援助計画手続の開始

身上配慮権者が一時保護に異議を述べない場合は、少年局は、遅滞なく、援助の実施のための援助計画手続を開始する（SGB Ⅷ 42条3項5文）。

11　前掲・岩志和一郎編著『児童福祉と司法の間の子の福祉』66頁、119頁。

(5) 一時保護の期間および終了

少年局による一時保護期間について連邦法上の規定はなく、必要かつ相応な期間認められる。ただ、実務においては、3日から3ヶ月の間という取決めをしている州もある[12]。

一時保護は、身上配慮権者または教育権者への児童または少年の引き渡し、または、SGB Ⅷに基づく援助実施の決定があったとき終了する（SGB Ⅷ 42条4項）。このSGB Ⅷに基づく援助実施の決定とは、家庭裁判所による親の居所指定権剝奪によって里親委託等が行われる場合などをいう。

(6) 児童または少年の自由剝奪

一時保護によって自由剝奪を伴う措置は、児童または少年または第三者の身体若しくは生命の危険を回避するために必要な場合、その限度においてのみ許される。自由剝奪は、裁判所の決定がないときには、遅くとも、その開始の日の翌日が満了するまでに終了しなければならない（SGB Ⅷ 42条5項）。

この身体若しくは生命の危険とは、自殺や自傷行為、第三者への加害行為や疾病の危険などを指し、施錠や外出禁止などにより実行される。これは薬物依存症や非行などの問題行動を有する児童または少年などへの対応である。

(7) 強制的な一時保護

一時保護に際し、直接強制の使用が必要なときは、少年局は、そのための権限を有する官署の参加を求めなければならない（SGB Ⅷ 42条6項）。この権限を有する官署とは、警察署の警察官や裁判所の執行官などと解される。

また、少年局は、各州法および施行規則に基づき、SGB Ⅷ 8条a第1項2文1号の定める危機の評価における直接的印象を取得するために、居宅ドアの強制解錠を行い、少年局の要請で同行した警察官が子を連れ出した後、少年局が当該子を一時保護することができる[13]。このSGB Ⅷ 8条aの定める直接的印象の取得とは、家庭訪問などの手段によって、当該子との対面による安全確認および当該家族や住居など身上環境の評価を行うことである。

なお、家庭裁判所は、必要があると認める場合には、親子分離のための強制執行命令あるいは暫定命令（FamFG157第3項）を発令することができる。

12　前掲・岩志和一郎編著『児童福祉と司法の間の子の福祉』119頁。
13　同上108頁。

5　家庭裁判所への少年局の協力

(1) 家庭裁判所への支援

SGB Ⅷは、少年局に、児童および少年の身上配慮に関するすべての措置について、家庭裁判所を支援することを義務づけている（SGB Ⅷ 50条1項)。少年局は、FamFGに基づいて、①親子関係事件（FamFG162条)、②血統事件（同176条)、③養子縁組事件（同188条2項ほか)、④夫婦同居住室事件（同204条2項ほか)、⑤暴力保護事件（同212条ほか）について、家庭裁判所の手続に協力しなければならない。

(2) 家庭裁判所への報告

少年局には、家庭裁判所に対する意見陳述義務が課されている。少年局は、特に、提案され、かつ、提供された給付について家庭裁判所に報告し、児童または少年の発達に関して教育的・社会的見解を表明し、その他の援助の可能性について意見を述べなければならない（SGB Ⅷ 50条2項1文)。

また、少年局は、BGB1632条4項「家庭的養育の継続命令」、1666条「子の福祉の危機における裁判所の措置」、1666条a「相当性の原則および公的援助の優先」などに基づく手続、並びにこれらの規定に基づく措置の変更、延長または取消に関する手続においては、家庭裁判所に対して、当該児童または少年の援助計画を提出しなければならない。その他の子の身上に関する親子関係事件においては、少年局は、家庭裁判所の要請に応じて、当該子の援助計画を提出する（SGB Ⅷ 50条2項2文、4文)。

第5章　家事事件および非訟事件手続法

1　家事事件および非訟事件手続法の制定

2008年にFamFGが制定されたため、後見裁判所が廃止され、すべての家事事件を家庭裁判所（Familiengericht）が管轄し、同時に、高齢者の世話については、創設された世話裁判所（Betreuungsgericht）が対応することとなった。

2　福祉の危機にある子の関連事項

(1)　子の福祉の危機に関する手続の優先および迅速化

子の居所、交流権または子の引渡に関する親子関係事件および子の福祉の危機を理由とする手続は、優先かつ迅速に行わなければならない。この手続では、手続開始後1ヶ月以内に第1回期日を開かなければならない。(FamFG155条)。

(2)　子の福祉の危機に関する討議

子の福祉の危機を理由とするBGB1666条および1666条aの手続きの第1回期日は、家庭裁判所と少年局および親、必要な場合は子を含めた当事者による討議（Erörterung）にあてられる。この討議においては、いかにして子の福祉の危機を公的援助により回避するか、また必要な公的援助を受給しない場合にどのような結果が生じるかについて論議される（FamFG157条1項、2項)。

(3)　子の手続補助人の選任

ア　手続補助人の選任義務

家庭裁判所は、未成年の子の利益を守るために必要な場合に限り、当該未成年子に関する親子関係事件において、専門的かつ身上について適切な手続補助人（Verfahrensbeistand）を選任しなければならない（FamFG158条1項)。

イ　選任が必須の場合

家庭裁判所において、① BGB1666条および1666条aに基づき、身上監護権の一部または全部の剝奪が考慮される場合、② BGB1684条に基づく交流権の排除の場合、③ BGB1632条または1682条の規定に基づく家庭的養育の継続命令または関係者の養育維持命令のいずれかの決定が考慮される場合、手続補助人の選任は常に必須となる（FamFG158条2項）。

ウ　原則として選任を要する場合

①子の利益が、その法定代理人の利益と著しく対立している場合、②子を保護している者から子を分離する必要がある場合、③子の引き渡しを目的とする手続の場合、④交流権の本質的な制限が考慮されている場合においては、原則として手続補助人の選任が必要となる（FamFG158条3項）。

なお、上記の場合において、家庭裁判所が手続補助人の選任を行わないときは、その最終決定において理由を付さなければならない。

(4) 親の聴問

子の身上に関する手続においては、家庭裁判所は、両親と直接対面して聴問を行わなければならない。BGB1666条および1666条aの手続においては、両親から直接に聴問が行われる（FamFG160条）。

(5) 少年局の協力

家庭裁判所は、子の身上に関する手続においては、少年局を聴問しなければならない。また、少年局は、BGB 1666条および1666条aの手続に参加しなければならない。さらに、子の身上に関する手続において、少年局には審理の期日が通知され、かつ、家庭裁判所のすべての決定が通知されなければならず、少年局はその決定に対して抗告する権利を有する。(FamFG162条)。

(6) 暫定命令

ア　意義

家庭裁判所は、その法律関係の基準となる規定で認められ、かつ即時介入する緊急の必要性が存在するときは、暫定命令（Einstweilige Anordnung）により暫定的措置をとることができる。この措置により現在の状態の保全または暫定的な規制が可能となり、関係人に対し、一定の行為を命じるかまたは禁止し、とくに対象に関する処分を差し止めることができる。家庭裁判所は、この暫定命令により、その執行に必要な命令を発する権限を有する。(FamFG49条)。

イ　迅速な審理および効果

BGB1666条および1666条aに基づく発令手続では、家庭裁判所は、遅滞なく、その暫定命令の発令を審理しなければならない（FamFG157条3項）。

暫定命令が発せられる事案は、少年局が子を一時保護し、当該一時保護について親の同意を得られないケースが大半であり[1]、その緊急対応性と迅速性は、児童虐待防止のために効果的な法的強制力を有しているものと評価し得る。

(7) 再審査の実施

ア　決定の変更および措置の解除

①裁判上の決定などの変更

親の配慮権若しくは交流権に関する家庭裁判所の決定または家庭裁判所の承認した和解が、子の福祉に対して長く持続的影響を及ぼす場合、措置解除などの申立理由が適切で十分に根拠があると認められるときには、当該決定または和解は変更されなければならない（BGB1696条1項1文)。

②子の保護措置の解除

BGB1666条、1666条a、1667条などの措置において、子の福祉の危機を回避するため若しくは子の福祉のために必要な場合に限り講じられるべき措置、すなわち「子の保護権に関する措置」については、子の福祉に対する危機がもはや存在しなくなった場合、またはその措置の必要性がなくなった場合は解除されなければならない（BGB1696条2項)。

イ　再審査の義務

①措置を講じた場合の再審査

家庭裁判所は、BGB1696条に基づく決定等を変更することができるが、家庭裁判所が職権で変更し得る長期間継続する子の保護権に関する措置については、適当な時間的間隔をおいて審査しなければならない（FamFG166条1項、2項)。適当な時間的間隔とは、親の配慮権剥奪の場合は2年程度とされる[2]。

②措置を講じなかった場合の再審査

家庭裁判所は、BGB1666条乃至1667条の措置を講じなかった場合は、原則として3ヵ月を経過した後、適当な時間的間隔をおいて、その決定を審査しなければならない（FamFG166条3項)。これは家庭裁判所が法的措置を行わなかった場合、その不作為の結果を裁判所自身に確認させるのが目的である。

1　前掲・岩志和一郎編著『児童福祉と司法の間の子の福祉』111頁。

2　同上71頁、215頁。

第6章　刑法典

1　刑法典による児童の保護

ドイツ刑法典（Strafgesetzbuch、以下StGBという）は、2021年に児童に対する性的虐待罪（StGB176条）や児童ポルノの所持等（StGB184条b）を重罪に引き上げるなど、近年は児童に対する性暴力の厳罰化をすすめている[1]。

StGBにおける重罪とは、1年以上の自由刑（Freiheitsstrafe）に処せられる違法行為をいい、軽罪とは、より軽い自由刑または罰金刑に処せられる違法行為をいう（StGB12条）。また、終身刑を除き、自由刑の期間は有期であり、最長の有期自由刑は15年で、最短の有期は1月とされる（StGB38条）。

StGBについて、児童保護と児童虐待防止の観点から、次の点に留意したい。

2　性的自己決定に対する犯罪

(1) 性的侵害、性的強制、強姦

性的自己決定に対する犯罪の基本規定として、性的侵害（sexueller Übergriff）、性的強制（sexuelle Nötigung）、強姦（Vergewaltigung）が定められている（StGB177条）。一方で、刑法典第13章における性的行為（sexuelle Handlungen）の概念については、明確な定義がなされていない。

ア　性的侵害、性的強制

他者の認識可能な意思に反して、その者に対して性的行為を行い若しくは行わせ、またはその者に第三者に対して性的行為を行わせ若しくは第三者による性的行為を容認させた者は、6月以上5年以下の自由刑として処罰される。また、反対意思の形成と表明ができず、または表明することが困難である者と性的行為を行った場合等も同様に罰せられる。（StGB177条1項、2項）。

1　泉眞樹子「ドイツ　児童に対する性暴力に対抗する法律」外国の立法 No. 289-1 第18頁（国立国会図書館、2021年）。

イ　強姦、複数人による行為

特別に重大な事案の場合は、2年以上の自由刑が科される（StGB177条6項）。特別に重大な事案とは、次の強姦および複数の行為者による犯罪をいう。
①行為者が、被害者と性交を行うかまたは行わせ、被害者に類似の性的行為を行うかまたは行わせ、特に被害者を辱める身体への挿入を伴う強姦
②その行為が複数の者によって共同で犯された犯罪

ウ　犯行の態様による法定刑の加重

行為者が、凶器等若しくは抵抗を阻止する道具などを携行し、または被害者を重大な健康侵害の危険にさらした場合は、上記の法定刑が3年以上の自由刑に加重される（StGB177条7項）。

さらに、行為者が、凶器等を使用し、または被害者に深刻な身体的虐待を加え、若しくは死の危険にさらした場合は、法定刑が5年以上の自由刑に加重される（同条8項）。

(2) 被保護者に対する性的虐待

ア　被保護者への性的行為

性的行為者が、次の被保護者に対して性的行為を行った場合、若しくは当該被保護者に行わせた場合は、3月以上5年以下の自由刑に処せられる（StGB174条1項）。
①教育や世話を委託されている18歳未満の者

教育（Erziehung）または日常生活の世話（Betreuung）を委託された18歳未満の者に対して行った場合である。例えば、未成年後見人や里親などが、その被後見人や里子に対して性的行為を行った場合は、本条により処罰されよう。
②職務等で従属関係のある18歳未満の者

専門教育、職務または雇用関係の枠内で自分に従属する18歳未満の者に対して、専門教育、職務または雇用関係に伴う従属関係を濫用することによって行った場合である。一定の条件下での雇用主などが想定される。
③ 18歳未満の卑属

18歳未満の者で、その血縁上若しくは法律上の卑属に対して行った場合、またはその配偶者、パートナー（Lebenspartner）、または婚姻に準ずる関係若しくはパートナーに準ずる関係で同居している者の卑属に対して行った場合で

ある。実親、養親、親と内縁関係の同居人などが、その実子や養子などに対して性的行為を行った場合は、本条に基づいて処罰される。

イ　施設入所中の18歳未満の者への性的行為

特定目的のための指定施設において、18歳未満の者の教育、専門教育または日常生活の世話を委託された者が、当該被保護者に対して性的行為を行うか、または行わせた場合は、3月以上5年以下の自由刑に処せられる（StGB174条2項）。施設職員による施設入所者への性的虐待の処罰規定である。

(3) 児童に対する性的虐待

ア　14歳未満児への性的行為

次の行為を行った者には、1年以上の自由刑が科される（StGB176条1項）。

① 14歳未満の児童に対して性的行為を行い、または自分に対して児童に性的行為を行わせること。

② 14歳未満の児童に、第三者に対して性的な行為をさせ、または第三者によって児童自身に対する性的行為を行わせるよう決意させること

③上記①または②の行為のために、児童を提供し、または斡旋を約束すること。

イ　刑罰の免除

上記①の場合、裁判所は、行為者と当該児童との間の性的行為が合意によるものであり、年齢差ならびに発達状況または成熟度の差が小さいとき、行為者が児童の性的自己決定能力の欠如を利用する場合を除いて、当該規定による刑罰を科さないことができる（StGB176条2項）。これは性的行為者が未発達な未成年者などの場合に配慮するものである。

(4) 児童ポルノ

児童ポルノを頒布した者は、1年以上10年以下の自由刑を科される（StGB184条b第1項）。また、児童ポルノを取得した者、または児童ポルノを所持する者は、1年以上5年以下の自由刑に処される（StGB184条b第3項）。

3　身体の完全性に対する犯罪

(1) 身体への傷害罪

他人に身体的虐待を行い、または健康に害を与えた者は、5年以下の自由刑または罰金に処される（StGB223条）。

(2) 被保護者に対する虐待

ア　18歳未満の者などへの虐待または放置

次のような状況にある18歳未満の者または虚弱若しくは疾病により無力な者に対して、苦痛を与え若しくは粗暴に虐待した者、またはその世話をする義務を故意に怠りその健康を害した者は、6月以上10年以下の自由刑に処せられる（StGB225条1項）。

①行為者の監護または保護の下にある者
②行為者の家庭に属している者
③配慮義務者から行為者の管理下に委託されている者
④職務関係または雇用関係の枠内で行為者に従属する者

このうち、親や未成年後見人は上記①の行為者となり、実親と内縁関係の同居人は上記②の行為者となり得る。

本条に基づき、親による18歳未満の者への身体的苦痛や精神的苦痛の付与または身体的若しくは精神的な虐待、または18歳未満の者の世話を故意に怠って引き起こす健康侵害（故意のネグレクト）が処罰される。

一方、BGB1631条2項の禁止する「暴力、体罰、精神的加害、その他の屈辱的な処置」に相当する行為について、その一部が本条によって刑事罰を科されることはあり得るが、親の暴力や体罰など子にとって屈辱的な措置のすべてについて刑事訴追の対象となるわけではないと解される。

イ　法定刑の加重

当該行為者が、その行為によって、被保護者を次のような危険にさらす場合は、1年以上の自由刑に処される（StGB225条3項）。

①死亡または重大な健康侵害を引き起こす場合
②身体的または精神的発達に著しい損害を与える場合

親による重篤な児童虐待の事案は、本項の適用により、重罪として処罰されることとなる。

ウ　法定刑の軽減

上記アのうち比較的重くない場合は3月以上5年以下の自由刑を、上記イのうち比較的重くない場合は6月以上5年以下の自由刑に処せられる（StGB225条4項）。

第7章　児童虐待防止対策の実情

1　通告事案に対する危機度の評価

(1) 子の福祉の危機の評価

（図1）

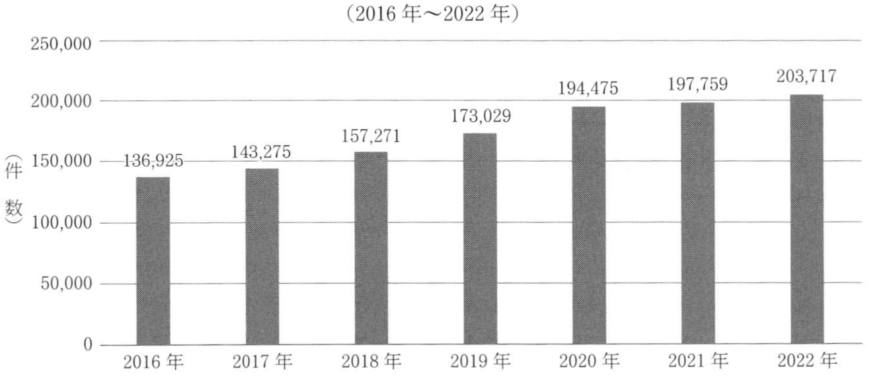

Quelle: Statistisches Bundesamt, “Ausgaben, Einrichtungen und Personal in der Jugendhilfe: Kinder- und Jugendhilfe - Gefährdungseinschätzungen” (2023).（佐柳作成）

ドイツにおいては、「子の福祉の危機 Gefährdung des Kindeswohls」を回避するために、BGB や SGB Ⅷなどの関連法令に基づいて、様々な子と家族への介入と援助が行われている。子の福祉の危機とは、「子の身体的、精神的若しくは心理的福祉、またはその財産が危険になる状態」（BGB1666 条 1 項）をいい、わが国の児童虐待より広義の法律上の概念である。

ドイツ連邦統計局は、「子の福祉の危機の評価手続件数」を毎年公表している（図1）。これは、SGB Ⅷ 8 条 a 第 1 項 1 文「少年局が児童または少年の福祉の危機について有意な根拠を得た場合、少年局は、複数の専門家との共同作業によって、その危険度を評価しなければならない」との規定に基づいた子の福祉の危機の評価（アセスメント）結果である。

この統計は、関係機関等から子の福祉の危機に関して、KKG に基づく通告を受けた少年局が、それぞれの通告事案を実地に危険度を評価（アセスメント）して 4 分類したものである。この評価件数の合計は、わが国の児童虐待相談対応件数に相応するが、少年局による危険度の評価後の件数であるため、その行政統計としての信頼度は非常に高いものと考える[1]。

(2) 評価結果の分析

ドイツの子の福祉の危機評価件数は、子の福祉の危機の存在する事案を、①差し迫った子の福祉の危機と、②潜在する子の福祉の危機に分類し、さらに子の福祉の危機のない事案を、③援助が必要な事案と、④援助が不要な事案（非該当や誤報）に 4 分類して分析している（図 2–1）。

このうち子の福祉の危機がある事案（差し迫った危機、潜在する危機）について、それぞれ放置（ネグレクト）・身体的虐待・精神的虐待・性的暴力に分類している（差し迫った危機については、図 2–2）。

（図 2–1）

2022 年 子の福祉の危機の評価手続件数（203,717 件）

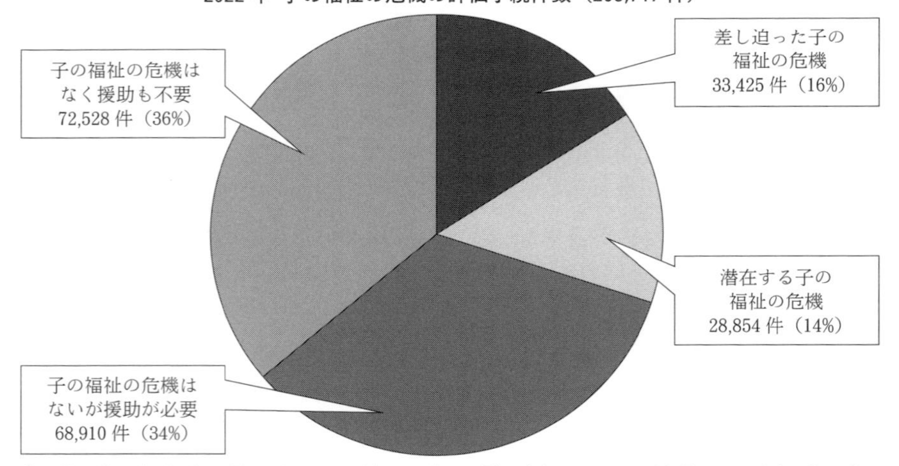

Quelle: Statistisches Bundesamt, “Ausgaben, Einrichtungen und Personal in der Jugendhilfe: Kinder- und Jugendhilfe - Gefährdungseinschätzungen” (2023).（佐柳作成）

1　日本の児童虐待相談対応件数は、全国児童相談所が受理した通告件数の単純集計であり、アセスメント終了前の非該当や誤報も含まれており、統計としての価値は低い。

図 2–1 は、ドイツにおける通告ケースのうち、1/3 が差し迫ったまたは潜在的な子の福祉の危機にあり、1/3 が子の福祉の危機はないが関係機関による援助を必要とし、1/3 が子の福祉の危機もなく援助も不要な非該当ケースや誤報であることを明らかにしている。

身体的虐待など典型 4 類型のほかにも、家庭内葛藤、貧困、いじめ、非行などの諸事実があれば、子の福祉の危機のおそれがある要素として情報収集と評価手続が行われる。これらのケースについて、子の福祉の危機ではないが援助が必要と評価された場合には、BGB1666 条などに基づく法的措置は実施されず、要援助ケースとして、少年局や他の関係機関による当該子と家族への援助が実行される。この類型が、全通告件数の 3 分の 1 を占めている。

(3) 差し迫った子の福祉の危機の内容

（図 2–2）

2022 年 差し迫った子の福祉の危機の類型
～評価手続 44,114 件（重複該当を含む）の内訳

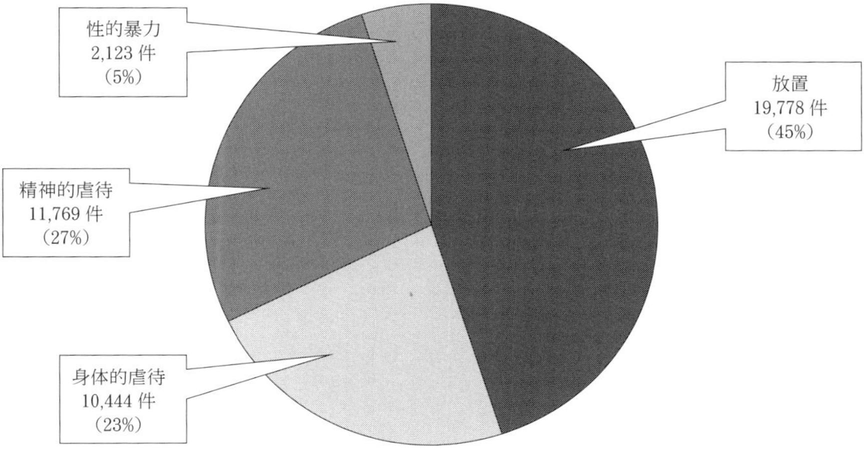

Quelle: Statistisches Bundesamt, “Ausgaben, Einrichtungen und Personal in der Jugendhilfe: Kinder- und Jugendhilfe - Gefährdungseinschätzungen” (2023).（佐柳作成）

図 2–2 は、差し迫った子の福祉の危機の内訳を、重複該当を含めて 4 分類している。放置（ネグレクト）が最も多く 45% と半数近くあり、身体的虐待が 23%（1/4）、精神的虐待が 27%（1/4）、性的暴力が 5% となっている。潜在す

る子の福祉の危機の内訳も同一傾向であり、わが国とは異なり、放置（ネグレクト）が多数を占めていることに留意したい。

2　家庭裁判所による措置

(1) 身上配慮における危機

BGB1666条1項は、子の身体的、精神的または心理的福祉、あるいはその財産が危険になる場合において、かつ親が危険を防止する意思がないか、または危険を防止することができる状態にないときには、家庭裁判所による危険防止のための法的対応措置を義務付けている。

これは、子の福祉の危機に際して、当該親について子の危険を守る意思または能力の欠如を法的介入の判断基準とするものと解され、家庭裁判所が職権で措置を行う。

(2) 家庭裁判所による法的措置の内容

BGB1666条3項は、同条1項の家庭裁判所による法的措置について、①親から少年局への公的援助の給付請求の履行命令、②義務教育のための就学命令、③虐待親の家族住居からの退去命令および周辺の徘徊禁止命令、④子へのつきまとい禁止命令、⑤親の配慮権者の意思表示の代行、⑥親の配慮権の全部または一部剝奪の6項目を例示列挙している。

この6項目について、ドイツの家庭裁判所による法的措置結果は、次表のとおりである（「家裁の措置の種類」①〜⑥は、上記項目に対応している）。

(3) 家庭裁判所による措置件数の推移（直近の6年間）

ドイツの家庭裁判所は、次表のとおり、子の福祉の危機回避のために、BGB1666条に基づき年間3万件前後の各種の命令を行っている。わが国の家庭裁判所が、親権喪失・親権停止の審判や児童福祉法28条に基づく子の施設入所等承認の審判などの件数は、年間数百件であることに比して、ドイツにおける司法関与の件数の多さは顕著である。

とりわけ、親の配慮権の全部剝奪と少年局等への付与が、年間7,000件程度行われていることに留意する必要があろう。また、配慮権の一部剝奪と少年局等への付与も年間8,000件程度あるが、親子分離のために必要な居所指定権の剝奪は限定的であり、医療同意権や財産配慮権の剝奪など事案毎に細かい対応

家庭裁判所による措置件数の推移

家裁の措置の種類	2017年	2018年	2019年	2020年	2021年	2022年
BGB1666条3項1号による児童及び少年援助の給付請求履行命令 ①	9,012	9,081	9,542	8,842	8,044	7,464
BGB1666条3項2〜4号による身上配慮権者等に対する命令又は禁止 ②③④	4,292	4,479	4,678	4,635	4,186	4,233
BGB1666条3項5号による身上配慮権者の意思表示の代行⑤	2,391	1,909	1,914	1,860	1,751	1,866
BGB1666条3項6号による後見人等としての少年局又は第三者への親の配慮権の全部付与（配慮権の全部剝奪） ⑥	7,580	7,512	7,787	7,215	6,538	7,145
BGB1666条3項6号による後見人等としての少年局又は第三者への親の配慮権の一部付与（配慮権の一部剝奪） ⑥	8,906	8,523	8,670	8,770	8,081	7,810
うち身上配慮権のみ	6,481	6,342	—	—	—	—
うち居所指定権のみ	2,721	2,616	—	—	—	—
合計	32,181	31,504	32,591	31,322	28,600	28,518

Quelle: Statistisches Bundesamt, “Ausgaben, Einrichtungen und Personal in der Jugendhilfe: Maßnahmen des Familiengerichts bei Kindeswohlgefährdung” (2023). Statistisches Bundesamt, “Statistiken der Kinder- und Jugendhilfe; Pflegschaften, Vormundschaften, Beistandschaften, Pflegeerlaubnis, Sorgerechtsentzug, Sorgeerklärungen” (2017〜2018). （佐柳作成）

が行われていることが窺われる。

第３編　フランスの児童保護法制

第1章　概要

1　児童保護に関する法律と執行体制

フランスの児童保護法制は、民法典（Code civil）と社会福祉家族法典（Code de l'action sociale et des familles、以下 CASF という）が中軸となり、刑法典（Code pénal）も、暴力や性的犯罪などを中心に未成年者に対する犯罪行為を抑止し、児童の権利を守る機能を果たしている[1]。

また、児童虐待などによる被害児童およびとその家族への行政上の保護と援助は、各県の設置する児童社会援助機関（aide sociale à l'enfance、以下 ASE という）が、民法典および CASF などに基づいて行う。

2　民法典

フランス民法典は、第1編「人」のうち、第7章は親子関係、第8章は養親子関係（完全養子縁組、単純養子縁組）を定める。第9章親権は、親権の行使、育成扶助、親権の委譲、親権の全部または一部取上げ、親による遺棄の司法宣言、子の財産に関する親権などを規定している。第10章は未成年、後見、第12章は未成年者および後見に付された成年者の財産管理、第13章は民事連帯契約および内縁について規定する。

親権については、1970年6月4日の法律第459号により、父権から親権に変更された。また、2007年3月5日の法律第308号により、未成年者と後見に付された成年者に共通する財産管理について、第12章で規定された[2]。

3　社会福祉家族法典（CASF）

CASF においては、児童と家族の支援を行う ASE の職務や国の被後見子な

1　本稿で引用したフランス民法典、社会福祉家族法典および刑法典は、2024年3月現在の Legifrance（https://www.legifrance.gouv.fr）に基づいている。

2　滝沢正『フランス法　第5版』298頁（三省堂、2018年）。

どについて詳細な規定がされている。CASF は、児童および家族の援助を実施するうえでの基本法として位置づけることができよう。

内容は、第1部法律（législative）第2編第2章「子」は、ASE の業務、国の被後見子に関する後見実施機関、資格認容、法的地位、養子縁組などについて定めている。また、第2部命令（réglementaire）は、ASE の業務として危険な状態にある子の社会的保護、育成扶助の措置などについて規定する。

4 刑法典

フランス刑法典では、未成年者の人権を保護するために、直系尊属などによる15歳未満の未成年者への暴行に対する刑の加重、軽度の暴行が直系尊属などにより15歳未満の未成年者に対して行われた場合の犯罪化、15歳未満の未成年者に対する常習的な暴行の重罰化など、継続的に改正がすすめられている。また、強姦およびその他の性的攻撃が、直系尊属などの近親者により未成年者に対して犯された場合などについて、その重罰化および性犯罪としての立件の容易化に係る改正が行われた。

刑法典は、親権者などによる子に対する性的虐待など様々な虐待行為の犯罪化と重罰化をすすめ、すべての体罰禁止を規定した民法典の改正とも関連して、児童保護法制の柱の一つとして重要な役割を果たしている。

5 民事訴訟法典

このほかにも民事訴訟法典（Code de procédure civile）では、第3編第1章第9節「親権」、第10節「未成年者および成年者の法的保護」において、民法典や CASF に関連する事項が規定されている。

例えば、育成扶助の裁判管轄、育成扶助の通知および審問、児童裁判官の調査権限、暫定措置としての一時保護、親権の委譲、親権の取上げ、親による遺棄の司法宣言、後見裁判官、家族会などに関して、裁判手続上の諸規定が定められている。

第2章　親権制度

I　親権制度の沿革

1　時代区分

1789年のフランス革命によって、フランスの法体系は根本的に覆された。このフランス革命に至るまでの法は、古法（ancien droit）と総称され、1804年のナポレオン法典編纂以降は、近代法（droit moderne）の時代とされている。また、古法と近代法の間の15年間（1789年〜1804年）は、フランス革命を契機として、古法から近代法への根本的転換と橋渡しが行われた時期であり、中間法（droit intermédiaire）の時代といわれる。

2　ナポレオン法典

(1) 意義

ナポレオン法典（Code Napoléon）は、19世紀における民法典の先駆けであり、大陸法を代表する制定法主義の民法典として、わが国を含め世界各国における近代的民法典の編纂に寄与し、重要な影響を及ぼした。

家族法の分野においては、ゲルマン法の系統にある北部慣習法の「子の保護」の観念や中間法期の子の地位向上などの理念を継承するとともに、ローマ法の影響力が強い南部成文法の家父長的専制主義にも譲歩するという新旧理念および地域慣習法の融合と調和が図られたところである。もとより、これを「妥協の産物」あるいは「反動の産物」とする批判的見解もある[1]。

1　稲本洋之助『フランスの家族法』91頁（東京大学出版会、1985年）。田中通裕『親権法の歴史と課題』46頁（信山社、1993年）。小口恵巳子『親の懲戒権はいかに形成されたか』211頁（日本経済評論社、2009年）。

(2) 親権の帰属と行使の分離

ナポレオン法典原始規定は、第1編第9章の表題をpuissance paternelle（父の権力）とし、同法372条は「子は、その成年またはその未成年解放まで、その父母の権威（autorité des père et mère）のもとにとどまる」、373条は「父のみが、この権威を婚姻中行使する。」と規定した。この規定の要諦は、親権は父母に帰属するが、婚姻中は親権の行使は父が単独で行うというものである。

このようにナポレオン法典原始規定の親権については、親権の帰属と行使が明確に分離されており、父母の有する親権を婚姻中は父が行使するため、外形的には父権に近いとの印象を受けるが、実質的には父母による共同親権行使への道筋を展望し得るものであったと解される。

3　民法典の改正過程

(1) 第一共和政から第五共和政へ

フランス大革命（1789年）に始まる近代政治体制は、第一共和政（1792年～1804年）成立の後、1794年のテルミドールの反動を経て、ナポレオン・ボナパルト（Napoléon Bonaparte）による第一帝政（1804年～1814年）に至る。

ナポレオン失脚後のフランス政体は、①ルイ18世の復古王政（1814年～1830年）、②ルイ・フィリップの7月王政（1830年～1848年）、③ルイ・ナポレオンの第二共和政（1848年～1852年）、④ナポレオン三世による第二帝政（1852年～1870年）、⑤パリ・コミューンで始まる第三共和政（1870年～1940年）、⑥女性の選挙権や社会権などを認容した第四共和政（1946年～1958年）、⑦アルジェリアなど旧植民地の独立運動を経て大統領権限を強化した第五共和政（1958年～）へと変化し、その流れに沿って民法典も変遷する[2]。

(2) 1889年7月24日の法律

ナポレオン法典原始規定には失権規定がなかったため、1889年7月24日の「虐待され、精神的に遺棄された子の保護に関する法律」によって、強制的失権と任意的失権からなる親権の失権制度が創設され、親権が司法によって規制されることになった。これは未成年子を保護する特別法にとどまり、民法典の

2　前掲・滝沢正『フランス法　第5版』85～105頁。柴田三千雄『フランス史10講』115～182頁、207～220頁（岩波書店、2006年）。

改正は行われなかった[3]。

強制的失権とは、子に対する加害行為によって親が有罪判決を受けた場合などに行われる当然・絶対・全面的な失権をいい、一方、任意的失権とは、他の一定の犯罪による有罪判決、常習的酩酊、公知の不行跡、子の健康・安全・精神を害する行為などを理由とする裁量的、相対的な失権をいう。また、この法律の第2章は、裁判所の決定により行われる親権の任意移転の制度を定めた。これは1970年の法改正によって、「親権の委譲」として整備され、民法典に編入されることになる[4]。

(3) 1935年10月30日のデクレ・ロア

1935年10月30日のデクレ・ロアにより、民法典の懲戒権条項のうち、拘禁（détention）の文言が託置（placement）に変更され、子に対する懲戒すなわち制裁から、子の矯正および教護へと制度目的の一定の変更が行われた。デクレ・ロア（Décret-loi）は、法律の授権に基づき、通常は国会の権限に属する領域において制定されるデクレで、法律と同等の効力を持ち、現行の法律を改正することができるもので、とくに第三共和政において多用された[5]。

(4) 1945年9月1日のオルドナンス

1945年9月1日のオルドナンスは、子の懲戒に関して、父の権威による子の逮捕命令の交付制度を廃止し、児童裁判所長の裁量的交付による託置のみを認めた[6]。オルドナンス（ordonnance）とは、政府の委任立法権限に基づく法規であり、国会の授権法律によって授権がなされた場合に、政府はオルドナンスによって法規を制定することができる。オルドナンスは授権期間を定めて制定されるため、授権期間満了により失効する。ただし、その前に追認の法律案が国会に提出されて可決すれば法律の効力を有するが、可決も否決もせずに放置した場合は、オルドナンスはそのまま存続する。

3　前掲・田中通裕『親権法の歴史と課題』63頁。

4　前掲・稲本洋之助『フランスの家族法』94頁。同上『親権法の歴史と課題』63頁、66頁。

5　同上『フランスの家族法』95頁。前掲・滝沢正『フランス法第5版』135頁。

6　同上『フランスの家族法』95頁。

(5) 1958年12月23日のオルドナンス

1958年12月23日のオルドナンスによって、懲戒あるいは矯正を目的とする懲戒権が廃止され、育成扶助制度の導入と児童裁判官が系統的に関与する制度へと民法典親権規定の転換が行われた[7]。この1958年のオルドナンスは、フランスの伝統的な父の懲戒権を子の保護を目的とする育成扶助制度に包摂して、消滅させたのである。

(6) 1970年6月4日の法律による民法典改正

ア　父権から親権へ

1970年6月4日の法律第459号による改正で、民法典親権規定は、第9章の標題が autorité parentale（親権）に変更された。これはナポレオン法典以来の puissance paternelle（父の権力）を廃止し変更したものである。この paternelle から parentale への変更は親権行使における父母の完全な共同行使への移行を反映し、puissance から autorité への変化は、子の人格に対する支配権の意味あいを強く残す「権力」から、子の利益保護のための権利義務を包括する「職務」ともいうべき概念の autorité に置き換えたものと解されている[8]。

イ　親権の目的と内容

1970年改正の民法典は、親権の制度目的が、子の安全・健康・精神の保護であり、その手段としての親権の内容は、監護・監督・教育の権利義務、子の財産の管理・収益権であることを明確にした[9]。

ウ　親権の行使

1970年改正民法典では、婚姻中の親権行使は父母による共同行使が原則とされ、子の身上に関する親権における父の優位性が廃止されて、家父長的専制主義に終止符を打った。これは親権に係る父母の平等原則の確立、親権の権力的な側面を弱めて子の利益を保護しようという立法趣旨であり、フランス親権法の大きな改革と解されている[10]。

7　前掲・稲本洋之助『フランスの家族法』96頁。

8　前掲・田中通裕『親権法の歴史と課題』123頁。

9　前掲・稲本洋之助『フランスの家族法』99頁。前掲・田中通裕『親権法の歴史と課題』126頁。

10　同上『フランスの家族法』91頁、99頁。同上『親権法の歴史と課題』121頁。

エ　育成扶助

①育成扶助の措置

1970年改正民法典において、育成扶助の措置は、健康・安全・精神が危険な状態にある場合、またはその教育の条件が著しく損なわれている場合、父母の双方若しくは一方、監護者若しくは後見人、未成年者自身、検察官の申請に基づいて、または職権で裁判所により命じられ得ると規定された（375条）。この際、かつての懲戒権の観念に由来する子の不行跡や無規律は、育成扶助の申請事由にされていない。

②育成扶助の審理

育成扶助の措置は、大審裁判所（当時）に付置された児童裁判所（tribunal pour enfants）が専属的管轄権を有した。

③育成扶助の内容

育成扶助の措置は、原則として在宅での援助措置だが、親子分離が必要な場合は県の児童社会援助機関などに委託措置が行われた。現行法と同様である[11]。

オ　親権の委譲

親権の委譲制度は、1889年7月24日の法律の「親権の任意移転の制度」が、1970年の改正で民法典に編入されたものであり、①父母による任意の親権委譲、②父母が施設等に委ねた子に無関心なときの親権委譲、③強制的な親権委譲の3つの態様がある[12]。

カ　親権の失権

1889年7月24日の法律は、父母による一定の有罪判決があったとき、強制的かつ自動的に失権する制度を定める特別法であった。この失権制度は、1970年の改正により、子の利益を保護するための制度として裁判官の判断に基づく任意的失権制度に統合され、一部失権の規定も加えて民法典に編入された。失権が宣告される場合は、①子の身上に対する有罪判決による失権、②虐待や公知の不行跡などによる失権の2類型である[13]。

11　前掲・稲本洋之助『フランスの家族法』101頁。前掲・田中通裕『親権法の歴史と課題』164頁。

12　同上『親権法の歴史と課題』155頁、168頁脚注（7）（8）。

13　同上『親権法の歴史と課題』158頁。同上『フランスの家族法』103頁。

(7) 1993年1月8日の法律による民法典の改正

1993年1月8日の法律第22号により、離婚後の父母による共同親権の行使を原則とすること、さらに、家事事件裁判官（juge aux affaires familiales）を創設することなどについて法改正がなされた[14]。

(8) 2002年3月4日の法律による民法典改正

2002年3月4日の法律第305号は、親権を「子の利益を目的とする権利および義務の総体」と定義し、「子の利益」という概念を民法典に挿入した。また、子の年齢および成熟度に応じて、子に関する決定への子の関与を認めた。これは1989年に児童の権利に関する条約が、児童の最善の利益を目的とし、意見表明権など権利の主体として児童を尊重するという理念に基づいて採択されたためである。また、2002年の法改正では、民法典中に散見された「嫡出」や「嫡出子」という文言が削除または置換された[15]。

(9) 2016年3月14日の法律による改正

2016年3月14日の法律第297号により、CASF、民法典、刑法典など関連法の改正が行われた。改正内容は、児童保護に関する国および地方自治体の統治組織の改革、児童保護における児童の行程の安全確保、長期措置児童の地位の調整の3分野に分かれ、親による遺棄の司法宣言が新設された。

(10) 2019年7月10日の法律による体罰禁止に係る民法典改正

2019年7月10日の法律第721号は、民法典親権規定に体罰禁止条項を創設した。民法典371条の1第3項に「親権は、身体的または心理的な暴力を用いることなく行使される」という条項が挿入され、親権者は、親権の行使において暴言などを含む広義の体罰の禁止を義務付けられたのである。

II 親権の意義

1 親権の定義

フランス民法典（以下、根拠条文の表示では「法」という）は、2002年3月4

14 田中通裕「1993年のフランス親権法改正」法と政治47巻1号195頁（1996年）。
15 中村紘一ほか「フランス親権法の改正」比較法学37巻1号316頁、324頁（2003年）。

日の法律による改正民法典において、はじめて親権の概念を定義した。

現行フランス民法典371条の1は、親権を次のように定義している[16]。

①親権は、子の利益を目的とする権利および義務の総体である。

②親権は、子の人格に対する敬意をもって、子の安全、子の健康、子の私生活および子の道徳性を保護するために、子の教育を保証し、かつ、子の発達を可能にするために、子の成年または未成年解放まで両親に属する。

③親権は、身体的または心理的な暴力を用いることなく行使される。

④両親は、子の年齢および成熟度に応じて、子に関する決定に子を関与させる。

2　親権の帰属と行使の分離

フランス法においては、親権の帰属と親権の行使が明確に分離されている。

親権は、子の安全と健康と私生活と道徳性を保護し、かつ、子の教育の保証とその発達を可能とするために、子が成年に達するまで両親に帰属する（法371条の1第2項）。また、父母は共同で親権を行使し、両親の別居は、親権行使の帰属の法原則に影響を及ぼさない（法372条1項、373条の2第1項）。

1993年の法改正で離婚後の共同親権制度が確立し、2002年の改正を経て、親権は、かつての嫡出子と自然子の区別なく、両親の別居や婚姻の有無にかかわりなく両親に帰属し、かつ共同で行使されることとなった。かりに単独親権の場合であっても、親権行使者でない親が親権の帰属を失うことはなく、親権の帰属まで失うのは親権の取上げの場合に限られる。

このような親権は、次のように、子の身上に関する権利と義務、および子の財産に関する権利と義務によって構成されている。

16　本著の訳出では、田中通裕「注釈フランス家族法（12）（13）（15）（16・完）」法と政治64巻4号279頁、65巻2号261頁、65巻4号311頁、66巻3号111頁（2014年～2015年）を参照した。

Ⅲ 親権の内容

1 子の身上に関する親権

(1) 意義

2002年の改正で、親権の目的が「子の利益」にあることを明確にし、安全と健康と道徳面において子を保護（protéger）し、そして教育を保証することによって子の発達を可能にすることが親権の内容であると規定された。親権は、子が成年到達（満18歳）するか未成年解放されるまで両親に属する。

(2) 子の保護

ア 子の利益を目的とする親権の履行義務

フランス親権法は、子を保護の客体であるとともに権利の主体として認め、その権利実現における指標として、児童の権利に関する条約の「児童の最善の利益」に配慮している。子の利益を尊重することは、子の身上監護と財産管理に共通する最も重要な親の権利義務とされている。

イ 安全、健康、私生活、道徳性の保護

父母には、子の利益を目的とする親権の履行義務が課せられ、さらに、子の安全と健康と私生活と道徳性を保護する権利と義務が課せられている。身体的または心理的な暴力、すなわちすべての体罰が禁止される。（法371条の1）

父母は、病気の子の治療方法の選択と決定を行い、子の手術に同意する権利と義務を有する。未成年子の妊娠中絶の許可も親権の権利と義務に含まれ、子の臓器移植や骨髄移植についても親権者の許可を要する[17]。

ウ 居所指定権

一方、子の保護に関して、父母に子の居所指定権を認める。子は父母の許可なしに家族の家を離れることができず、かつ、子は法律の定めによる必要のある場合でなければ、その家から引き離されることはない（法371条の3)。

エ その他の権利と義務

その他の親権者による子の保護に係る権利と義務には、子の完全養子縁組へ

---

17 田中通裕「フランスの親権法」民商法雑誌136巻4・5号477頁（2007年)。

の父母の同意権（法 348 条)、子の婚姻への父母の同意権（法 148 条)[18]、父母による子の未成年解放申立権（法 413 条の 2）などがある。

(3) 子の教育の保証および発達の権利義務

子の発達を可能にするため、両親は、それぞれの資力、さらに子の必要性に応じて、子の扶養および教育を分担する義務を負い、かつ、この義務は、親権またはその行使が取り上げられたとき、または子が成年に達したときのいずれにおいても、当然には消滅しない（法 371 条の 2)。

具体例として、親は、子の学校の種類や形態を選択し、道徳や職業訓練等の内容を決定し、宗教を選択する権利を有する。また、親には、16 歳までの子の就学義務が課せられ、親による子の教育義務の不履行は、ネグレクトとして育成扶助措置や親権取上げの要因、あるいは刑事罰の対象ともなり得る[19]。さらに、大学在学中のように学業継続中の成年子の場合も、当然には親の教育義務は終了しない（法 371 条の 2 第 2 項)。

(4) 体罰の禁止

ア　すべての体罰禁止

2019 年 7 月 10 日の法律第 721 号によって、民法典 371 条の 1 第 3 項「親権は、身体的または心理的な暴力（violences physiques ou psychologiques）を用いることなく行使される」が新設された。端的な表現ではあるが、ここに暴力とは、身体的な体罰以外にも著しい侮辱など精神的な体罰を含むすべての暴力をいうものと解される。具体的には、尻叩きや平手打ちなどの身体的体罰、強度の威嚇や激しく怒鳴ることなどの精神的体罰である。

一方、民法典には、次のように、絶対王政期から様々な経緯を経て受け継がれてきた厳格な懲戒権の歴史があったことに留意する必要があるだろう。

イ　懲戒権の濫用から廃止まで

①中世から革命期までの懲戒権

国王の君臨する中世の絶対王政の時期は、家庭内に絶対的な父権が存在する時代でもあり、父は子を懲戒するために、王に封印状（lettres de cachet）の交

18　18 歳未満の者が、共和国検事による年齢制限の免除を受けた場合（法 145 条)。

19　前掲・中村紘一ほか「フランス親権法の改正」比較法学 37 巻 1 号 324 頁。前掲・田中通裕「フランスの親権法」民商法雑誌 136 巻 4・5 号 477 頁。

付を請求して子の投獄を求めることができたが、濫用的に行使されていた[20]。
②ナポレオン法典における懲戒権

1804年のナポレオン法典原始規定では、身上に関する親権の軸として、裁判所への父の請求による子の拘禁が定められた。すなわち、父の権威による子の逮捕・拘禁、および父の申請による子の逮捕・拘禁の審理の2類型で、裁判所長の逮捕命令に基づく公的な懲戒機関への拘禁が法典で認められた[21]。
③懲戒権に基づく拘禁の衰退

懲戒権による子の逮捕命令件数は、1845年から1895年の間は全国の年平均で約1200件、1896年から1910年は全国の年平均で約800件で推移し、1913年は全国で約500件、1931年は全国で約100件、その後は衰退していった[22]。
④育成扶助への統合的発展による懲戒権の廃止

絶対王政期やナポレオン法典において、父親の言いつけに反逆する非行や不品行の子は、懲戒権で投獄されたり、投獄への恐怖で抑圧を受けてきたが、やがて懲戒権は、父による制裁から矯正へと目的が変更され、さらに子の保護と援助のための1958年の育成扶助制度に包摂されて廃止に至ったのである。

2 子の財産に関する親権

(1) 法定管理

ア 法定管理人の権限

子の財産の法定管理（administration légale）は、両親に属する。法定管理において、親権が両親によって共同で行使される場合は、両親それぞれが法定管理人である。その他の場合においては、法定管理は、両親のうち親権を行使する親に属する（法382条）。法定管理が両親によって共同で行使されるときは、それぞれの親が、第三者に対して、未成年者の財産に関する管理行為を単独で行う権限を他の一方から受けたものとみなされる（法382条の1）。

法定管理人は、法律または慣習により未成年者が自ら行動する権限を与えら

---

20 玉璽令状。前掲・田中通裕『親権法の歴史と課題』18頁、25頁注釈（53）。

21 前掲・稲本洋之助『フランスの家族法』93頁。同上『親権法の歴史と課題』58頁。

22 同上『フランスの家族法』93頁脚注（47）。同上『親権法の歴史と課題』59頁の統計グラフ。

10月の新刊

異文化コミュニケーション入門
ことばと文化の共感力

宮津多美子

多様性の時代に、異なる文化的背景をもつ人と交流するときに必要な、相手への共感力、普遍的な人間性を理解する力を身に付ける。

A5 判並製 288 頁　定価 2970 円
ISBN978-4-326-60376-3

明治の芸術論争
アートワールド維新

西村清和

明治時代の芸術論争分析を通じ、作品に「芸術」の身分を授与するディスクール＝「アートワールド」が日本に形成される過程を素描。

A5 判上製 308 頁　定価 4950 円
ISBN978-4-326-80066-7

10月の重

新装版 アブダクション
仮説と発見の論理
米盛裕二

科学的発見や創造

民主主義を学習する
教育・生涯学習・シティズンシップ
ガート・ビースタ 著
上野正道・藤井佳世・中村(新井)清二 訳

民主主義の学習と

バイリンガルの世界へようこそ
複数の言語を話すということ
フランソワ・グロジャン 著
西山教行 監訳／石丸久美子・大山万容・杉山香織 訳

幼い頃からの訓練

四六判上製 288 頁　定価 3080 円
ISBN978-4-326-15489-0　2 版 2 刷

四六判上製 292 頁　定価 3520 円
ISBN978-4-326-29904-1　1 版 5 刷

四六判上製 248 頁　定価 3300 円
ISBN978-4-326-29930-0　1 版 2 刷

朝日新聞（10 月 12 日）書評掲載

アジア系のアメリカ史

再解釈のアメリカ史・3

キャサリン・C・チョイ 著／佐原彩子 訳

マイノリティの視点からアメリカ史を書き直すシリーズ第 3 弾。新型コロナウイルス感染拡大に伴って出現した反アジアレイシズム。それがいかに歴史的に構築され正当化されてきたものか、その起源と過程を可視化し、人種・階級・ジェンダー・セクシュアリティが複雑に絡み合った現代アメリカ社会の課題を映し出す。

定価 3630 円　四六判上製 296 頁　ISBN978-4-326-65445-1

忘れられたアダム・スミス

経済学は必要をどのように扱ってきたか

山森 亮 著

経済学の父、アダム・スミス。その理論において「人間の必要」は枢要な位置を占めていた。スミス、メンガーからポランニー、カップ、タウンゼント、セン、フェミニスト経済学まで、必要概念の意味を発展させようとしてきた今日につづく議論を追い、現代社会における必要についての理論的展開を示す。

定価 3300 円　四六判上製 296 頁　ISBN978-4-326-15487-6

ISBN978-4-326-20067-2

ISBN978-4-326-35193-0

重点解説　不正競争防止法の実務

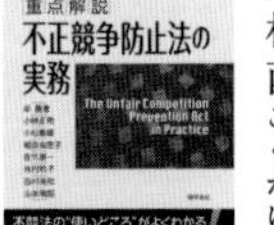

岸 慶憲・小林正和・小松香織・相良由里子・佐竹勝一・外村玲子・西村英和・山本飛翔 著

これ1冊で、不競法の“使いどころ”がよくわかる。適用可能な場面ごとに、基礎から実務の重要ポイントまでコンパクトに解説。

A5 判並製 280 頁　定価 3850 円

ISBN978-4-326-40439-1

経済発展の曼荼羅

浅沼信爾・小浜裕久 著

開発経済学の中心をなす重要な概念である経済発展の展開、成功、挫折等々に果たす経済成長の要因や問題点を総合的に考察する。

A5 判上製 304 頁　定価 4400 円

ISBN978-4-326-50504-3

公教育における運営と統制の実証分析

「可視化」「分権化」「準市場化」の意義と課題

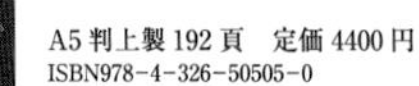

田中宏樹

日本の公教育における運営と統制の改善に資する政策選択は何か。本書はこの政策課題を議論・判断する論拠を提示する。

A5 判上製 192 頁　定価 4400 円

ISBN978-4-326-50505-0

日本の分断はどこにあるのか

スマートニュース・メディア価値観全国調査から検証する

池田謙一・前田幸男・山脇岳志 編著

分断の激化が叫ばれるアメリカ。では、日本はどうか。変化するメディア接触との関連は？　調査データから日本の「分断」が見えてくる！

A5 判並製 296 頁　定価 4290 円

ISBN978-4-326-60375-6

れている場合を除いて、市民生活のすべての行為において、未成年者を代理する（法 388 条の 1 の 1）。

イ　後見裁判官の介入

①利益相反があるとき

単独または二人の法定管理人と未成年者との間に利益相反が存する場合は、未成年者は、後見裁判官（juge des tutelles）に対して特別管理人（administrateur ad hoc）の選任を請求する。法定管理人の対応に遅滞がある場合、裁判官は、検察官若しくは未成年者自身の請求に応えて、または職権によって、その選任を行うことができる。（法 383 条 1 項）。

また、二人の法定管理人のうち一人が未成年者と利益相反する場合、後見裁判官は、一つまたは複数の法律行為について、他の法定管理人に子を代理する権限を付与することができる（法 383 条 2 項）。

②管理方針が不一致のとき

法定管理人（両親）の間で管理方針に意見の不一致がある場合は、後見裁判官が、当該法律行為に許可を与える（法 387 条）。

③後見裁判官の許可を要する行為

未成年者の所有する建物または土地を売却するなど、重要資産の処分に関する法律行為は、後見裁判官の事前の許可が必要である（法 387 条の 1）。

④法定管理人の禁止行為

法定管理人（両親）は、仮に後見裁判官の許可を得た場合でも、未成年者の財産または権利を無償譲渡したり、あるいは信託財産として委託するなどの法律行為を行うことはできない（法 387 条の 2）。

(2) 法定収益

法定収益（jouissance légale）は、法定管理に結合し、両親共同または管理の職務にあたる一方の親に属する（法 386 条の 1）。法定収益とは、子の財産から生じる収益の処分権であり、明文の規定で認められている。

法定収益の権利は、子が満 16 歳になるかそれ以前に子が婚姻したとき、あるいは親権の全部取り上げなど親権を終了させる原因または法定管理を終了させる原因によって、あるいは用益権の濫用などすべての用益権を消滅させる原因によって終了する（法 386 条の 2）。

Ⅳ 親権の制限

1 親権制限とは

親権の制限とは、子の利益を保護すべき職務を担う親権者が、その職務を十分に果たさない場合に国家権力が介入し、①主体の変更をせずに、親権者に親権の内包する権利・義務を保持させながら子の利益のための措置をとること、②全面的または部分的に親権の主体を変更することをいう[23]。

このように、国家が子の利益のために父母の親権に介入する方法としては、①に属するのが育成扶助、②に属するのが親権の委譲と親権の取上げであり、この3類型が民法典で規定されている。

2 育成扶助

(1) 意義

育成扶助(assistance éducative)は、危険な状態にある子(enfance en danger)に対する基本的で主要な法的保護の形態であり、児童虐待の危機にある子の保護を目的とする。家庭における子の支援を原則とするが、必要な場合は子を親から引き離すこともある。裁判所と児童裁判官の役割は、次のとおりである。

(2) 裁判所の権限

ア 育成扶助の措置

①措置の要件および申立人

未成年解放されていない未成年者の健康、安全、道徳性が危険な状態にある場合、またはその教育若しくはその身体的、情緒的、知的および社会的な発達の状態が著しく損なわれている場合、父母共同またはその一方、子が委託された個人若しくは機関、後見人、未成年者本人、検察官の申立てに基づいて、育成扶助の措置が、裁判所によって命じられ得る(法375条1項前段)。

---

23 前掲・田中通裕『親権法の歴史と課題』154頁。

②検察官の確認義務

この申立てを検察官が県議会議長（実務はASE）からの通告を受けて行う場合、検察官は、未成年者の状況が危険な状態で虐待の危険性が重大かつ直接的であるなど、CASF第L.226-4条「共和国検事への通告」の適用範囲であることを確認しなければならない（法375条1項中段）。

③裁判所の職権による審理

裁判官は、この育成扶助の措置について、例外的に、職権で審理することができる（法375条1項後段）。

イ　育成扶助請求のための通告

①共和国検事への通告義務

未成年者が育成扶助の措置を必要とする危険な状態にあり、かつ、

(a)家庭援助等の措置を受けている場合

CASF第L.222-3条「家庭援助」、L.222-4-2条「保育サービス」およびL.222-5条1号「入所措置」に規定された1つ以上の措置を既に受けており、これらの措置によって状況を改善することができないとき、

(b)ASEの介入を拒否している場合

上記(a)のいずれの措置もとられていないが、家族がASEの介入を拒否しているか、またはASEとの協力が不可能なため、措置できないとき、

(c)虐待の危険性が重大な場合

特に虐待の状況において、その危険性が重大かつ直接的であるとき、

この(a)(b)(c)いずれかの場合、県議会議長（実務はASE）は、児童裁判官への付託を目的として、直ちに共和国検事（procureur de la République）に通告しなければならない。また、未成年者が育成扶助の措置が必要な危険な状態にあると推定されるが、その状況を把握することができない場合も、直ちに共和国検事に通告しなければならない。（CASF第L.226-4条）。

②共和国検事による育成扶助申立て

児童裁判官への育成扶助の措置申立は、通常は、県議会議長の補助機関であるASEから通告を受けた共和国検事により行われる[24]。父母、子の委託先、

---

[24] 水留正流「フランスにおける児童虐待防止システム」町野朔ほか編『児童虐待と児童保護』125頁（上智大学出版、2012年）。

後見人、未成年者本人が、裁判所に直接申し立てることも認められている。

③県議会議長の介入義務

県議会議長は、育成扶助に該当すると思われるケースを、共和国検事または児童裁判官に通告して、司法当局に介入する義務を有し（CASF 第 R.221-2 条 2 項)、かつ、ASE が当該未成年者と家族について有する情報を児童裁判官に伝え、すべての有用な助言を提供する義務がある（CASF 第 R.221-4 条)。

ウ　関係機関への通知および審問

裁判官は、共和国検事に対して育成扶助に関する手続開始の通知を行い、それらが申立人でないときは、両親、後見人、子が委託されている機関の個人若しくは代表者それぞれに対しても、同様に通知を行わなければならない（民事訴訟法典 1182 条 1 項)。

また、裁判官は、両親、後見人、子の委託を受けた機関の個人若しくは代表者、および事理弁識能力のある未成年者のそれぞれを審問し、提訴の理由を知悉させなければならない。さらに、裁判官は、有用と思われる供述を行うその他のすべての者に対しても審問を行う。(民事訴訟法典 1182 条 2 項、3 項)。

エ　複数の子に係る措置

育成扶助の措置は、同一の親権の下にある複数の子について、同時に命じられ得る（法 375 条 2 項)。

オ　措置の期間

育成扶助の決定は、2 年を超えない範囲で、その措置の期間が定められる。育成扶助の措置は、正当な理由のある決定によって、その期間の更新がなされ得る（法 375 条 3 項)。一方、子の措置を受託した ASE は、2 年以内の託置期間の満了に際して、子のニーズに合ったその他の措置を講じるべきかどうかについて検討することが義務づけられている（CASF 第 L.227-2-1 条)。

カ　報告書の提出

子の状況に関する報告書は、毎年、または 2 歳以下の子については 6 か月毎に児童裁判官に伝達されなければならず、この報告書には子の小児医学的、精神的、社会的な総合評価が含まれる（法 375 条 5 項)。

(3) 児童裁判官

ア　権限

育成扶助の審理を行う児童裁判官（juge des enfants）は、育成扶助に関するすべての事項について、控訴の負担を条件として、その管轄権限を有する。児童裁判官は、検討した措置に対して家族の賛同を得るように常に努め、かつ、子の利益を厳格に考慮して、その決定を言い渡さなければならない。（法375条の1第1項、第2項）。

また、育成扶助の措置の審理において、児童裁判官は、聴聞または審問のときには、事理弁識能力のある子との個別面接を計画的に実施しなければならず、さらに、子の利益のために必要がある場合は、職権または県議会議長（ASE）の要求に基づいて、弁護士会会長に事理弁識能力のある子のために弁護士を指名するよう求め、事理弁識能力のない子のためには特別管理人の指名を求めなければならない（法375条の1第3項、第4項）。

なお、児童裁判官が育成扶助の措置を命じる場合、親権の取上げとは異なり、親の非行（faute）は、故意または過失のいずれについても必要としない[25]。

イ　管轄

児童裁判官は、司法裁判所（tribunal judiciaire）所属の職業裁判官で、司法裁判所に付置された児童裁判所（tribunal pour enfants）において、未成年者の軽罪および16歳未満の未成年者の重罪に係る刑事裁判の裁判長も担当する[26]。

日本の家庭裁判所は、家事事件の審判のみを行い、個別ケースには介入しないが、フランスの児童裁判官は、育成扶助や一時保護に関する全権限を有し、ASEや警察への指揮命令権も有しており、親とASEとの調整機能もある。

一方、親権委譲および親権取上げの判決については、家事事件裁判官（juge aux affaires familiales）の管轄となる（法377条の1、法373条の2の6）。

(4) 育成扶助の内容

ア　在宅での措置が原則

育成扶助において、未成年者は、可能な限り現在の環境が維持されなければ

25　前掲・田中通裕「フランスの親権法」民商法雑誌136巻4・5号479頁。

26　前掲・滝沢正『フランス法第5版』190頁。

ならないとされており、在宅での措置が原則である（法375条の2第1項1段）。

児童裁判官は、在宅での措置において、有資格者、または開放された環境にある観察若しくは教育若しくは再教育の機関を選任し、それらに家族が出会う物質的または精神的困難を乗り越えるために、家族に援助および助言をもたらす任務を与える。その個人または機関は、子の発達を見守り、かつ、それを裁判官に定期的に報告する任務にあたる。裁判官は、必要がある場合、最長1年間の更新をして、この支援の強化を命ずることができる（法375条の2第1項2段、3段、4段）。このように、在宅での措置がとられると同時に、関係者や関係機関による援助と指導が実行される。

一方、児童裁判官は、子の環境の維持について、普通若しくは専門の医療機関または教育機関に頻繁かつ定期的に通所させ、必要があれば、寄宿学校で、若しくは職業活動訓練のような特別の義務に服させることができる（法375条の2第3項）。これは非行児童や問題行動を行う児童などへの援助措置である。

イ　親子分離と子の委託措置

子の利益のために親子分離による子の保護が必要とされる場合には、児童裁判官は、子をASEなどへの委託措置を決定することができる。民法典の定める委託先は、①他方の親、②他の家族構成員または信頼できる第三者、③ASE、④日中またはすべての他の援助状況に応じて、未成年者の受け入れについて資格を付与された機関または施設、⑤普通若しくは専門の医療若しくは教育の機関または施設の5種類である（法375条の3）。このうち、③のASEに委託措置する事案が大部分を占めている。その場合、児童裁判官から委託措置を受けたASEは、当該子について里親委託か施設入所措置を行う[27]。

ただし、緊急の場合を除いて、裁判官は、CASF第L.223-1-1条の定める「児童のための計画」との整合性を図り、前記②の他の家族の構成員または信頼できる第三者が受け入れる場合は、子の教育並びに身体的、情緒的、知的および社会的発達の状況について、管轄機関のASEによるアセスメント（評価）をした後でなければならず、さらに、子が事理弁識能力を有している場合には、その審問の後でなければ、前記③乃至⑤の機関または施設に当該子を委託する

---

27 久保野恵美子「親権に関する外国法資料（1）」大村敦志ほか編『比較家族法研究』394頁（商事法務、2012年）。

ことはできない（法375条の3第2項）。

また、この親子分離にあたって、共和国検事は、育成扶助で言い渡された託置の決定を執行するために、警察力の協力を直接に請求することができる（法375条の3第4項）。

ウ　委託措置先への援助と見守り責任の付与

児童裁判官は、この委託措置先のうちASE以外に委託した場合には、有資格者、または開放された環境にある観察、教育若しくは再教育の機関に対して、子が委託された者または機関、そして家族にも援助および助言を行い、かつ、子の発達を見守る責任を負わせることができる（法375条の4第1項）。

また、ASE委託の場合、児童裁判官は、例外的に、かつ検察官の書面による請求に基づいて、子の状況および利益が正当化されるときは、公的青少年司法保護部門に対し、子が委託された機関に対する援助および助言の提供並びに見守りを実施する責任を負わせることができる（法375条の4第2項）。

エ　一時保護の実施権限

児童裁判官は、控訴を負担とする暫定的な権限として、訴訟手続中に、収容機関若しくは観察機関への未成年者の暫定的な引渡しすなわち一時保護を命じるか、あるいはASEなどへの委託および受託者への援助、助言、見守り責任の付与の措置のいずれかを行うことができる（法375条の5第1項）。また、緊急の場合、共和国検事は、管轄の児童裁判官への8日以内の申立てを条件に同一の権限を取得する（法375条の5第2項前段）。[一時保護は別途後述]

オ　育成扶助の変更および取消

育成扶助の決定は、いつでも、職権で、または父母、子が委託された者若しくは機関、後見人、未成年者本人若しくは検察官の申立てに基づいて、決定を行った児童裁判官が変更または取り消すことができる（法375条の6）。

カ　育成扶助の措置の効果

育成扶助の措置に係る子の父母には、引き続き当該子に係る親権の帰属および行使が原則として存続する。ただし、子を個人または施設に委託された場合、その両親は、通信の権利並びに面会および宿泊の権利を保持するが、児童裁判官は、子の利益にとって必要と認めるとき、①これら父母の面会権や通信権など親権行使の一つまたは複数の暫定的な一時停止、②面会権行使に第三者の立会を条件に付すこと、③ ASE 等による面会での立会、④子の受け入れ先の不告知、⑤裁判所管轄区域外への子の連れ出し禁止などを決定し得る。(法375条の7)。

このように、育成扶助における委託措置は、親に対する制裁ではなく、子の利益の保護のために親権行使を事実上制限するものである。なお、育成扶助の措置によって、子が個人または施設に委託された場合、当該子は、県議会議長および児童裁判官の共同保護の下に置かれる(CASF 第 L.227-2 条)。

3 親権の委譲

(1) 意義

親権の委譲(délégation de l'autorité parentale)は、親権行使の全部または一部を個人や施設など第三者に移転する制度で、任意的委譲と強制的委譲がある。

(2) 任意的委譲

任意的委譲は、父母が、経済的または健康上の理由などで養育状況において必要な場合に、父母共同または個別の申立てにより、家事事件裁判官が、親権行使の全部または一部を第三者、家族の構成員、信頼できる近親者、子の引き取りを認可された施設、ASE に委譲することである(法 377 条 1 項)。

(3) 強制的委譲

強制的委譲とは、①両親が子に明白な無関心の場合、②親権の全部または一部を行使することが不可能な場合、③親の一方が他方の親に対してその死にいたる重罪を犯して、共和国検事に起訴されるか、予審判事の審問に付されるか、または、確定的ではなくとも有罪判決を受けた場合、④親の一方が、単独の親権行使者であるとき、当該子に対して犯した重罪または近親姦の性的攻撃のために、共和国検事に起訴されるか、予審判事の審問に付されるか、または、確定的ではなくとも有罪判決を受けた場合に、子を引き取った個人、施設、ASE または家族の構成員が、家事事件裁判官に委譲を申し立てて、親権行使の全部または一部の委譲を受けることをいう(法 377 条 2 項)。明白な無関心は、措置された施設等への面会権や通信権の不行使などをいい、親権行使が不可能とは、重度の精神疾患等で養育能力の全面的な欠如などをいう。

上記③④の場合、裁判官は、親権行使の全部または一部を委譲する第三者の候補者の同意を得て、検察官によって、当該委譲に係る決定を申し立てられ得る。必要があるときは、検察官は、児童裁判官による訴訟記録の写しの送付または通知により報告を受けることができる（法377条3項）。

また、親による遺棄の司法宣言がなされたときは、裁判所は同一の判決において、子を引き取ったかまたは最後に委託した個人、施設若しくはASEに子の親権を委譲する（法381条の2第5項）。ただ、親権の強制的委譲は、児童虐待の事案ではあまり利用されていないという調査報告もある[28]。

(4) 親権委譲の審理

親権の全部または一部の委譲は、家事事件裁判官により言い渡される。ただし、委譲の判決では、子の育成の必要のために、父母またはその一方が親権の行使の全部または一部を被委譲者たる第三者と共有することを定めることができる。共有は、両親が親権を行使する限りにおいて、両親またはその一方の親の同意を要する。（法377条の1）。

また、親権の強制的委譲のすべての場合に、両親は裁判所の審理に召喚され、当該子が育成扶助の措置の対象となっているときは、児童裁判官の意見聴取の後でなければ親権委譲を決定することができない（法377条5項）。

(5) 親権委譲の特性

親権委譲は、明示あるいは黙示による親権者の意思に基づいており、制裁的な側面は稀薄である。また、親権の行使を委譲するものであり、親権の帰属自体が喪失するわけではなく、その点で親権の取上げとは異なる。

また、親権のいかなる放棄も譲渡も原則として禁じられているが、親権の委譲は、この親権の非譲渡性の原則の例外であり、家事事件裁判官の判決に基づくことによって非譲渡性への抵触を免れ得る（法376条、377条の1）[29]。

親権の委譲は、新たな状況が証明される場合、判決により終了または移管され得るが（法377条の2）、期間制限がなく、親権行使の長期的な移転になる場合もある。なお、子の養子縁組への同意権は委譲されない（法377条の3）。

28　久保野恵美子「海外制度調査報告書（イギリスおよびフランス）」13頁（法務省、2009年）。

29　前掲・田中通裕「フランスの親権法」民商法雑誌136巻4・5号481頁。

4 親権の取上げ

(1) 経緯

失権制度は、1889年に創設され、1970年に民法典に規定された。その後、失権制度は、当初の制裁措置から子の利益保護中心の措置としての機能へと変化したが、親権の取上げ（retrait de l'autorité parentale）に際しては、原則として故意または過失による親の非行（faute）や非難可能性を要件としており、制裁的または刑事的な色彩が存在する点において育成扶助などとは異なる[30]。

(2) 親権取上げの要件

ア 親権取り上げの3類型

親権の全部取上げが許される場合として、刑事判決によるものと民事判決によるものとがある。民法典は、次の3類型を規定している。

①子の身上に対する犯罪などでの父母の有罪判決（刑事判決）

(a)子に対する重罪または性的攻撃などの場合

親が子に対する重罪または近親姦の性的攻撃の正犯、共同正犯若しくは共犯として有罪判決を受けた場合、あるいはもう一方の親に対する重罪の正犯、共同正犯若しくは共犯として有罪判決を受けた場合、刑事裁判所は、反対理由を付した別段の決定をしない限り、親権の全部取上げを命じなければならない。親権の全部取上げを命じない場合、裁判所は、反対理由を付した特段の決定をしない限り、親権の一部取上げまたは親権行使の取上げを命じなければならない（法378条1項)。原則として親権の全部取上げとなる。

(b)子に対する軽罪（性的攻撃を除く）の場合

親が、近親姦の性的攻撃以外の、子に対する軽罪の正犯、共同正犯若しくは共犯として有罪判決を受けた場合、刑事裁判所は、親権の全部若しくは一部取上げ、または親権行使の取上げを言い渡さなければならない（法378条2項)。子に対する狭義の性的侵害は、これに含まれると解される。

(c)もう一方の親に対する軽罪または子が犯した犯罪の共同正犯などの場合

親が、もう一方の親に対して犯した軽罪の正犯、共同正犯若しくは共犯として、または、子が犯した重罪若しくは軽罪の共同正犯若しくは共犯として有罪

---

30 前掲・田中通裕「フランスの親権法」民商法雑誌136巻4・5号481頁。

判決を受けた場合、刑事裁判所は、親権の全部若しくは一部の取上げ、または親権行使の取上げを命じることができる（法378条3項）。親権や親権行使の取上げは、刑事裁判所の判断に委ねられる。

(d)父母以外の直系尊属への適用

親権または親権行使の取上げは、祖父母など父母以外の直系尊属に、その卑属についてそれらの者に帰属し得る親権の一部についても適用される（法378条4項）。

②虐待などで子を危険な状態におくこと（民事判決）

虐待（mauvais traitements）によって、またはアルコール飲料の常習かつ過度の摂取または麻薬の使用によって、または公知の不行跡若しくは違法な行動によって、とくに一方の親から他方の親に対して行使される身体的若しくは心理的性質の抑圧若しくは暴力を子が目撃したとき、または世話の欠如若しくは指導の欠落によって、子の安全と健康または道徳性を明白に危険な状態におく父母については、刑事上の有罪判決とは別に、その親権の全部を取り上げられ得る（法378条の1第1項）。

③育成扶助措置中の親権者による権利義務行使の2年以上の放棄

育成扶助の措置が子に関してとられている場合、民法典375条の7が委ねた権利の行使と義務の履行（面会権や通信権など）を、2年以上の間、故意に怠った父母は、その親権を全部取り上げられ得る（法378条の1第2項）。

イ　起訴や予審に付された親の親権行使等の停止

もう一方の親に対して重罪を犯し、あるいは子に対して近親姦の性的攻撃若しくは重罪を犯して、検察官により起訴され、若しくは予審判事の審問に付された親について、その親の親権行使および面会と宿泊の権利は、家事事件裁判官の決定があるまで、または予審判事の免訴の決定があるまで、または刑事裁判所の決定があるまで、当然に停止される（法378条の2）。

(3) 提訴権者と管轄裁判所

親権の全部取上げの訴訟は、検察官によって、または家族の構成員若しくは子の後見人によって、または子が委託されたASEによって、管轄の司法裁判所に申し立てられる（法378条の1第3項）。なお、2018年12月の法改正により、大審裁判所と小審裁判所が統合されて、司法裁判所に再編された。

(4) 親権取上げの効果

ア 子の身上と財産に関するすべての権利義務の喪失

親権の取上げは、全部取上げが原則である。民法典378条または378条の1の適用により、親権の全部を取り上げられた親は、子の健康の保護や教育など身上に関する権利と義務、さらに財産管理権や法定収益権を喪失する。それはすでに生まれていた未成年子の全員が対象となる。(法379条1項)。

一方、判決は、全部取上げに代えて、判決が明記する属性に限定した親権の一部取上げ、または親権行使の取上げの言い渡しにとどめることができ、また、親権の全部または一部取上げが、判決時にすでに出生していた特定の子に対してのみ効力を有することを決定することができる(法379条の1)。

なお、親権行使の取上げにおいては、親権の帰属自体は喪失しないが、父母ともに親権行使を取り上げられた場合は、未成年後見の開始事由となる。

イ 未成年後見の開始

親権を有する父母がともに親権の行使を剥奪(priver)されたときは、未成年後見が開始する(法390条)。また、民法典380条に基づく親権取上げの時の子の委託措置の適用によってASEに引き取られた子は、国の被後見子の資格が認容される(CASF第L.224-4条5号)。

ウ ASE委託などを同時決定

親権または親権行使の全部若しくは一部の取り上げを宣告するとき、受訴裁判所は、他の親がすでに死亡または親権行使ができない状態にある場合には、親族等の第三者に暫定的に委託して後見人の選任をすすめさせるか、またはASEに委託するか、いずれかの決定を親権取上げと同時に行う義務がある。また、他の親が生存して親権行使ができる場合、子が、親権を取り上げられた父母のもう一方と引き続き同居することで危険な状態が生じると認められるときも、裁判所は、同様に、第三者への暫定的委託と後見人の選任、またはASEへの委託をすることができる。(法380条1項、2項)。

(5) 親権取上げの回復

ア 親権の回復の意義

第378条および378条の1が定める理由の一つによって、親権の全部または一部が取上げの対象となった父母は、申請により新たな事情を証明して、司法裁判所から、その剝奪された権利の全部または一部を復権させることができるが（381条1項）、新たな事情は父母が自ら証明しなければならない。

イ　親権の回復の請求

復権の請求は、親権の全部または一部の取上げの判決が確定した後、早くとも1年経過しなければ申立てができない。請求棄却の場合は、新たに1年の期間を経なければ、再申立てはできない。申立て提出前に、その子が養子縁組のために託置された場合は、いかなる請求も受理されない（法381条2項）。

ウ　親権の回復と育成扶助の措置

復権が認容された場合も、検察官は、必要があると認めるときは、育成扶助の措置を請求して子の利益を守ることが容認されている（法381条3項）。

第3章　未成年後見制度

I　民法典上の未成年後見

1　未成年後見の沿革

(1) ナポレオン法典

ア　後見の開始と終了

ナポレオン法典原始規定の後見（tutelle）は、父母の一方の死亡によって開始し、生存する他方が法定後見人となった。婚姻中の父母の一方が死亡して後見が開始したとき、他方は後見人として子の財産管理を行うとともに後見の規制に服し、子の身上に関しては親権を行使する。その結果、父母の他方は、親権者と後見人の2つ地位を兼ねることになる[1]。また、後見は、被後見子の成年到達（満21歳）、またはそれ以前の子の婚姻または未成年解放によって終了する。

イ　後見人および家族会の権限

後見人は、善良なる家父として、被後見子の財産管理と身上保護を行い、法律行為を代理する。家族会は、後見において、後見人等の選任、監督、許可、解任などのすべての後見監督権限を有する。

(2) ナポレオン法典以降の改正

1910年の改正で、父母が共に生存中の嫡出未成年子の財産管理を父の法定管理（administration légale）と構成し、父が法定管理人となるとした。法定管理人は、不動産の維持・修理や債務の支払、あるいは相続の承認・放棄や遺産の分割請求などを単独で行うことができる[2]。さらに、1964年には、後見は、

1　前掲・稲本洋之助『フランスの家族法』106頁。前掲・田中通裕『親権法の歴史と課題』54頁。

2　同上『フランスの家族法』110頁。同上『親権法の歴史と課題』76頁。

原則として両親の死亡または両親が親権の行使権を失った場合にのみ開始するものとされ、1970年と1975年の民法典改正を経て現在の形に至る。

2 未成年後見の概要

(1) 後見の開始

ア 後見の開始と終了

未成年後見は、父母がともに死亡するか、または親権の行使を剝奪されたときに開始され（法390条）、未成年者の未成年解放または成年に達したときに終了する（法393条）。

イ 法定管理から後見への変更

法定管理の場合、後見裁判官は、いつでも、かつ法定管理が子の保護に欠けるような重大な事由がある場合、職権で、あるいは血族若しくは姻族若しくは検察官の申請により、緊急の場合を除いて法定管理人を審問または召喚した後で、親の法定管理から後見に変更するために後見開始の決定をすることができる。この際、後見開始により、後見裁判官は家族会を招集し、家族会は法定管理人を後見人に選任するか、または他の後見人を選任し得る。（法391条）。

(2) 後見人の職務

ア 後見の意義

子の保護としての後見は公の職務であり、それは家族および地方公共団体の義務である（法394条）。フランスにおける後見の開始は、明確な職権主義であり、また、家族会を通して未成年子の親族に後見義務を課し、かつ、最終的な受け皿として公的後見を地方公共団体の義務としている。

イ 後見人の欠格事由

①未成年解放されていない未成年者等、②民法典の法的保護の措置を受ける成年者、③親権を取り上げられた者、④刑法典131–26条の規定により、後見人の職務を禁じられた者は、後見の職務を行使できない（法395条）。

ウ 後見の取上げ

後見の職務は、その委託を受けた者の不適格、怠慢、不行跡、不正を理由に取り上げられ得る。訴訟または利益相反が、未成年者の利益において、職務行使権限保有者たる後見人を妨げる場合も同様である。後見を委託されたすべての者は、その状況に重大な変化があった場合は交代され得る。(法396条)。

エ　利害関係のある後見人の解任等

家族会は、差し支えがあるときは、利害関係のある後見人および後見監督人の解任と交替を決定する。家族会の他の構成員と利害関係のある者は、後見裁判官が決定する。また、未成年後見の職務は、その権利保持者としての後見人の審問または召喚の後でなければ、委託した者によって取り下げられ得ない。裁判官は、緊急と認めるときは、未成年者の利益のために、暫定的措置を命じることができる。(法397条)。

(3) 家族会

ア　家族会による後見の編成

遺言による後見人が存在し、かつ欠員がない場合にあっても、家族会（conseil de famille）により後見が編成される（法398条)。

イ　家族会構成員の選任

①後見裁判官が選任

後見裁判官（juge des tutelles）は、後見の継続期間中、家族会の構成員を選任し（法399条1項)、未成年者の後見および成年者の後見や保佐などの保護を担当し、または未成年者等の財産管理に係る法定管理人の監督などを行う[3]。

②構成員の人数

家族会は、後見裁判官を除いて、後見人および後見監督人を含む少なくとも4名の構成員で編成される（法399条2項)。

③構成員の態様

家族会の構成員には、未成年者の父母の血族および姻族、そして国内および国外に居住し、未成年者に関心を示すすべての者を含めることができる。また、家族会の構成員は、未成年者の利益を考慮し、かつ、その適性、未成年者の父母との通常の関係、未成年者との情緒的な結びつき、そして彼らが示す有用性にも応じて選任される。(同条3項、4項)。

④父方および母方の二つの枝系から選任

後見裁判官は、家族会の構成において、可能な限り、父方または母方の2つ

3　中村紘一ほか『フランス法律用語辞典第3版』247頁（三省堂、2012年)。

の枝系のうちの一つを無代表にすることを避けなければならない（同条5項）。

ウ　家族会の運営

後見裁判官が家族会の議長を務め、その議決は構成員の投票により採択される。ただし、後見人または後見監督人は、後見人の交替の事案においては投票できない。票が同数の場合は、後見裁判官が裁決権を有する（法400条）。

エ　家族会の権限

①子の養育と教育に係る全般的条件を決定

家族会は、父母の表明する意思に配慮して、未成年者の養育および教育の全般的な条件について決定する（法401条1項）。

②後見人への権限付与と報酬の決定

家族会は、後見人に支払うことのできる報酬を見積もり、未成年者の財産管理のために必要な権限を決定し、後見人に付与する（法401条2項、3項）。

③後見人等の選任および解任

家族会は、指名後見人がいないときは後見人を選任し（法404条）、家族会の構成員から後見監督人を選任し（法409条）、必要があるときは、利益相反のある後見人および後見監督人の解任と交替を決定する（法397条）。

(4) 後見人の選任

ア　指名後見人および選任後見人

未成年後見人の指名は、最後に生存していた父母が死亡時に親権の行使権を有していた場合、遺言書または公証人の面前での特別な申述によってのみ行うことができる。それは家族会を拘束するが、指名された者が後見人を受任する義務はなく、指名された者がいないか、または除斥された場合は、家族会が、未成年者に後見人を選任する（法403条、404条）。

イ　複数の後見人

①複数後見人の選任と効果

家族会は、未成年者の状況、利害関係者の傾向および管理資産の内容を考慮し、保護措置を共同で行使するために、複数の後見人を選任することができる。この場合、各後見人は、第三者に対して、法律行為を単独で実行し得ることを他の後見人から認められたものと見なされる（法405条1項）。

②分掌後見人の権限

家族会は、後見の行使で、未成年者の身上に関わる後見人と財産管理の後見人に分掌させるか、または、特定の財産管理を個別に後見補助人に付託することができる。この分掌または付託により選任された後見人は、家族会が別段の方法を決定しない限り、独立し、かつ相互に責任を負うことはない（法405条2項、3項）。

ウ　後見人の任期と一身専属性

後見人は、後見の存続期間において選任され（法406条）、後見は一身専属的な職務であり、後見人の相続人には承継されない（法407条）。

(5) 後見人の法定代理権

未成年後見人は、未成年者の身上監護を行い、かつ、法律または慣習によって未成年者自身が提訴する権限を与えられている場合を除き、日常生活における未成年者のすべての法律行為を代理する（法408条1項）。

また、後見人は、裁判で未成年者を代理し、未成年者の財産を管理し、その管理に係る計算書を作成して報告する（法408条2項3項）。一方、未成年被後見人の財産または権利は、信託財産として譲渡し得ない（法408条の1）。

(6) 後見監督人

ア　後見監督人の選任と終了

後見は、家族会によりその構成員の中から選任された後見監督人が含まれる。後見人が、一つの枝系の未成年者の血族または姻族である場合、後見監督人は、可能な限り他方の枝系から選ばれなければならない。（法409条）。

イ　後見監督人の権限

①後見人の監督および未成年者の代理

後見監督人は、後見の任務の遂行を監督し、未成年者の利益が後見人の利益と対立する場合は、未成年者を代理する。後見人による重要な行為は、事前に後見監督人に通知され、相談されなければならない（法410条1項、2項）。

②後見裁判官への通報

後見監督人は、未成年者に責任を負うことを条件として、後見人の行為を監督し、かつ、後見任務の誤りを認めるときは、直ちに後見裁判官に通報する（法410条3項）。

③新しい後見人の指名

後見監督人は、後見の任務が中断した場合、後見人に代わることはできないが、新しい後見人を指名する義務がある（法410条4項）。

(7) 地方公共団体への後見の付託

家族会による後見の編成または国の被後見子資格の認定が不可能な場合は、後見が不存在と宣言される。この場合、後見裁判官は、ASEの管轄権限のある地方公共団体（パリ市および各県）に後見を付託する。地方公共団体は、ASEや適格性の認められた団体や個人あるいは公証人などの専門職を未成年後見人に選任し、身上監護および財産管理に関して、国の名において公的後見を行う（1974年11月6日のデクレ第2条）[4]。この地方公共団体に付託した後見は、家族会も後見監督人も必要とせず、当該子が国の被後見子資格を認められた場合は、直ちに解除される（法411条）。

(8) 後見人の損害賠償責任

すべての後見機関は、その職務の行使において犯した過失による損害の結果について、責任を負う。損害の原因となった過失が、後見裁判官、司法裁判所主席書記官または裁判所書記によって、後見の組織および運営において行われた場合、賠償責任訴訟は求償訴権を有する国に対して行われる。（法412条）。

3 未成年者の財産管理

(1) 後見人の財産管理権

未成年後見人は、未成年者の身上監護を行い、未成年者の日常生活のすべての法律行為を代理し、未成年者の財産管理と計算書を作成する（法408条）。

この後見人による未成年者の財産管理は、民法典第1編10章を基本規定として、同12章が後見に付された成年者の後見人と共通の条文で定めている。後見人は、その財産管理に必要な法律行為について、被保護者（personne protégée、未成年者および後見に付された成年者）を代理するが、①許可なしで行うことのできる行為、②家族会または裁判官の許可を要する行為、③許可を得ても行うことのできない行為の3類型に分類して規制を受けている。

---

4 大村敦志ほか編『比較家族法研究』401頁（商事法務、2012年）。

(2) 財産管理の方法

ア　後見人の法定代理権

未成年後見人は、その財産管理に必要な法律行為について、未成年者を代理する。ただし、未成年後見人は、未成年者の利益のためだけに、慎重、勤勉かつ思慮深い対応を行う義務がある（法496条）。

イ　後見人の行為の許可

家族会さもなくば裁判官は、後見人が単独で行うことのできない法律行為に関して、後見人の申立てに許可を行う。元本価値がデクレの定めた金額以下の法律行為は、家族会の許可を裁判官の許可で代行させ得る（法502条）。

(3) 後見人の法律行為

ア　許可なしで後見人がなし得る行為

未成年後見人は、未成年被後見人の財産目録を作成し、単独で、保存行為および被後見人の財産の管理に必要な管理行為を行う（法503条、504条）。

イ　許可を得て後見人がなし得る行為

①処分行為

未成年後見人は、家族会さもなくば裁判官の許可を得ることにより、被後見人に代わって処分行為を行うことができる。ただし、緊急の場合、裁判官は、未成年後見人の申請により、家族会に代わって金融証券の売却を許可し得る（法505条）。

②和解または仲裁契約

未成年後見人は、家族会さもなくば裁判官の許可を得た場合は、被後見人に代わって和解または仲裁契約を結ぶことができる（法506条）。

③後見人と被後見人の分割

未成年後見人と利益相反がある場合、被後見人に対する分割は、家族会さもなくば裁判官の許可を得て、協議で行うことができる。ただし、この分割は、部分的でなければならない（法507条）。

④被後見人の相続財産の管理

未成年後見人は、被後見人に帰属した相続財産を正味積極財産の額を限度に受け入れることができる（限定承認による受け入れ）。積極財産が負債を明らかに上回る場合は、公証人の証明書を取得した後で、さもなくば家族会または裁判官の許可を得た後においては、無条件で受け入れ得る（法507条の1）。

ウ 後見人がなし得ない行為

①第一に、未成年後見人は、贈与に関するものを除いて、被後見人の財産または権利を無償で譲渡する法律行為を行うことはできない。②第二に、未成年後見人は、第三者が被後見人に対して有する権利または債権を、当該第三者から取得することはできない。③第三に、未成年後見人は、被後見人の名において、商業または自由業を営むことはできない。④第四に、未成年後見人は、被後見人の財産を購入し、同時に、これを賃貸借または小作貸付けに供することはできない（法509条）。

(4) 計算書の作成、検査および承認

ア 管理計算書の作成と開示

未成年後見人は、毎年、すべての有用な証拠書類を添付して、その管理計算書を作成し、毎年、16歳以上の被後見人、後見監督人、その他有用と認める者に計算書および証拠書類の写しを提出しなければならない（法510条）。

イ 管理計算書の検査および承認

管理計算書の検査および承認は、次のように実施される（法511条）。
①未成年後見人は、被後見人に関して、毎年、検査のために証拠書類を添付した管理計算書を司法裁判所主席書記官に提出してその判断に服す。
②後見監督人は、計算書の検査後、所見を付して裁判所主席書記官に送付する。
③裁判所主席書記官は、民事訴訟法に基づき、計算書の検査に立ち会い得る。
④裁判官は、裁判所主席書記官による検査と承認を後見監督人に委託し得る。
⑤裁判官は、有資格の専門家に計算書の検査および承認の職務を委託し得る。

ウ 管理計算書の作成免除

裁判官は、未成年被後見人の収入または資産が少ない場合には、その未成年後見人が、管理計算書の承認を得ることを免除することができる（法513条）。

エ 後見終了時の計算書作成

未成年後見人は、その職務が終了したときは、最後の計算書を作成した以降の業務に関する管理計算書を作成し、検査および承認に供する（法514条）。

Ⅱ　国の被後見子

1　経緯

国の被後見子（pupilles de l'Etat）が1966年に制度化され、CASF第L.224-1条乃至L.225-10条において、後見の実施機関、国の被後見子の資格認容、法的地位およびその養子縁組などが規定されている。

2　国の被後見子の資格

(1)　認容資格

国の被後見子の資格が認容されるのは、次の6類型のASEに引き取られた子か、またはASEに引き渡された子をいう（CASF第L.224-4条）。

①親子関係が確定していないか、または不明な子で、2ヶ月以上前からASEに引き取られている子

②親子関係が確定し、かつ明らかな子で、養子縁組の同意権を有する者により、国の被後見子とすることを承諾する意思をもって、2ヶ月以上前から明示的にASEに引き渡されている子

③親子関係が確定し、かつ明らかな子で、その父または母の一方により、国の被後見子とすることを承諾する意思をもって、6か月以上前から明示的にASEに引き渡されている子で、かつ、その期間中に、もう一方の親がASEにその引取りの意思を明らかにしていない子

④父および母のいない孤児で、民法典に基づく後見に付されず、かつ、2ヶ月以上前からASEに引き取られている子

⑤民法典378条「刑事判決」および378条の1「民事判決」の適用により親権を全部取り上げられた親の子で、かつ、民法典380条「親権取上げの時の子の委託措置」の適用によりASEに引き取られた子

⑥民法典381条の1および381条の2「親による遺棄の司法宣言」の適用によりASEに引き取られた子

(2)　国の被後見子としての認容

上記①②③④のときは、それぞれの期間満了後に県議会議長の命令により、

上記⑤⑥のときは、それぞれの判決確定後に県議会議長の命令によって、国の被後見子として認容される（CASF 第 L.224-8 条）。

3　国の被後見子の後見体制

(1) 後見人および家族会の選任

後見人には各県における国家代表者としての県知事（préfet）が就職し、国の被後見子の家族会とともに後見機関を構成する。なお、国の被後見子家族会は、後見裁判官および後見監督人を含まない（CASF 第 L.224-1 条 1 項）。

国の被後見子家族会は、県議会議員、養子縁組団体の関係者、有識者などで構成される（CASF 第 L.224-2 条）。

(2) 後見人および家族会の役割

国の被後見子の後見人および家族会は、①付与された権限の行使、②少なくとも年 1 回の被後見子の状況の検討、③被後見子の託置場所等に関する事前同意、④事理弁識能力のある被後見子の意見聴取、⑤被後見子が明白に危険な状況にあるときの緊急措置の実施、⑥全ての決定を被後見子に伝達、という役割を有する（CASF 第 L.224-1 条、第 L.224-1-1 条）。

(3) 家族会の構成員の任期および担当被後見子数の制限

家族会の構成員の任期は 6 年であり、家族会の担当する被後見子数が 50 人を超える場合、県は追加の家族会の設置義務がある（CASF 第 L.224-2 条）。

4　養子縁組と国の被後見子

(1) 養子縁組の要件

ア　養子縁組の申立人

養子縁組は、別居していない配偶者同士、民事連帯契約のパートナー同士、内縁者の二人が申し立てることができる。ただし、養親は、少なくとも 1 年以上の同居、またはいずれも 26 歳以上である必要がある。（法 343 条）。

また、養子縁組は、26 歳以上のすべての者に申立てられ得る。その養親が結婚し、かつ夫婦別居または民事連帯契約に拘束されていない場合、夫婦のもう一方の同意が必要となる。（法 343 条の 1）。

なお、養親は、養子となる子より 15 歳以上の年長でなければならない。ただし、15 歳未満の年齢差の場合であっても、裁判所が、正当な理由があると認めるときは、養子縁組を言い渡すことができる（法 347 条）

イ　養子資格

次の者は養子となることができる（法 344 条）。

①両親または家族会が養子縁組に有効な同意を与えた未成年者

②国の被後見子の家族会が養子縁組に同意した国の被後見子

③遺棄の司法宣言をされた子

④第 345 条の完全養子縁組に規定する単純形式および完全形式の成年者

ウ　養子縁組の同意

①親権者の同意

未成年者の親子関係が両親について確立している場合、その両方が養子縁組に同意しなければならない。親の一方が死亡している場合、意思表示ができない場合、または親権を喪失した場合は、他方の親の同意で足りる。（法 348 条）。

また、親の一方についてのみ子の親子関係が確立している場合は、その親が、単独で養子縁組に同意しなければならない（法 348 条の 1）。

②家族会の同意

子の両親が死亡、意思表示が不可能、または親権を喪失している場合は、現に当該子の世話をしている者から意見聴取した後、家族会が同意を与える。子の親子関係が確立していない場合も同様である。（法 348 条の 2）。

③ 2 歳未満子に関する同意

2 歳未満の子の養子縁組の同意は、養親と養子の間に 6 親等までの血族関係若しくは姻族関係がある場合または配偶者若しくは民事連帯契約で結ばれたパートナー若しくは内縁者の子を養子にする場合を除いて、実際に子が ASE に引き渡された場合に限り有効である（法 348 条の 4）。

④ 13 歳以上の子の同意

13 歳以上の養子は、養子縁組について自分自身で同意を行う。この同意は、養子縁組が言い渡されるまでは、いつでも撤回することができる。（法 349 条）。

エ　養子縁組の判決

養子縁組は、養親の申請に基づいて、司法裁判所により言い渡される。司法裁判所は、裁判所への提訴から 6 ヶ月以内に、法律の条件が満たされているかどうか、養子縁組が子の利益に適合しているかどうかを検証する（法353条の1第1項)。また、裁判所は、完全養子縁組または単純養子縁組を言い渡し、養子縁組は、養子縁組の申請が提出された日からその効力を生じる（法355条)。

(2) 完全養子縁組

ア　実親子関係に代わる親子関係

完全養子縁組（adoption plénière）は、実親子関係に代わる親子関係を子に付与し、当該子は、法の定める婚姻禁止の条件付きで、実方との親族関係を終了する。完全養子縁組は取り消すことができない。(法356条、359条)。

イ　完全養子縁組の養子資格

完全養子縁組は、少なくとも6ヶ月前から養親の家庭に受け入れられていた15歳未満の子のために限って、司法裁判所が判決を言い渡す（法345条1項)。ただし、子が15歳以上であっても、国の被後見子、遺棄宣言された子などについては、未成年の期間および成人後3年以内に当該6ヶ月間の条件を満たせば、完全養子縁組を申請することが可能である（法345条2項)。

(3) 単純養子縁組

ア　単純養子縁組の効果

単純養子縁組（adoption simple）は、民法典の規定に従って、養子に対して、その実親子関係に付け加えた親子関係を付与する。養子は、引き続きその実親子関係に属し、実親子関係のすべての権利を保持する。(法360条1項)。

イ　養親の権利

養親にのみ養子に対するすべての親権が帰属し、親権は両養親により行使され、養子には未成年者の法定管理および後見の規定が適用される（法362条)。

ウ　単純養子縁組の取消

重大な理由がある場合、養子が成年であれば、養子または養親の請求により、単純養子縁組を取り消すことができる。養子が未成年の場合、養子縁組の取消は、検察官に限り請求することができる。(法368条)。

(4) 養子縁組のための託置

養子縁組のための託置（placement）は、国の被後見子または親による遺棄の司法宣言がなされた子に関するものであり、養子縁組の判決前に養親となる者に実際に引き渡すことをいう（法351条)。完全養子縁組のための託置は、子が実方の家族に連れ戻されること、および、すべての親子関係の宣言と認知の実現を阻止し、完全養子縁組の法的安定性を確保する（法352条の2)。

また、養親となる者は、託置による子の引渡しから養子縁組の判決が言い渡されるまでの間、子の身上に関して日常的な親権に係る行為を行う（法352条の1)。

(5) 国の被後見子の養子縁組の決定

国の被後見子として認容された子は、子の利益に資すると認められる場合は、①養子縁組計画が進められ、②後見人等の要求に応じてアセスメントを実施し、③家族会の同意を得て後見人である県知事が養子縁組を決定する（CASF第L.225-1条)。

5　匿名出産と国の被後見子

(1) 匿名出産

ア　匿名出産の権利

民法典においては、母は、出産に際して、その入院および身元の秘密が守られることを請求することができると定められ、女性の匿名出産（accouchement sous X）を権利として認めている（法326条)。

イ　匿名出産の内容

匿名出産の実施内容については、CASF第L.222-6条「匿名出産の手順および費用」、L.223-7条「匿名出産における子の出自などの情報管理」、L.147-6条「匿名出産の子の出自の開示」などに規定がある。

①母の身元に関する情報の保存と開示

出産時に、保健機関（établissement de santé）において自分の入院および身元の秘密保護を要求したすべての女性は、この要求の法的影響およびすべての者が自分の出自と歴史を知ることの重要性について教示される（CASF第L.222-6条1項1段)。

当該女性は、その同意のもとに、自分と父親の健康状態、子の出自および出産の状況、自分の身元に関する情報を、封書で残しておくよう促される。当該女性は、いつでも自分の身元の秘密を解除することができること、また、身元の秘密を解除しない場合は、CASF第L.147-6条「匿名出産に係る子の出自の開示」に定められた条件の下においてのみ、自分の身元が伝達されることを告知される。また、いつでも封書で身元を明かすか、出生時の情報を補完することができることについても告知される。この封筒の外側に、子の名前および必要があれば母親による所与の事実の記載、そして子の性別および出生日、出生場所と時刻を記載する。（同条1項2段乃至5段）。

この手続は、保健機関所長の責任の下で、通知を受けたCASF第L.223-7条「匿名出産に係る子の出自などの情報管理」で規定された者によって実行され、さもなくば、それは当該所長の責任により実行される（同条1項6段乃至7段）。

②匿名出産の費用負担

公立または私立の保険診療機関に入院するとき、その身元の秘匿を求めた女性の宿泊および出産の費用は、当該機関が所在する県のASEによって負担される（CASF第L.222-6条2項）。

③匿名出産を希望する女性の支援

匿名出産を希望する女性は、その希望または同意によって、ASEが提供する心理的および社会的支援を享受する（同条3項）。

④身元情報の証明書は不要

匿名出産を希望する女性が、子の母親と父親の健康状態、子の出自および出産の状況、母親の身元に関する情報を封書で残す場合、いかなる身元証明書も必要とせず、いかなる調査も行わない（同条4項）。

⑤養子縁組をすすめる場合の出産費用

匿名出産を希望する女性が、身元の秘匿を求めず、養子縁組のために子を託す場合も同様に、その公立または私立の保険診療機関での宿泊と出産の費用は、当該機関が所在する県のASEによって負担される（同条5項）。

(2) 匿名出産から国の被後見子へ

匿名出産で生まれた子は、直ちにASEに引き取られ、2ヶ月以上の期間が経過した後、所定の手続を経て、通常は完全養子縁組の対象として国の被後見子となる。国の被後見子としての認容資格を規定するCASF第L.224-4条第1号「親子関係が確立されていないか、または不明な子」の大半が、この匿名出産に係る未成年子である[5]。

6　親による遺棄の司法宣言と国の被後見子

(1) 意義

子の遺棄の宣言は、裁判所の決定によって、子が親に遺棄されたことを宣言する制度である。1966年に民法典に導入され、2016年に親による遺棄の司法宣言（déclaration judiciaire de délaissement parental）として、民法典381条の1および381条の2に規定された。

(2) 親による遺棄の司法宣言の要件

特段の支障のある理由もなく、親による遺棄の司法宣言の請求申立をする前の1年間に、両親が当該子の教育または発達に必要な交流を行わなかった場合、その子は両親から遺棄されたものとみなされる（法381条の1)。

司法裁判所は、個人、施設またはASEに引き取られた子が、親による遺棄の司法宣言の請求申立の前の1年間に、法381条の1が定める状況にあると認める場合は、親による当該子の遺棄を宣言する。このとき、養子縁組の同意の単純撤回、子の消息の請求、または表明したが継続しなかった子の引取りの意思表示は、親による遺棄の宣言の請求を正当に拒否するに足る行為とはならず、かつ、本条第1項が規定する期間を中断しない（法381条の2第1項前段、2項)。

ただし、親による遺棄は、法381条の2第1項の定める期間中に、家族の構成員のひとりが子を引き受けて責任を持つことを申立て、かつ、その申立てが子の利益に適合すると認められる場合は宣言されない。なお、親による遺棄は、両親または片方の親に対して宣言され得る。(法381条の2第3項、4項)。

(3) 請求権者

親による遺棄の司法宣言の請求は、その請求に係る両親の適切な支援措置を行った後、法381条の1の定める1年の期間満了時点で、その子を引き取った個人、施設、ASEに請求申立ての義務がある（法381条の2第1項中段)。

また、請求は、期間満了のとき、権限のある検察官が、職権でまたは必要があるときは児童裁判官の申し出によって、申立てをすることができる。(法381条の2第1項後段)。

5　前掲・田中通裕「注釈・フランス家族法（12）」法と政治64巻4号281頁。前掲・大村敦志ほか編『比較家族法研究』189頁。

(4) 親権の委譲

親による遺棄の司法宣言をする司法裁判所は、同一の形式および同一の判決により、子を引き取るか、または子を最後に委託した個人、施設若しくはASEに子の親権を委譲する（法381条の2第5項、民事訴訟法典1208条の4）。

(5) 親による遺棄の司法宣言の効果

ア　国の被後見子の資格認容

親による遺棄の司法宣言によってASEに引き取られた子は、国の被後見子の資格が認容される（CASF第L.224-4条6号）。

イ　養子縁組の決定

国の被後見子家族会が養子縁組に同意した国の被後見子および親による遺棄の司法宣言をされた子は、養子となることができる（法344条）。この際、養子縁組計画の決定は、子の状況の独自性に応じて、単純養子縁組若しくは完全養子縁組、かつ養親となる者の選択について、家族会の同意を得て県知事が後見人として確定する（CASF第L.225-1条3項）。

また、養子縁組の判決については、養親の申請に基づいて、司法裁判所が、完全養子縁組または単純養子縁組を言い渡す（法353条の1）。

なお、親による遺棄の司法宣言がなされた子は、養子縁組の判決前に、養子となる者を養親となる者に対して実際に引き渡す託置が行われる（法351条）。完全養子縁組のための託置では、当該子の実方の家族への連れ戻し、およびすべての親子関係の宣言と認知の実現を阻止する（法352条の2）。この託置によって、当該養子縁組に関する子を実親へ返還することが認められなくなるため、その効果として、完全養子縁組の法的な安定性が確保される。

第4章　刑法典

1　概要

(1) 未成年被害者の人権への配慮

フランス刑法典（Code pénal）は、性犯罪など社会の権力構造を強く反映する犯罪において、直系尊属、教師、上司など被害者に対して権力を持つ加害者がそれを濫用した場合には、刑を加重する。また、同じ犯罪でも子どもや障害者などの社会的弱者が被害者になる場合は、重く処罰する。このようにフランス刑法典は、国民の人権に配慮する観点から、被害者に対する人権侵害のレベルに応じて刑罰を加重するという点に特徴がある[1]。これは、親権者などによる子への虐待の犯罪化と重罰化、あるいは15歳未満の未成年者への犯罪への量刑の加重などで具体化されている。

児童虐待の範疇に属する未成年者への犯罪について、刑法典は、第2巻「人に対する重罪および軽罪」第2編「人間への侵害」第7章「未成年者および家族に対する侵害」第1節「未成年者の遺棄」を定め、同章第5節で「未成年者を危険な状態に置く行為」として規定している。

また、刑法典第2巻第2編第2章「人の身体的または精神的完全性の侵害」は、「心身の完全性」を保護法益とし、同章第3節「強姦、近親姦およびその他の性的攻撃」第1款「強姦および近親者による強姦」、同節第2款「その他の性的攻撃」、同節第3款「近親者による強姦および性的攻撃の共通規定」、また、同章第1節「人の完全性への故意の侵害」第2款「暴力」において、未成年者に対する犯罪の重罰化と刑の加重が規定されている[2]。

(2) 刑罰の種類

刑事犯罪は、重罪（crime）、軽罪（délit）、違警罪（contravention）の3種類

1　島岡まなほか『フランス刑事法入門』63頁（法律文化社、2019年）。

2　本章のフランス刑法典は、Legifrance（https://www.legifrance.gouv.fr）の2024年3月版から訳出した。

に類別される（刑法典111-1条）。その内容と管轄裁判所は次のとおりである[3]。

ア 重罪

自然人に対する重罪の刑罰は、無期または10年以上の有期刑となり、有期刑は30年以下、20年以下、15年以下の3種類の懲役（réclusion criminelle）または禁固（détention criminelle）が定められている。禁固刑は政治犯に対する自由剝奪刑であり、重罪に係る懲役または禁固には罰金刑が併科され得る。（刑法典131-1条、131-2条）。重罪は、重罪院（cour d'assises）が管轄権を有する。

イ 軽罪

自然人に対する軽罪の刑罰は、拘禁刑（emprisonnement）、罰金（amende）、または公益奉仕労働などがある。軽罪の拘禁刑は、10年以下から2月以下までの8種類あり、軽罪裁判所（tribunal correctionnel）に裁判管轄がある。（刑法典131-3条、131-4条）。

ウ 違警罪

重罪や軽罪よりも軽く、道路交通法違反罪などの刑罰である。罰金、権利剝奪または制限（運転免許停止等）などの種類があり、さらにこれらを併科され得る（刑法典131-12条）。違警罪裁判所（tribunal de police）が管轄する。

2 未成年者の遺棄

15歳未満の未成年者を任意の場所へ遺棄することは、遺棄の状況が未成年者の健康と安全を保証し得る場合を除いて、7年以下の拘禁刑および10万ユーロ以下の罰金に処せられる（刑法典227-1条）。

遺棄により15歳未満の未成年者に傷害を生じさせた場合は20年以下の懲役、死に至った場合は30年以下の懲役に処される（刑法典227-2条）。

3 未成年者を危険な状態に置く行為

(1) 直系尊属などによる15歳未満の未成年子の養育放棄

直系尊属またはその他の親権を行使する者若しくは権限を有する者が、15

3 前掲・島岡まなほか『フランス刑事法入門』134頁、246頁。前掲・中村紘一ほか監訳『フランス法律用語辞典第3版』120頁、133頁、146頁。

歳未満の未成年者の食事や世話などをせず健康を危険にさらす程度の養育放棄行為は、7年以下の拘禁刑および10万ユーロ以下の罰金に処される（刑法典227–15条1項）。

この養育放棄には、公共交通機関など公共の場所における6歳未満子の棄児行為が含まれる（刑法典227–15条2項）。また、当該被害者を死亡させた場合は、30年以下の懲役に処される（刑法典227–16条）。

(2) 父母による未成年子の監護義務の怠り

父または母が、正当な理由なく、その未成年子の健康、安全、道徳性、または教育を危険にさらす程度に法的監護義務を怠る行為は、2年以下の拘禁刑および3万ユーロ以下の罰金に処される（刑法典227–17条）。

(3) 父母等による子の就学義務の怠り

子の両親または親権を行使する者または事実上の権限を継続的に行使するすべての者が、教育分野を管轄する国家当局の督促にも拘わらず、正当な理由なくして、その子を教育機関に就学させない場合、その行為は6月以下の拘禁刑および7500ユーロ以下の罰金に処せられる（刑法典227–17–1条）。

(4) 児童ポルノ等に関する行為

ア　児童ポルノの作成、保存など

児童ポルノの画像または描写を頒布する目的で、作成、保存、伝播する行為は、5年以下の拘禁刑および7万5千ユーロ以下の罰金に処せられる。15歳未満の未成年者の画像または描写については、その行為が頒布の目的でなくても同罪に処せられる（刑法典227–23条1項）。

また、電子通信ネットワークが利用された場合、不特定多数の者に頒布する目的で行ったときは、罰則は7年以下の拘禁刑および10万ユーロ以下の罰金に加重される（刑法典227–23条3項）。

イ　児童ポルノの所持等

児童ポルノの画像または描写を提供する公衆通信サービス回線を常習的に利用したり、対価を支払って何らかの手段でそのような画像または描写を取得したり、または所持したりする行為は、5年以下の拘禁刑および7万5千ユーロ以下の罰金に処せられる（刑法典227–23条4項）。

4　未成年者に対する性犯罪

(1) 性犯罪の類型

フランスにおいては、未成年者等への性的侵害の犯罪行為は、性的攻撃と狭義の性的侵害とに分類される。

前者は、暴力、強制、脅迫または不意打ち（surprise）による性的侵害であり、強姦とその他の性的攻撃がある。後者は、未成年者に対する性犯罪などにおいて、強姦罪やその他の性的攻撃罪が成立しない場合であっても、犯罪行為として処罰される狭義の性的犯罪の類型をいう。

(2) 性的攻撃

ア　性的攻撃とは

性的攻撃（agression sexuelle）とは、暴力、強制、脅迫または不意打ちを用いて犯されるすべての性的侵害（atteinte sexuelle）をいい（刑法典222-22条1項)、強姦およびその他の性的攻撃に分けられる[4]。後者の「その他の性的攻撃」は、わが国の不同意わいせつに相当する犯罪と解される。

このうち強制とは、物理的または心理的なものであり得る。性的攻撃行為が15歳未満の未成年者に対して犯された場合、この心理的強制または不意打ちは、これらの行為について必要な見識を有さない被害者の脆弱性に乗じたものと見做され（刑法典222-22-1条)、心理的強制または不意打ちが不存在という加害者側からの反証は困難と解されている。

イ　強姦

①暴力、強制などによる強姦

暴力、強制、脅迫または不意打ちによって、他人の身体または加害者の身体に対して行われるすべての性的挿入行為またはすべての口腔の性的行為は強姦（viol）であり、15年以下の懲役に処せられる（刑法典222-23条)。

② 15歳未満者の被害、直系尊属等による加害の重罰化

暴力、強制、脅迫または不意打ちによる強姦が15歳未満の未成年者に対して犯されたとき、あるいは、直系尊属または被害者に対して法律上若しくは事

4　本章の訳出は、安藤英梨香「フランスにおける性犯罪防止対策強化」外国の立法279号21～29頁（国会図書館、2019年)、島岡まな「フランス刑法における性犯罪処罰の基本的考え方」（法務省検討会資料、2020年）を参照。

実上の権限を有する他のすべての者によって犯されたときは、20年以下の懲役に処せられる（刑法典222-24条）。

③年齢差5歳以上ある場合の強姦

暴力、強制、脅迫、不意打ちを証明できない場合も、被害者が15歳未満のときは、加害成人と被害未成年者の年齢差が5歳以上ある場合は強姦として20年以下の懲役に処せられる（刑法典222-23-1条、222-23-3条）。ただし、若年成人と15歳未満子との合意ある性行為については、お互いの年齢差が5歳未満である場合、本罪の適用対象外となり得る。

④近親者による強姦

暴力、強制、脅迫および不意打ちを証明できない加害行為であっても、加害成人が、直系尊属その他兄弟姉妹やおじおばやその配偶者などで子に対して法律上若しくは事実上の権限を有する場合は、近親者による強姦と見做されて、20年以下の懲役に処せられる（刑法典222-23-2条、222-23-3条）。

ウ　その他の性的攻撃

①その他の性的攻撃の量刑

強姦以外の性的攻撃は、5年以下の拘禁刑および7万5千ユーロ以下の罰金に処せられる（刑法典222-27条）。その犯罪が、直系尊属または被害者に法律上若しくは事実上の権限を有する者などによって犯された場合は、7年以下の拘禁刑および10万ユーロ以下の罰金に処せられる（刑法典222-28条）。

②特別の脆弱性が明白な者などに対する性的攻撃

強姦以外の性的攻撃は、それが年齢、疾病、身体若しくは精神の欠陥などで特別の脆弱性が明白である者に犯された場合等は、7年以下の拘禁刑および10万ユーロ以下の罰金に処せられる。それが直系尊属または被害者に法律上若しくは事実上の権限を有する者などによって犯された場合は、10年以下の拘禁刑および15万ユーロ以下の罰金に処せられる（刑法典222-29条、222-30条）。

③未成年者への性的攻撃

強姦以外の性的攻撃が15歳未満の未成年者に対して、暴力、強制、脅迫、不意打ちにより行われた場合は、10年以下の拘禁刑および15万ユーロ以下の罰金に処せられる（刑法典222-29-1条）。

被害者が15歳未満のとき、暴力、強制、脅迫、不意打ちを証明できない場合であっても、加害成人と被害未成年者の年齢差が5歳以上ある場合は10年以下の拘禁刑および15万ユーロ以下の罰金に処せられる（同222-29-2条）。

また、暴力、強制、脅迫、不意打ちを証明できない場合でも、強姦以外の性的攻撃の加害成人が、未成年者に法律上または事実上の権限を有する直系尊属やおじおばやその配偶者等であるときは、近親者による性的攻撃として10年以下の拘禁刑および15万ユーロ以下の罰金に処せられる（同222-29-3条）。

(3) 性的侵害（狭義）

ア 15歳未満の未成年者に対する性的侵害

強姦またはその他の性的攻撃の場合を除いて、成人が15歳未満の未成年者に対して性的侵害（atteinte sexuelle）を加える行為は、7年以下の拘禁刑および10万ユーロ以下の罰金に処せられる（刑法典227-25条）。暴力や強制などの証明が困難で強姦罪やその他の性的攻撃罪が成立しない場合でも、未成年者に対する性犯罪は性的侵害罪として処罰され得る。

イ 15歳以上の未成年者に対する性的侵害

未成年子に対して法律上若しくは事実上の権限を有する成人などが、当該15歳以上18歳未満の未成年子に性的侵害を犯したときは、暴力、強制、脅迫、不意打ちのいずれの証明も要することなく、5年以下の拘禁刑および4万5千ユーロ以下の罰金で処罰される（刑法典227-27条）。

ウ 近親者による性的侵害の刑の加重

第227-25条乃至第227-27条の定める15歳未満の未成年者および15歳以上の未成年者に対する性的侵害を、直系尊属またはおじおばやその配偶者等が犯した場合、近親者による性的侵害として刑が加重される（刑法典227-27-2-1条）。

5 未成年者などへの暴行

(1) 暴行の種類

暴行（violence）には4種類あり、かつ弱者への常習的な暴行の規定もある。暴行が直系尊属などによって犯された場合、次のように量刑が加重される。

(2) 直系尊属等による暴行

ア　死を引き起こす暴行

直系尊属または未成年者に権限を有する他のすべての者（以下、直系尊属等という）によって、15歳未満の未成年者に対して、故意なく死を引き起こす暴行が犯された場合、30年以下の懲役に処される（刑法典222-8条2項a号）。

イ　永続的な身体障害等を引き起こす暴行

直系尊属等により、15歳未満の未成年者に対して、身体の一部切断または永続的な身体障害を引き起こす暴行が犯された場合、20年以下の懲役に処される（刑法典222-10条2項a号）。

ウ　8日を超える労働不能を引き起こす暴行

直系尊属等により、15歳未満の未成年者に対して、8日を超える期間の労働不能を引き起こす暴行が犯された場合、10年以下の拘禁刑および15万ユーロ以下の罰金に処される（刑法典222-12条2項a号）。

エ　8日以下の労働不能を引き起こすなど軽度の暴行

直系尊属等により、15歳未満の未成年者に対して、8日間以下の労働不能を引き起こす暴行が犯された場合、5年以下の拘禁刑および7万5千ユーロ以下の罰金に処される（刑法典222-13条2項a号）。

本条が、15歳未満の未成年者に対する軽度の暴行も刑事罰の対象とするため、文理上は、親権者による軽度の身体的体罰や精神的体罰も拘禁刑や罰金刑に処される可能性がある。検察による本条の適用および裁判所の判決の動向によっては、公権力による一般家庭への過剰な介入が危惧される。

オ　15歳未満の子など弱者への常習的暴行

15歳未満の未成年者、または年齢、疾病、身体障害、身体若しくは精神の欠陥などで特別な脆弱性が明白であるか若しくは加害者がそのように認識している者に対する常習的な暴行は、前記アイウエの4種類の暴行に係る直系尊属等による暴行と同一の要件で、それぞれの量刑に処せられる（刑法典222-14条）。

6 児童虐待や体罰を抑止する効果

(1) 国民議会の意向

従来の学説・判例においては、親や教師によるしつけや教育のための軽微な有形力の行使は慣習によって正当化され、暴行罪として処罰されないと解されてきた。容認される体罰は、軽い平手打ちや尻たたきなどとされていた[5]。

ところが2019年の民法典371条の1第3項への体罰禁止規定新設によって、親による身体的または精神的暴力が禁止されたため、これらの解釈が否定され、親によるすべての体罰が正当化され得なくなったのである。

この点について、フランス国民議会報告書[6]は、15歳未満の未成年者に対する体罰および言葉の暴行は罰せられ得るとしている。この報告書は、15歳未満の未成年者に対して8日以下の労働不能を引き起こすかまたは労働不能を引き起こさないような「軽微」な暴力の場合であっても、刑罰が科され得るという。さらに、同報告書は、改正刑法典は15歳未満の未成年者に対する身体的および言葉による暴力に毅然として有罪宣告をする、と明記している。

この報告書については、立法機関としての国民議会が、刑法典改正に係る強い意気込みを表明したとの印象であるが、軽微な身体的暴力や言葉による精神的暴力のすべてを有罪として処罰することに対しては、児童の権利擁護と当該家庭への支援を両立させることを目指すソーシャルワークの観点からは、疑問を抱かざるを得ない。

(2) 刑事介入による逆効果への懸念

検察・警察の家庭への刑事事件としての画一的介入は、子の福祉にとっては逆効果になる場合が多く、共和国検事による当該の親子関係の実情を把握した上での柔軟な運用とASEとの連携および情報交換が重要と考える。怪我も痣も残らない程度の軽い尻たたきを犯罪として訴追するべきではなく、刑法典の硬直的な適用によって軽度の体罰を家庭崩壊の端緒としてはならないと思うが、今後のフランスの裁判実務に注目したい。

---

5 前掲・島岡まなほか『フランス刑事法入門』49頁。石綿はるみ「懲戒権に関する調査(フランス)」法制審議会民法(親子法制)部会第6回会議資料6—2、4頁および7頁(2020年)。

6 Assemblée Nationale, *Rapport n°1414*, I. B. 1 (2018).

第5章　危険な状態にある子の保護

I　概要

フランスにおいては、2007年の児童保護に関する関係法の改正以降は、危険な状態にある子（enfance en danger）という文言が使用されることが多い[1]。後述のGIPED、SNATEDなど児童虐待防止に関わる公的な機関においても、enfance en dangerが各機関の正式名称の一部として使われている。危険な状態にある子は、わが国の虐待防止法の児童虐待の定義よりはるかに広く、保護者以外の第三者による児童への犯罪行為や虐待行為を含んだ広義の児童虐待をいう。

危険な状態にある子の保護は、司法的対応と行政的対応の2つの分野において、相互に密接な関連性を維持しながら行われている。司法的対応の主要なものは、在宅措置、施設等への委託措置、一時保護などであり、行政的対応は、ASEを中心にCRIP、GIPED、ONPE、SNATEDなどの活動による。

II　司法による保護

1　在宅措置

児童裁判官の決定による育成扶助としてAEMO「開放された環境における育成扶助」がある。これは児童裁判官の決定した支援内容に基づき、施設等に入所させず、ASE等による家庭訪問などを重ねながら教育を施し、家族の援助を行うものである。民法典は在宅措置を原則とする（民法典375条の2第1項）。

1　三輪和宏「フランスにおける児童虐待防止制度」レファレンス平成27年8月号85頁（国立国会図書館、2015年）。

2　施設等への委託措置

子の利益のために親子分離をして子を保護する必要がある場合、児童裁判官は、子をASEなどへの委託措置を命令することができる。その大半がASEに委託措置され、ASEは、その子について里親委託や施設入所措置をとる。子の保護が必要な場合に児童裁判官がとる特例的な措置である（民法典375条の3）。

なお、措置による託置期間が2年を超える場合、ASEは、当該子のニーズに合った生活条件の継続性と安定性を保障することが可能な他の措置を講じることを検討しなければならない。またASEは、児童裁判官に対し、想定し得る委託措置の維持または解除について、理由を付して通知する義務がある（CASF第L.227-2-1条、民法典375条3項）。その結果、親権の取上げ、親権の委譲、親の遺棄による司法宣言、託置措置期間の更新などが行われる場合がある。

3　一時保護

(1) 意義

一時保護は、原則として親権者の同意の下に行われるものであり、まずは、児童裁判官は、ASEの援助を受けるよう親に働きかけ、親の同意があれば、民法典375条、375条の1などに基づいて育成扶助の措置命令を発令する。

(2) 児童裁判官の命令による一時保護

親が不同意の場合は、児童裁判官の命令に基づいて、ASEなどが一時保護（remise provisoire）を行うことができる。児童裁判官は、控訴を負担とする暫定的な権限として、育成扶助措置の訴訟手続中に、収容機関若しくは観察機関への未成年者の暫定的な引き渡し（一時保護）を命じるか、あるいはASEなどへの委託および委託先への援助と見守り責任の付与のいずれかの措置をとることができる（民法典375条の5第1項）。

(3) ASEによる一時保護

ASEは、児童の一時保護に関し次の権利義務を有する（CASF第L.223-2条）。

ア　一時保護は法定代理人等の同意が必要

ASEは、裁判所の決定によって児童が委託された場合などを除いて、児童の両親など法定代理人等の書面同意なしに、いかなる入所措置の基本方針または形態についても決定することができない（CASF 第 L.223-2 条 1 項）。

イ　同意が得られない場合の緊急一時保護

ASE は、緊急の場合で、かつ両親など法定代理人の同意が得られないときは、児童を暫定的に一時保護し、直ちに共和国検事に通知する（同条 2 項）。

ウ　同意のない場合の裁判所への提訴

両親など法定代理人が同意を与えることができる状態にあるもかかわらず、それを拒否した場合、ASE は、児童裁判官による一時保護命令（民法典 375 条の 5）を求めて司法当局に提訴する（同条 3 項）。

エ　緊急一時保護の後は 5 日以内に提訴

上記イの緊急一時保護の場合、5 日以内に児童を家族に引き渡せないとき、または法定代理人が同意を与えることができないか若しくは拒否しているときは、ASE は、児童裁判官による一時保護命令を求めて提訴する（同条 4 項）。

オ　家族の住居を離脱放棄した児童の 72 時間以内の一時保護

家族の住居を離脱放棄した児童について、ASE は、差し迫った危険またはその疑いがある場合、両親その他すべての親権を有する者または後見人、および共和国検事にも直ちに通知することを条件に、危険防止措置の対応の範囲内で、最長 72 時間の間、当該児童を一時保護することができる。

この期間の終了時に、当該児童の家庭への復帰を果たすことができない場合は、ASE による入所措置手続を開始するか、または両親若しくは法定代理人の同意がないときは司法当局への提訴が開始される。（同条 5 項）。

カ　ASE による一時保護措置の確定

すでに ASE により入所措置された児童の託置場所と形態に関するすべての決定について、法定代理人が、ASE からの請求の送達書を受け取った日から 4 週間以内に、または送達書の受領を通知しないときは送付の日から 6 週間以内に、ASE からの請求に不服の意思表示をしない場合は、いずれもその同意があったものとみなされる（同条 6 項）。

キ　一時保護における親の面会権および宿泊権

司法当局の認めた権限を条件として CASF に基づいてとられた措置は、いかなる場合にも、児童の法定代理人の有する親権、特に面会権および宿泊権を侵害することはできない（同条7項）。

なお、育成扶助の措置に基づいて、児童がASEに委託された場合、裁判官は、両親の面会権および宿泊権の内容および頻度を決定し、かつ、これらの権利行使の条件については、児童のための計画（CASF第L.223-1-1条）の範囲内で、ASEと両親が共同で定めることを決定し得る。意見が不一致の場合は、提訴され得る（CASF第L.223-3-1条）。

(4) 共和国検事による緊急一時保護

ア 8日以内の一時保護権限

未成年者の発見場所の共和国検事は、緊急の場合には、8日間を限度として未成年者の居所の発見と身柄を確保することができるが、8日間を超えて当該子の一時保護を継続するためには児童裁判官の追認を要する。また、必要な場合には、親との通信、面会、宿泊を制限することができる（民法典375条の5第2項）。

イ 8日を超える場合の提訴と裁判官の決定

児童裁判官は、緊急の一時保護を行った共和国検事から追認のために提訴されたときは、当事者を召喚して審問し、かつ、提訴の日から15日以内に決定を下さなければならない。さもなくば、未成年者を、その両親または委託を受けた個人等に引き渡さなければならない（民事訴訟法典1184条3項）。

(5) 一時保護における審問および期間制限

ア 親権者等の審問

児童裁判官の命じる一時保護は、特別な理由のある緊急事態の場合を除いて、両親、後見人、子が委託されている機関の個人若しくは代表者、および事理弁識能力のある未成年者それぞれに対する審問（audition）が実施された場合に限り、実施することができる（民事訴訟法典1184条1項）。

裁判官が当事者の審問なしに緊急に子の収容を命じた場合には、決定から15日以内に当事者を召喚して審問しなければならず、さもなくば、未成年者は、請求に応じてその両親等に引き渡されなければならない（同法1184条2項）。これは親権者等に弁明の機会を与え、その権利を保障するものである。

イ 一時保護の期間制限

児童裁判官の命じる一時保護の期間制限は、その本案たる育成扶助の措置の審理のために一時保護を命じた日から6ヶ月以内が原則であるが、調査のためにさらに時間が必要な場合は、共和国検事と協議した後、6ヶ月を限度としてこの期間を延長し得る（民事訴訟法典1185条）。

(6) 共同保護

一時保護（民法典375条の5）により未成年者が個人または施設に委託された場合、当該子は県議会議長および児童裁判官の共同保護の下に置かれる（CASF第L.227-2条）。

4　子の受入先の不告知

児童裁判官は、子の利益に配慮して、子の受け入れの態様を決定する。子の利益にとって必要な場合、または危険な場合は、裁判官は受入先を匿名にする決定をすることができる（民法典375条の7第6項）。

5　子の連れ出し禁止命令

民事訴訟法典1183条「裁判官の調査権」、民法典375条の2「裁判官の命令による施設通所、寄宿生活」、375条の3「ASEや施設等への子の委託措置」、375条の5「児童裁判官または共和国検事の命令による一時保護」が適用がされるとき、裁判官は、当該未成年子を現住地から管轄区域外へ連れ出すことを禁止する命令を出すことができる。ただし、この連れ出し禁止の決定の存続期間は、2年を超えることができない。（民法典375条の7第7項）。

Ⅲ　行政による保護

1　ASE

(1) ASEの設置

ASEを中心に行政上の保護および支援が行われる。ASEは、県（département）の県議会が所管する行政機関である。県の行政の執行責任機関は県議会議長（président du conseil départemental）であり、県知事（préfet）は、当該県におけるフランス共和国政府の代表職である。

ASEは、パリ市や各県に約100所設置されている。各県のASEでは、児童福祉サービス、県の社会福祉サービス、母子保護サービスなどのソーシャルワークを、エデュカトゥール（éducateur spécialisé）やソーシャルワーカーなどが担当する。エデュカトゥールは、非行少年や障害児などを対象とする児童教育専門職である。具体的には、危険な状態にある子の援助、里親受付窓口、非行少年対策など、緊急援助を含めた様々な児童保護対策を行っている[2]。

(2) ASEの職務

ASEの職務およびその関連事項については、CASF第L.221–1条乃至L.221–9条に詳細な規定がなされている。ASEは県議会議長の権限の下にあり（CASF第L.221–2条1項）、CASFにおいて県議会議長の権限と規定されている場合も、実務上はASEの業務として執行されているものが多い。ASEの職務の主たるものを列挙すると、次のとおりである（CASF第L.221–1条1項）。

①困難な状態にある未成年者等への支援

未成年者の健康、安全、道徳性を危険な状態にし、またはその教育若しくは身体的、情緒的、知的および社会的発達を著しく損なうような困難に直面している未成年者およびその家族などに物的、教育的および心理的な支援を行う。さらに、家族、社会および教育の困難に直面して著しく安定性を欠くおそれのある21歳未満の若年成人なども支援する（同条1項1号）。

②緊急保護活動

上記の困難な状態にあって支援を要する未成年者のために、緊急保護活動を行う（同条1項3号）。

③未成年者に係る懸念情報の収集伝達と保護への関与

健康、安全、道徳性が危険な状態にあるか若しくはそのおそれがある未成年者などに関する懸念情報の収集伝達について、県議会議長の懸念情報の収集権限の下に組織し、かつ当該未成年者の保護に関与する（同条1項5号）。

④里親などへの支援

児童の最善の利益のために、児童によってその両親とは別の者（里親など）と結ばれた愛着のきずなを維持し、発展させるよう配意する（同条1項6号）。

2　前掲・水留正流「フランスにおける児童虐待防止システム」町野朔ほか編『児童虐待と児童保護』137頁。

⑤受託児童の長期的支援

ASE に委託されている児童の将来の道のりの安定性、および長期にわたって当該児童がその境遇に適応できるよう配慮する（同条1項7号）。

⑥子と兄弟姉妹の愛着のきずなの維持

子の利益のために、当該子と兄弟姉妹との間に結ばれた愛着のきずなが維持されるよう配慮する（同条1項8号）。

2　CRIP

(1) 懸念情報の収集

パリ市や各県は、CRIP（Cellule de recueil des informations préoccupantes, 懸念情報収集機関）を設置して、危険な状態にある子の情報を収集する。

県議会議長は、危険な状態にあるかまたはそのおそれがある子に関する懸念情報を、いつでもいかなる情報源からも収集、処理、評価する責任を負っており、県知事および司法当局はそれに協力する。懸念情報に基づく子の状況の評価は、学際的専門家チームによって実施される（CASF 第 L.226-3 条）。

懸念情報（information préoccupante）とは、公的支援を受けているかどうかに拘わらず、未成年者の健康、安全、道徳性が危険な状態にあるか若しくはそのおそれがあること、または、教育若しくは身体的、情緒的、知的および社会的発達の条件に重大な欠缺があるか若しくはそのおそれがある状況について、県議会議長に警告するために、関係機関に伝達されたものをいう。懸念情報の伝達の目的は、未成年者の状況をアセスメントし、当該未成年者と家族が享受し得る保護および援助の内容を決定することである（CASF 第 R.226-2-2 条）。

CRIP には、公的機関、病院、近隣住民、SNATED への 119 番通報、その他の関係機関から危険な状態にある子の懸念情報が集められる。CRIP は、当該県の ASE だけでなく、刑事事件として訴追される可能性がある事案などについては、共和国検事にも通告する[3]。

(2) 懸念情報のアセスメント期限は3ヶ月以内

県議会議長は、懸念情報のアセスメントを受理後3ヶ月以内に実施しなけれ

3　www.allo119.gouv.fr 参照。

ばならない。ただし、危険またはそのおそれの性質および特徴に応じて、あるいは未成年者の年齢に応じて、特に2歳未満の子については、その期間は短縮される（CASF 第 D.226-2-4 条）。

3 GIPED

フランスでは、有資格の民間公益法人であるアソシアシオン（association）が、公的サービスの多くを担っている。その例として、GIP Enfance en Danger（Groupement d'intérêt public enfance en Danger, GIPED: 公益団体・危険な状態にある子）は、ONPE（Observatoire national de la protection de l'enfance, 子の保護の全国監視機構）および SNATED（Service National d'Accueil Téléphonique de l'Enfance en Danger, 危険な状態にある子の全国電話対応サービス）の2団体の統括運営団体である。この GIPED の運営財源は、国と県がそれぞれ2分の1ずつ負担している[4]。

4 ONPE と ODPE

各県には、県議会議長の権限で設置された ODPE（Observatoire départemental de la protection de l'enfance, 子の保護の県監視機構）がある（CASF 第 L.226-3-1 条）。ODPE は、県における国の代表者（県知事またはその代理人など）、県議会の代表者（県議会議長または県職員など）、地域保健衛生機関の長または代理人、児童裁判官、検察官、弁護士会の代表者、子の保護団体の代表者、医師会の代表者などで構成される（CASF 第 D.226-3-2 条）。

これらを全国的に統括する ONPE（子の保護の全国監視機構）は、詳細なフランス全体の統計調査に基づく報告書を公表し、危険の予防や事案処理状況の把握と公表を行っている。ONPE には、国、地方自治体、公的機関、財団、およびこの分野で活動する団体を情報源として、子の保護に関するデータおよび研究の収集と分析に寄与する任務がある（CASF 第 L.226-6 条2項）。

---

4 www.giped.gouv.fr. GIPED, *Rapport d'activité GIP Enfance en Danger 2021*,（2022）p. 78.

5　SNATED

SNATED は、「119 allô enfance en danger（もしもし危険な状態にある子 119 番）」として、24 時間体制で電話相談を受け付けている。SNATED は、119 番通報によって危険な状態にある子の存在を把握し、当事者の援助と適切な社会サービスの紹介などを行うとともに、懸念発生情報を CRIP に送付する。

SNATED は、2007 年 3 月 5 日の法律第 293 号に基づいて設置された機関であり、年間 40 万件を超える 119 番通報を受信している。この無料の電話相談機関は、危険な状態にある未成年者の保護という任務に全国的なレベルで寄与するものである（CASF 第 L.226-6 条 1 項）。

2021 年の 119 番の通報実績は、次のとおりである[5]。

① 2021 年における 119 番は、405,920 件の電話コール、メールによる相談が 6,980 件、チャットによるやり取り 1,362 件を受信した。

②電話相談では、34,902 件について専門相談員が内容を聞き取り、さらに助言、指導、情報提供を行った。

③電話相談のうち 16,894 ケースについて、助言等の即時援助（aide immédiate）が行われ、他の 18,008 ケースは懸念情報（lnformation preoccupante）として CRIP に通報された。

5　GIPED, op. cit., p. 27.

第４編　イギリスの児童保護法制

第1章　児童保護の歴史的経緯

1　児童の権利保護の胎動

(1) 救貧法の制定

イギリスでは、18世紀半ばから19世紀初めにかけて新しい農具と作物による農業革命が起き、同時期に蒸気機関や紡績機など各種の機械発明による産業革命が始まって急速に進展した。これらは、一方で農民の困窮、他方で手織職人の失業や多くの低賃金労働者を生み出し、徒弟を中心にした悲惨な児童労働を大量に出現させた。そのような社会の混乱に対応するため、1834年に救貧法が制定され、貧困者対策が行われることになる。

しかし、この救貧法に基づく救貧対策は極めて不十分なものであった。ディケンズ著『オリバー・ツイスト』の「あらゆる貧民は、救貧院にはいってすこしずつ餓死させられるか、それとも救貧院にはいらないでたちまち餓死させられるか、どちらか一つを選ぶ自由が与え」られていた[1]という一節は、この時代の貧困児童の実情と救貧法の無力さを率直に表現しているといえよう。

(2) 児童保護に関する新たな法の制定

救貧法の後、児童保護に関する法律の制定が続いた[2]。浮浪児や虞犯少年の職業訓練のための1857年授産学校法、1889年児童虐待防止および保護法、児童保護のための少年裁判所を設置した1908年児童法、児童虐待防止のためにケア手続を定めた1933年児童少年法などである。

2　ベヴァリッジ報告の児童保護政策

1942年のベヴァリッジ報告は、児童手当や医療保障など児童保護にとって

1　チャールズ・ディケンズ著、中村能三訳『オリバー・ツイスト（上巻）』23頁（新潮社、2005年改版。原作は1838年刊）。

2　秋元美世『児童青少年保護をめぐる法と政策〜イギリスの史的展開を踏まえて』13頁（中央法規、2004年）。

重要な政策提言であった。ベヴァリッジ報告における社会保障とは、15歳以下の児童への児童手当や保健医療サービスを前提とした所得保障を意味した。この所得保障計画は、基本的なニーズに対する社会保険、特別なケースに対する国民扶助、基本的給付に対する付加としての任意保険という3つの方法で構成され、Want（窮乏）、Disease（疾病）、Ignorance（無知）、Squalor（不潔）、Idleness（無為）の5つの巨悪（five giants）からの解放を目指した[3]。

3　第2次大戦後の児童保護法の制定

(1) 福祉国家への道

第2次大戦後には、1944年国民保健省の設置、1945年家族手当法の制定、1946年国民保険法、国民保険業務災害法、国民保健サービス法（NHS）の制定、1948年には国民扶助法および児童法の制定と新しい法律の制定が続き、児童手当給付やNHS創設などベヴァリッジの提言は着実に実行された。

(2) 1989年児童法の制定へ

児童保護の分野では、里親や小規模施設での養護を重視した1946年のカーチス委員会報告、1948年児童法、1963年児童少年法、1969年児童少年法の制定を経た後、1989年児童法の制定に至る[4]。

1989年児童法は、子の福祉、親責任、ケア命令など各種の命令、要保護児童への地方当局の支援などを規定し、従来の法律の廃止を含む大幅な見直しを行い、総合的な児童保護に関する法として新たに制定された[5]。

3　W・ベヴァリッジ『社会保険および関連サービス』300乃至303、456（法律文化社、2014年）。

4　前掲・秋元美世『児童青少年保護をめぐる法と政策』85頁以下。

5　英国保健省編『英国の児童ケア：その新しい展開』［林茂男ほか監訳］167頁（中央法規、1995年）。

第2章　1989年児童法

I　概要

1　基本法としての1989年児童法

イギリスにおいて、親による子の監護・養育に関する法制度は、1989年児童法（Children Act 1989、以下本章の根拠条文表示では「法」という）が土台となっており、本法は、監護・保護・養育および児童と家庭への行政サービス等に関する総合的な児童福祉のための基本法である[1]。この1989年児童法を基本に、2002年養子および児童法、2004年児童法、2006年児童および養子法、2014年児童および家族法など関連する児童関係法が次々に制定された。

なお、イギリスにおいては、基本法に新しい制定法や関連法改正が連動しながら、制定法とともに、国王の裁判所が発展させたコモンロー（common law）および大法官裁判所が発展させたエクイティ（equity）という2系統の判例法によって法が運用されている[2]。

2　親責任の導入

イギリス法は、従前から親権という概念を持っておらず、子に対する親の法的地位は監護権（custody）あるいは後見（guardianship）と理解されてきた。しかし、1989年児童法が親責任という新しい概念を導入したことで、親と後見人が明確に区別されることになった[3]。父がその嫡出子の自然の後見人（natural guardian）であるという法準則は、本法2条4項により廃止された。

1　本編におけるイギリスとは、イングランドおよびウェールズをいう。

2　北村一郎編『アクセスガイド外国法』50頁（東大出版会、2004年）。

3　許末恵「英国における親責任をめぐる法規制について」民商法雑誌136巻4・5号534頁（2007年）。

3 政府指針の発付

一方、児童虐待に対応するため、政府ガイダンスとして『Working together to safeguard children（児童の保護措置のための協働）』（以下、本編では「政府指針」という）が1991年に発付され、その後も逐次改正を行いながら運用されてきた。直近では、2023年12月に改正されている[4]。この政府指針は、1970年地方当局社会サービス法（Local Authority Social Services Act 1970）7条1項において、地方当局の社会福祉事業施策の実施は、国務大臣の総合的な指針（guidance）の下に行われなければならない、という規定に基づくものであり、実務上は法律と同様の効力を有している。

II 親責任

1 親責任の意義と内容

(1) 親責任とは

1989年児童法3条1項は、親責任（parental responsibility）とは、子の親が子および子の財産に関して有するすべての権利（rights）、義務（duties）、権限（powers）、責任（responsibilities）、権威（authority）であるとし[5]、子の監護養育および財産に関する広義の権利義務と定義している。

また、ある者が子に対する親責任を有しまたは有さないということは、子の扶養義務のように子に関してその者が負う義務、またはその者が子の財産に関して有し得る権利に対して影響がない（法3条4項）。

(2) 具体的内容

親責任の具体的内容について法文上は明示されていないが、一般には、子の養育と保護、子の教育の決定と提供、子の宗教の決定、子の医療への同意、子の養子縁組の同意、子の財産の管理、法手続における子の代理などに関する権

---

4 HM Government, *Working together to safeguard children 2023 - A guide to multi-agency working to help,protect and promote the welfare of children* (December 2023).

5 本章の法律は、legislation.gov.uk（http://www.legislation.gov.uk（2023年7月版）に基づく。訳出は、前掲『英国の児童ケア：』173頁以下を参照した。

利義務が親責任を構成するものとされ[6]、フランスやドイツと変わらない。

また、子とは18歳未満の者をいうが（法105条）、18歳以上の成年子についても、当該子が教育機関で教育を受けているか職業訓練を受けているかあるいは特別の事情がある場合、裁判所は、その両親の一方または両方に対して、定期的支払命令および一括払支払命令の一方または両方を発令し得る（法附則1第2項）。

(3) 要保護児童等への支援

1989年児童法には、要保護児童（Children in need）等の定義とその支援に関しての定めがあり、重大な危害を受けているかまたはそのおそれがある児童についても、裁判所によるケア命令や緊急保護命令など、児童虐待における被虐待児童の保護に関する広範な規定がなされている。ただし、1989年児童法は、児童虐待という法律概念の使用、定義付けおよび類型化を行っていない。

2　親責任の取得

(1) 親による取得

子の父母が、子の出生時に相互に婚姻していたかまたは同性婚（civil partners）の場合、親のそれぞれが親責任を有する。子の父母が、子の出生時に相互に婚姻していなかったかまたは同性婚の場合、母が子の親責任を有するが、父は、裁判所命令など本法の規定に従って父が親責任を取得したときは、子に対する親責任を有する（法2条1項、2項）。

(2) 親でない者による取得

親責任は、親でない者も、裁判所命令などの一定の手続によって取得し得る。

ア　地方当局

子に関するケア命令が効力を有する間、命令で指名された地方当局（local authority, LA）は、子に対する親責任を有し、かつ、子の親、後見人、特別後見人などが親責任を果たすことのできる範囲を決定し得る（法33条3項）。

この地方当局には、ロンドン（London）、メトロポリタン（Metropolitan District Council; 大都市圏の自治体）、ユニタリー（Unitary Council; 非大都市圏

6　前掲・許末恵「英国における親責任をめぐる法規制について」民商法雑誌136巻4・5号543頁。

の一層の自治体)、カウンティとディストリクト（County Council, District Council; 非大都市圏の二層の自治体）の4種類があり、各地方当局の児童福祉担当部門は、児童社会援助機関（children's social care, 以下CSCという）である。

また、子の緊急保護命令が効力を有する間、当該子に対する親責任は、地方当局CSCや権限を付与された者（全国児童虐待防止協会；NSPCC）などの緊急保護命令の申立人に与えられる（法44条4項c号)。

イ　後見人

裁判所は、子に対する親責任を有する親がいない場合などにおいて、申立てまたは職権により、後見人を選任することができる。子の後見人に選任された者は、当該子に対する親責任を有する。(法5条)。

ウ　特別後見人

1989年児童法14A条に基づく特別後見命令により選任された特別後見人は、命令が効力を有する間、その発令された子に対する親責任を有する。また、特別後見人は、他の特別後見人を除き、子に対する親責任を有する他のすべての者を排除して親責任を行使する権限を付与される。(法14C条1項)。

エ　養親

養子命令が発令された場合、子に対する親責任が養親に付与され、養親以外の者の有する親責任は消滅する（2002年養子および児童法46条)。

3　複数の者による親責任の行使

(1) 複数の親責任者

親責任については、二人以上の者が同一の子について親責任を同時に有することができ、子に対する親責任を有する者は、いかなる時も、他の者がその子に対する親責任を後で取得したという理由だけで、その親責任を喪失することはない（法2条5項、6項)。よって、1989年児童法には、フランス法やドイツ法とは異なり、親責任の剝奪に係る規定は存在しない。

(2) 親責任の行使

二人以上の者が子に対する親責任を有している場合、二人以上の親責任を有する者の同意を要する旨の制定法の定めがある場合を除き、各人は、単独でその親責任を果たす行為を行うことができる（法2条7項)。親責任の行使について合意できず争いがある場合は、申立権者による申立てまたは裁判所の職権により、1989 年児童法 8 条などに基づいて、裁判所が決定する。

一方、親責任を有する者であっても、本法に基づいて子に関して発令されたいかなる命令とも矛盾する方法で行為を行う権限は与えられていない（法 2 条 8 項）。例えば、特別後見命令による特別後見人やケア命令で指名された地方当局によって、親責任の行使が制限され得る（法 14C 条 1 項、33 条 3 項）。

Ⅲ　裁判所の関与と役割

1　管轄裁判所

1989 年児童法において、裁判所とは、高等法院（High Court）または家庭裁判所（family court）をいう（法 92 条 7 項）。高等法院は、家事事件に関してその固有の管轄権を有している。高等法院は、わが国の地方裁判所に相当し、州裁判所（county court）や家庭裁判所は、おおむね簡易裁判所に相当する。

高等法院は、国王座部（King's Bench Division）、大法官部（Chancery Division）、家事部（Family Division）の 3 部で構成されている（1981 年上級法院法 5 条）。高等法院家事部は、離婚などの婚姻事件および事項、嫡出性、未成年者に関する高等法院の固有の管轄権の行使、未成年者の扶養、および 1989 年児童法に基づくすべての手続き（未成年者の財産後見人の任命手続きを除く）、養子縁組などについて、各種の家事事件の第一審管轄権を有している（1981 年上級法院法附則 1 第 3 項）。事件が家庭裁判所と競合する場合は、事案の複雑性や重大性に応じて事件が移送される[7]。なお、家庭裁判所は、2013 年犯罪と裁判所法（Crime and Courts Act 2013）により設置された。

2　裁判所の配慮すべき事項

子の養育や財産に関する裁判所の決定においては、配慮すべき事項がある。

(1)　子の福祉への配慮

裁判所が、子の養育または子の財産管理若しくはそれから生じる収益の利用

7　前掲・許末恵「英国における親責任をめぐる法規制について」民商法雑誌 136 巻 4・5 号 544 頁。

に関する諸問題を決定する場合、子の福祉を最高の配慮事項としなければならない（法1条1項）。これは児童の権利に関する条約3条の「児童の最善の利益が主として考慮されるものとする」と同趣旨である。

(2) 決定の遅れ防止への配慮

子の養育に関する諸問題が生じるすべての手続において、裁判所は、問題を決定する際のいかなる遅れも子の福祉を害するおそれがあるという一般原則を考慮しなければならない（法1条2項）。

(3) 各種の命令における福祉リストへの配慮

裁判所が8条命令の発令等を考慮し、その命令が手続当事者に反対されている場合、または特別後見命令若しくはケア命令等の発令、変更、取消を考慮している場合、裁判所は、①子の要望と感情、②子の身体的、情緒的、教育的ニーズ、③子が受けた危害または受けるおそれのある危害、など7項目の福祉リストを考慮しなければならない（法1条3項、4項）。

(4) 不介入原則への配慮

裁判所は、子に関して、本法に基づく一つまたは複数の命令を発令すべきかどうかを考慮するとき、各命令の発令の有無それぞれの場合を比較考量して、子の福祉に資するものと判断したときに限り、8条命令やケア命令などを発令し得る（法1条5項）。不介入原則への配慮を義務付けたものである。

Ⅳ　8条命令

1　8条命令とは

親責任の行使について、父母の別居や離婚等に伴って双方の合意ができず、当事者間の争いになった場合には、裁判所が介入して調整する。1989年児童法8条は3種類の命令を規定しており、8条命令（a section 8 order）という。

また、本法における家族手続（family proceedings）とは、子に関する高等法院の固有の管轄権に基づく手続、並びに本法Ⅰ部の親責任や後見人、Ⅱ部の8条命令や特別後見命令、Ⅳ部のケア命令や監督命令の規定に基づく手続、および2002年養子および児童法などの制定法に基づく手続をいい、後見、離婚、養子縁組、虐待からの児童保護など広範囲である（法8条3項4項）。

(1) 子の取決め命令

子の取決め命令（child arrangements order）とは、子の両親の離婚等に際して、子が誰といつ同居するか、または子が誰といつ一緒に時を過ごして交流するかを取り決める命令である（法8条1項前段）。従前の居所命令と交流命令が、子の取決め命令に一本化された。

イングランドおよびウェールズにおける2021年の子の取決め命令件数は、居所命令が、公法事件3,148件、私法事件46,984件で計50,132件、交流命令が、公法事件1,368件、私法事件51,104件で計52,472件、総合計は102,604件であった[8]。この公法事件（public law）とは、子の保護のための地方当局CSCやNSPCCによる介入事案をいい、私法事件（private law）とは、子の養育に関する夫婦間等の紛争事案をいう（本編において以下同じ）。

(2) 特定行為禁止命令

特定行為禁止命令（prohibited steps order）は、親が子に対するその親責任を果たす際にとられる行為で命令で特定された種類のものは、裁判所の合意なく行うことを禁止する命令である（法8条1項中段）。例えば、親や第三者との交流禁止、子の姓や学校や宗教の変更禁止、国内での移動禁止などである[9]。

イングランドおよびウェールズにおける2021年の特定行為禁止命令の件数は、公法事件322件、私法事件12,150件で、合計12,472件だった[10]。

(3) 特定事項命令

特定事項命令（specific issue order）とは、子に対する親責任のさまざまな状況で生じる特定の問題について指示する命令をいう（法8条1項後段）。例えば、子の入院や手術など子の養育における特定の重要な問題について、裁判所が子の福祉のために判断し命令するものである。

イングランドおよびウェールズにおける2021年の特定事項命令は、公法事

8　National Statistics, “Family Court Statistics Quarterly, January to March 2023; Family Court Tables, January to March 2023, Table 4”.（英国統計局：家庭裁判所季刊統計2023年第1四半期、家庭裁判所諸表2023年1月〜3月期第4表）。

9　前掲・許末恵「英国における親責任をめぐる法規制について」民商法雑誌136巻4・5号551頁。

10　National Statistics, “Family Court Tables, January to March 2023,Table4” op. cit..

件308件、私法事件7,329件の合計7,637件である[11]。

2 8条命令の発令

(1) 申立人

裁判所は、子に関して8条命令を申し立てる権限を有する者若しくは申し立てることについて裁判所の許可を得た者によって申立てがなされた場合、または、子の福祉に関する家族手続においては、申立てがない場合でも職権によって8条命令を発令することができる（法10条1項、2項）。

子に関して8条命令を裁判所に申し立てる権利が与えられている者は、①子の親、後見人または特別後見人、②子の継親で4A条に基づいて子に対する親責任を有する者、③子に関して有効な取決め命令においてその子と同居する者として指名された者、の3類型である（法10条4項）。

これ以外の者が8条命令を申し立てる場合は、裁判所の許可を得る必要があり、申立人が当該子の場合は、裁判所が8条命令の申立てを行うのに十分な理解力を有していると認めて許可を与えたときに限り、申し立てることができる（法10条1項、2項、8項）。

(2) 発令制限

裁判所は、法31条のケア命令により地方当局のケアの下にいる子に関しては、法9条6B項の適用に係る子の取決め命令［同居している者に対する子の取決め命令］を除いて、8条命令を発令してはならない（法9条1項）。

地方当局には、子の福祉のために法31条に基づくケア命令の申立てが認められているため、子の取決め命令の申立てはできない（法9条2項）。

また、裁判所は、事案の状況が例外的と認められる場合を除き、子が16歳に到達した後に終了するような8条命令を発令できない（法9条6項）。

(3) 発令の効力

8条命令の当事者である子に関してケア命令が発令された場合は、その8条命令は取り消され、一方、ケア命令の当事者となっている子の居所の取決めに関して、子の取決め命令が発令された場合は、そのケア命令は取り消される。

---

11 National Statistics, “Family Court Tables, January to March 2023, Table4” op. cit..

また、8条命令が16歳に達した子に関して効力を有する場合、子が18歳に到達するときに効力を失い、本法の他の規定に基づいて子に関して発令された命令も、子が18歳に到達するときに効力を失う。（法91条)。

V　保護や支援を要する児童

1　通告義務

1989年児童法には、虐待などにより保護や支援を必要とする児童に関して、一般国民の地方当局などへの通告義務の規定はない。一方、児童保護に関する政府指針は、児童の福祉に懸念を抱くすべての者に地方当局CSCへの通告（referral）を求め、そのうち関係機関やその専門職には地方当局CSCへの通告を義務付けている[12]。イギリスの法制度においては、この政府指針が、地方当局をはじめ各関係機関に対して、実質的に法律と同様の効力を有することに留意する必要があり、保健機関や学校などの関係機関、および医師や教員など各分野の専門職には、法的な通告義務が課されていると解すべきである。

2　要保護児童

(1) 要保護児童とは

要保護児童（child in need）は、次のように定義されている（法17条10項)。

①地方当局によるサービスの提供がなければ、合理的水準の健康若しくは発達を達成若しくは維持できない、または、達成若しくは維持する機会が得られないおそれがある子

②地方当局によるサービスの提供なしには、健康若しくは発達が著しく損なわれ、または、さらに損なわれるおそれがある子

③障害がある子

ここに健康とは、身体的または精神的な健康をいい、発達とは、身体的、知的、情緒的、社会的または行動的な発達をいう（法17条11項)。

この要保護児童に対して、地方当局には、次のようなアセスメントの実施や

12　*Working together to safeguard children 2023*, op. cit., Introduction 3〜8, Chapter 3, 149〜151.

宿泊施設の提供など各種の支援が義務付けられている（第5章で詳述）。

(2) 要保護児童への支援

ア 要保護児童への一般的な義務

地方当局は、子のニーズに適した分野と水準のサービスを提供することにより、次の一般的な義務を負っている（法17条1項）。

①その管轄地域内の要保護児童の福祉を保護および促進する。および、

②その義務と矛盾しない限りにおいて、その家族による子の養育を促進する。

イ 要保護児童への特定の義務と権限

地方当局は、この一般的な義務の遂行を促進することを主目的として、特定の義務と権限を有している（法17条2項）。例えば、管轄地域内の要保護児童数の確認、障害児の登録簿作成、要保護児童のアセスメント実施、児童の虐待またはネグレクトの被害防止、家族と同居している要保護児童のカウンセリングやホームヘルプサービスなどである（法附則2第1部1項乃至11項）。

ウ 要保護児童への宿泊施設等の提供

要保護児童に対して地方当局により提供されるサービスには、宿泊施設の提供、現物または現金による支援が含まれる（法17条6項）。

また、地方当局は、①親責任を有する者が不存在の子、②迷子若しくは遺棄された子、③世話していた者からの宿泊場所の提供が不能となった子、のために宿泊施設を提供しなければならない（法20条1項）。

3 ヤングケアラー（若年介護者）

(1) ヤングケアラーとは

ヤングケアラー（young carer、若年介護者）とは、他の者に介護を提供している、または提供しようとしている18歳未満の者をいう。ただし、契約に基づいて、またはボランティア活動としての若年介護者は含まない。（法17ZA条3項、17ZB条3項）。

(2) ヤングケアラーのニーズのアセスメント

ア 地方当局のアセスメント義務

地方当局は、ヤングケアラーが支援を必要としている可能性があると認める場合、あるいは地方当局がヤングケアラーまたはその親からヤングケアラーの

支援のニーズについて評価するよう要請を受けた場合、その管轄のヤングケアラーに支援のニーズがあるかどうかを評価し、もしニーズがあるときには、当該ニーズを評価しなければならない。これはヤングケアラーのニーズに関する地方当局のアセスメント義務である（法17ZA条1項、2項）。

イ　介護提供の適否のアセスメント

ヤングケアラーのニーズのアセスメントは、ヤングケアラーの支援のニーズ、その他のニーズおよび要望を考慮して、ヤングケアラーが当該対象者に介護を提供するか、または提供し続けることが適切かどうかのアセスメントを含まなければならない。そのために、地方当局は、ヤングケアラーのニーズのアセスメントを実施するにあたり、ヤングケアラーが教育、訓練、レクリエーションに参加しているかまたは参加を希望しているか、および、ヤングケアラーがどの程度働いているかまたは働くことを希望しているかについて、その程度を考慮しなければならない（法17ZA条7項、8項）。

ウ　アセスメントの対象者

地方当局は、ヤングケアラーのニーズのアセスメントを実施するにあたり、本人、その両親、および、ヤングケアラー若しくはその親が地方当局に含めるよう要請した者を評価の対象に含めなければならない（法17ZA条9項）。

エ　ヤングケアラーの存在の確認

地方当局は、管轄地域内に支援を要するヤングケアラーがどの程度存在するかを確認するために、合理的な措置を講じる義務がある（法17ZA条12項）。

(3) ヤングケアラーへの支援

ヤングケアラーのニーズのアセスメントを実施する地方当局は、アセスメントを検討し、①支援のニーズの有無の調査、②支援のサービスの有効性の判断、そして、③支援のサービス提供の是非を決定しなければならない（法17ZC条）。

(4) アセスメントの効果

地方当局が当該ヤングケアラーのニーズのアセスメントを実施することにより、家庭の外からは気付きにくい要保護状態のヤングケアラーについて、児童保護の観点から有意な効果を期待することが可能となる。

Ⅵ　子の保護のための裁判所命令

1　ケア命令

(1) ケア命令の発令

ア　ケア命令の発令要件

地方当局または権限を付与された者（NSPCC等）の申立てにより、裁判所は、申立てをされた子を指名された地方当局のケアの下に託置する命令を発令することができる（法31条1項a号）。これをケア命令（care order）という。

裁判所は、子が重大な危害（significant harm）を受けているか若しくはそのおそれのある危機的な状況にあるとき、当該親に子に対する合理的な配慮を期待することができず、その同意に基づく通常の行政上の対応では子の安全を確保できない場合に限って、地方当局などの申立てにより、当該子を地方当局の保護の下に置くケア命令を発令することができる（法31条2項）。重大な危害かどうかは、当該子と類似した状況にある子について合理的に期待される健康または発達の状況と比較して判断される（法31条10項）。

なお、ケア命令の申立人の地方当局は、当該子への重大な危害若しくはそのおそれなどの発令要件（法31条2項）、または福祉リストへの配慮（法1条3項）などについて、当該子のアセスメントや調査に基づく証拠を提出して立証する責任を負っており、当事者主義的な審理が行われる[13]。この点、わが国の家庭裁判所における職権調査による家事審判とは異なっている。

イ　社会的養護の措置

ケア命令を発令された地方当局は、通常のケースでは、当該子を親から分離して保護し、里親委託（foster placement）などの措置をとる。このような被措置子を社会的養護児童（children looked after, CLA）という。

2022年3月末のイングランドにおいては、年間82,170件の社会的養護に係る児童のうち、親族若しくは友人またはその他の養育者（another carer）を認可養育者（approved carer）とする里親委託が70％を占めている。また、社会

13　大久保香織・廣田幸紀「英国における児童虐待防止制度の実情について」家庭裁判月報61巻8号77頁（2009年）。

的養護児童の77%（63,660件）がケア命令に基づくものであり、社会的養護児童の66%（54,270件）が虐待またはネグレクトを措置理由としている[14]。

(2) ケアプランの提出

ア　ケアプランの作成

子に関してケア命令が発令される可能性のある申立てがなされた場合、所管する地方当局は、裁判所が指示する期間内に、当該子の将来の養育に関するケアプランを提出しなければならない（法31A条1項）。

当該申立てが係属している間、地方当局は、自ら作成したケアプランを再検討し、変更が必要であると判断した場合には、それに応じてプランを修正し、または新たなプランを作成しなければならない（法31A条2項）。このケアプランは児童保護プランに基づいて作成され、31A条プランと呼ばれる。

イ　31A条プランの永続的措置

裁判所は、ケア命令を発令するかどうかを決定する場合、当該子のための31A条プランの永続的措置を検討することが求められる（法31条3A項a号）。

この31A条プランの永続的措置は、当該子の養育のための長期計画を策定するプランで、①子が親または家族の他の構成員若しくは友人と同居すること、②養子縁組、③里親委託等の長期ケア、により実施される（法31条3B項）。

(3) 裁判所によるケア命令と監督命令の選択

裁判所は、ケア命令の申立てにおいて監督命令を発令することができ、監督命令の申立てにおいてケア命令を発令することができる（法31条5項）。

この点、イングランドおよびウェールズの家庭裁判所におけるケア命令の申立件数は、公法事件で2021年12,479件、2020年14,126件、2019年14,085件であり、一方、発令件数は、公法事件で2021年7,649件、2020年7,498件、2019年8,633件となっている[15]。すなわち、ケア命令は、申立事案の50%〜60%程度しか発令されていない。後述のように監督命令がその申立件数の2倍を超えて多く発令されている事実を併せて考えると、裁判所は、本法31条

14　National Statistics, “Children looked after in England including adoptions; 2022”.

15　National Statistics, “Family Court Tables, January to March 2023, Table 3 & Table 4” op. cit..

5項に基づいて、親子分離を伴うケア命令よりも子を在宅で支援する監督命令を選択する傾向にあることが窺える。

(4) 権限を付与された者や危害などの定義

1989年児童法31条の文言は、次のように定義されている（法31条9項)。①権限を付与された者とは、NSPCC（National Society for the Prevention of Cruelty to Children）とその職員並びに国務大臣の命令で権限を付与された個人および団体の職員をいう。②危害とは、不適切な扱いまたは健康若しくは発達の侵害をいい、他の不適切な扱いを見たり聞いたりすることを経験するという侵害も含む。③発達とは、身体的、知的、情緒的、社会的または行動的な発達をいい、健康とは、身体的または精神的健康をいう。④不適切な扱いには、性的虐待および身体的ではない不適切な扱いの形態を含む。

(5) ケア命令の効果

ア 地方当局によるケア義務

子に関してケア命令が発令された場合、命令によって指定された地方当局は、当該子をそのケアの下に引き取り、そしてその命令が効力を有する間は、当該子をそのケアの下に留める義務を負う（法33条1項)。ただし、ケア命令が発令された場合も、当該子の親は引き続き親責任を有する（法2条6項)。

イ 親責任の範囲の制限

子に関するケア命令が効力を有する間、ケア命令によって指定された地方当局は、子に関する親責任を有し、かつ、子の親、後見人若しくは特別後見人または4A条により親責任を有する者（継親）が子に対する親責任を果たすことのできる範囲を決定する権限を有する（法33条3項a号、b号)。ただし、この親責任の制限規定は、後見人や特別後見人など子の監護を行うと指名された者が、子の福祉を保護若しくは促進する目的で様々な状況において合理的な行為をすることを規制することはできない（法33条5項)。

また、この地方当局による親責任の制限は、法33条の他の規定に服するほか、他の制定法に基づいて指名された者が子およびその財産に関して有する権利、義務、権限、責任または権威の規定に服する（法33条9項)。

ウ 地方当局の権限の制限

ケア命令が効力を有する間、命令によって指定された地方当局は、もし命令が発令されなかったら育てられたであろう宗教の教義と異なる教義で当該子を育てさせてはならない。また、地方当局は、子の養子命令に同意または拒否する権利はなく、子の後見人選任の権利も有さない。(法33条6項)。

さらに、ケア命令が効力を有する間、いかなる者も、親責任を有するすべての者の書面同意若しくは裁判所の許可がない限り、子に新しい姓を名乗らせること、または、地方当局による1か月未満の移動を除いて子をイギリス（United Kingdom）から移動させることはできない。(法33条7項、8項)。

エ　子と親の交流と制限

子が地方当局のケアの下にある場合、地方当局は、①子の父母、子の後見人または特別後見人、② 4A条に基づいて子の親責任を有する者（継親)、③ケア命令の直前に子の取決め命令により子と同居する者として指名された者、④ケア命令の直前に高等法院の固有の管轄権の行使による命令で子を監護する者、との合理的な交流を認めなければならない（法34条1項)。

ただし、地方当局は、そのケアの下にある子とその父母等との合理的な交流を認めない場合は、裁判所に申し立てて、交流を拒否する権限授与の命令を得る必要がある（法34条4項)。また、地方当局は、子の福祉の保護若しくは促進のために必要であり、かつ、緊急事態と認める場合には、7日以内に限り、当該子とその父母等との交流を拒否することができる（法34条6項)。

2　監督命令

(1) 監督命令の発令

地方当局またはNSPCCなどの申立てにより、裁判所は、申立てがなされた子を指定された地方当局の監督の下に置く命令を発令することができる（法31条1項b号)。これを監督命令（supervision order）といい、裁判所は、当該子が重大な危害を受けているかまたは受けるおそれがあるなど、ケア命令と同一の要件において、監督命令を発令することができる（法31条2項)。

イングランドとウェールズにおける監督命令の申立件数は、公法事件で2021年1,513件、2020年1,346件、2019年1,287件であるが、その発令件数は、公法事件で2021年3,452件、2020年3,301件、2019年4,098件であり、発令件数が申立件数の2倍から3倍になっている[16]。この申立件数より命令件数が数倍多いという逆転現象は、裁判所が、本法31条5項に基づいて、親子分離を伴うケア命令の申立ケースを在宅で支援を行う監督命令として発令したものと解することができる。

また、監督命令が有効な間、監督者としての地方当局は、①監督を受ける子に助言、援助し、味方になる、②命令実行に合理的で必要な処置をとる、③命令が完全に守られないか監督者が命令はもはや不要と考えるときは、裁判所にその変更または取り消しの申立てを考慮する義務を負う（法35条1項）。

(2) 監督命令の効果

監督命令が発令されると、監督者である地方当局は、監督を受ける子に対し、①指定した場所に住むこと、②指定した者のところへ出頭すること、③指示した活動に参加することを命じることができる（法附則3第2項）。ただし、地方当局に親責任は付与されない。

また、監督命令が発令されている子について責任ある者は、監督者に子の住所を知らせなければならず、その子と同居しているときは監督者に当該子との合理的な交流を許可しなければない（法附則3第8項）。この権限を行使しようとする監督者が、当該家屋敷への立入りを拒否され、または当該子への面会を拒否されることによってその行動を妨げられたか、若しくはこのような権限の行使を妨げられるおそれがある場合、裁判所は、監督者がこれらの権限を行使するために、必要に応じて合理的な実力行使を行う権限を警察官に付与する令状を発付し得る（法102条1項、6項、附則3第8項）。

3 暫定命令

(1) 暫定命令の発令

ケア命令または監督命令の申立手続において当該手続が一時休止されるか、あるいは、裁判所が1989年児童法37条1項に基づいて子の状況の調査を命じる場合、裁判所は、当該子に関して暫定ケア命令または暫定監督命令を発令することができる（法38条1項）。本法37条1項に基づく調査指示とは、裁判所が、子の福祉に関して問題が生じた家族手続において、当該子に関してケア命

16 National Statistics, “Family Court Tables, January to March 2023, Table 3 & Table 4” op. cit..

令または監督命令の発令が適切であると認める場合に、適切な当局に対して当該子の状況について調査を行うよう命令できることをいう。

(2) 暫定命令の有効期間

暫定命令（interim order）の有効期間は、それぞれの暫定命令によって定められた期間であるが、次の場合はそれぞれの期間で消滅する（法38条4項）。

①ケア命令または監督命令の申立手続が一時休止している場合、当該申立ての処理によって終了する（法38条4項c号）。

②裁判所が本法37条1項に基づいて子の状況調査を指示している場合、ケア命令または監督命令の申立ての処理によって終了する（法38条4項d号）。

③裁判所が本法37条1項の子の状況調査を指示し、裁判所から本法37条4項の別段の指示がなく、かつケア命令または監督命令の申立てがない場合は、命令発令日から8週間の期間満了により消滅する（法38条4項da号）。

④裁判所が本法37条1項の子の状況調査を指示し、裁判所が本法37条4項の別段の指示を行ったが、ケア命令または監督命令の申立てがない場合、その別段の指示に定められた期間の満了により消滅する（法38条4項e号）。

(3) 暫定命令の実情

イングランドおよびウェールズの家庭裁判所における暫定命令の発令件数は、①暫定ケア命令が、公法事件で2021年10,840件、2020年15,179件、2019年15,828件、私法事件で2021年226件、2020年227件、2019年289件である。②暫定監督命令は、公法事件で2021年1,925件、2020年2,652件、2019年2,725件、私法事件で2021年60件、2020年69件、2019年114件となっている[17]。特に暫定ケア命令の発令件数が多いとの印象を受ける。

これには子の取決め命令を発令する場合の暫定監督命令あるいは更新に係る暫定命令の件数も含まれているところであるが、主として、裁判所が、ケア命令または監督命令の申立に際して、申立手続の一時休止または関係当局への子の状況調査の指示に伴って暫定命令を発令し、その有効期間内にケア命令または監督命令の是非を慎重に検討し、かつ選択しているものと解される。

17　National Statistics, "Family Court Tables, January to March 2023, Table4" op. cit..

4 アセスメント命令

(1) アセスメント命令の発令

地方当局またはNSPCCなどが、子に関して、1989年児童法に基づくアセスメント命令（child assessment order）を申し立てた場合、裁判所は、子が重大な危害を受けているか、または受けるおそれがあると疑う合理的な理由があると認める事案については、アセスメント命令を発令し得る（法43条1項）。

(2) 緊急保護命令を優先

裁判所は、1989年児童法に基づくアセスメント命令の申立てを緊急保護命令（次頁5で詳述）の申立てとして取り扱うことができる（法43条3項）。また、裁判所は、子に緊急保護命令を発令する理由があり、かつ、アセスメント命令より緊急保護命令を出すべき場合には、子のアセスメント命令を出してはならない（法43条4項）。

ただ、アセスメント命令の発令件数は、イングランドおよびウェールズの家庭裁判所において、公法事件で2021年12件、2020年22件、2019年9件と非常に少なく、実務ではほとんど利用されていない[18]。例えば、乳幼児の身長と体重が成長曲線の標準値より著しく低いケースでネグレクトを疑われて地方当局CSCが介入した場合、当該親が医師の診察を含むアセスメントに同意しないときは、アセスメント命令ではなく緊急保護命令やケア命令の申立てによる対応が選択される可能性が高い。アセスメント命令は、実務では緊急性のないケースが対象とされ、発令件数が少ないものと解される。

(3) 命令の有効期間

子のアセスメント命令は、アセスメントの開始日を指定し、かつ、当該日から7日以内で命令が指定する期間において有効である（法43条5項）。

(4) アセスメントにおける権限と義務

ア アセスメントの権限

子のアセスメント命令は、命令の条件に従って、アセスメントの全部または一部を実施する者に、権限を付与する（法43条7項）。権限を付与された者とは、具体的には地方当局やNSPCCをいう（法43条13項）。

---

18 National Statistics, “Family Court Tables, January to March 2023, Table4” op. cit..

イ　子の引き渡し義務

子のアセスメント命令が効力を有するとき、子を引き渡す立場にある者は、命令で指名された者に子を引き渡し、指示に従う義務を負う（法43条6項）。

ウ　申立人の義務

子のアセスメント命令の申立人は、申立ての聴聞の前に、子の両親、他の親責任を有する者、子本人などに申立ての通知がなされるよう合理的で実行可能な措置を講じなければならない（法43条11項）。

5　緊急保護命令

(1) 緊急保護命令の発令

いかなる者も、裁判所に対し、子に関して緊急保護命令（emergency protection order）の発令を申し立てることができる。この申立ての大半は、地方当局CSCやNSPCCによって行われるが、その他にも医師や学校教員や施設職員などをはじめ、すべての者に認められている（法44条）。本条において、権限を付与された者とはNSPCCなどをいい、面会を求める権限を付与された者とは、地方当局CSCの職員または調査権限を地方当局から付与された者をいう。

イングランドとウェールズの家庭裁判所における緊急保護命令の発令件数は、公法事件で2021年540件、2020年650件、2019年691件であり[19]、実務において緊急保護命令が発令される事案は意外と少ない。

命令の申立てに対して、裁判所は、次に列挙する場合に限り、緊急保護命令を発令して当該子の保護を行うことができる（法44条1項）。

①子の施設収容または施設滞在への妨害

親子分離して子を収容施設（accommodation）に入所させるか、または現在の収容場所に留めておかなければ子が重大な危害を受けるおそれがあると信ずべき合理的な理由があるにも拘わらず、親などが当該子の施設への収容あるいは施設での滞在継続を妨害する場合である（法44条1項a号）。

19　National Statistics, “Family Court Tables, January to March 2023, Table4” op. cit..

②地方当局による申立ての場合

地方当局CSCによる47条調査に対して、親などによって当該子との面会が理由なく拒否されて調査が妨害され、かつ、申立人と子との面会が緊急に必要であると信ずべき合理的な理由を有する場合である（法44条1項b号）。

③権限を付与された者の申立ての場合

NSPCC等の申立人が、子が重大な危害を受けるかまたはおそれがあるとして子の福祉に関する調査を行っているとき、親などによって当該子との面会が理由なく拒否されて調査が妨害され、かつ、申立人と子との面会が緊急に必要であると信ずべき合理的な理由を有する場合である（法44条1項c号）。

なお、緊急保護命令に関する裁判手続においては、CSCやNSPCCなど申立人のソーシャルワーカーと弁護士が出廷し、裁判所は、その事情説明を聴聞した後に、通常は即決で緊急保護命令を発令する[20]。

(2) 緊急保護命令の効果

緊急保護命令が効力を有する間、次の効果を生ずる（法44条4項）。

①子の引き渡し

親など子を現に監護している者には、当該子を申立人に引き渡すという法的義務が生じる。

②子の収容または移動阻止

親など子を現に監護している者からの分離と収容施設での留め置き、または当該子が収容されている病院等からの移動阻止の権限を申立人に付与する。

③申立人に親責任を付与

申立人に対し、当該子に対する親責任を付与する。

(3) 裁判所の指示

裁判所は、緊急保護命令を発する場合、子と指名された者との交流の許可または不許可、子の医学的検査等に関して適切な指示を出し得る（法44条6項）。

(4) 妨害行為への罰則

法44条4項b号に基づく地方当局CSCなどによる子の収容または子の移動阻止を故意に妨げた者は、略式手続による有罪決定（summary conviction）

20　峯本耕治『子どもを虐待から守る制度と介入手法〜イギリス児童虐待防止制度から見た日本の課題』126頁、134頁（明石書店、2001年）。

により罰金に処せられる（法44条15項、16項）。

(5) 排除要求事項の付加

ア　排除要求事項を付すための条件

裁判所が子に関して緊急保護命令を発令し、かつ、一定の条件が認められる場合、裁判所は、緊急保護命令に排除要求事項（exclusion requirement）を含めることができる（法44A条1項、2項）。

イ　排除要求事項の内容

排除要求事項とは、親の一方が子に危害を加える者の場合、危害を受けた子を家族から引き離すのではなく、その特定関係者（親の一方）だけを家族から排除し、①家族の住居から退去要求、②当該住居への立入禁止、③当該住居近辺の徘徊禁止のうち一または複数の排除を命じるものをいう（法44A条3項）。

ウ　逮捕権の付記

裁判所は、排除要求事項を含む緊急保護命令を発令する場合、排除要求事項に逮捕権を付すことができる。この場合、警察官は、排除要求事項に違反していると信ずべき合理的な理由がある者について、令状なしで逮捕することができる（法44A条5項、8項）。

(6) 緊急保護命令の期間

ア　有効期間は最長8日間

緊急保護命令は、命令で定め得る8日を超えない期間において効力を有するとされており（法45条1項）、その有効期間は最長8日間となる。

なお、警察保護の下に置かれた子に関し、地方当局に代わって警察官が緊急保護命令の申立てを行った場合、この8日間の期間は、子が警察保護の下に置かれた初日から起算される（法45条3項）。

イ　有効期間の延長

地方当局やNSPCCなどは、緊急保護命令の有効期間の延長を裁判所に申し立てることができ、裁判所は、命令の有効期間を適切と認める7日を超えない期間だけ、1回に限り延長することができる。ただし、この7日間以内の延長は、命令が延長されなければ、当該子が重大な危害を受けるおそれがあると信ずべき合理的な理由がある場合に限られる（法45条4乃至6項）。

ただ、実務上は、親などからの分離が引き続き必要な場合は、一般にはケア命令の申立てと暫定ケア命令が発令されるため、緊急保護命令の延長申立ては、ケア命令の申立て準備が間に合わなかった場合などに限定される[21]。

(7) 緊急保護命令取消の申立て

当該子、当該子の親、当該子の親ではないが子に対する親責任を有する者、または命令が発令される直前に同居していた者は、緊急保護命令の取消を裁判所に申立てることができる（法45条8項）。

(8) 緊急保護を要する子の発見を支援する権限

ア 立入りおよび捜索の権限付与

裁判所は、地方当局CSCやNSPCCなどの申立人に対し、緊急保護命令によって指定された家屋敷に立ち入り、かつ、命令が発せられた関係児童について捜索する権限を付与することができる（法48条3項）。

また、裁判所は、緊急保護命令を発すべき他の児童がその家敷地内にいると信ずべき合理的な理由があると認める場合、申立人に対し、その家敷地内で当該児童を捜索する権限を付与した命令を発令し得る（法48条4項）。

イ 立入りや捜索における警察官の実力行使

法48条に基づく令状発付を求める申立てにおいて、裁判所は、①緊急保護命令に基づく権限を行使しようとする者が、当該家屋敷への子の保護のための立入りまたは当該子との面会を妨害されたことにより、その行使を妨げられていると認める場合、または、②そのような者が、その権限の行使を妨げられるおそれがあると認める場合、地方当局CSCやNSPCCによる権限行使において、必要であれば合理的な実力を用いて支援する権限を警察官に付与する令状を発付することができる。（法48条9項）

また、法48条に基づき発付されるすべての令状は、申立人が希望し、かつ令状を発付した裁判所が別段の指示をしない場合には、令状申立人が同行させる警察官宛に発付され、当該警察官により執行される。（法48条10、11項）。

なお、法48条3項または4項に基づいて立入りおよび捜索の権限を行使する者を故意に妨害した者は、犯罪として有罪となる（法48条7項）。

---

21 前掲・峯本耕治『子どもを虐待から守る制度と介入手法』127頁。

Ⅶ　警察保護

1　意義

1989年児童法は、子が重大な危害を受けるおそれがあると信ずべき合理的な理由を警察官が有する場合、警察官は、①その子を適切な収容場所に連れて行き、かつそこに留めること、または、②子がその時に収容されている病院その他の場所からの連れ去りを確実に阻止するために合理的な措置をとることができると規定している（法46条1項）。ただ、関係する警察官および指定警察官のいずれも、当該子に対する親責任は取得できない（法46条9項）。

この権限は、警察保護（police protection）と称され、子が重大な危害を受けるおそれがあるにもかかわらず、地方当局による対応が間に合わないような緊急時において、警察独自の判断による被害児童の施設等への収容または病院等からの連れ去り阻止の権限を警察当局に付与するものである。ただし、特別な事情がある場合を除いて、通常は警察と地方当局CSCのソーシャルワーカーとの事前の協議に基づいて、警察保護は実施されている[22]。

2　警察保護の72時間制限と緊急保護命令の申立て

警察保護の期間は限定されており、いかなる子も72時間を超えて警察保護に留め置かれてはならない（法46条6項）。警察保護は、夜間や週末の地方当局CSCの閉庁時間帯などにおける緊急対応として行われるのが一般的であり、72時間以内という制限が課されている。

また、子が警察保護の下に置かれている間に、指定された警察官は、適正な当局に代わって、その子に関して法44条に基づく緊急保護命令の発令を申し立てることができるが（法46条7項）、実務においては、警察が緊急保護命令を申し立てることはなく、申立ては地方当局CSCが行っている[23]。

22　前掲・峯本耕治『子どもを虐待から守る制度と介入手法』134頁。

23　同上133頁。

3 警察の通知義務等

子を警察保護の下に置いた後、関係する警察官は、合理的に実行可能な限り速やかに、子が発見された地域の地方当局に子に対する措置とその理由を通知し、子の常居所の地方当局に子の収容場所の詳細を報告するなどの義務がある（法46条3項）。

また、子を警察保護の下に置いた後、合理的に実行可能な限り速やかに、関係する警察官は、①子の両親、②子に対して親責任を有するすべての者、③子が警察保護の下に置かれる直前に同居していたその他の者に対して、当該子に関してとった措置とその理由および子に関してとり得るさらなる措置について知らせるために、合理的で実行可能な措置をとる必要がある（法46条4項）。

4 交流の許可

子が警察保護の下にある場合、子の両親、親責任を有する者、警察保護の直前に同居していた者、子の取決め命令で指名された者、ケア命令で子との交流が認められた者などに対して、指定警察官は、合理的でかつ子の最善の利益となるような子との交流を許可しなければならない（法46条10項）。

5 警察保護における実力行使

(1) 警察の権限

警察保護に関して、政府指針は次のように規定している[24]。

ア 児童の施設収容

警察は、1989年児童法46条に基づいて、児童が重大な危害を受けるおそれがあると信じるに足る合理的な理由がある場合、当該児童を適切な宿泊施設に収容する権限を有する。

イ 家屋敷内への立入り

警察の家屋敷内に立ち入る法定権限は、1989年児童法46条の権限により、かつ、児童の緊急保護を確保する必要のある状況において行使し得る。

---

24 *Working together to safeguard children 2023*, op. cit., Chapter 4, 248.

ウ　抑制的な権限行使

警察の権限は必要な場合に限り行使されるべきであり、かつ、親または養育者から児童を引き離す決定は、可能な限り裁判所によって行われるべきである。

(2) 実力行使の根拠および実情

警察の実力行使に関して、1989年児童法46条は、警察保護を行う場合の立入調査等の権限については明文の規定をしていない。

しかし、警察保護の実際においては、政府指針の規定に基づいて、1984年警察および刑事証拠法（PACE）などの関係諸法やコモンローの積極的な適用によって、警察独自の判断で対応がなされている。緊急時には、裁判所の令状なしでドアを解錠し、子の居住する家屋敷内に強制的に立ち入るなどの方法により、危険な状態のある子の緊急保護が行われる[25]。

Ⅷ　47条調査

1　趣旨

地方当局は、管轄地域内の子が、重大な危害を受けているかまたは受けるおそれがあると疑う合理的な理由がある場合、緊急保護命令の対象や警察保護の下にある場合は、1989年児童法47条に基づく調査を行わなければならない。これを47条調査という。また、要保護児童に対するアセスメントが行われ、当該子が重大な危害を受けるおそれがあるなどの場合も調査が開始される。

2　地方当局の調査義務

地方当局は、次の場合、子の福祉を保護または促進するための措置をとるべきかどうかの決定を可能とするために、必要と思われる調査を行うか、または関係機関に行わせなければならない（法47条1項、2項）。

(1) 子が緊急保護命令または警察保護の対象

地方当局が、管轄地域に居住または発見された子について、緊急保護命令の対象となるか、または警察保護の下にあるという情報を得た場合である。

25　柑本美和「イギリスの児童虐待に対する刑事的対応」町野朔ほか編『児童虐待と児童保護』87頁。

(2) 子に重大な危害またはそのおそれ

地方当局が、管轄地域に居住または発見された子が、重大な危害を受けているか、または受けるおそれがあると疑う合理的な理由がある場合である。

(3) 地方当局が緊急保護命令を受けた場合

また、地方当局が子に関して緊急保護命令を受けた場合も、必要と思われる調査を行うか、または関係機関に行わせなければならない。

3 調査の目的

地方当局による47条調査は、当該子に関して、特に次のことを確定するために行われなければならない（法47条3項）。

(1) 裁判所への申立てまたは権限の行使

地方当局が、当該子に関して、1989年児童法に基づいて裁判所に申立てるかどうか、またはその他の権限を行使すべきかどうか、1998年犯罪および無秩序法11条「子の安全命令」に基づく権限を行使すべきかどうか等を確定する。

(2) 緊急保護命令に係る子の施設入所の是非

緊急保護命令が出されている子で収容施設にいない子に関しては、緊急保護命令が有効である間、当該子がそのような収容施設に入所することが当該子の最善の利益となるかどうかについて確定する。

(3) 警察保護に係る子の警察による緊急保護命令の申立ての是非

警察保護の下にある子の場合、警察による緊急保護命令の申立て（法46条7項）を求めることが、子の最善の利益になるかどうかについて確定する。

4 調査の手順と子への配慮

(1) 子との面会

地方当局は、子に関して47条調査が行われている場合、当該子に関してとるべき措置があるときには、それを決定し得るために、本人との面会を行うか、または権限を付与した者に子と面会させなければならない（法47条4項）。

(2) 子の教育に関連する調査および協議

地方当局は、調査の結果として子の教育に関連して調査すべき事項があると認める場合、法47条5ZA項で指定された地方当局が異なるときは、その地方当局と協議しなければならない（法47条5項）。この協議すべき地方当局とは、子が生徒である学校を運営している地方当局、または学校以外の場所で当該子に教育を提供するための取決めを行う地方当局である（法47条5ZA項a号）。

一方、子が地方当局に運営されていない学校の生徒である場合は、その学校が所在する地域の地方当局と協議を行う（法47条5ZA項b号）。

(3) 子の要望と感情への配慮

地方当局は、子に関してとるべき措置を決定するために、合理的に実行可能で、かつ子の福祉に合致するように、当該措置について子の要望と感情を確認し、かつ、子の年齢および理解力に十分に配慮する（法47条5A項）。

5　調査拒否等への対応

47条調査の過程で、地方当局の幹部職員、またはNSPCC職員など調査に関連してその代理で行動する権限を地方当局から付与されている者が、当該子との面会を拒否されるか、または当該子の所在に関する情報を拒否される場合、地方当局は、当該子に関して、緊急保護命令、子のアセスメント命令、ケア命令または監督命令を申立てなければならない（法47条6項）。

第3章　未成年後見制度

1　親のない子の後見

(1) 後見人の選任

ア　後見人とは

1989年児童法5条6項に基づいて子の後見人（guardian）に選任された者は、当該子に対する親責任を有し、親のない子の親代わりとして選任される公的な職務に就く。

後見人の親責任の範囲は親とほぼ同様であるが、子の扶養義務を負わず、子に対する相続権がないなど親とは異なる面もある（法3条4項)。

イ　裁判所による選任

①申立てによる選任

子に関する申立てが個人によって裁判所に行われたとき、裁判所は、次の場合、命令によりその個人を子の後見人に選任することができる（法5条1項)。

(a)子に、その子に対する親責任を有する者がいない場合、または、

(b)子の取決め命令によって同居する者として指名されたその子の親、後見人若しくは特別後見人が命令が有効な間に死亡した場合、または、

(c)子の唯一若しくは最後に生きていた特別後見人が死亡した場合

②職権による選任

裁判所は、選任申立がない場合でも、命令を発令すべきと考えるときには、いかなる家族手続においても職権で行使することができる（法5条2項)。

ウ　個人による選任

子に対する親責任を有する親は、他の個人を、自己が死亡した場合の子の後見人に選任することができる。子の後見人は、自己が死亡した場合の子の後見人としてその地位を引き継ぐために、他の個人を選任することができ、また、子の特別後見人は、その死亡した場合の子の後見人に、他の個人を選任することができる。(法5条3項、4項)。

この1989年児童法5条3項若しくは4項に基づき後見人の選任をした者が死亡した場合、その親責任を有する親がいないときには、直ちに選任の効力が生じるが、親責任を有する親がいるときは、その親が死亡したときに効力が生じる(法5条7項、8項)。

(2) 後見の終了

後見は、①子の親責任を有する者の申立て、②裁判所の許可を受けた当該子の申立て、または、③家族手続においてたとえ申立てがなされていなくても、それを終了させるべきだと裁判所が考える場合には、当該申立てまたは職権によって、いつでも裁判所命令により終了させることができる(法6条7項)。

(3) 裁判所による後見

高等法院は、申立権者からの申立てまたは職権により、子の利益のために、子に関する個別事項を決定する固有の管轄権を有し、また、後見裁判権に基づいて子を裁判所の継続的な保護の下に置く裁判所による後見(wardship)を決定することができる[1]。

なお、裁判所の被後見人である子に関してケア命令が発令された場合は、その裁判所による後見は終了する(法91条4項)。

2 特別後見制度

(1) 特別後見とは

特別後見は、実親が子に関する親責任を行使することが不適切な場合に、地方当局CSCなどの支援の下に、祖父母などの親族が親代わりとなって親責任を果たすことなどを想定したものである。これは「実親に親責任を残した形での養親」として位置づけられており、親族が選任されることが多い。

実親による養育は困難であるが養子縁組は適切でない場合、例えば親族や年長の児童等に養育されている子、宗教的文化的な事情から養子縁組が困難な子などのために運用されている[2]。CSCの関与する未成年後見制度といえよう。

---

1 前掲・大村敦志ほか編著『比較家族法研究』411頁。

2 許末恵「英国の特別後見制度」献呈論文集『家族と法の地平』248頁(尚学社、2009年)。田巻帝子「イギリス(イングランド及びウェールズ)における離婚後の親権制度」比較法研究センター『各国の離婚後の親権制度に関する調査研究業務報告書』70頁(2014年)。

(2) 特別後見命令の発令

特別後見命令（special guardianship order）は、一人または複数の個人を、子の特別後見人に選任する命令をいい、特別後見人は、18歳以上の者でなければならず、当該子の親であってはならない（法14A条1項、2項）。

裁判所は、次の場合、個人の申立て若しくは複数の共同申立てに係る子に関して、または、子の福祉に関して生じた問題での家族手続における子に関して、申立てまたは職権により、特別後見命令を発令し得る（法14A条3項、6項）。

①子に関する申立てを行う権利を付与された者が申し立てた場合

②申立てを行うことについて裁判所の許可を得た者が申し立てた場合

③裁判所が、たとえ申立てがなされないときでも、子の福祉の家族手続において、特別後見命令が発令されるべきだと考える場合

なお、上記①の申立てを行う権利を付与された者とは、子の後見人、子が同居する者として子の取決め命令で指名された者、少なくとも3年間その子と同居した者、申立ての直前に少なくとも1年間同居した子の地方当局里親（local authority foster parent）若しくは親族などをいう（法14A条5項）。

イングランドとウェールズの家庭裁判所における特別後見命令の発令件数は、公法事件で2021年3,974件、2020年3,549件、2019年3,859件、私法事件で2021年952件、2020年890件、2019年1,168件であり[3]、比較的多くの特別後見命令が発せられている。

(3) 特別後見命令の効果

ア　排他的な親責任の権限行使

特別後見命令の効果として、命令が効力を有する間、命令で選任された特別後見人は、その発令された子に対する親責任を取得する（法14C条1項a号）。

また、子に関して効力のある他の命令に服しながら、特別後見人は、他の特別後見人を除いて、子に対する親責任を有する他の全ての者を排除して親責任を行使する権限を付与される（法14C条1項b号）。

イ　排他的権限の制限

制定法または法準則に基づいて親責任を有する者全員の合意が必要な事項に

3　National Statistics, “Family Court Tables, January to March 2023, Table4” op. cit..

ついては、特別後見人の排他的な権限行使は許されず、また、子の養子縁組若しくは養子縁組の託置に係る親の同意権にも効力が及ばない（法 14C 条 2 項）

さらに、子に関して特別後見命令が効力を有する間、特別後見人を含むいかなる者も、親責任を有するすべての者の書面同意若しくは裁判所の許可がない限り、子に新しい姓を名乗らせること、または、子をイギリス（UK）から国外に移動させることはできない。ただし、子の特別後見人による 3 ヵ月未満の期間の子の国外移動は差し支えない。（法 14C 条 3 項、4 項）。

(4) 特別後見と後見および養子縁組の異同

ア　特別後見人

特別後見人は、申立てをする権利を付与された者若しくは申立てについて裁判所の許可を得た者による申立て、または職権によって、裁判所が特別後見命令で選任する。また、特別後見人は、後見人と同様に当該子の親責任を付与されるが、その親責任は親や後見人を含む他の親責任を有する者を排除して行使することができ、親の存在若しくは不存在には影響されない。

イ　後見人

後見人は、子に対する親責任を有する者のいないとき若しくはすべての親責任を有する者が死亡したときに、①申立て若しくは職権で裁判所命令により選任されるか、または、②子の親、後見人若しくは特別後見人が生前に指名したその親等の死亡した場合の子の後見人として選任するか、いずれかの方法で選任される。後見人に付与される親責任は親と概ね同一であるが、通常は、子に対する親責任を有するすべての親がいないか、または死亡したときに後見人選任の効力が生じる。

ウ　養子縁組

イギリスの養子縁組制度は、未成年養子に限定され、実親との関係は断絶型である。したがって、養子縁組では、特別後見または後見と異なり、子と実親との法的関係のすべてが断絶し、養親のみが子の親となる。実親およびその他の者の親責任は終了し、養親だけが親責任を有することとなる。子は養親の子となり、実子と同様な権利を取得する。この点で、実親の親責任を残したまま排他的親責任を行使するにすぎない特別後見とは異なる。

第4章　その他の児童保護関係法

1　体罰禁止を規定する法律

1989年児童法においては、児童虐待への対応策が確立されている。しかし、親による体罰禁止については、この文言を用いて明文で定めた法律はない。これは親などの監護権者や教師による鞭打ちなどの懲罰（chastisement）が、かつてコモンロー上の合法的な権利とされてきた歴史があり[1]、このことと無関係ではないと考える。

関連する制定法としては、次の2004年児童法と1933年児童および青少年法がある。この点、イギリスにおける子への体罰禁止は、犯罪として処罰するという威嚇によって体罰を抑制しようとするものであり、子の権利擁護としてすべての体罰を禁止するという観点を欠いているように思われる。

2　2004年児童法

(1) 親の懲罰権の制限

2004年児童法が制定法として施行されて以降、コモンローにに基づく親の懲罰の権利は、同法58条によって制限を受けることとなった。

2004年児童法58条は、イングランドにおける児童への暴行（battery）とは、
① 1861年人に対する犯罪法の規定する重大な身体傷害（grievous bodily harm）や実在する身体傷害（actual bodily harm）を引き起こす傷害や暴行
② 1933年児童および青少年法1条の定める16歳未満の者への虐待（cruelty）
③ 2015年重大犯罪法75A条に基づく絞殺または窒息の犯罪
を指し、それが刑事上および民事上のいずれにおいても、合理的な懲罰（reasonable punishment）であることを理由に正当化され得ないとする。

1　小山貞夫編著『英米法律語辞典』159頁（研究社、2011年）。久保野恵美子「懲戒権に関する外国法調査～英国法」法制審議会民法（親子法制）部会第6回会議資料6-3、2頁（2020年）。

(2) 合理的な懲罰の範囲

しかし、2004年児童法58条の定める①重大な身体傷害や実在する身体傷害、および、② 16歳未満児童への虐待に該当しない一般暴行（common assault）については、合理的な懲罰として許容される余地があるものと解されている。すなわち、合理的な懲罰にあたるかどうかについては、懲罰行為の性質、前後関係、期間、動機、結果、子の年齢などが判断要素となり、具体的には、親による「一時的な皮膚の発赤を生じさせるに過ぎない程度」の軽度の有形力行使は、合理的な懲罰として正当化され得るのである[2]。

したがって、2004年児童法58条の下では、通常の軽い尻たたきや軽い平手打ちは、刑事罰の対象とはならない合理的な懲罰の範疇となる。もとより、子育てにおいて軽度の体罰を用いることの評価や判断は、イギリス社会における子の人権擁護および子育てのあり方に関する論点であり、刑事上の処罰をすべきか否かとは異なる平面の問題ではある。

3 1933年児童および青少年法

(1) 概要

一方で、1933年児童および青少年法（Children and Young Persons Act 1933）の「第I部～虐待並びに精神的および身体的危険にさらすことの防止」第1条は、身体的虐待とともに精神的虐待についても処罰されるという趣旨を、次のように規定している。

① 16歳未満の子に対して、親または子の育成に法的責任を負う他の者または後見人が、身体的若しくは精神的性質の苦痛か傷害かを問わず、当該子の健康に対する不必要な苦痛若しくは傷害を生じさせるような方法によって、当該子を故意に暴行し、虐待し、ネグレクトし、遺棄し若しくは放置したとき、または、その原因を作るか若しくはそれを引き起こさせたときは有罪となる。

②子に十分な食事、衣服、医療援助若しくは宿泊所の提供を怠った場合などは、ネグレクトしたものとみなされる。

③これらの場合は有罪となり、正式起訴のときは、罰金、またはそれに代えて

---

2 前掲・久保野恵美子「懲戒権に関する外国法調査～英国法」法制審議会民法（親子法制）部会第6回会議参考資料6-3、3頁。

（それに加えて）14 年以下の拘禁刑、略式手続のときは、400 ポンド以下の罰金、またはそれに代えて（それに加えて）6 月以下の拘禁刑に処す。

(2) すべての体罰に対する刑事罰

本法は、2015 年重大犯罪法（Serious Crime Act 2015）改正に伴う一部改正により、身体的および精神的性質の苦痛や傷害にも適用される旨の文言が挿入された。その結果、処罰対象が拡大され、親の子に対する身体的体罰とともに精神的体罰に対しても刑事罰が科され得るところとなった。具体的には、一時的な皮膚の発赤を生じさせる程度の有形力行使を超える行為、あるいは大声で怒鳴って叱責し子を著しく畏怖させる行為などは、文理上は、本条に基づいて犯罪として処罰される可能性があり得る。

しかし、親による子の身体的および精神的な体罰禁止を警察による刑事規制を軸にすすめることは、子の最善の利益を図る上で困難な事態を招くおそれがある。児童虐待のおそれのある家庭への画一的で強権的な警察権力の介入は、子の利益擁護の観点からは抑制的でなければならず、各地方当局 CSC と警察当局との日常的な情報共有と十分な連携体制が必要となろう。

第5章　政府指針（Working together to safeguard children）

1　政府指針の位置づけ

(1)　根拠となる制定法

ア　1970年地方当局社会サービス法

政府指針（Working together to safeguard children）は、1970年地方当局社会サービス法（Local Authority Social Services Act 1970）第7条1項の「地方当局の社会福祉事業施策の実施は、国務大臣の総合的な指針（guidance）の下に行わなければならない」という規定に基づく指針である。したがって、本指針は、児童保護の実務においては、地方当局および関係機関等に対して、法律と同様の効力を有している。

イ　2004年児童法

2004年児童法は、イングランドにおいて、同法10条および11条に基づいて履行義務が適用される地方当局、ディストリクト（District Council）、NHSイングランド（National Health Service England）、その他の関係機関などの団体および各個人に対して、国務大臣から与えられた政府指針を考慮することを要求している（2004年児童法10条8項、同法11条4項）。

(2)　目的

ア　児童の権利擁護

すべての児童は、安全で安定し、かつ、愛情あふれる家庭で育つ権利を有し、また、援助と保護を必要とする児童は、質の高い効果的な支援を受ける権利がある。この児童の権利擁護のために、政府指針は、個人、機関および組織が、それぞれの役割と責任を明確にし、かつ、どのように協働していくかを示す。

また、本指針が児童の権利擁護の要とする専門職（practitioner）とは、有資格のソーシャルワーカーおよび法定の保護措置パートナー（statutory safeguarding partners）または教育現場職員など、さまざまな専門家（professional）を含む概念であり、それぞれの資格で児童およびその家族と関わる個人を指している。

イ　地方当局の義務

児童に対する第一義的なケアを行うのは両親や養育者である。それと同時に、地方当局は、パートナー組織や機関と協力しながら、その地域のすべての児童の福祉を保護措置し（safeguard）、促進する特別な義務を負う。

この点、1989年児童法は、地方当局CSCがその地域の児童が必要とするサービスを提供し、かつ、児童が重大な危害を受けるかまたは受けるおそれがあると思われる場合には調査を実施するという具体的な義務を定め、2004年児童法は、地方当局に対し、その地域の児童たちの福祉を向上させるために、パートナーや他の機関との協力を促進する義務を課している。

ウ　保護措置パートナーの責任

2004年児童法は、法定の保護措置パートナーとして、①地方当局、②統合ケア委員会（Integrated Care Board, ICB）、③警察の三者を規定している。

これらの保護措置パートナーは、その地域のすべての児童たちの福祉を保護し促進するために、教育提供者および保育現場を含む地域の他のパートナーとともに協働し、取り決めを行う義務を負う。

エ　児童の福祉の保護措置と促進

政府指針は、児童と家族に接するすべての者の果たすべき役割を詳細に規定することによって、児童の福祉の保護措置と促進を図る。

児童の福祉を保護措置し促進するとは、①問題が生じた場合は、直ちに、児童のニーズを満たすための援助と支持を提供する、②家庭内外のマルトリートメントから児童を守るなど6項目に定義されている[1]。

また、児童保護（child protection）とは、児童の福祉の保護措置と促進の一部であり、政府指針においては、重大な危害を受けているかまたは受けるおそれがあると疑われる特定の児童を守るために行われる行為と定義されている。これには、オンラインおよび家庭内または家庭外で起きる危害も含まれる。

(3) 2023年政府指針の法的地位

『児童保護措置のための協働2023』（Working together to safeguard children

1　*Working together to safeguard children 2023* op. cit., Introduction.

2023; 2023年政府指針）は、児童に関する機能を持つすべての組織および機関に適用される。この政府指針は、具体的には、第4章「組織の責任」において規定されているように、すべての地方当局、ICB（統合ケア委員会）、警察その他のすべての組織および機関に対して適用される[2]。

また、本指針は、学校などすべての教育機関および保育現場に適用される。家族と同居しているか、国の保護下にあるか、独立して生活しているかどうかにかかわらず、18歳までのすべての児童に適用される。さらに、例外的な状況が生じない限り、この指針は遵守されなければならないとされ、関係機関とその職員に対して、本指針が法律同様の拘束力を有する法的地位にあることを明示している[3]。

2　児童保護のプロセス

政府指針による児童保護のプロセスは、次の①→⑩の流れのとおりである[4]。なお、地方当局CSC等は、必要と認める場合には、このプロセスと並行して、緊急保護命令、ケア命令、監督命令、暫定命令など裁判所に申立てを行う。

①地方当局CSCが通告を受理→
②行動方針の決定（CSCが1営業日以内に実施）→
③緊急戦略協議の開催（CSC、保健機関、警察、およびNSPCC）→
〈緊急保護の措置（緊急保護命令の申立てを含む）の実施〉
④戦略協議の開催（CSC主任専門職が招集）→
⑤47条調査の開始決定→
⑥地方規則基準のアセスメント（通告受理から45営業日以内に完了）→
〈懸念が実証され、重大な危害を受けているか受けるおそれがある場合〉
⑦児童保護カンファレンスの開催（戦略協議から15営業日以内に開催）→
⑧児童保護プラン（CPP）の作成→
⑨児童保護レビューカンファレンスの開催（初回の児童保護カンファレンスから3ヶ月以内に開催）→

2　*Working together to safeguard children 2023*, op. cit., Introduction 3.
3　Ibid., Introduction 4〜6.
4　Ibid., Chapter3, Flow chart1〜6.

〈重大な危害の懸念がある場合〉

⑩児童保護レビューカンファレンスの再開催（6ヶ月以内の間隔で追加開催）

3　通告

(1) 通告義務

1989年児童法は、児童虐待に関する一般国民の通告義務を規定していないが、政府指針は、児童の福祉に懸念を抱くすべての者に、地方当局CSCへの通告（referral）を要求している。したがって、1970年地方当局社会サービス法および2004年児童法に基づいて、政府指針に従い、関係機関および児童福祉の各分野の専門職（practitioner）には、法に基づく通告義務が課されている。一方、一般国民においては、任意の通告にとどまる。

通告の詳細については、次のとおりである[5]。

(2) 通告先

児童の福祉に懸念を抱いているすべての者は、地方当局CSCに通告を行うかどうかを検討し、児童が重大な危害を受けているか、またはそのおそれがあると懸念される場合は、直ちに通告するべきである。また、児童が精神保健施設に収容されている場合は、専門職がCSCに通告しなければならない。

この通告が受理されると、CSCのソーシャルワーカーは、通告者とともに、懸念の性質とその懸念がどのようにして、なぜ生じたのかを明らかにする。

イングランドにおけるCSCへの通告件数は、2022年が650,270件、2021年597,760件、2020年642,980件である。2022年の通告元は、警察が30%（191,840件）、学校20%（129,090件）、医療サービス機関15%（96,170件）と公的な関係機関が上位を占めており、個人は8%（53,160件）と少ない[6]。

(3) 通告に係るプロセスの明確化

ア　地方当局の責任

地方当局CSCは、通告のプロセスを明確にする責任があり、誰に連絡すればよいかを認識できるように連絡先の詳細を明確に示されなければならない。

5　*Working together to safeguard children 2023*, op. cit., Chapter3, 149〜151.

6　National Statistics, “Characteristics of children in need: 2022”. 本統計は、いずれもイングランドの前年4月〜当該年3月の件数（以下、同じ）。

また、CSC は、その決定について通告者にフィードバックする義務がある。

イ　専門職の責務

一方、通告を行った専門職が、地方当局 CSC の対応に満足できない場合は、常にその懸念を徹底的に究明し、それでも満足できない場合は、地方手続に従って、懸念に関してより強い対応を行うべきである。

(4) 専門職による通告

専門職は、児童に関して通告する際、①児童の発達上のニーズ、②児童の両親、養育者または家族ネットワークがそれらのニーズを満足させる能力、および、③両親の能力を損う可能性のある外的要因に関するあらゆる情報を含めなければならない。

4　行動方針の決定

(1) 1 営業日以内に行動方針決定

地方当局 CSC は、通告を受理してから 1 営業日以内に、通告者に対して受理を確認し、ソーシャルワーク資格を有する専門監督者（practice supervisor）または管理者（manager）が、次なる措置および必要な対応の種類について決定しなければならない[7]。

この判断には、①緊急対応を要するか、②要保護児童のアセスメントが必要か、③ 47 条調査の要否、④緊急に提供すべきサービスは何か、⑤専門家によるアセスメントが必要か、⑥児童との面会をいつまでに行うかが含まれる。

なお、当該児童との面会までの制限時間はないが、通告受理から 45 営業日以内にアセスメントを完了することが前提条件となる。この点、わが国における一律 48 時間以内の児童の安全確認業務とは大きく異なっているが、スクリーニングを経て緊急対応の要否を判断するイギリスの方が国際標準である。

(2) 主任専門職の配置

地方当局 CSC に通告が受理されると、ソーシャルワーク資格を有する専門監督者または管理者は、最も適切な主任専門職（lead practitioner）が誰であるべきかについて保護措置パートナーと協議し、地方規則に沿って主任専門職

7　*Working together to safeguard children 2023*, op. cit., Chapter3, 153～155.

を配置しなければならない。なお、主任専門職は、児童保護に関する調査においては、必ずソーシャルワーカーでなければならない[8]。

5　要保護児童の支援

要保護児童に対する支援の法定要件として、地方当局には、保護措置と福祉の促進を目的として、次のようなサービスの提供が義務付けられている[9]。

(1) アセスメントの実施

要保護児童は、地方当局のアセスメントが保証される。地方当局は、サービスの提供内容を決定するときには、児童の年齢と理解度を十分に考慮し、個々の児童のニーズについてアセスメントを実施する義務がある。

また、提供されるサービス供給に関しては、児童の要望や感情が探求され、可能な限り児童は単独で診断されなければならない。児童が信頼できる成人と一緒に受診することを希望する場合は、これを支援する。

なお、2022年のイングランドの要保護児童に対するアセスメントでは、虐待またはネグレクトを受けている児童が57%（230,830件）存在した[10]。

(2) 施設等への収容義務

要保護児童の中には、①当該児童に対する親責任を有する者がいなかったり、②行方不明若しくは遺棄されたり、または、③児童を養育していた者が適切な住居または世話を提供することができなくなったなどの理由で、宿泊施設を必要とする場合がある。このときは法20条に基づいて、地方当局には、管轄地域内の要保護児童を施設等に収容する義務が生じる。

(3) 47条調査の開始

地方当局は、1989年児童法47条に基づき、その管轄地域に居住または所在する児童が重大な危害を受けているか、または受けるおそれがあると疑う合理的な理由がある場合、当該児童の福祉を保護または促進するために何らかの行動を取るかどうかを決定するために、必要と思われる調査を行う義務がある。

8　*Working together to safeguard children 2023*, op. cit., Chapter3, 156〜157.

9　Ibid., p. 53.

10　National Statistics, “Characteristics of children in need: 2022”, op. cit..

(4) 緊急保護が必要な場合

アセスメントまたは47条調査が行われている間に、次項のような緊急保護が必要な場合も生じ得る。

6　緊急保護

児童の緊急保護については、次のとおりである[11]。

(1) 緊急保護の実施

ア　地方当局などの責務

家庭の内外を問わず、児童の生命に危険が迫っている場合、または差し迫った重大な危害が加えられる可能性がある場合、地方当局、警察またはNSPCCは、1989年児童法46条の規定に基づいて、児童の安全を確保するために、法定の児童保護権限を行使して直ちに行動しなければならない。これを緊急保護（Immediate Protection）といい、事前に、地方当局CSC、保健機関、警察、NSPCCなどの関係機関による緊急戦略協議が開催される。

イ　緊急保護命令の申立て

そして、児童を家庭から連れ出す必要がある場合、地方当局は、可能な限り、また、児童の安全が差し迫った危険にさらされる場合を除いて、裁判所に緊急保護命令（emergency protection order, EPO）を申立てなければならない。裁判所が発令する緊急保護命令は、地方当局に対して、児童を連れ出したり、または、病院若しくは児童が収容されているその他の場所から児童が連れ戻されるのを防いだりする権限を与え、児童を申立人の保護下に置くものである。

ウ　警察保護は例外的な手段

一方、緊急時に児童を連れ出す警察の権限すなわち警察保護は、緊急保護命令を申し立てるには時間が足りない場合、または児童に差し迫った安全に関する理由が存する場合のような例外的状況においてのみ行使されるべきである。

エ　他の同居児童への配慮

緊急措置の要否を検討する際、地方当局または警察は、同じ家庭または加害者と疑われる者の家庭にいる他の児童のニーズを常に考慮する必要がある。

11　*Working together to safeguard children 2023*, op. cit., p. 85.

(2) 所管する地方当局

緊急措置が必要な状況で児童が発見された場合、その地域の地方当局が緊急措置を講じる責任を負う。児童が他の地方当局で保護されているなどの場合、最初の地方当局は、その児童を管轄する地方当局と協議し、第二番目の地方当局が書面で責任を受け入れた場合にのみ、緊急措置をとる責任を免除される。

7　戦略協議

通告受理後の戦略協議（strategy discussion）については、次のとおりである[12]。

(1) 戦略協議の開始

児童が重大な危害を受けているか、または受けるおそれがあると疑うに足る合理的な理由があるときは、いつでも、地方当局 CSC（当該児童が社会的養育をされているときは収容施設または里親を含む）、警察、保健および通告を行った機関、教育、早期支援または児童の支援に関わる他の専門職などその他の機関が参加する戦略協議が行われなければならない。

戦略協議は地方当局 CSC によって招集され、その目的は、児童が重大な危害を受けているか、または受けるおそれがあると疑うに足る合理的な理由がある場合、児童の福祉と迅速な将来の対応プランを決定することである。戦略協議は、多機関合同会議の形もあり、複数回の協議が必要な場合もある。

(2) 戦略協議の参加者

戦略協議には、少なくとも、地方当局のソーシャルワーカー、医療専門職および警察の代表者が招集される。その他の関係専門職としては、通告を行った専門職または機関、児童の学校や保育所などが含まれる、

この戦略協議においては、そのすべての参加者が、自分の所属する組織や機関を代表して意思決定を行い得る十分な地位にある者でなければならない。形式的な会議の運営を排し、児童のために侃諤の議論を望む趣旨であろう。

(3) 戦略協議の任務

戦略協議の任務は、①入手可能な情報の共有、収集、分析、②犯罪捜査の実

12　*Working together to safeguard children 2023*, op. cit., p. 86.

施と時期についての合意、③ 47 条調査を行うべきかどうかの検討である。

47 条調査を行うかどうかを決定するのは地方当局であり、この決定には戦略協議が必要である。47 条調査を開始する場合は、①必要な追加情報と取得、②必要な緊急措置の種類と実施機関、③法的措置の是非を決定する必要がある。

8 47 条調査

(1) 47 条調査の目的

地方当局には、1989 年児童法 47 条に基づいて、その地域で居住または発見された児童が重大な危害を受けているか、または受けるおそれがあると疑う合理的な理由がある場合などにおいて、児童の福祉を保護または促進するために、47 条調査を行う義務が生じる。イングランドにおける 47 条調査の年間件数は、2022 年 217,800 件、2021 年 198,790 件、2020 年 201,000 件であり[13]、地方当局 CSC が積極的に 47 条調査を実施していることが窺える。

47 条調査の流れおよび各専門職の職務については、次のとおりである[14]。

(2) 調査の開始

47 条調査は、政府指針に沿って、アセスメントを実施または継続することによって行われる。この際、地方当局のソーシャルワーカーが、1989 年児童法 47 条に基づくアセスメントを主導し、警察、医療専門職、教師、学校職員、その他の関係専門職は、地方当局の調査に協力しなければならない。

(3) 主任専門職の職務

47 条調査における CSC 主任専門職（lead practitioner）の主な職務は、アセスメントの主導、対象児童と面会して児童の要望と感情を確認、児童の人間関係や周囲の状況を幅広く評価、両親や養育者と面談して社会的および環境的要因を把握、児童と家族の生育歴に関する情報を体系的に収集するなどにある。

(4) 児童保護カンファレンスの開催～15 営業日以内

47 条調査の結果、重大な危害の懸念が実証され、児童が重大な危害を受けているか、または受けるおそれがあると判定された場合、CSC の主任専門職は、初回の児童保護カンファレンス（ICPC）を戦略協議から 15 営業日以内に

---

13 National Statistics, “Characteristics of children in need: 2022”, op. cit..

14 *Working together to safeguard children 2023*, op. cit., pp. 89～92.

招集しなければならない。

9 アセスメント

(1) アセスメントの意義

一般にアセスメント（assessment）とは、ソーシャルワークにおいて、ケースの問題状況の把握、情報収集と分析、援助内容の選択と決定に至る一連のプロセスをいう。地方当局CSCのアセスメントは、主任専門職が主導し、専門監督者または管理者が承認することによって実践される。

児童保護のためのアセスメントについては、次のように定められている[15]。

(2) アセスメントの目的

いかなる法律に基づいて児童が評価される場合でも、地方当局CSCのアセスメントの目的は、情報の収集、児童の受けているリスクと危害の分析、要保護児童か否かの判断、支援の提供、家族ネットワークの確認などである。

(3) アセスメントのための地方規則

ア 地方規則の意義

地方当局は、保護措置パートナー（地方当局、ICB、警察）や関係機関と協力して、アセスメントと支援のための地方規則（local protocol）を作成し、公表しなければならない。この地方規則は、児童が地方当局CSCに通告された後、どのようにケースを管理するかについての明確な取り決めを定め、法定の政府指針の要件と一致していなければならない。

イ 配慮を要する児童への適用

地方規則は、特定グループの児童の特有のニーズも反映しなければならない。例えば、ヤングケアラー、特別な教育的ニーズを持つ障害児、キンシップケア（親族等によるケア）の児童、公的ケアから家庭に戻る児童などが該当する。

(4) アセスメントの適時性

アセスメントの適時性（timeliness of assessment）は、児童に対するアセスメントの質と結果を左右する決定的な要素である。児童のケースが地方当局CSCに通告された後、アセスメントが実施されるまでの早さは、個々の児童

---

15 *Working together to safeguard children 2023*, op. cit., 141～148, 152～159, p. 73.

のニーズと、彼らが直面する危害のリスクの性質と程度によって決定され、個々のケースについて迅速かつ的確な判断が行われなければならない。

(5) アセスメントの期限～45 営業日以内

地方当局 CSC は、通告受理から 1 営業日以内に、①当該ケースへの緊急対応、② 17 条アセスメント、③ 47 条調査などの対応方針を決定する義務が課されている。また、当該対応方針の下に、次なる措置の決定を可能とするために、通告受理から 45 営業日以内にアセスメントを完了させなければならない。

10 児童保護カンファレンス～15 営業日以内

(1) 児童保護カンファレンスの開始

47 条調査の結果、児童が重大な危害を受けているかまたは受けるおそれがあると判定された場合、地方当局 CSC は、戦略協議から 15 営業日以内に初回の児童保護カンファレンス（initial child protection conference, ICPC）を招集しなければならない[16]。

なお、イングランドにおける初回の児童保護カンファレンス（ICPC）の年間開催件数は、2022 年 73,790 件、2021 年 72,580 件、2020 年 77,470 件である[17]。

(2) 児童保護カンファレンスの目的

関係各機関および学際的集団において、すべての関連情報を集めて分析し、児童の福祉を保護および促進して危害から児童を守るための最善の方法を計画する。カンファレンスには、今後どのように組織や機関が協働して児童を保護していくかについて、提言を行う責務がある。児童保護カンファレンスの具体的任務は、主任法定機関と主任ソーシャルワーカーの任命、コアグループの認定、タイムスケールの設定、児童保護プランの概要への合意である。

11 児童保護プラン

(1) 児童保護プランの開始

児童保護カンファレンスに続いて児童保護プラン（Child protection plan,

---

16 *Working together to safeguard children 2023*, op. cit., pp. 92～95.

17 National Statistics, “Characteristics of children in need: 2022”, op.cit..

CPP）が策定される[18]。その目的は、児童が危害から安全であることの保証、児童の健康と発達の促進、各機関が提供する支援と社会資源を発表することである。

イングランドにおける児童保護プラン対象児童の件数は、2022年が50,920件、2021年50,010件、2020年51,510件である[19]。

(2) 児童保護プランにおける虐待類型

2022年においてイングランドにおける児童保護プランの対象となっている児童数は50,920名であり、その当初の虐待類型は、次のとおりである[20]。

ネグレクト（neglect）が24,430件（48%）、情緒的虐待（emotional abuse）19,480件（38.3%）、身体的虐待（physical abuse）3,780件（7.4%）、性的虐待（sexual abuse）1,930件（3.8%）、虐待の複合（multiple）1,280件（2.5%）である。ネグレクトが48%と最も多いのはドイツなどと同一傾向であるが、身体的虐待が7.4%と少ないことに留意すべきであろう。

12　児童保護レビューカンファレンス～3ヶ月以内

初回の児童保護レビューカンファレンス（Child protection review conference）は、初回の児童保護カンファレンスから3ヶ月以内に行われ、当該児童が児童保護プランの対象であり続ける限り、6ヶ月を超えない間隔で再度のレビューカンファレンスが行わなければならない[21]。

児童保護レビューカンファレンスの目的は、児童が重大な危害を受け続けているかまたは受けるおそれがあるかを再評価し、かつ児童保護プランの成果に対する発展的な進展を再評価するものである。そして児童保護プランを継続すべきかまたは変更すべきかを検討する。CSCの主任専門職は、児童保護レビューカンファレンスに出席し、カンファレンスの運営を主導する責務がある。

18　*Working together to safeguard children 2023*, op. cit., p. 96.
19　National Statistics, “Characteristics of children in need: 2022”, op. cit..
20　Ibid.
21　*Working together to safeguard children 2023*, op. cit., pp. 98～99.

13　児童虐待に関連する諸概念

1989年児童法においては、地方当局CSCが強制的に介入し、ケア命令や緊急保護命令などが発令されるのは、当該児童が「重大な危害（significant harm）を受けているか、そのおそれがある場合」と幅の広い概念で規定されている。児童虐待の態様は千差万別であるため、その対応はCSCなどの機関が慎重に個別の判断をするべきであり、法律で厳密な虐待の定義をすることにより個別のソーシャルワークが単純化やパターン化することを避ける狙いがある。

一方、政府指針は、児童虐待の関連概念を次のとおり定義している[22]。また、各概念の相互関連については、別図のように整理できよう。

①不適切な養育（maltreatment）

マルトリートメントとは、児童の養育における不適切な取扱い全般をいう広義の概念である。すなわち、責任、信頼、権限に関する状況において、児童の健康、生存、発達若しくは尊厳に実際または潜在的な危害をもたらす身体的・精神的・性的虐待、ネグレクト、怠慢な扱い、または商業的若しくはその他の搾取の諸形態をいう。具体的には、この虐待類型には含まれない身体的体罰や精神的体罰、ネグレクトに至らない不適切な世話など、児童の利益を守る観点からは不適切または相当不十分とみなされる養育状況を広範囲に包含する。

②虐待（abuse）

マルトリートメントの一形態であり、身体的虐待、情緒的虐待、性的虐待およびネグレクトの上位概念である。親や養育者などの家族以外の第三者、施設職員や他の児童による行為も含む。

③身体的虐待（physical abuse）

殴る、蹴る、揺さぶる、やけどさせるなどの方法により、児童に身体的危害を加える虐待（abuse）の一形態である。MSBPも含む。

④情緒的虐待（emotional abuse）

児童の情緒的発達に深刻で持続的な悪影響を及ぼす不適切な養育をいい、虐待（abuse）の一形態である。期待の極度の押しつけや他者への虐待の見聞も

22　*Working together to safeguard children 2023*, op. cit., pp. 154～162.

含み、単独あるいは他類型の不適切養育と同時に行われることも少なくない。

⑤性的虐待（sexual abuse）

児童に性的行為への参加を強要したり誘惑することである。虐待（abuse）の一形態であり、児童の性的搾取（shild sexual exploitation）の上位概念である。

⑥ネグレクト（neglect）

親や養育者が、児童への衣食住の提供の怠り、適切な医療受診の怠り、適切な教育の怠り、児童のニーズの無視や無反応などによって当該児童の健康または発達に重大な障害を与えることをいい、虐待（abuse）の一形態である。

⑦家庭内虐待（domestic abuse）

パートナーからの暴力、家族構成員からの虐待など、主としてドメスティックバイオレンスに相当するものをいう。児童の面前での DV など一部包摂されるものもあるが、その多くが虐待（abuse）およびマルトリートメントの外の近接領域に存する概念である。

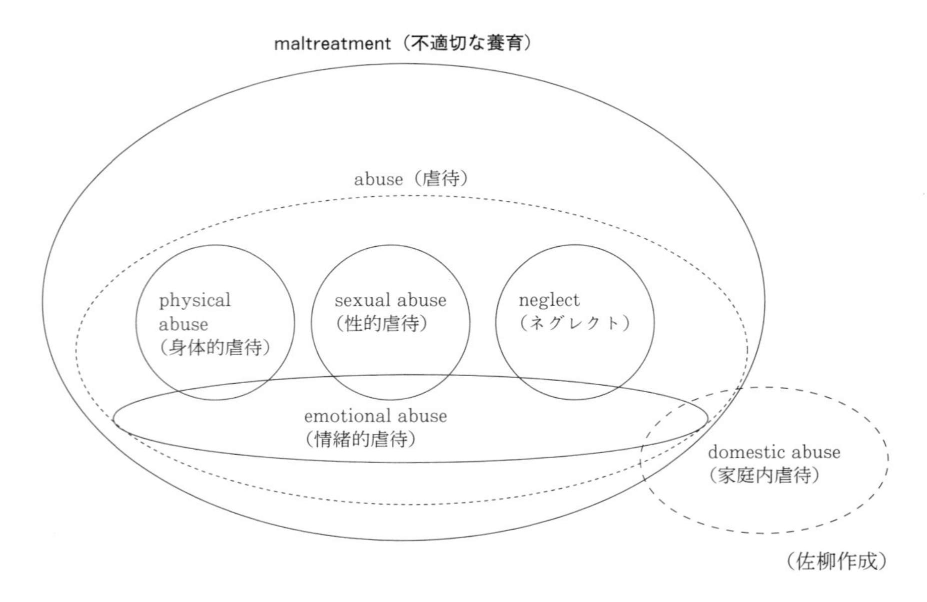

（佐柳作成）

第５編　各国の法制比較
（ドイツ、フランス、イギリス、日本）

各国法制の主な項目を比較すると、次頁以下のとおりとなる。

各国の法制比較（ドイツ、

	ドイツ	フランス
主な根拠法令	①民法典（BGB） ②社会法典第8編（SGB Ⅷ） ③家事事件・非訟事件手続法（FamFG）	①民法典（Code civil） ②社会福祉家族法典（CASF） ③刑法典（Code pénal）
児童援助機関	少年局（Jugendamt）	ASE（aide sociale à l'enfance, 児童社会援助機関）
児童虐待の定義	●**子の福祉の危機**（Gefährdung des Kindeswohls）とし、法文上では、「子の福祉の危機」を、広範囲な子の権利侵害を包摂する概念として規定。 ●一般的な「虐待」の文言は、Mißhandlung	●**危険な状態にある子**（enfance en danger）とし、法文上は子への重大な危害またはおそれによる「子の危険な状態」を、広範囲な子の権利侵害を包摂する概念として規定。 ●一般的な「虐待」の文言は、maltraitance など
親　権	●**親の配慮**（elterliche Sorge） ①子に配慮する親の義務と権利 ②身上配慮（養育、教育、監督、居所指定）、及び財産配慮 ③すべての体罰禁止	●**親権**（autorité parentale） ①子の利益を目的とする権利及び義務の総体 ②身上（安全・健康・道徳性・私生活の保護、居所指定、教育保証、発達の権利）及び財産に係る権利義務 ③すべての体罰禁止
未成年後見	①**名誉職後見人による後見** 名誉職として行う自然人の後見。他の後見人より優先。夫婦は共同で後見人に選任され得るが、その他は原則1名。 ②**専門職後見人による後見** 後見を職業とする自然人の後見。 ③**社団後見人による後見** 後見社団の職員による後見。 ④**少年局の官庁後見、官庁保護など** 名誉職後見人に適格者がいないとき家裁が選任する。	①**個人後見人による後見** 遺言又は家族会が後見人を選任 ②**地方公共団体への付託による後見** 後見裁判官が職権で地方公共団体に後見を付託し、ASEや適格団体や公証人などを後見人に選任 ③**国の被後見子としての後見** 匿名出産子、遺棄宣言子、親権全部取上げに係る子などが国の被後見子として資格認容される。

フランス、イギリス、日本）

（佐柳忠晴作成　2024 年 3 月）

イギリス	日　本
① 1989 年児童法（Children Act 1989） ② Working together to safeguard children 2023（政府指針 2023）	①民法 ②児童福祉法 ③児童虐待の防止等に関する法律
地方当局（local authority）の CSC（children's social care, 児童社会援助機関）	児童相談所
●子への重大な危害またはおそれ（the child concerned is suffering, or is likely to suffer, significant harm）とし、危害とは不適切な扱いまたは健康若しくは発達の侵害をいう。 ●一般的な「虐待」の文言は、cruelty または abuse	**●身体的虐待など 4 類型** 保護者による①身体的外傷が生じる暴行、②性交等又はわいせつ行為、③著しい監護養育の怠り、④心的外傷が生じる言動 ●一般的文言は、虐待
●親責任（parental responsibility） ①子及び子の財産に関する全ての権利、義務、権限、責任、権威 ②地方当局、後見人、NSPCC、特別後見人など、親以外の者も取得可 ③体罰禁止規定なし	**●親権** ①子の利益のための子の監護及び教育の権利と義務 ②身上監護権、及び財産管理権。 ③すべての体罰禁止
①個人による後見（appointment of guardians） 裁判所命令により選任されるか、親等が生前に選任する。 **②高等法院による後見**（wardship） High Court が後見裁判権に基づいて継続的な保護の下に置く。 **③特別後見命令による後見** （special guardianship order） 裁判所命令による排他的な親責任の付与。祖父母等の親族を選任。	**①個人による後見** 指定未成年後見人、または、選定未成年後見人 **②法人による後見** 社会福祉法人、NPO などの福祉団体 **③公的後見制度** 児相などの公的機関による後見制度はなし。

<table>
<tr><th></th><th>ドイツ</th><th>フランス</th></tr>
<tr><td>裁判所命令による親権制限等</td><td>●子の福祉の危機における家裁命令
(Gefährdung des Kindeswohls)
子の身体的・精神的・心理的福祉が危険になる場合において、親が危険防止の意思または能力を欠くとき、家裁は、危険防止に必要な措置を講じなければならない。

●家庭裁判所命令(例示列挙)
①養育援助等の公的援助請求の命令
②就学義務遵守命令
③退去命令、はいかい禁止命令
④つきまとい禁止命令
⑤親の意思表示の代行
⑥親の配慮権の一部または全部剥奪

●子の福祉の危機の具体例と対応
・BGB など法に明文規定なし。
・一般には、身体的虐待、性的虐待、養育の拒否や懈怠、必要な医療同意の拒否などを指す。
・親の配慮権の剥奪などを軸に、各事案に対応している。</td><td>●親権の制限
①育成扶助(assistance éducative)
・危険な状態にある子(enfance en danger)に対する法的保護制度。
・児童裁判官は、共和国検事などによる申立または職権により、在宅の措置、必要な場合には ASE 等に委託措置して施設入所などを行う。
・共和国検事は、育成扶助の託置を執行するため警察力を請求できる。

②親権の委譲(délégation de l'autorité parentale)
・親の申立による任意的委譲、または親権行使が不可能若しくは遺棄の司法宣言がなされた場合に ASE などの申立による強制的委譲が可能となる。

③親権の取上げ(retrait de l'autorité parentale)
・子の身上に対する有罪判決を受けた父母は、親権を取上げられる。
・子への性的攻撃等を犯した親は、親権を取上げられる。
・虐待や世話の欠如などによって、子を明白に危険な状態におく父母は、親権を取上げられ得る。</td></tr>
<tr><td>虐待通告の義務と対応</td><td>●通告の権利と危機評価
・医師などの専門職は、連邦法で通告の権利がある。一般国民にはない。
・通告を受けた少年局は家庭訪問で子と対面し、危機評価をする。
・ベルリン市は、家庭訪問による即時介入(2 時間以内か当日中)の要否をスクリーニングを経て同日中に決定する。即時介入不要と判断した場合は、遅滞なく家庭訪問を行うとされ、時間制限はない。</td><td>●懸念情報のアセスメント
・ASE は通告された懸念情報のアセスメントを、通告受理後 3 月以内に実施しなければならない。
・リスクの性質と特徴および子の年齢に応じて(特に 2 歳未満児)、アセスメントの期間を繰り上げる。
・通告された児童との面会までの時間制限について、法の規定はない。
・児童虐待に係る一般国民や専門職の通告義務は、民事法にはない。</td></tr>
</table>

<table>
<tr><th>イギリス</th><th>日　本</th></tr>
<tr><td>●裁判所命令によるケア託置や監督
①ケア命令（care order）
・重大な危害（significant harm；重度の不適切な扱いまたは健康若しくは発達の侵害）を加えられているかまたはそのおそれのある子を、地方当局のケアの下に託置する裁判所命令をいう。
・地方当局は親責任を取得し、他の親責任を有する者の親責任の範囲を決定する権限を持つ。

②監督命令（supervision order）
・重大な危害を加えられているか、またはそのおそれのある子（ケア命令と同一要件）を、地方当局の監督下に置く裁判所命令をいう。
・地方当局が子との面会や居宅への立入りを拒否された場合、裁判所は、地方当局を援助するために、警察官による実力行使の令状を発付できる。

③親責任の剝奪
親責任の剝奪制度はない。</td><td>●親権制限等
①親権喪失の審判
虐待または悪意の遺棄、その他親権行使が著しく困難または不適当で子の利益を著しく害するとき。

②親権停止の審判
親権行使が困難または不適当で子の利益を害するとき。

③管理権喪失の審判
管理権行使が困難または不適当で子の利益を害するとき。

④家裁による施設入所等承認の審判
（児童福祉法 28 条）
虐待や著しい監護の怠り等により、児童の福祉を害するとき</td></tr>
<tr><td>●対応方針とアセスメント期限
・通告受理から 1 営業日以内にスクリーニングを経て対応方針を決定し、子との面会などを実施する。
・子との面会までの時間制限の規定はなく、通告受理から 45 営業日以内にアセスメント完了の義務がある。
・専門職などには政府指針に基づく通告義務があるが、一般国民にはない。</td><td>●一律 48 時間以内の安全確認
・国指針に基づき、各自治体の規則等で、通告から 48 時間以内の目視による児童の安全確認を全ケースで義務付けている。
・すべての国民に通告義務があり、専門職は早期発見義務がある。</td></tr>
</table>

	ドイツ	フランス
緊急時の一時保護等	**●家庭裁判所命令等による一時保護** (Inobhutnahme) **①少年局の権限** ・**少年局**は、緊急の場合で、親が異議を述べない時、児童又は少年を一時保護する権利と義務を負う。 ・**少年局**は、連邦法と州法に基づいて、危機評価の家庭訪問を親が拒否する場合、警察官を介入させ得る。 **②家庭裁判所命令** **〈一時保護に親が異議を述べる時〉** ・**少年局**は、児童または少年の福祉に必要な措置について家裁の決定を求めなければならない（申立期限はないが、通常は数日中）。 ・**家裁**は、少年局の一時保護の継続申立など緊急の場合は、暫定命令を発令し得る。 ・**少年局**は、家裁決定に基づく一時保護において、直接強制を要する時は、警察官等の参加を要請できる。 ・一時保護の期間に係る連邦法上の規定はない。 **③警察の権限** ・夜間や週末などで緊急事態の場合、州法の規定に基づき、警察が児童または少年の身柄を確保して少年局に引き渡し得る。	**●児童裁判官命令等による一時保護** **①児童裁判官の命令** ・一時保護は親権者の同意の下に行うのが原則であるが、親権者が不同意の場合であっても、児童裁判官の命令に基づいて、ASE が一時保護を行うことができる。 **②共和国検事の権限** ・緊急の場合には、当該児童を管轄する共和国検事に、8 日間を限度として、一時保護に関する権限が認められている。 ・8 日間を超えて一時保護を継続するためには、管轄権限のある児童裁判官に、その追認を申し立てなければならない。 **③ ASE の権限** ・緊急の場合は、親の不同意のときでも児童を暫定的に緊急一時保護できる。 ・緊急一時保護は 5 日以内を限度とし、親の同意を得られない場合は、児童裁判官に一時保護命令の発令を申し立てる。

イギリス	日　本
●裁判所命令等による子の保護 ①緊急保護命令（emergency protection order） ・裁判所は、地方当局や NSPCC など申立人に、子の引き渡しを求める権限、子の施設収容の権限、入院中の子の病院からの連れ去り阻止の権限等を付与することができる。 ・有効期間は 8 日以内だが、1 回に限り 7 日以内の延長ができる。 ・申立人に親責任が付与される。 ・警察官に対し令状を発付し、警察官による実力行使も可能。 ②警察保護（police protection） ・子が重大な危害を受けるおそれがあると信ずる合理的理由がある場合、子の施設への収容や病院からの連れ去り阻止を警察権で実行し得る。 ・裁判所の令状なしで、居宅内への立入りや鍵の解錠が可能。 ・但し、72 時間が限度で、その間に緊急保護命令の申立を裁判所に行わなければならない。通常は、地方当局 CSC がその申立を行う。 ・夜間や週末など真の緊急時において、CSC のソーシャルワーカーと警察が事前協議して実施している。	●児相決定の一時保護 ①児童相談所長の権限 ・児相所長は、児童を一時保護する必要があると認めるときは親の同意を得て一時保護することができる。 ・親の同意を得られないときは、裁判官の一時保護状に基づいて、一時保護することができる。 ②家裁の承認 ・一時保護の期間が 2 ヶ月を超えるときは、2 ヶ月を超える毎に家裁の承認が必要となる。 ・ただし、親権停止の審判の請求など、家事審判を申し立てている場合は家裁の承認は不要。 ③警察の援助 児相による子の安全確認、一時保護、立入調査、臨検捜索への援助要請があれば同行することができる。但し、警察官に実力行使の権限はない。

事項索引

数字

英字

あ

い

え

お

か

き

く

け

せ

そ

た

ち

つ

て

と

な

に

ひ

ふ

へ

ほ

著者略歴

●佐柳　忠晴（さやなぎ　ただはる）

香川県生まれ

●経歴

早稲田大学法学部卒業、早稲田大学大学院法学研究科修士課程修了

東京都職員（1971～2008年）～東京都多摩児童相談所長など歴任

東京福祉大学社会福祉学部教授（2008～2012年）

一般社団法人比較後見法制研究所理事（2013年～）

●最近の著書・論文等

『児童虐待の防止を考える～子の最善の利益を求めて』（三省堂、2017年）

「未成年後見～成年後見との比較を中心に」田山輝明編著『成年後見～現状の課題と展望』（日本加除出版、2014年）

「ドイツの新しい未成年後見制度」（季刊比較後見法制第17号、2022年）

「未成年後見制度の考察」（季刊比較後見法制第12号、2020年）

『視点・論点～児童虐待を防止するために』（NHK講演、2018年10月）

児童虐待防止のための保護法制

2024年11月20日　第1版第1刷発行

著　者　佐（さ）柳（やなぎ）忠（ただ）晴（はる）

発行者　井　村　寿　人

発行所　株式会社　勁（けい）草（そう）書　房

112-0005　東京都文京区水道2-1-1　振替　00150-2-175253
（編集）電話 03-3815-5277／FAX 03-3814-6968
（営業）電話 03-3814-6861／FAX 03-3814-6854
理想社・牧製本

ISBN978-4-326-40442-1　　Printed in Japan

＊落丁本・乱丁本はお取替いたします。
ご感想・お問い合わせは小社ホームページから
お願いいたします。

https://www.keisoshobo.co.jp